Michel Henry

ミシェル・アンリ読本

川瀬雅也／米虫正巳／村松正隆／伊原木大祐 編

Kawase Masaya, Komemushi Masami, Muramatsu Masataka, Ibaragi Daisuke

法政大学出版局

ミシェル・アンリ
(1990 年頃)

まえがき

フランスの著名な作家、マルセル・プルースト（一八七一―一九二二）に、「見知らぬ男」という短編がある。[1] 毎晩、夕食に多くの客人を招き、決して一人になることのない裕福で魅力的な男ドミニックの話である。ある晩、彼が、いつものように客人たちの到着を待っていると、一つの声が彼に呼びかける――「ドミニック」――。遠くからとも、近くからともいえぬその声にドミニックは怯え、目を上げると、そこに一人の見知らぬ男が立っていた。それはドミニックが招いた客ではなかった。男はドミニックに言う。「君は私に対して犯した誤りを償わなければならない……。それに私は、他の連中なしに過ごすすべを君に教えてあげられる。君が年老いたら、連中はもう来なくなるのだから」。ドミニックは男に答える。「君を夜食に招待しよう」。しかし、見知らぬ男は言う。「私を君のそばに残したければ、他の客たちは断らなければならない」。その時、招いた客たちがドアをノックする音が聞こえる。「あの人たちを断ることはできない。私は一人ではいられない、いられない」。ドミニックがそう答えると、男は言う。「事実、私といたのでは君は一人になってしまう。それでも私をそばに残すべきなのだ……。私は彼ら全部よりももっと君を愛している」。そして男はドミニックに、自分を選ぶか、客人たちを選ぶか決めるように促す。ドミニックは、ドアを開けに行き、振り返らずに男にたずねる。「いったい君は誰なの？」 すでに姿を消しかけていた男はドミニックに答える。「今夜もやはり君は、習慣のために私を犠牲にした……。まもなく君は私を殺してしまうだろう。二度と会うこともなくなる……。私は君の中にいた、しかし永遠に君から遠ざかる。すでに私はほとんど無に等しい。私は君の魂なのだ。君自身なのだ」。――消えた訪問者と交わした対話を客人たちに話して聞かせようとしたドミニックが、うまく話せずにいると、客の一人が彼を遮り、次のように結論づけた。「絶対に一人でいてはいけない。孤独は憂愁を生み出す」。皆は満足し、再び飲み始める。ドミニックも陽気に話しはじめた。

なんだか不思議な話だが、ここに出てくる「見知らぬ男」は、この男の言う通り、ドミニック自身なのだろう。ドミニックは、外からやってくる客人たちにたえず囲まれ、決して一人でいることはない。彼の注意はいつも外に向いている。しかし、彼の内には同時に、一人になって、みずからの内面性を見つめ、自分自身のもとに留まりたいという欲求もある。そうした欲求がある形をとって彼の前に現れたのが、この「見知らぬ男」だったのだろう。だが、客人たちに囲まれた生活にすっかり慣れきった彼は、そうした欲求に身を委ねることができない。彼は、客人たちを断って、男を、つまり、自分自身を自分のそばに残すことが、自己との内密性のうちに生きることができないのだ。結局、ドミニックは、自己自身から、自己の生から目を背け、外部からやってきた客人たちに心の扉を開ける。彼は、外なる他者とのおしゃべりのなかで、内なる自己を遠ざけ、自己を忘れ、自己を無にし、そして、ついに自己を殺すのである。

この短編でプルーストが「客人」として描いたのは、決して単なる「他者」ではなく、自己にとっての「外部」、「外在性」そのものだと言えるだろう。プルーストは、外部や外在性との関わりのうちで、自己を、自己の内的生を見失い、忘却し、それを抹消してしまう人間の姿を描こうとしたように思われる。そこには、人間の本質、自己の本質が内的生のうちにあるにもかかわらず、現代の人間において、その内的生が見失われていることに対するプルーストの憂いが感じられる。

ところで、この短編の作者プルーストがこの世を去ったその年（一九二二年）、哲学者であり、作家であるミシェル・アンリがこの世に生を享けた。もちろん、アンリがプルーストの没した年に生まれたことは単なる偶然でしかない。しかし、アンリの思想のうちには、「ドミニック」に象徴される人間の姿のうちに人間性の危機を認め、そこからの救済を探ろうとする姿勢が認められる。ただし、哲学者であるアンリは、そうした人間性の危機が、現代の人間の姿のうちに認められるだけでなく、古代ギリシア以来の西洋思想の伝統に由来するものであることを鋭く見抜いた。アンりによれば、古代ギリシア以来、西洋思想は、事柄の真理や本質を、目に見えて明らかなこと、隈なく光に照らされていること、目の前に、外部に隠れなく展開されていることのうちに認めてきた。だが、そうした伝統のなかで、目の前に、外部に展開され、光に照らされることのないもの、目に見えないもの、つまり、人間の自己や内的生のあり方が見失われ、忘却され、そして、抹殺されてきたとするのである。アンリは、彼が残した哲学的著作のなかで、こうした生の忘却としての西洋思想の歴史的展開を詳細に分析する一方で、人間の社会、文化、芸術が、その本質を見えない内的生のうちにもつにもかかわらず、外在性のうちで見えるものとして表象化され、野蛮へと姿を変えてしまっている現状を告発している。また、小説においては、まさにプルーストがその短編で行ったように、内的生と外在性の諸関係をめぐるみずからの思想を、寓意的、あるいは具体的な物語の展開のうちに折り込み、合理的、論理的な推論を展開する哲学書とは別の形で、自由にのびのびと想像と創意の翼を広げているのである。

アンリが、こうした彼独自の思想を胸に抱き始めたのは、彼がまだ二〇代半ばの頃であったろうと思われる。彼は、かなり早い時期から、人間の内面性、内的生、感情、自己といったものに眼を向けるとともに、従来の哲学がそうした次元を拾い上げてこなかったことに気づいていた。このように、若いうちから自らの哲学の確固とした基本的枠組みを手に入れていたアンリにとって、なすべきことは、この枠組みに具体的な肉付けを施していくことだったにちがいない。そのために、アンリは、伝統的な哲学が人間の内面性を覆い隠してきた経緯やその理由を解き明かすと同時に、彼が根源的な真理の在り処と考える内的生の構造を解明することに没頭した。彼は、みずからのラディカルな二元論的思想をひたすら彫琢すると同時に、そうした思想の枠組みを社会、文化、芸術、キリスト教などの諸領域へと応用していくことに専心したのである。

おそらくは、自らに課したそうした責務に邁進するために、アンリは、パリの喧騒を離れ、南フランスの地、モンペリエにとどまり、ひたすら哲学史と対峙し、社会情勢や文化の現状を冷静に見極め、文学作品の創作をとおして、自由に想像の翼をはばたかせたのだろう。そうした彼の態度は、当然、当時の「哲学的な流行」からも一定の距離を保ち続けるものだったろうし、また、ラディカルな二元論の立場を貫く彼の思想は、いわば「独自路線」を行くものだったろうと思われる。そんなことから、アンリは「孤高（haute solitude）」の哲学者とさえ呼ばれた[2]。フランスにおいても、アンリの思想が、同時代のサルトル、メルロ＝ポンティ、レヴィナス、リクール、ドゥルーズなどの思想に比べると、必ずしも多くの話題を集めてこなかったのも、こうしたことが影響しているように思われる。

そうした状況は日本においても同じであって、やはり、アンリ哲学が話題にのぼる機会は、他の同時代の哲学者たちに比べて多くはない。それは、フランスにおける場合と同様、彼の哲学者としての態度とラディカルな哲学的姿勢が人を寄せ付けない「孤高さ」をもつからであるように思われる。結果として、アンリ哲学は、いまだ十分に掘り下げられていない未開拓の領域を残していることになるわけで、そうしたアンリ哲学をめぐる研究状況はおのずと、諸々の学問領域において、アンリに関する話題を制限させることにもなる。実際、アンリの著作の多くが日本語に翻訳されているにもかかわらず、アンリの哲学の内容やその思想形成を深く掘り下げたり、アンリ哲学を応用的に展開したりする研究は必ずしも多くない。この『ミシェル・アンリ読本』が企てられたのは、そうした日本におけるアンリ研究の状況に少しでも「風穴」を開けるためである。この「風穴」を通して、アンリの思想世界のうちに、一人でも多くの新しい読者が入ってきてくれることを期待したい。

ここで、この『ミシェル・アンリ読本』刊行の経緯についても簡単に説明しておこう。

今回の刊行の背景には一〇年以上にわたる「日本ミシェル・アンリ哲学会」の活動の積み上げがある。そもそも日本におけるミシェル・アンリ研究は、山形頼洋、松永澄夫、今村仁司などによってアンリの哲学が日本に紹介されたことに始まるが、二〇〇九年に「日本ミシェル・アンリ哲学会」が発足すると、アンリ哲学に関心を寄せる研究者たちがこの学会に集うようになった。それ以来、「日本ミシェル・アンリ哲学会」は、日本におけるミシェル・アンリ研究のプラットフォームとして、毎年の研究大会や学会誌『ミシェル・アンリ研究』の発行を通して、日本のアンリ研究を牽引してきたと言える。

学会発足から一一年ほど経った二〇二〇年、アンリの生誕百年となる二〇二二年を二年後に控えた頃、アンリ生誕百年（同時に、アンリの没後二〇年）を記念して、学会としてなんらかの企画を行うことが提案された。さっそく、学会内に、この企画について検討するワーキンググループが立ち上げられ、企画内容をアンリの思想を紹介する書籍の出版とすることが決められて、内容についても検討された。当初予定されていた書籍はどちらかというと専門家向けの内容だったが、その企画案をもって法政大学出版局に相談したところ、反対に、法政大学出版局から、より一般向けの『ミシェル・アンリ読本』として刊行することを勧められ、それに合わせて内容を見直し、本読本の刊行に至った次第である。

先にも述べたように、日本におけるアンリ受容はいまだ広範な展開をみせるにいたっていない。その意味では、まずはアンリの思想を一般向けに紹介し、より多くの方にアンリの思想を知ってもらうことが重要だろう。そうしたことから本読本は、哲学や思想に関心を持つ一般の読者を対象に、アンリの人物像、その思想内容、他の哲学者たちとの関係、さらには、小説家としての側面など、アンリに関して幅広く紹介することをめざした。

本読本は四部に分かれている。第Ⅰ部「ミシェル・アンリの軌跡」では、まず、アンリの人物像と生涯を紹介し、次いで、初期から晩年にいたるまでの彼の思想の概略を分かりやすく解説した。この第Ⅰ部は、本読本全体への導入の役割を果たすものであり、特に、アンリの思想にはじめて触れる読者には、まずこの第Ⅰ部から読み始めることをお勧めする。

第Ⅱ部「西洋哲学史を読み解くミシェル・アンリ」は、西洋哲学史との対話を通して自らの思想を彫琢したアンリが、ドイツ神秘主義から現象学にいたるまでの西洋哲学史をどう読んだかを紹介するとともに、逆に、西洋哲学史の流れの中からアンリの思想に光を当てるようにも配慮した。

第Ⅲ部「ミシェル・アンリにおける主要テーマ」では、文字通りテーマ別にアンリの思想を紹介している。読者は、この第Ⅲ部を読めば、アンリ哲学における主要問題の概略をカバーすることができるだろう。また、この第Ⅲ部では、これまでほとんど紹介されてこなかった「小説家としてのアンリ」についても解説している。

第Ⅳ部「ミシェル・アンリと現代思想」では、アンリを現代の哲学者たちのうちに位置づけ、現代思想におけるアンリ哲学の特徴、意味、さらには、その限界をも描き出すことを試みた。ここで取り上げた哲学者たちのうちには、アンリとの間に相互の言及がほとんど、あるいは、まったく見られないものも含まれているが、現代思想という一つの地図の上に、そうした彼らを配置したらどんな景色が見えてくるかを執筆者の方々に描き出していただいた。本読本では、第Ⅲ部までは、基本アンリの思想の紹介に徹しているが、この第Ⅳ部は、むしろ各章の執筆者の独自の観点から独創的な風景を描き出していただくようにお願いした。

本読本は、この他に、アンリの主要著作の解題、コラム、そして、略年表を掲載した。アンリの各著作において何がテーマにされ、何が論じられているかをつかむには主要著作解題が便利だろう。また、コラムでは、アンリと親交の深かった方たちにアンリの思い出を語っていただいた。哲学的な議論の合間のコーヒーブレイクとして気楽に読んでいただければと思う。また、巻末の略年表では、アンリの生涯を、彼が生きた時代の現代思想の状況、および社会、政治、文化の状況とともに示した。彼がどのような時代状況のなかで哲学と文学に打ち込んだのかをあらためて確認するのに役立つだろう。

なお、本読本は多くの執筆者の論考から構成されているが、編者としては、単なる論文集のようなものではなく、統一された一冊の著作となるように最大限の注意を払った。アンリの専門用語は可能なかぎり統一し、論考中の諸々の表記の仕方についても調和させるように配慮した。さらには、読者の便宜のために、各章のあいだに多くのクロスリファレンスを入れている。読者は、単に各章を順に追っていくだけでなく、クロスリファレンスを手がかりに、各章のあいだを自由に往来することで、アンリの思想世界を立体的に体験することができるだろう。

先にも述べたように、本読本が刊行に至ったのは多くの方々のご尽力のおかげである。これまで日本ミシェル・アンリ哲学会の活動を支えてくださった会員のみなさん、学会活動にご協力いただいた会員以外の研究者のみなさん、そして、今回、本読本のために、時間を割いて論考執筆の労を取っていただいた執筆者のみなさんに、この場を借りてお礼を申し上げる。特に、執筆者のみなさんには、度重なる編者からの原稿修正依頼に対して、そのつど丁寧にご対応いただいた。

また、本読本は表紙および本文内にアンリの写真を掲載しているが、これらの写真はすべて故山形頼洋教授夫人の山形恭子氏、および本読本コラム①執筆者のロラン・ヴァシャルド氏から提供していただいたものである。お二人のご厚意とご協力に感謝申し上げる。

さらに、法政大学出版局の郷間雅俊氏にもこの場を借りてお礼を申し上げる。そもそも、日本ミシェル・アンリ哲学会のワーキンググループからの相談のおりに、『ミシェル・アンリ読本』の出版を勧めてくださったのは郷間氏であった。その後も、編者たちからのお願い、質問、要望等に丁寧に対応してくださり、執筆者、編者ともども安心して出版作業に取り組むことができた。郷間氏の勧めと理解がなかったなら、本読本が読者の手に届くことはなかっただろう。

最後になるが、本書を手に取っていただいた読者のみなさんにとって、この『ミシェル・アンリ読本』が、新しく／あらためて「ミシェル・アンリ」を発見する機会になることを心から願っている。

二〇二二年七月三日

編者を代表して

川瀬雅也

註

（1）プルースト「見知らぬ男」『楽しみと日々』岩崎力訳、岩波文庫、二〇一五年、二三七―二四〇頁。なお、この短編は、他の小品とともに、「悔恨、時々に色を変える夢想」という総タイトルのもとにまとめられている。

（2）Xavier Tilliette, « Une nouvelle monadologie : la philosophie de Michel Henry », in *Gregorianum*, Vol. 61, No. 4, 1980, p. 633.

目次

第Ⅳ部　ミシェル・アンリと現代思想

主要著作解題

凡　例

一、ミシェル・アンリの著作からの引用・参照に際しては、次頁「著作一覧」の版を利用し、括弧内に略号と原著の頁数を記す。なお、邦訳がある場合には、その頁数も付記している。たとえば、(EM, 385：四四一) は、「*L'essence de la manifestation*, PUF, coll. « Épiméthée », 1990, p. 385（『現出の本質』上・下、北村晋、阿部文彦訳、法政大学出版局、二〇〇五年、四四一頁）」の箇所を示している。

一、アンリ以外の文献からの引用・参照に際して、章によっては略号を使用している場合がある。その場合も、略号・原著頁数・邦訳頁数の順に記している。

一、アンリの著作、アンリ以外の文献のいずれの場合も、引用文は必ずしも参照指示した邦訳には従っていない。

一、アンリの基本用語の訳語については、既訳を踏まえつつ、大まかな統一を図っている。巻末の事項索引を参照のこと。また、同一の原語に対して異なる訳語をあてている場合には、そのつど括弧に入れて原語を付記している。

一、「主要著作解題」のタイトルには、原著の日本語訳と出版年を記した。著作によっては邦訳書のタイトルとは異なるものもある。

一、引用文中の〔　〕は引用者の補足ないし補注を示す。コラム中の〔　〕は訳者の補足ないし補注を示す。また、〔……〕は中略を示す。

一、大文字で始まるフランス語の単語については、原則として〈　〉で表記する。例：〈生〉(Vie)

一、とくに断りのないかぎり、原文イタリック体の箇所には傍点を付した。引用者による強調については、そのつど注記した上で傍点を付している。

一、聖書の文脈における「Verbe（λόγος）」は新共同訳聖書では「言（ことば）」と訳されるが、本読本では読者の便宜のために「〈御言葉〉」という訳語を用いている。

著作一覧

【哲学的著作】

EM : *L'essence de la manifestation*, PUF, coll. «Épiméthée», 1990［1963］（『現出の本質』上・下，北村晋・阿部文彦訳，法政大学出版局，2005 年）．

PPC : *Philosophie et phénoménologie du corps. Essai sur l'ontologie biranienne*, PUF, coll. «Épiméthée», 1987［1965］（『身体の哲学と現象学――ビラン存在論についての試論』中敬夫訳，法政大学出版局，2000 年）．

M : *Marx*, Gallimard, coll. «TEL», 2009［1976］（『マルクス――人間的現実の哲学』杉山吉弘・水野浩二訳，法政大学出版局，1991 年）．

GP : *Généalogie de la psychanalyse. Le commencement perdu*, PUF, coll. «Épiméthée», 1985（『精神分析の系譜――失われた始源』山形頼洋・上野修・宮崎隆・中敬夫・松島哲久・野村直正・森藍・池田清訳，法政大学出版局，1993 年）．

B : *La barbarie*, PUF, coll. «Quadrige», 2001［Grasset, 1987］（『野蛮――科学主義の独裁と文化の危機』山形頼洋・望月太郎訳，法政大学出版局，1990 年）．

VIV : *Voir l'invisible. Sur Kandinsky*, PUF, coll. «Quadrige», 2005［François Bourin, 1988］（『見えないものを見る――カンディンスキー論』青木研二訳，法政大学出版局，1999 年）．

PM : *Phénoménologie matérielle*, PUF, coll. «Épiméthée», 1990（『実質的現象学――時間・方法・他者』中敬夫・野村直正・吉永和加訳，法政大学出版局，2000 年）．

CC : *Du communisme au capitalisme. Théorie d'une catastrophe*, Odile Jacob. 1990（『共産主義から資本主義へ――破局の理論』野村直正訳，法政大学出版局，2001 年）．

CMV : *C'est moi la Vérité. Pour une philosophie du christianisme*, Seuil, 1996（『我は真理なり――キリスト教の哲学のために』未訳）．

INC : *Incarnation. Une philosophie de la chair*, Seuil, 2000（『受肉――〈肉〉の哲学』中敬夫訳，法政大学出版局，2007 年）．

PC : *Parole du Christ*, Seuil, 2002（『キリストの言葉――いのちの現象学』武藤剛史訳，白水社，2012 年）．

PV-I : *Phénoménologie de la vie*, Tome I : *De la phénoménologie*, PUF, coll. «Épiméthée», 2003（『生の現象学　第一巻　現象学について』，未訳）.

PV-II : *Phénoménologie de la vie*, Tome II : *De la subjectivité*, PUF, coll. «Épiméthée», 2003（『生の現象学　第二巻　主観性について』，未訳）.

PV-III : *Phénoménologie de la vie*, Tome III : *De l'art et du politique*, PUF, coll. «Épiméthée», 2004（『生の現象学　第三巻　芸術および政治的なものについて』，未訳）.

PV-IV : *Phénoménologie de la vie*, Tome IV : *Sur l'éthique et la religion*, PUF, coll. «Épiméthée», 2004（『生の現象学　第四巻　倫理と宗教をめぐって』，未訳）.

PV-V : *Phénoménologie de la vie*, Tome V, PUF, coll. «Épiméthée», 2015（『生の現象学　第五巻』，未訳）.

BS : *Le bonheur de Spinoza*, PUF, coll. «Épiméthée», 2004（『スピノザの幸福』，未訳）.

SM : *Le socialisme selon Marx*, Sulliver, 2008（『マルクスによる社会主義』，未訳）.

AD : *Auto-donation. Entretiens et conférences*, Beauchesne, 2004［Prétentaine, 2002］（『自己贈与――対談と講演』，未訳）.

ENT : *Entretiens*, Sulliver, 2007［2005］（『対談集』，未訳）.

【小説】

JO : *Le jeune officier*, Gallimard, 1954（『若き士官』，未訳）.

AYF : *L'amour les yeux fermés*, Gallimard, 1976（『目を閉じて，愛』，未訳）.

FR : *Le fils du roi*, Gallimard, 1981（『王の息子』，未訳）.

CI : *Le cadavre indiscret*, Albin Michel, 1996（『不躾な死体』，未訳）.

ROM : *Romans*, Encre Marine, 2009（『小説集』〔『若き士官』，『目を閉じて，愛』，『王の息子』を収める〕，未訳）.

ミシェル・アンリ読本

第Ⅰ部

ミシェル・アンリの軌跡

川瀬雅也

ミシェル・アンリほど、生涯にわたって一つの主張を貫き通した思想家は多くないのではなかろうか。アンリは、哲学と文学に捧げたその人生を通じて、西洋思想の伝統において忘却、隠蔽されてきた「人間の生」こそが、いっさいの存在の原理、そして、主観性の原理をなすと主張し続けたのである。しかも、アンリの場合、こうした主張の主要部分は、初期の思想（具体的には一九七六年の『マルクス』まで）のうちでほぼ出揃っており、その後のアンリの思想の展開は、ある意味では、この初期の基本思想の反復になっているとも言いうる。

しかし、だからといって、アンリのいわば中期以降の思想が、初期の基本思想の単なる二番煎じかというと、決してそんなことはない。アンリは、その中期以降、初期の基本思想に立脚しつつ、それを具体的に展開したり、拡張したりしているのであり、いわば、自己自身の思想をみずから応用的に発展させているのである。実際、アンリがその基本思想に基づいて展開する主題は多岐にわたる。無意識、文化、芸術、他者、共同体、労働、技術、経済、政治、民主主義、キリスト教、聖書、言葉、エロティシズムなど。アンリは、みずからの基本思想を武器に、人間の多様な生の様態を広く探究し、それらの根底にある人間の生の本質構造を暴き出そうとしたと言えよう。

そこで、この第Ⅰ部「ミシェル・アンリの軌跡」では、アンリの基本思想の内実とはどのようなものか、その基本思想は、中期以降、どのように展開され、拡張されたのか、そして、最終的に、アンリの思想はどこにたどりついたのか、といった問題を検討していきたい。本読本の第Ⅱ部以降では、「西洋哲学史を読み解くミシェル・アンリ」、「ミシェル・アンリにおける主要テーマ」、「ミシェル・アンリと現代思想」といった表題のもと、アンリ思想を多様な視点から検討するが、そうした各論に先だって、アンリ哲学がたどった主要な道筋を描き出すことがこの第Ⅰ部の役割となる。

では、まずは、アンリが主著『現出の本質』（一九六三）を出版し、真に「哲学者」としての地位を確立するまでの軌跡を確認することからはじめよう。

1　『現出の本質』出版まで

ミシェル・アンリは一九二二年一月一〇日、当時のフランス領インドシナ、現在のベトナムのハイフォンに生まれた。ミシェルの父ガストン・オーギュスト・アンリと母シュザンヌ・ラテは一九一九年五月にパリで結婚し、ほどなくして、遠洋航海船の船長だった父ガストンが海軍所属の港湾水先人として赴任したハイフォンに移り住んだ。[1] アジア美術愛好家で、中国語も解した父は、ミシェル誕生の一七日後[2]に自動車事故で亡くなっている。ミシェルの妻アンヌは、ミシェルがみずからの哲学を武器に現代社会の諸領域を開拓しようとした姿勢を、さまざまな海であらゆる種類の船舶を指揮した彼の父の姿に重ねている（AD, 238）。母シュザンヌは、音楽家・作曲家でリール音楽院の校長を務めたエミール・ラテ（一八五一―一九三四）の娘で、パデレフスキに師事し、フォーレの前で演奏したこともあるピアノの名手だった。夫とともにハイフォンに移住するため、ピアニストになる夢は諦めたが、亡くなるまで、毎日五、六時間のピアノの練習を欠かさなかった。祖父や母の影響で、恵まれた音楽的環境に育ったミシェルが、後に、感情や情緒を重視し、「調性（tonalité）」、「響き（sonorité）」、「共鳴（résonance）」など音楽的とも言える用語を駆使してみずからの思想を語ったのも自然なことだったのかもしれない。

夫の死後、ミシェルの母は、ミシェルと一歳半年上の兄とともにハイフォンにとどまったが、一九二九年に一家でフランスに帰郷する。はじめアンジュの友人のもとで、次いで、リールの父のもとで暮らした後、一九三七年に息子たちをアンリ四世校[3]に入れるため、パリに移住する。

アンリ四世校で、ミシェルは、ジャン・ゲーノ（一八九〇―一九七八）に文学を、ジャン・ラポルト（一八八六―一九四八）に哲学を学んだ。また、エコール・ノルマル受験準備学級[4]の最終年度（一九四〇―四一）には、退屈な授業を抜け出して、もぐりでジャン・イポリット（一九〇七―六八）の講義に出席し、その抽象的思索に魅了されている。ミシェルはイポリットを敬愛し、彼によって哲学の道へと誘われる。イポリットは後に、ジャン・ヴァール（一八八八―一九七四）とともに、彼の国家博士学位論文の指導教員になる。

ミシェルの学生時代は決して穏やかなものではなかった。ミシェルがアンリ四世校在学中の一九三九年、フランスはドイツとの戦争に突入する。開戦当初は、とくに戦闘も生じない「奇妙な戦争」の状態が続いたが、一九四〇年五月、ついにドイツ軍がフランスに侵攻。フランスは劣勢に立たされ、六月にはパリが陥落する。ポール・レノー首相を引き継いだフィリップ・ペタンは、フランス南部の街ヴィシーに移り、ドイツ、イタリアと休戦協定を結ぶ。対独協力的なヴィシー政権の誕生である。一方、前国防次官であったシャルル・ド・ゴールはロンドンに亡命し、「自由フランス」を結成して、対独レジスタンス活動を開始する。そして、その年、ミシェルの兄は、ド・ゴールの呼びかけに応じて自由フランスに参加するため、ロンドンに渡ることになる。

ミシェルは一九四二年にソルボンヌの学士を取得し、その後、ジャン・グルニエ（一八九八―一九七一）の指導のもと、DES (Diplôme d'études supérieures 高等教育修了証書) 取得のための論文である『スピノザの幸福』に着手する。[5] スピノザを主題にしたのはグルニエの指示だった。ミシェルは、兄に倣って、また、義務労働徴用（ＳＴＯ）[6] から逃れるために、レジスタンス活動に身を投じる決意を固めていたので、五ヶ月半で論文を完成させ、一九四三年四月にリール大学で口頭試問を受けたあと、六月にはレジスタンス組織マキに加わっている。ＤＥＳ学位論文は、「スピノザにおける幸福」というタイトルで、一九四四年と四六年に二回に分けて要約がとある哲学雑誌に掲載された。

　ミシェル同様、ＳＴＯから逃れるためにマキに加わる若者は多く、そこに目をつけたレジスタンス活動家のロベール・サラザック（ロベール・スーラージュ）は、フランス東部で、マキの幹部候補の育成のためにエリート学生を集めて「ペリクレス」部隊を作る。ミシェルはこの「ペリクレス」に所属し、オー・ジュラで活動する。[7] ミシェルにつけられたコードネームは「カント」だった。彼がリュックサックに『純粋理性批判』を詰め込んで駆けつけたことから、この名がついた。

　このレジスタンス活動は哲学者ミシェル・アンリの思想形成に大きな影響を与えた。後に、アンリは、ロラン・ヴァシャルドのインタビューに答えて次のように話している。「実際、レジスタンスとマキの経験は私の生についての考え方に深い影響を与えました。地下活動（clandestinité）によって、私は、身分を隠すことが何を意味するかを日々、強く感じさせられたのです。この間ずっと、考えていること、さらには、為すことを隠さなければならなかったのです。こうした絶えざる偽装のおかげで、私にとって、真なる生の本質が、つまり、それが見えないということが明らかになりました。残虐さが世界を覆う最悪の時代に、私は、この真なる生を、私自身のうちに、護るべき秘密として、また、私を護ってくれる秘密として感じ取ったのです。世界の現出よりも深くて古いある現出が、私たちの人間としての条件を規定しています。もはや、人間を「政治的動物」などと定義することはできないのです」（ENT, 13）。

　一九四四年六月の連合国によるノルマンディ上陸作戦を機にフランス国内のレジスタンス活動は活気づき、八月、ついにパリが解放される。レジスタンス活動を終えたアンリはパリに戻り、アグレガシオン（教授資格試験）の準備を始め、翌年の八月には合格して、カサブランカのリセ（高等学校）に職を得る。

　一九四六年、アンリは、博士学位論文の構想に着手し、四七年、ヴァールを指導教授として、「啓示の本質（*L'essence de la révélation*）」というタイトルで国家博士学位論文の計画書を提出する——この計画は六一年に『現出の本質』として結実することになる。また、同じ四七年冬には、ジャン・ボーフレおよび友人のアンリ・ビローとともにハイデガーを訪問。強烈な印象を受けている。四八年、当時、巡洋艦で働いていたアンリ四世校時代の友人の話をもとに「ネズミ」という小説を書く——これは五四年に『若き士官』として出版される。さらに、四九年には、『身体の哲学と現象学』をわずか数ヶ月で書き上げている。

一九四九年から六〇年までの期間、アンリは、リセで教えたり、奨学生や研究員になって糧を得たり、エクサン・プロヴァンス大学で教職についたりと、頻繁に身分や居住地を変えつつ、もっぱら博士学位論文の準備に没頭する。アンリは後に、この時代は孤独と貧困を伴う困難な時代だったが、同時に、自分にとって本質的なことだけに関われる興奮の日々でもあった、と述懐している（ENT, 14–15）。

一九六〇年、アンリにソルボンヌ大学の職を推薦して断られたイポリットは、かわりにモンペリエ大学の職を薦め、アンリはこれを受ける。アンリがパリで職に就くことを断ったのは、学生の博士学位論文の指導で忙殺されるのを恐れたかららしい（ENT, 15）。アンリは、学務的喧騒に煩わされがちなパリから離れて、地中海を臨む地で穏やかに暮らしつつ思索することを選んだ。

一九六一年一月、アンリはついに国家博士学位論文『現出の本質』を書き上げる。副論文は『身体の哲学と現象学』。一九六三年二月、ヴァール、イポリット、リクール、アルキエ、グイエを審査員として口頭試問が行われ、会場にはレヴィナス、デリダ、ドゥルーズなどがいた。一九六三年に『現出の本質』が、六五年に『身体の哲学と現象学』が出版される。

こうして、アンリは、モンペリエ大学に職を得、主著を出版したことで、「哲学者」としてのゆるぎない地位を確立するに至る。

2　アンリ哲学の時代区分

以上のようにして「哲学者」としての確固とした地位を確立したアンリだが、彼のその後の人生についてもごく簡単に確認しておこう。

『現出の本質』と『身体の哲学と現象学』の出版後、アンリは、アグレガシオンを受験する学生のために、課題となっていた『ドイツ・イデオロギー』について講義したことをきっかけに、マルクスに関する研究をはじめる。マルクスのうちに、みずからの思想との響き合いを感じたアンリは、およそ一〇年間マルクス研究に没頭し、一九七六年、大著『マルクス』を出版する。

また、『マルクス』出版と同年、アンリは小説『目を閉じて、愛』を発表し、フランスで最も権威ある文学賞の一つであるルノード賞を受賞する。さらに、八一年には三冊目の小説『王の息子』を出版している。

一九八二年にモンペリエ大学を退職したアンリは、翌年の一〇月から一二月まで、山形頼洋の招きで文部省特別招聘教授として日本に滞在し、ゼミナールや講演を行い、それをもとに、八五年、『精神分析の系譜』を出版する。その後、アンリは、九〇年までのあいだに、『野蛮』（一九八七）、『見えないものを見る』（一九八八）、『実質的現象学』（一九九〇）、『共産主義から資本主義へ』（一九九〇）など、たてつづけに著書を出版する。この時期、アンリは、初期に確立した基本思想をベースに、自らの思想を精神分析、文化、技術、芸術、経済、政治など、多様な領域へと展開させている。

　一九九〇年代からはアンリの思想が新たな局面に入る。キリスト教思想が彼の哲学的関心の中心を占めるようになり、いわゆる「キリスト教哲学三部作」である『我は真理なり』（一九九六）、『受肉』（二〇〇〇）、『キリストの言葉』（二〇〇二）を次々に出版する。また、『我は真理なり』の出版と同年の九六年には、小説『不躾な死体』を発表している。

日本滞在中，山形頼洋と（1983 年）

　二〇〇二年、不治の病におかされたアンリは、病院のベッドで妻のアンヌとともに『キリストの言葉』を校正するが、七月三日、著書の出版を待つことなく、南フランスの小さな街アルビで亡くなる。享年八〇歳だった。

　哲学と文学に捧げられたアンリの人生の軌跡の上には、こうして一一冊の哲学的著作と四冊の小説（そして、多くの論考）が残された。先にも述べたように、こうした諸著作を通してアンリが探究した思想は終始一貫していたと言えるが、しかし、その一貫性は、決して単調で、単線的なものではなく、そのうちに豊かな多様性と具体性を備え、たえず新たな領域へと越境していく力動的なものであった。

　以下では、右のようなアンリ哲学の展開の軌跡をさらに詳しくたどりなおしてみたいと思うが、その際、便宜的に、アンリの思想を、彼の哲学的著作の主題や内容をもとに、前期、中期、後期という三つの時代に分けて検討したいと思う。ただし、こうした時代区分は、いわゆる「定説」になっているものではなく、また、本読本全体の一貫した方針として採用するものでもなくて、この第Ⅰ部で、アンリの思想の軌跡を分かりやすく描き出すために便宜的に用いる時代区分であることを断っておく。

　この第Ⅰ部で使用するアンリ哲学の時代区分は以下のようなものである。

前期　『現出の本質』（一九六三）、『身体の哲学と現象学』（一九六五）、『マルクス』（一九七六）を含む時代。この時代は、おおよそアンリのモンペリエ大学在任期間と重なる。

中期　『精神分析の系譜』（一九八五）、『野蛮』（一九八七）、『見えないものを見る』（一九八八）、『実質的現象学』（一九九〇）、『共産主義から資本主義へ』（一九九〇）を含む時代。モンペリエ大学退職後から一九九〇年頃までの時代。この時代は、アンリがみずからの基本思想を多方面に、豊かに展開させた時代だと言える。

後期　『我は真理なり』（一九九六）、『受肉』（二〇〇〇）、『キリストの言葉』（二〇〇二）という、いわゆる「キリスト教哲学三部作」の時代。この時代、アンリは、新約聖書のキリスト教思想をみずからの思想の先駆けとして理解し、そうした観点からキリスト教思想について集中的に考察している。

以下、このような時代区分にそって、アンリ哲学の軌跡を描き出してみたい。

3　アンリの前期思想

まずは、アンリの前期思想から確認していくことにしよう。

先にも述べたように、アンリ哲学の基本思想はすでにこの前期にほぼ出揃っていると見なすことができる。では、その基本思想とは何か。それは、端的には、次のように言い表すことができよう。〈人間や人間が経験する世界の本質は、アンリが「生」と呼ぶ次元を原理にしている。しかし、古代ギリシア以来の伝統的な西洋思想によって、この生という次元は忘却、隠蔽され、歪曲されてきた。よって、そうした生の忘却、隠蔽を取り除き、いっさいを基づける生の具体的あり方を明らかにする必要がある。〉

ここでは、こうしたアンリの基本思想の内実を理解するために、まずは、『現出の本質』を念頭において、次の四つの問いについて検討していくことにしたい[8]。

①アンリは、古代ギリシア以来の伝統的な西洋思想の特徴をどこに見ているのか
②アンリが「生」と呼ぶ次元とはいかなるものか
③伝統的な西洋思想はなぜ生を忘却、隠蔽し、歪曲したのか
④アンリが考える生の具体的あり方とは何か

①アンリは、古代ギリシア以来の伝統的な西洋思想の特徴をどこに見ているのか

アンリが、古代ギリシア以来の伝統的な西洋思想の特徴と見なしているのは、「個々の存在者が存在する条件はその本質のうちにある」とする思想だと言える。「本質」とは、或るものの「何であるか」を規定するものを指す。或るものは「本である」か、「樹木である」か、「建物である」か、「有機物である」

か、など、いずれかの「何であるか」を条件として存在するのであり、そうした条件の外では存在しえない[9]。

では、こうした「何であるか」の究極の規定とは何か。それは「存在する」であろう。或るものの存在の条件を「ハンマーである」、「道具である」、「物質である」……などとたどれば、最終的には「存在する」という条件に到達する。そもそも存在するものはどんなものであれ「存在する」ことを枠組み・条件にしているし、その枠組み・条件のうちにないものは存在しない。伝統的に、哲学が存在を問うとき、問題にしてきたのは、この「存在する」ことであり、ハイデガーはそれを「存在者の存在（Sein des Seienden）」と呼んだ。

また、存在者が「存在する」とは、存在者が「現れる」ことをも意味しよう。いかなる存在者も「現れる」ことを枠組み・条件として存在し、現れてくる。では、存在者が「現れる」とはいかなる事態か。それは、存在者が「目の前」に、「外」に立てられることだろう。存在者を前／外に立てること、対象（objet）[10]として置くことが存在者の存在・現れの条件だと言える。

だが、この存在者はいかにして前／外に立てられ、対象として置かれるのか。存在者の現れがつねに主観性に対する現れであることを考えると、存在者を前／外に立て、対象として置くのは主観性の営み、主観性が存在者を「対象化する働き」にほかならないと言える。主観性の対象化の働きこそ、存在者が前／外に立てられ、対象として置かれることを、つまり、それが「存在する」ことを可能にする。こうして、存在者が「存在する・現れる」こと、存在者の存在は主観性の働きと同義であることになる。

さらに、存在者はつねに「世界」のうちに存在し、現れてくるとも言える。世界とは、存在者が存在し、現れることの条件、つまり、先の意味での「存在する・現れる」ことにほかならず、したがって、これも主観性の働きと同義であることになる。世界という存在の地平、現れの地平、外在性の地平とは主観性にほかならず、これが「現れる」こととして、言い換えれば、「存在の光」として機能して、存在者が存在し、現れうる。ハイデガーが存在論を現象学として展開したのも、存在の構造をこのように理解したからだと言えよう。

アンリによれば、西洋思想は古代ギリシアからハイデガーにいたるまで、基本的に、存在者の存在の構造をこのように考えてきた。つまり、「存在する・現れる」こと、主観性、世界、外在性、対象性／客観性（objectivité）、存在の光、可視性といった「本質」のうちでこそ、存在者が存在し、現れうると考えてきたのである。その意味で、本質とは、いっさいの存在者を一般的、普遍的に条件づけるもの、あらゆる存在者の究極のカテゴリー、存在者の全体を包み込む大きな概念だと言えよう。

したがって、西洋思想が、古代ギリシアからハイデガーに至るまで、もっぱら本質を、つまり、「存在する・現れる」こと、主観性、世界、等々を探究してきたのだとするならば、それは西洋思想が、伝統的に、カテゴリー、概念、一般性、普遍性、全体性を探究してきたということ、そして、個々の存在者を、カテゴリー、概念、一般性、普遍性、全体性のうちで光に照らされるのをまってはじめて存在し、現れうるものとして理解してきたことを意味するだろう。以上が、アンリが伝統的な西洋思想の特徴として捉えていたことだと言える。

だが、アンリは、こうした西洋の伝統的な思想に対して見直しを迫る。なぜなら、こうした思想においては、個々の存在者は、カテゴリー、概念、一般性、普遍性、全体性によって形式的に規定されたもの、それらのサンプルにすぎないものにされ、他とは共有しえない、特定の存在者の固有性、その実在性が見失われてしまうことになるからである。

とりわけアンリが懸念するのが主観性の存在である。先に確認したように、主観性とは、個々の存在者の存在の条件、個々の存在者の「存在する・現れる」こととというカテゴリーにほかならないが、そうした主観性の存在、つまり、個々の存在者の「存在する・現れる」こととというカテゴリーの存在は、決して、このカテゴリーによっては保証されない。もし、カテゴリーの存在がカテゴリーによって保証されるとなると、条件づけるものが条件づけられるものによって保証されることになり、矛盾は免れない。アンリによれば、結局、伝統的な西洋思想は、この存在の究極の条件についての問いを曖昧なままにしてきたのである。

②アンリが「生」と呼ぶ次元とはいかなるものか

ところで、西洋思想のうちにも、存在者の存在の条件を本質やカテゴリーのうちに見出すことに異義を唱えた思想があった。一般に「実存主義」と呼ばれる思想がそれである。言うまでもなく、アンリもその点には自覚的で、すでに一九四三年にはキルケゴールの思想に着目しているし、『現出の本質』でもサルトルやハイデガーの実存思想について検討している。

だが、同時にアンリは、最初からキルケゴールに対して批判的であり、また、サルトルやハイデガーについても終始、批判の矛先を向けている。レジスタンス活動中、オー・ジュラの森の中で書いた日記で、アンリは、キルケゴールを念頭に「実存の諸前提について博士論文を書く」[11]と記し、後には、キルケゴールのエゴには自己性という基盤が欠けている、と述べている[12]。また、『現出の本質』においては、サルトルやハイデガーの実存思想が、人間の実存をあくまでカテゴリー、一般性、普遍性、全体性などから捉えて、それらに回収されずにそこからはみだす事実性、偶然性、被投性として理解してしまっている点、また、人間があたかもみずからの実存を引き受けたり、拒否したりできるかのように理解してしまっている点を批判している（EM, §41–44）。

アンリによれば、人間の実存がカテゴリー、一般性、普遍性、全体性に回収されないことを確認するだけでは不十分なのであり、むしろ、なぜ回収されえないのかが解明されなければならない。アンリにとって、それは、実存がカテゴリー、一般性、普遍性、全体性といった本質とはまったく別の存在の仕方、現れ方をするからにほかならず、アンリは、そうした実存の存在の仕方、現れ方を「生（vie）」と名付けるのである。

よって、アンリ自身が何度も念を押しているように、彼の「生」の概念は生物学的意味での「生命」とは何の関係もない。確かに、カテゴリー、一般性、普遍性、全体性が理性／ロゴスに基づくことから、古代ギリシア人は、人間を「ロゴスを持つもの」と規定し、それと対立するものとして動物的生命を捉えていた。つまり、古代ギリシアでは、動物的生命が、ロゴス、理性、カテゴリー、普遍性などと対置されていたと言える。だが、アンリの「生」概念はロゴスに対立するものではない。むしろアンリは、生のうちに、理性とは異なるロゴス、「生のロゴス」を認めるのである。では、この「生のロゴス」とは何か。

先には、理性がカテゴリー、一般性、普遍性、全体性を基づけると言った。これらは存在者の存在の本質、つまり、世界という存在の地平、現れの地平、外在性の地平として、存在者がそのもとで現れてくる「光」、存在者を照らす「光」をなしている。だが、これら存在・現れの地平、外在性の地平としての主観性は、こうした現れの構造のうちでは現れてこない。では、それはいかに現れるのか。

アンリによれば、主観性は、世界、可視性、存在の光のうちで、前／外に立てられて現れるのではなく、まったくの「内在（immanence）」において、自己自身のうちで、自己自身に現れてくる。つまり、主観性は、みずからの「外」にみずからを向かい立てることによってではなく、いっさいの隔たりなしに、自己自身が自己自身によって「内的」に感受されるという仕方で現れてくるとされる。アンリが「生のロゴス」と呼ぶのは、こうした現れ方、存在の仕方にほかならない。それは、実存が、本質のうちで自己を見つめるのではなく、その実在そのものにおいて、自己に触発され、自己を感受することを意味しているのである。

③伝統的な西洋思想はなぜ生を忘却、隠蔽し、歪曲したのか

こうしてアンリは、古代ギリシア以来の西洋思想における存在の理解に生のロゴスを対置させる。しかし、それでは、こうした生のロゴスが、単に西洋の伝統的な存在理解と対立しているだけでなく、それによって忘却、隠蔽され、歪曲されたのはなぜなのだろうか。なぜ伝統的な西洋思想は生のロゴスを隠蔽し、歪曲しさえしたのか。

第一の理由は、伝統的な西洋思想が「生」という存在・現れの仕方を知らなかったからである。アンリは、存在者の存在の原理を本質のうちにのみ見出す思想を「存在論的一元論（monisme ontologique）」と呼ぶが、アンリによれば、西洋思想

は古代ギリシア以来、この存在論的一元論に呪縛され続け、いくつかの例外を除いて、その軛から逃れられなかった。だからこそ、それとは原理的に異なる存在・現れの仕方である生のロゴスは忘却され、隠蔽され続けたと言えよう。

だが、なぜ西洋思想は、その長い歴史のなかで、生のロゴスに気づかなかったのだろうか。それは、生が世界、外在性のうちでは現れず、したがって、見えず、思考されえないからである。これが、生が忘却、隠蔽された第二の理由である。

先にも述べたように、主観性は自己の外に出ることなく、自己のうちにとどまり、自己自身に触発され、自己を内的に感受している。世界の光、存在の光に浴することこそ「見える」こと、「現れる」ことであるなら、主観性の存在とは「見えない闇」であり、つねに「隠れている」もの、「地下に潜伏した(clandestin)」ものだと言えよう。生は、それ自体が「身を隠す」ものだからこそ、その存在が忘却され、隠蔽されてきたのである。

しかし、主観性は、それが存在し、現れるからこそ、世界の光、存在の光でありうるはずである。ならば、主観性の存在の仕方としての生こそ、世界、外在性・可視性の地平、存在の光の、したがって、理性のロゴスの根拠であるはずである。つまり、見える世界は、見えない生に支えられているはずである。しかし、生のロゴスは、その不可視性、思考不可能性のために、単なる偶然性、事実性、被投性として、あるいは、無意識的な欲動として解釈され、そのようにして、単に忘却されるだけでなく、その本質を歪曲させられてきたのである。

このようにして、存在論的一元論に立つ西洋思想の歴史のなかで、生は忘却、隠蔽され、歪曲されてきた。アンリからすれば、こうした西洋思想の歴史は、みずからの「始源(commencement)」を見失った歴史にほかならないと言えよう。(13)

④アンリが考える生の具体的あり方とは何か

さて、それでは、伝統的な西洋思想が見失ってきた「生」という存在・現れの仕方とは、具体的にはどのようなものだろうか。

アンリによれば、世界の光、存在の光のうちで存在者を現れさせる働きとは、根源的な意味で理解された知覚、つまり、「見せる働き」そのものにほかならない。その意味で、伝統的な西洋思想は、広く、かつ、根源的な意味で知覚可能なものこそが存在するものだとしてきたと言える。

だが、生のロゴス、生の現れ、主観性の存在とは、存在の光、可視性の光のうちで現れることではなく、それ自身のうちで、見えない暗闇の中で、自己自身に感受される仕方で現れることだった。アンリは、こうした現れ方こそが「感情」にほかならないとする。感情とは、外界から触発される異他触発ではなく、自己触発であり、自分が自分自身を内的に感受することである。そうした自己感受とは、たとえば、苦しみ、喜び、悲しみ、快、不快などであり、主観性は、そうした情感的な仕方で自己自身に感受され、自己に現れることで存在する[14]。そして、そうした主観性の存在を基盤にして、「見せる働き」としての根源的知覚が機能しうるのである。

また、アンリはこうした感情を、単に主観性の現れ方としてとして理解するだけでなく、世界の本源的な現れ方としても理解している。伝統的な西洋思想において、世界は根源的に知覚において現れるとされてきたが、アンリは、世界の根源的な現れの様態を感情のうちに、情感的な現出のうちに認めるのである。アンリにおいては、もっとも根源的な現出様態である感情においてこそ、主観性も世界もともに現れ、存在するとされる[15]。

以上が『現出の本質』を念頭に描き出したアンリの基本思想の内実である。アンリは、〈本質、カテゴリー、普遍性、全体性としての世界の光、存在の光のうちで見えること〉を存在の原理としてきた西洋思想の伝統が、〈決して見えず、感情として内的に感受される生〉を忘却、隠蔽し、歪曲してきた経緯を暴き出し、後者の現出の原理に基づいた哲学の再構築を目ざしたと言えよう。

ここまで、『現出の本質』にもとづいて、アンリ哲学の基本思想の内実について確認してきたが、同じ基本思想は、観点を変えた形で『マルクス』においても反復されている。言うまでもなく、『マルクス』はカール・マルクスの社会思想・経済思想を探究したもので、アンリはそこでみずからの思想をすでに大きく拡張させている。しかし、それにもかかわらず、『現出の本質』という偉大な成果をもたらしたアンリの基本思想は、この『マルクス』においても堅持されており、『現出の本質』とは異なった観点のもとで反復されているのである[16]。

先には、アンリが主観性の存在を問題にしていることを述べたが、主観性は、具体的には身体として現実存在すると言える。アンリは、『身体の哲学と現象学』において、メーヌ・ド・ビランを解釈しつつ主観的身体について考察し、それを力や努力として、また、その根源的な現出の仕方を「努力の感情」として理解し、さらには、この努力としての身体が働きかける世界を「抵抗」として規定した[17]。

さらに、『マルクス』になると、主観性は単に受肉するだけでなく、社会化されることになる。努力として世界に働きかける主観性とは労働する主観性にほかならず、そうした労働する主観性に対して現れてくる世界は、社会的、経済的な価値を持つもの、つまり、財、富、商品などとして現れてくるのである。また、アンリは、主観性の自己感受、自己現出を主観性の個体化の原理として理解するが、そうしたことから『マルクス』では、労働する主観性の具体的なあり方が「生ける個人」として規定され、この個人の生こそいっさいの社会的価値の源泉だとされるのである。

だが、アンリによれば、伝統的な西洋思想においては、こうした「生ける個人」は忘却、隠蔽され、歪曲されてきた。本質、カテゴリー、普遍性、全体性を存在の条件として理解する伝統的な西洋思想は、個人を、これら本質、カテゴリー、普遍性、全体性の一サンプルとして、形式的にしか理解せず、個人からその実在性を、生という自己感受を消し去ってしまったのである。そうした傾向はとりわけ、ヘーゲルおよび、その後継者の哲学に顕著だが、それらの哲学に抗して、個人の生、個人の実在性を守り抜こうとしたのがマルクスだったのであり、アンリは、そうしたマルクスのうちに、ヘーゲルやその後継者の哲学に対してともに反旗を翻す「戦友」を見ていたのである[18]。アンリによれば、マルクスは「個」を「全体」の中の一要素として理解したヘーゲルに対して、「個」を形式的、一般的な「全体」とは異質な実在性を持つものと理解し、「全体」の意味は、そうした実在的な「個」の視点から理解されなければならないとしたのである。

だが、アンリによれば、マルクスを引き継いだはずのマルクス主義は、そうしたマルクスの真意を捉えそこね、伝統的な西洋思想を転倒させようとしたマルクスの思想を、逆に伝統的な西洋思想の枠組みの中で解釈してしまった。つまり、マルクス主義は、一般的、普遍的なカテゴリーにほかならない社会、国家、階級、歴史こそが真の実在であり、個人は、そうした一般的、普遍的なカテゴリーによって規定された存在、それらの一サンプルにすぎないとして、個人の価値を切り下げてしまったのである。アンリが「マルクス主義とは、マルクスに関してなされたもろもろの誤解の相互に関連した総体である」(M, 7：一)と言うのは、こうした意味においてにほかならない。『マルクス』におけるアンリの努力は、マルクスの思想をマルクス主義の誤解から救い出すと同時に、社会、国家、階級、歴史などという一般的、普遍的なカテゴリーのもとで価値を切り下げられた「生ける個人」を救済することだったと言えよう。アンリによれば、社会、国家、階級、歴史などが個人の生を規定するのではなく、むしろ、個人の生が社会、国家、階級、歴史などを形成するのであり、アンリは、そうした個人の生からの全体性の形成を「系譜学」と呼んで、マルクスの思想に添いつつ、その系譜学の内実を解明しようとするのである。

このように見てくれば、『現出の本質』で提示されたアンリの基本思想は、『マルクス』においても観点を変えつつ反復されていることが分かるだろう。アンリにとって問題だったのは、伝統的な西洋思想が、いっさいの現出の源泉である主観性の生、いっさいの富と価値の源泉である個人の生を、本質、カテゴリー、世界の光、存在の光、国家、社会、階級、歴史などの一般的、普遍的な諸概念と同質のものとして、それらの一規定、一サンプルとして理解してしまったことだった。アンリは、そうした伝統的な西洋思想を転覆して、主観性の生、個人の生の本質規定から、一般的、普遍的な諸概念の形成、諸概念の系譜を説明しようとしたのである。

4　アンリの中期思想

次には、アンリの中期思想について検討していきたい。アンリの中期思想に属する著作は『精神分析の系譜』（一九八五）、『野蛮』（一九八七）、『見えないものを見る』（一九八八）、『実質的現象学』（一九九〇）、『共産主義から資本主義へ』（一九九〇）である。

先にも述べたように、アンリ哲学の基本思想が前期でほぼ出揃っていると考えられるかぎり、その中期思想は、この基本思想の具体的展開や拡張ということになる。ではアンリは、その中期において、みずからの基本思想をどのように展開し、拡張しているのだろうか。

中期の最初に位置する『精神分析の系譜』は、アンリが独自の視点から西洋哲学史を再構成した著書だと言える[19]。先にも確認したように、アンリにとって西洋思想の歴史は、基本的に本質、カテゴリー、普遍性、全体性に存在論的な優位を見る思想なのだが、アンリによれば、こうした歴史は「生」というみずからの「始源」を忘却した歴史にほかならない。西洋思想史は、生によって生み出されているにもかかわらず、そのみずからの始源である生を忘却し、隠蔽してきたのである。

だが、なぜそうしたことが生じたのか。それは生という始源が時間的な意味で歴史の最初に位置するものではないからである。歴史を川の流れに喩えるなら、アンリの言う始源とは、決して水源を意味せず、むしろ、川の流れのどこにおいても、いつでもその流れを支えている川底を意味している。水源は川の流れが進めば進むほど過ぎ去ってしまうが、川底は川の流れをどこまでたどっても決して過ぎ去らず、つねにそこにある。つまり、生という始源は、過ぎ去ってしまう過去ではなく、いつでも根底にある過去、決して過ぎ去らない過去、「永遠の現在」にほかならない。だが、そうした始源は決して歴史の流れ、西洋思想史の流れの中には組み込まれえないだろう。川底を川の流れの中に位置づけることは不可能である。西洋思想史のなかに位置づけることのできない始源としての生は、西洋思想史の中では忘却されざるをえない。これが、西洋思想史において生が忘却され、隠蔽された理由である。

だが、アンリによれば、基本的に始源の忘却や隠蔽の歴史である西洋思想史においても、時折、そこからの逸脱のようにして、始源としての生が再発見されることがあった。たとえば、それは、新約聖書にみられるキリスト教思想、エックハルト、デカルト、マルブランシュ、メーヌ・ド・ビラン、マルクス、ニーチェ、フッサール、そして、画家のカンディンスキーなどにおいてである。『精神分析の系譜』では、このうち、デカルトとニーチェが生を再び見出したものとして描き出されており、それに対して、ハイデガーとカントが、デカルトが見出した生を忘却したものとして、また、フロイトが、ショーペンハウアーが見出しかけ、ニーチェが的確に描き出した生を再び隠蔽したものとして描き出されている。要するに、『精神分析の系譜』は、アンリの前期思想を、哲学史、思想史という観点から捉え直したものとみなすことができよう。

だが、そうした『精神分析の系譜』のうちには、同時に、前期思想からの展開、あるいは拡大と言える要素も認められる。厳密に言えば、そうした要素もすでに前期において語り出されていたのだが、それらは『精神分析の系譜』において主題的に展開され、中期以降のアンリの思想を特徴づける概念に育っていくのである。それらの概念とは「自己増大（accroissement de soi）」、および「自己否定（négation de soi）」または「自己破壊（auto-destruction）」である。まずは「自己増大」の意味から確認していくことにしよう。

アンリが「生」と呼ぶ主観性の存在、あるいは存在の原理は、『現出の本質』においても『身体の哲学と現象学』においても、基本的には、決して自己の外に出ることなく、自己にとどまり、たえず自己に到来するものとして理解されていた。『身体の哲学と現象学』においては、主観性は力として理解され、抵抗としての世界と関わるものとされるが、その抵抗との関係そのものは内面性のうちに回収されるものと理解されていたのである。

だが、『マルクス』においては、主観性は単に努力の主体としてだけでなく、欲求、生産、消費の主体として理解され、それにともなって、生は単なる自己到来としてだけでなく、絶えず自己を増大させるものとして理解されるようになる。

そうした思想が端的に現れているのが、アンリが剰余価値について論じた箇所である。通常、交換とは等価なものの交換にほかならないが、資本家が労働者に賃金を支払い、それと交換に労働者の労働を手に入れる場合、資本家は、支払った賃金以上の価値、つまり、剰余価値を手に入れ、これによって資本の蓄積が可能になる。アンリによれば、こうしたことが可能なのは、労働者の「生ける労働」が通常の商品とは異なり、たえず「より以上のもの」を生み出す力だからにほかならない。つまり、アンリはここにいたって、労働者の生、個人の生を、単に自己にとどまり、自己に到来するだけでなく、たえず自己を増大させる力として理解するのである。

こうして、すでに『マルクス』において語り出されていた自己増大の概念は、『精神分析の系譜』でのニーチェに関する考察を通してより明確に概念化されることになる。アンリによれば、ニーチェにおいても生は力として、「力への意志」として理解されるが、この力は何かを実現する個別的な力ではなく、諸々の個別的な力を可能にする生としての力、つまり「超力（hyperpuissance）」であり、この超力は、生として、自己にとどまり、自己を感受し、自己に到来しつつも、たえず自己自身を増大させ豊かにするものとして、あるいは自己をより以上に感受し、より以上に世界を見、より強く世界に働きかけ、より以上に産み出そうとするものとして理解されているのである。

また、中期思想においては、『野蛮』、『見えないものを見る』、『共産主義から資本主義へ』などにおいて、文化、技術、芸術、経済、政治などがテーマになるが、アンリが中期においてこうした諸問題をテーマにしたのも、生が単なる自己到来としてでなく自己増大として、自己を豊かにする力として理解されたからだと言えよう。アンリにおいて、文化、技術、芸術、経済、政治などはいずれも、生がその自己増大によって産み出すもの、生の自己実現として理解されるのであり、そうした理解を通して、アンリは、前期思想ではもっぱら自己感受や自己到来として理解した生の概念をより拡張することになるのである[20]。

だが、中期のアンリは、このように生の概念を拡張させつつも、そのように拡張された生の様態が同時に、生にとっての危険として現れてきていることも指摘する。とりわけ、技術、政治、経済などは、確かに生の自己実現の一形態ではあるのだが、多くの場合、それらは生に対して刃を向け、生を破壊する「野蛮」に変貌してしまっているとされる。つまり、技術、政治、経済などは、人間の生、個人の生を客観性や全体性に回収されうる一要素に貶め、その価値を切り下げてしまっているとされるのである[21]。

だが、どうしてこうしたことが生じるのだろうか。つまり、技術、政治、経済が生の自己増大の結果であると同時に、生を破壊する野蛮でもあるのはなぜだろうか。この問題を説明してくれるのが、アンリの中期思想を特徴づけるもう一つの概念、つまり、「自己否定」または「自己破壊」である。

アンリはこれらの概念についても、すでに『現出の本質』七〇節において語り出していた。先にも述べたように、アンリは生の現出のあり方を自己触発、感情として理解するが、これは自己の重みを被ること、自己を苦しむことを意味し、この苦しみが、自己のうちに、自己との絆を断ち切ろうとする意志、自己を否定し、自己を破壊しようとする意志を生じさせるとする。生が自己と自己の結びつきを意味するかぎり、こうした意志は死を望む意志にほかならず、アンリは、キルケゴールが「死に至る病」と呼んだ生の状態をこのようなものとして理解するのである。

同様の考察は、『精神分析の系譜』のニーチェ論においても繰り返される。先に見たように、アンリは力としての生を自己増大として理解していたが、これは、自己を苦しむことが、自己を受け入れ、自己を享受すること、自己を楽しみ、自己の存在を喜ぶことをも意味するからである。しかし、自己の重みに耐えられない生は、自己との絆の切断、つまり、自己否定、自己破壊に向かい、自己を自己自身から切り離そうとして、自己の前に自己を立て、自己を表象し、対象化する。こうしたことによって、生はある種の変質を被るのだが、アンリによれば、これこそニーチェが「生の病」と呼んだ状態にほかならない。

したがって、自己と自己の結びつきである生は、一方では自己増大をもたらすとともに、他方では自己否定、自己破壊をもたらすのであり、アンリはこの自己否定、自己破壊が現実化された様態こそ野蛮にほかならないとする。確かに、文化や芸術にかぎらず、技術、政治、経済も生の自己増大の産物にほかならないが、しかし、自己を増大させる生は、自己受苦の苦しみから逃れるために、自己との結びつきを否定し、自己に刃を向け、自己を破壊しようとするのであり、とりわけ技術、政治、経済は、そうした自己否定的な動きによって、生を破壊する野蛮に転じうるとされる。

こうした野蛮は、外側から生を襲うのではなく、生がその内側から生自身を襲う事態であるがゆえに、生にとって最も大きな危険となる。野蛮とは「生の病」、つまり、生の本質である自己受苦に由来する不可避な病であり、自己と自己の絆として の生そのもののうちに巣くう危険なのである。

だが、もしそうなら、人間の生をそうした危険から救済することは可能なのだろうか。人間の生を野蛮から解放することはできるのだろうか。アンリが望みをかけるのは、生が自己との絆を断ち切ろうとする自己否定においてさえ、生は、まさにその自己否定を通して自己と結びついており、自己から切り離されることはありえず、したがって、自己否定は挫折せざるをえないということである。人間は、「生の病」、「死に至る病」では決して死ぬことはできない――だから、キルケゴールは「死に至る病」を「絶望」としたのである――、つまり、生は決して自己から切り離されえないのであり、アンリはこのことの気づきのうちに、人間にとって最大の危険からの人間の救済の可能性、野蛮からの解放の可能性を見出そうとするのである。

こうした人間の救済というテーマは、中期思想においても考察されているが、とりわけ後期思想において、アンリがキリスト教倫理について検討するなかで、主題的に論じられることになる。そこで次には、アンリの後期思想を追うことを通じて、アンリがいかに人間の救済を思考していたかを見てみよう。

5 アンリの後期思想

先にも述べたように、アンリの後期思想には、いわゆる「キリスト教哲学三部作」である『我は真理なり』（一九九六）、『受肉』（二〇〇〇）、『キリストの言葉』（二〇〇二）が含まれる。これらの著書を含む後期思想の最も顕著な特徴は、アンリがキリスト教思想をみずからの生の現象学と重ね合わせて考察している点である。

だが、アンリがキリスト教思想に関心を向けたのは、決して後期にいたってからではない。すでに『現出の本質』五一節では、キリスト教思想が、「世界の光」に対して「生」を対置した思想として、つまり、生の現象学の先駆けとして取り上げられており、後期に主題化されるキリスト教思想も、すでに前期思想において検討されていたのである。

したがって、アンリの後期思想もやはり、その前期において展開された基本思想の新たな展開や拡張だと言えるのだが、しかしそれにしても、なぜアンリはその後期において、徹底してキリスト教思想を主題的に探究したのだろうか。

その理由はおよそ次の三つに分けられよう。

①キリスト教思想が伝統的な西洋思想を転覆させる思想だから

②「絶対的〈生〉」がキリスト教の「神」概念として理解されたから

③キリスト教が人間の救済を説く思想だから

それぞれについて確認していこう[22]。

①キリスト教思想が伝統的な西洋思想を転覆させる思想だから

アンリが伝統的な西洋思想の本質を〈カテゴリー、一般性、普遍性、全体性を前提として個物の存在を規定すること〉のうちに認め、そうした思想によって、始源としての生の次元が忘却、隠蔽され、歪曲されたとしていることについてはすでに確認した。アンリの生の現象学は、こうした伝統的な西洋思想を転覆し、生の次元から出発して、いっさいを再考しようとする試みだったと言える。

しかしアンリによれば、同様の試みはすでに新約聖書において始まっていた。つまり、伝統的な西洋思想の転覆の試みはすでにキリスト教思想のうちに含まれていたとするのである。

だが、歴史的に見れば、多くの伝統的な西洋思想は新約聖書が書かれた後から登場したのであるから、キリスト教思想が伝統的な西洋思想を「転覆させた」という言い方は奇妙に聞こえる。これをどのように理解したらいいのだろうか。

このことを理解するには、アンリがキリスト教思想と伝統的な西洋思想の関係をいかに捉えているかを確認する必要がある。アンリは、伝統的な西洋思想、そして現象学でさえ、基本的には、キリスト教思想に先立つ古代ギリシア思想の延長線上にあると考えている。古代ギリシアにおいて、人間は動物から区別されて、「ロゴスを持つもの」と規定された。この場合のロゴスとは、カテゴリー、一般性、普遍性、全体性などを明確に捉える働きを意味しており、そうしたロゴスを人間の本質とする思想が、基本的には現代に至るまでの西洋思想を貫いてきたとするのである。

だが、アンリによれば、古代ギリシア思想の後から登場したキリスト教思想は、ギリシア的意味でのロゴスを人間の本質とすることを徹底的に拒否し、生を人間の本質として規定した。ただし、この場合の生とは、先にも述べたように、動物的生命を意味しない。キリスト教思想は、生の意味を「自己と自己の結びつき」、あるいは「自己と神の結びつき」として正しく理解していたのであり、そうした生を、表象化・対象化であるギリシア的ロゴス、また、表象化・対象化を可能にする地平としての世界と対置して、「世界の真理」のうちに生を解消しようとする思想から生の実質性を守り抜こうとしたのである。

したがって、アンリがキリスト教思想を伝統的な西洋思想の「転覆」として理解したのは、それが古代ギリシア思想のうちに具現されている伝統的な西洋思想の本質を転覆させるものだったからだと言える。アンリにとってキリスト教思想は、みずからの生の現象学の先駆けにほかならず、そうしたことからアンリは、その後期において徹底してキリスト教思想の探究に向かったのだと思われる。

②「絶対的〈生〉」がキリスト教の「神」概念として理解されたから

アンリが後期においてキリスト教思想を徹底して探究した二つめの理由は、アンリが、みずからの「絶対的〈生〉(Vie absolue)」の概念こそ、キリスト教思想が「神」と名づけたものにほかならないと考えたからだと思われる。

アンリが生を自己と自己の結びつきとして理解していることはすでに説明したが、同時にアンリは、自己を自己に結びつけるのは自己の営みではありえないとも考えていた。確かに、生とは自己触発、自己感受、自己受苦、自己享受にほかならないが、しかし、自己はみずからがそのようなものであることの原因たりえないのであって、たえず自己のあり方に対して受動的であらざるをえない。つまり、自己はたえずみずからを「すでに自己触発されたもの」として見出さざるをえないのである。

アンリにおいて、こうした思想は中期から明確に語り出されることになるが、後期に至ると、思想の射程が、各々の自己を「自己触発されたもの」として可能にしている原理へと拡張されることになる。『我は真理なり』においては、各々の自己を意味する「自己触発の弱い概念」(CMV, 135)、あるいは「所産的自己触発」(CMV, 138) に対して、各々の自己を自己触発されたものとして可能にしている「自己触発の強い概念」(CMV, 135)、つまり「能産的自己触発」(CMV, 138) が区別され、前者を意味する「個々の生」に対して、後者は「絶対的〈生〉」として規定されるようになる。

個々の生ける自己が生を営みうるのは、それが生の営みそのものとしての絶対的〈生〉に浴しているからであり、また、それが自己でありうるのは、この絶対的〈生〉が根源的で能産的な自己触発の営みだからにほかならない。

後期のアンリはこのように、その基本思想である「自己触発」概念を拡張するのだが、アンリにとっては、このような思想の拡張から導き出された絶対的〈生〉や能産的自己触発こそ、キリスト教思想が神として、また、キリストとして概念化したものにほかならない。キリスト教が神と呼ぶのは、あらゆる人間に生をもたらす絶対的〈生〉であり、それは「原‐息子(Archi-Fils)」を通して、つまり能産的自己触発としてのキリストを通して人間に与えられ、人間を「神の子(fils de Dieu)」に、「自己触発されたもの」にするのである。

このようにアンリは、みずからの絶対的〈生〉や能産的自己触発の概念が、すでにキリスト教思想において「神とキリストの関係」として思考され、語られていたと考え、そうしたキリスト教思想の解釈を深めることで、みずからの生の現象学を根本から規定しなおそうとしたのだと言えよう。

③キリスト教が人間の救済を説く思想だから

後期にアンリがキリスト教哲学を徹底して展開した三つめの理由は、その中期思想で課題として浮かび上がった「人間の救済」の可能性が、キリスト教倫理のうちに見出されたからだと思われる。

先にも確認したように、アンリは中期において、技術、政治、経済などが生の自己増大に由来するにもかかわらず、生を破壊する野蛮として働くことを問題にし、野蛮からの人間の救済の可能性を模索していたが、そうした問題は、後期のキリスト教哲学においては、人間が神やキリストから切り離されて不信心に陥る事態と、神やキリストをみずからの生の源泉として再び見出す事態とに置き換えられ、再考されている。

野蛮とは、生の自己否定、自己破壊であり、生が自己との絆を断ち切ろうとすることにほかならないが、こうした切断は、それが自己との絆の切断であるかぎり、そのような仕方で自己に関わっているのであり、その意味で、自己否定、自己破壊はつねに挫折に終わらざるをえないとされた。

同じことは、神と人間の関係についても言える。人間の生は神に由来するのであり、したがって、いくら人間が神との絆を断ち切ろうとしても、その断ち切る行為が生の営みであるかぎり、人間は決して神との絆を断ち切ることはできない。神から誕生してきた人間は、たとえ神との絆を切断しようとしても、決して、完全に神から、つまり、絶対的〈生〉から断ち切られてしまうことはありえないのであり、キリスト教は、そうしたことの気づきのうちに人間の「第二の誕生」の可能性、つまり「再び生まれる（re-naître）」可能性を見出すのである。[23]

アンリによれば、キリスト教の倫理とは、人間の生が神に由来し、人間が神に生かされていることを自覚するとともに、神との結びつきを弱められた生が再び神のうちで誕生できるようにうながすことのうちにある。それが可能になるのは、人間が、生の言葉であるキリストの言葉を聞くことによって、つまり、キリストの言葉を「認識する」のではなく、「心（cœur）」において聞き、みずからをキリストの言葉とひとつにすることによってだとされる。

だが、キリストにおいて言葉と行為は一致している。キリストが語ることは為すことにほかならない。したがって、キリストの言葉を「心」で聞くとは、キリストの行為をみずから為すことであり、延いては、神の意志をみずから為すことにほかならないとされるのである。

アンリの後期思想の中心テーマはこのように、中期でみずからが立てた課題、つまり、人間の救済という課題を、キリスト教倫理を通して解決することにあったと言えよう。しかし、アンリがこの課題の解決をキリスト教倫理のうちに求めたからといって、それは、彼がこの課題を信仰の問題として理解していたことを意味しない。アンリにとって、キリスト教思想は宗教であるよりもひとつの哲学、生の現象学なのであって、アンリはあくまで新約聖書の言葉を借りて、みずからの哲学を語ろうとしたと理解すべきだろう。

ところで、アンリの後期思想には、もう一つ検討に値する重要なテーマがある。それは他者、あるいは共同体の問題である[24]。そもそもアンリは、生の原理を、「他」や「外部」を排除する自己触発、自己感受、自己性のうちに見出しており、その意味でも、他者問題、共同体問題を理論的にいかに説明するかはアンリにとって大きな課題だったと言えよう。実際、前期思想においては、他者や共同体というテーマは『マルクス』において若干問題にされる程度で、本格的に論じられることはなかった。

アンリが本格的に他者・共同体問題に着手したのは、中期の『実質的現象学』の第三章「共－パトス」からだが[25]、特に後期において、アンリは、この困難な問題を、先にも言及した絶対的〈生〉や能産的自己触発の概念を導入することで解決しようとした。

すでに確認したように、アンリは生ける自己を徹底的に受動的な存在として規定し、それが生きていること、自己であることの根拠を絶対的〈生〉や能産的自己触発のうちに持つものとして規定していた。だが、或る生ける自己に当てはまることは、同じくひとつの「自己」である他の生ける自己にも当てはまる。個々の生ける自己は、外部や他を知らず、それ自身に閉じているとしても、それぞれが絶対的〈生〉を根拠にしているかぎり、そうした生と存在の共通の根拠を介して互いに通じ合っている。アンリはこのように理解して、他者関係や共同体の可能性を、外的な世界のうちでの関係、見える世界のうちでの関係としてではなく、絶対的〈生〉というあらゆる自己の存在の原理における関係として理解した。

後期においては、こうした他者論、共同体論が、キリスト教哲学の文脈で取り上げ直され、より詳細に論じられることになる。先にも述べたように、アンリにとって、キリスト教の神は絶対的〈生〉を、キリストは能産的自己触発を意味しており、したがって、絶対的〈生〉や能産的自己触発を介して生ける自己が相互に関係し合い、共同体を形成することは、キリスト教思想の文脈では、個々の人間が神やキリストを介して関係し共同し合うことを意味するのであり、それこそがキリスト教倫理の中核にある思想だとされるのである。

だが、アンリのこうした思想は決して、個々の「生ける自己」を全体性、一般性、普遍性のうちに解消させるものではない。アンリの他者論、共同体論において重要なのは、個々の自己を徹底的、絶対的に個体的な自己として可能にする原理が、同時に、他者との生きた関係、生きた共同体を可能にしているとされる点にある。アンリの思想においては、個と全体は絶対的〈生〉のうちで統一されているのであり、両者を対立させて解釈すること自体、ナンセンスなのである。

また先にはアンリの後期思想の中心テーマが「人間の救済」にあると述べたが、アンリの他者論、共同体論もやはり「人間の救済」というテーマのうちに含めて理解することができる。たとえば、『受肉』ではエロティシズムが取り上げられ、それが、生としての他者に達することができないために、知覚的・表象的世界において他者を「裸」にすることで欲望を満たそうとする行為として、すなわち、他者関係における「野蛮」として理解されている。アンリにとっては、こうした野蛮からの人間の救済を可能にするのが、絶対的〈生〉、神を介した他者との関係なのであり、その意味で、キリスト教思想に基づく他者関係や共同体についての思想も、その後期思想の中心テーマである「人間の救済」に結びつくものだと言えるだろう。

＊＊＊

ここまで、アンリの人生の軌跡および思想の軌跡を、いわば「大股で」たどってきた。大股でたどったのは、読者に、まずはミシェル・アンリという哲学者の全体像をつかんでもらうためであったが、しかしそれゆえに、アンリ哲学のうちに認められる多くの考察を跨ぎ越さざるをえなかった。その跨ぎ越された部分において、アンリは、実に緻密に諸々の哲学書や新約聖書を読み解き、独創的な視点で哲学史を再構築し、さらには、研ぎ澄まされた洞察力で文明の諸問題を暴き、その批判を展開しているのである。そうしたアンリの個別の考察については、第Ⅱ部以降の各章で詳しく検討していくことにしたい。

この第Ⅰ部で提示したかったのは、むしろ、アンリの思想を全体として眺めわたしたときに見えてくる姿であった。アンリは、古代ギリシアから現代に至るまでの西洋思想の流れを透徹した視点で俯瞰しているだけでなく、そうした西洋思想の本質を見抜き、それが人間の生、文明、さらには、現代社会を、その根にいたるまで変質させてきたことを暴き出している。そうした状況のなかで、いまや人間の生は、その本質を忘却され、隠蔽され、歪曲されて、ますます地下への潜伏を余儀なくされている。アンリのもくろみは、このような危機に陥っている人間の生に、その本質、その真理を恢復させ、危機と野蛮からの人間の救済をめざすことであったと言えよう。

だが、もしかしたら、こうしたアンリ思想の枠組み、つまり〈世界、外部性、表象、概念、イデオロギーなどによる内面的な生の忘却、隠蔽、歪曲を暴き、そうした野蛮からの人間の生の救済をめざす〉という思想の枠組みは、それだけを見るならば、素朴で、単純で、深みに欠けるようにも思われるかもしれない。しかし、むしろ注目すべきは、そうした単純な枠組みによっては跨ぎ越されてしまう部分において、アンリが入念かつ詳細に思想、文化、社会を分析しており、そうした分析に裏付けられた上で、こうした枠組みが大胆に提示されているということである。

もちろん、こうした大胆な姿勢、あるいはラディカルな思想は、一方では大きな賛同を得るものでありながら、他方では同じだけの異論を招きかねないとも言える。しかし、ここで確認してきたような大胆でラディカルな思想によってこそ明確に見えるようになった問題も実に多く、さらには、そうした大胆な思想だからこそ、私たちのイマジネーションをいっそう掻き立てるということもあるだろう。

第Ⅱ部以降の各章では、単にアンリの思想を紹介するだけでなく、その限界も指摘し、さらには、アンリのラディカルな思想によって何が見えるようになったか、また、アンリの思想がいかに私たちのイマジネーションを掻き立てるか、なども示していく。読者は、そうした各章の考察を通して、アンリ哲学の、あるいは、アンリ文学の多様な解釈、多様な展開の可能性を感じとることができるだろう。

註

(1) アンリ自身は父の職業について「遠洋航海船の船長(capitaine au long cours)」(ENT, 11)、「海軍士官(officier de marine)」、「ハイフォン港の水先人(pilote du port de Haiphong)」(AD, 223)などと説明している。アンリの両親の婚姻記録には、これらのうち「遠洋航海船の船長」とのみ記されていることからすると、遠洋航海船の船長だった父が結婚を機に海軍所属の港湾水先人としてハイフォンに赴任したものと思われる。なお、アンリに関する伝記的記述は父の職業を「海軍高級将校(commandant de marine)」としているものが多い。

(2) アンリに関する伝記的記述のうちには「一〇日後」と記しているものもある(Cf. Jean-Marie Brohm et Jean Leclercq (dir.), *Michel Henry*, L'Âge d'Homme, 2009, p. 10)。

(3) パリ五区、カルチエ・ラタンにある公立の高等学校。同じくパリ五区にあるルイ=ル=グラン校とともにフランスで最高の高等学校とされている。

(4) フランスの高等教育課程において、グランゼコール(大学とは別のエリート育成のための教育機関)のエコール・ノルマル・シュペリウール(高等師範学校)を受験する学生用にリセ(高等学校)に設置されている二年間の特別学級。

(5) 『スピノザの幸福』については、本読本第Ⅱ部2「アンリと合理主義哲学」参照。

(6) ドイツの要請を受けて、ヴィシー政権が一九四二年に制定。一九四三年には一九二〇—二二年生まれの若者に強制的にドイツでの労働が課される(ミシェル・アンリは一九二二年生まれ)。この決定は多くのフランス国民の不評を買い、対独協力政策(コラボラシオン)は国民の支持を失い、多くの者が対独レジスタンス活動、とりわけゲリラ的な組織である「マキ」に加わるきっかけになる。
(7) 本読本コラム①「ミシェル・アンリの思い出」には、この時にアンリが体験したあるエピソードが紹介されている。
(8) 『現出の本質』については本読本同書解題を参照。
(9) 初めて見る何だか分からないものも、「何だか分からないものである」という枠組みのなかで存在し、現れてきていると言える。
(10) 「対象」や「客観」を意味するフランス語の objet (英語の object、ドイツ語の Objekt) は、ラテン語の objectum を語源とし、objectum は「前に投げられてあるもの」を意味する。
(11) Jean-Marie Brohm et Jean Leclercq (dir.), *Michel Henry*, p. 8. (強調は引用者)
(12) Cf. *ibid*., p. 17.
(13) 後に見るように、アンリは、こうした西洋思想の歴史について、中期の『精神分析の系譜』で詳細に検討することになる。なお、『精神分析の系譜』については本読本同書解題を参照。
(14) アンリにおける「感情」の意味については本読本第Ⅲ部1「感情と自己」を参照。
(15) 「世界」についてのこうした解釈は、たとえば『見えないものを見る』で豊かに展開されることになるが、『現出の本質』においてもすでに語り出されている (EM, 608–609：六八七―六八八)。なお、『見えないものを見る』については、本読本の同書解題を参照。また、「世界の情感的な現出」については、拙著『生の現象学とは何か――ミシェル・アンリと木村敏のクロスオーバー』法政大学出版局、二〇一九年、第六章を参照。
(16) 『マルクス』については本読本第Ⅱ部6「アンリとマルクス」、および、同書解題を参照。
(17) 『身体の哲学と現象学』については本読本第Ⅲ部2「身体と肉」、および、同書解題を参照。
(18) Jean-Marie Brohm et Jean Leclercq (dir.), *Michel Henry*, p. 29.
(19) 『精神分析の系譜』については本読本同書解題を参照。
(20) 『野蛮』、『見えないものを見る』、『共産主義から資本主義へ』については、それぞれ本読本同書解題を参照。
(21) こうしたテーマについては本読本第Ⅲ部5「文化と野蛮」を参照。
(22) アンリのキリスト教解釈については本読本第Ⅲ部7「生の現象学とキリスト教」を参照。また、いわゆる「キリスト教哲学三部作」については主要著作解題『我は真理なり』、『受肉』、『キリストの言葉』を参照。
(23) アンリにおける「誕生」概念については本読本第Ⅲ部4「無意識の探究」を参照。
(24) アンリにおける他者関係や共同体の問題については本読本第Ⅲ部3「他者と共同体」を参照。
(25) 『実質的現象学』については本読本同書解題を参照。

＊第Ⅰ部の執筆にあたって、アンリの父の名、父の職業、および両親の婚姻記録などについて、本読本略年表の執筆者、中村行志氏からご教示いただいた。ここに記して感謝申し上げる。

コラム❶　ミシェル・アンリの思い出

ロラン・ヴァシャルド

ロラン・ヴァシャルド氏は、モンペリエ大学でのミシェル・アンリの教え子であり、また友人でもあった。彼は、ミシェル・アンリについて、三冊の著書（*À l'Orient de Michel Henry*, Orizons, 2014 ; *Épreuve de soi et vérité du monde : depuis Michel Henry*, Orizons, 2016 ; *Suivant Michel Henry*, L'Harmattan, 2022）のほか、複数の論文を著しており、また、彼がミシェル・アンリに対して行った二つのインタビューは『対談集』に収録されている（ENT, 11 sqq, 49 sqq.）。

今回、本読本のコラムのために、ヴァシャルド氏からミシェル・アンリの思い出を記した文書を二編寄稿していただいた。なお、この二編は、彼が運営するミシェル・アンリ情報サイト La gazette d'Aliahova: Actualité de Michel Henry (http://lagazettedaliahova.over-blog.com) に掲載された文章（二〇一八年七―八月号、二〇一八年九月号）であることをお断りしておく。（訳者）

哲学者と士官

ミシェル・アンリはその日、ジュラ県の山中で展開していたレジスタンス組織に加わっていたときの意外なエピソードを楽しそうに思い起こしていた。彼はその頃、『純粋理性批判』一冊を荷物のなかに入れてどこへでも持ち歩いていたので、マキ(1)の同僚たちから「カント」とあだ名されていたのだった。ある駅のプラットフォームでのこと、ドイツ軍の警邏隊が旅行者たちを検問していて、それを回避して通ることはおよそ不可能な状況だった。検問を指揮していた士官は、若者のカバンを取り調べ、そこに一冊の……ドイツ語で書かれた哲学書を発見した。士官は驚き、当惑して問い質した。ミシェル・アンリは士官に対して、自分がドイツ思想を非常に高く評価していること、また、情熱をもってドイツ思想を勉強していること、さらに、ドイツ思想がヨーロッパ思想史において重要な役目を担っていること、などを説明した。取り調べはいつしか文化的な議論へと移り変わり、やがて士官はこの若い哲学徒を自由の身にしてやった。おそらくは、たった一冊の哲学書の存在が若き哲学徒の命を救ったのだ。もしこの哲学書がなかったなら、今日ある〔ミシェル・アンリの〕多くの重要なテクストが日の目を見ることはなかっただろう。

私が『我は真理なり』の一部を執筆した経緯

……（この省略符は、もし以下の証言が口頭で述べられたとして、そのとき私が示すであろうためらいをあらわしている。それは、読者に、以下で私が述べることの重大さを実感させるだろうし、また学者風に言えば、一部の人たちの当惑や疑念、さらには他の人たち、とりわけ学術的な解説者たちの好奇心や混乱をいっそう掻き立てもするだろう。）実のところ、取るに足らない話なのだが。

時は一九九五年、針葉樹林と広大な草原がかわるがわる広がるセヴェンヌ山脈の麓、ミシェル・アンリが好んだ散策道の一つ、パルラジュ（Parlatge「話す」、「言葉」を意味する美しきオック語）の森でのことだった。彼と知り合って二〇年が経っていたが、一人の人間としても、あるいは一人の哲学者としても――彼にとってこの二つはほとんど一致していたと言えるが――、このときほど彼が幸せそうに見えたことはなかったと思う。彼は私に、書き終えつつあったキリスト教に関する著書について詳しく話してくれた。この著書を書き上げることができ、福音書の数々の言葉のうちに自らの探究の真理を再発見できたことを彼は喜び、さらに、大学の職務から解放されて、生そのものに満たされたテクスト群〔福音書〕に、歓喜に酔うまで没頭できたことを幸福に感じていた。また、その際に彼は、ものものしい様子でかしこまって、次のようなことも述べていた。〔この著書において、〕絶対的〈生〉の強い自己触発と生ける者たちの生の弱い自己触発とを――両者がいずれにも還元不可能な統一のうちにあるにもかかわらず――明確に区別できたことが、現象学の本質的諸構造を記述するにあたって多くの進歩をもたらしたと考えていること、また、この区別によって、マイスター・エックハルトの天才的な直観をいっそう深くまで導けたことを誇りに思っていること、こうしたことであった。

これらの話を聞いただけで、私は彼の探究の力強さと勢い、さらに、その前代未聞の独創性について理解したし、この著書がとても重要な著書になるだろうこと、また、その際立った徹底ぶりと革新的な性格によって、『現出の本質』を引き継ぐ著書になるだろうことを予感した。そして最後に、彼はこの著書が『我は真理なり』というタイトルになるはずだと述べて、話を終えたのだった。その後、彼は〔この著書の〕サブタイトルについて思いをめぐらせていた。文字通りには覚えていないが、彼の念頭にあったサブタイトルはおよそ「キリスト教の現象学的読解」、あるいは、「キリスト教の現象学的探究」といったものだったと思う。このとき私は、この著書が解き明かそうとしている重要なテーマに比べると、こうしたサブタイトルが、そこに含まれる語からしてあまりにもそっけなく、控えめであるように感じられた。そこで私は、あつまかしくも、彼にそのように告げるとともに、あきらかに重要だと推察されるこの仕事にふさわしいと思われるサブタイトルを提案してみた。それは「キリスト教の哲学のために」というものだった。ミシェル・アンリは、しばらく黙りこみ、私の提案を吟味し、そして言った。「それがいいかもしれない……」。結局、今日私たちが知っている著書は、そのタイトルページに、二段に分けて次のように記されることとなった。『我は真理なり――キリスト教の哲学のために』。

ロラン・ヴァシャルド（左）と（1994年）

ある田舎の小道で、傍から見たら現実離れしたように見えるだろうこうした会話がもたらしてくれた幸福は、いつまでも私の心を占めている。また、ときならず、あのような提案が心に浮かんできてくれたことに、私は限りない喜びを感じてもいる。私の提案は、〔『我は真理なり』という〕見事なテクスト、まさに〔私が提案したサブタイトルの〕文言によって導入されるあの見事なテクストの価値をいっそう引き立てるもののように思われる。決してうそ偽りでなく、現代を代表する著作の一つの一部分を私が執筆したと言えることは、このうえなく私の心をたかぶらせる。ただし、この気持ちの高ぶりには、ナルシシズム的な満足と山ほどの自嘲が奇妙に混ざり合ってはいるのだが……。

（訳＝川瀬雅也）

訳註

（1） 第二次世界大戦中のフランスにおける、対ドイツ・レジスタンス組織。本読本第Ⅰ部「ミシェル・アンリの軌跡」第1節を参照。

第Ⅱ部

西洋哲学史を読み解くミシェル・アンリ

1　アンリとドイツ神秘主義

『現出の本質』におけるエックハルト理解を中心に

阿部善彦

はじめに

西洋思想史の一潮流を表示する用語としての「ドイツ神秘主義（Die deutsche Mystik）」という言葉は、日本においても、西谷啓治や上田閑照による紹介によって知られている。もとをたどれば、カール・ローゼンクランツが最初に用いたとされる。言い換えれば、「ドイツ神秘主義」は、一九世紀になって、ルターの宗教改革、近世・近代ドイツ哲学の先駆的存在となるべき思想潮流としてあとから設定されたものであった。その際、エックハルト（一二六〇頃―一三二八頃）は、長い間黙殺されてきた前例のないドイツの思想家として紹介され、その後の、フィヒテ（一七六二―一八一四）、シェリング、ヘーゲルのドイツ観念論を準備したと評価された。こうした哲学史観はヴィンデルバントを通じて日本でも紹介された[1]。

しかし、ミシェル・アンリのエックハルト理解は、エックハルトからベーメ（一五七五―一六二四）に通じる「ドイツ神秘主義」という哲学史的カテゴリー、および、「ドイツ神秘主義」を源流としてドイツ精神およびドイツ観念論という頂点を目指す発展史的記述を完全に拒絶している。なぜなら、アンリによれば、以下に見るように、エックハルト以降の西洋哲学はエックハルトを理解することができなかったからである。それゆえ、西谷啓治のように、エックハルトとベーメを当然のように神秘主義の類型のなかに並べることなどは到底ありえない[2]。アンリは、エックハルトとベーメの間に根本的な思想的断絶をみとめているのである。この断絶は、エックハルトがなぜアンリにとって「例外的な思想家」であるかを明らかにする。それゆえに、アンリの思想を理解するために、一般的に用いられているいわゆる「ドイツ神秘主義」という哲学史的カテゴリーに注目することは重要である。なぜなら、アンリの西洋哲学への本質的な批判はこのカテゴリーの廃棄・解体に直結しているからである。

アンリの最初の大著であり、それ以降の彼の思索の原点となっている『現出の本質』（一九六三）からはじまって、最後の『受肉』（二〇〇〇）、『キリストの言葉』（二〇〇二）まで、一貫して、エックハルトはアンリの同伴者となっている。本章では『現出の本質』におけるエックハルト理解を中心に、アンリが西洋哲学の歴史といかに対峙したのかを見てゆくことにしたい。

1 フィヒテからエックハルトへ

先に見たように、通俗的な哲学史観によれば、エックハルトからフィヒテへと、ある種の発展的な思想史記述がなされる。これに対してアンリは、『現出の本質』において、フィヒテからエックハルトへとさかのぼり、むしろフィヒテに欠けているものが何であるかを明らかにしようとする。アンリは第三八節の末尾で次のように述べている。

内在の内的構造の了解であると同時に啓示（révélation）の根源的本質の了解でもあるそのような了解が、まさしくフィヒテには欠けていたため、彼は自らの宗教思想の根本的な直観に現実的な内容を与えることができなかったのである。それはちょうど、もっと後に、そのような了解が現代の存在論全体にも欠落してしまうのと同じである。とはいえ、それははるかに重大な帰結をもたらすことになるのだが。実をいうと、そのような了解に歴史のうちで出会うことはほとんど皆無なのだ。ただし、かつて正当にも師〔マイスター〕と呼ばれた例外的な思想家、すなわち、エックハルトの場合は別である。（EM, 385：四四一）[3]

『現出の本質』を通読すれば明らかなように、同書においてフィヒテの『浄福なる生への導き』（一八〇六）は特別な位置を占めている。同書では『ヨハネによる福音書』の冒頭にある〈御言葉〉が「愛」として解釈されている（EM, 373：四二八）。そこで述べられている愛は、通俗的にイメージされるような、他なるものと脱自的に合致を求める（他なるもの、外なるものに向かってゆく）愛ではない。そうではなくて、「自己から切り離されておらず、むしろ自己との一体性において永遠に一なるものにとどまっているもの」こそが「愛の内的構造」であるとされる（EM, 374：四二九）。したがって愛は絶対者それ自身の現実存在そのものにほかならず、そのようなものとしての絶対者を示す「絶対者の啓示」である（EM, 378：四三三）。

だが、フィヒテは「愛でないとすればいったい何が〈神〉の確実さを与えてくれるのか」（EM, 378：四三三）[4]と言って、「絶対者の存在に関する愛の啓示能力」について述べておきながらも、その「根源的な啓示様態」を「その構造がまさに内在の内に見出されるようなものとして明るみにもたらす」には至らなかった（EM, 377–378：四三三―四三四）。それが、アンリがフィヒテに欠けていたと指摘するものである。つまり、フィヒテは愛のうちに絶対者そのものが啓示される、と述べておきながら、その啓示を隠されたものとして、人間の認識能力の彼方に祭り上げてしまっている。愛の啓示能力によって明るみにもたらされるとされた「神的な直接的存在の内」における「生」または「神的な本質」が、ここでは「それ自身の内に隠されている」とされているのである（EM, 380：四三六）。こうしたフィヒテの矛盾した見解に対して、「絶対者が隠されたままであるのは、ただわれわれに対して、人間としてのわれわれのまなざしにとってだけなのだろうか」とアンリは重ねて問いながら、その先に進んでゆく（EM, 381：四三六）。

アンリはこのようにして、フィヒテを引き合いに出しながら、絶対者の現出に対して人間が無能であり、そのため、絶対者を隠されたものとして不可知の「暗闇」の彼方遠くに祭り上げて、人間とは切り離されたもの、人間によっては思考しえないものにしてしまった西洋哲学の歴史と対決している。だが、そのなかでもフィヒテは、アンリから見れば積極的に評価できるところもある。なぜなら、フィヒテは「人間的現実存在と神的現実存在との絶対的な一体性を覚知することは、たしかに、最も深い認識であり、人間はそこまで自らを高めることができる」と認めているからである（EM, 383：四三八―四三九）[5]。

フィヒテはこの一体性の認識、啓示の実現をキリストにおいて見出している[6]。なぜなら『ヨハネによる福音書』の冒頭に記されているように、キリストは神の〈御言葉〉であり、〈肉〉となって人間のあいだに住まうものとなったのであり、のちの伝統的なキリスト教の信仰表現に従えば、完全な神であるとともに完全な人間だからである。それゆえキリストは「自分の存在と〈神〉の存在との同一性を自らの内に認めることができた」のである（EM, 383：四三九）。

こうしたキリスト理解はキリスト教における「受肉（Incarnation）」の教えにもとづくが、『現出の本質』では、それを、フィヒテの『浄福なる生への導き』（特に第六講）における『ヨハネによる福音書』解釈に沿って受容している[7]。それによれば、キリストにおいて成就した「受肉」――「自分の存在と〈神〉の存在との同一性」や「人間的現実存在と神的現実存在との絶対的な一体性」――は「単なる例外や逆説ではなく、むしろいっさいの現実存在〔実存〕の普遍的法則と見なされる」のであって、「いっさいの実存に対して、自らの内に自らの最も固有の運命として、また自らの救済の確実な根拠として」認められるべきものである（EM, 383：四三九）。

つまり、キリストにおいて「受肉」として実現している「人間的現実存在と神的現実存在との絶対的な一体性」は、キリスト自身のうちに実現したものとして認識されるにとどまらず、すべての人間の救いとして各々に実現すべきものとして譲渡されるものなのである。かくして「同一性」、「一体性」そのものであるキリストの実存そのものは「認識の外在的伝達ではなく、むしろ、彼の実存そのものの譲渡、生の本質である本源的に内在的な実存領域における譲渡」として譲渡され、われわれを「〈彼〉と同じような者」とする（EM, 514：五七九）[8]。したがって「受肉」とは、キリストにおいて実現している「同一性」、「一体性」が完全にわれわれにおいて反復されることにほかならない。後年の著作『受肉』の表現を参照すれば次のようになるだろう。

なぜなら、〈御言葉〉それ自身がキリストにおいて肉となるとき、〈生〉とその〈御言葉〉との相互現象学的内面性が反復されつつ、肉へのあらゆる合一は〈御言葉〉への合一と同一であり、そして〈御言葉〉において、絶対的〈生〉への合一と同一だからである。（INC, 351：四五一）

かくしてあらゆる生ける者において、〈生〉とその〈御言葉〉との相互現象学的内面性が、この生ける者と絶対的〈生〉との現象学的内面性として反復されるのである。（INC, 352：四五二）

『受肉』の内容に立ち入るならば、これらの引用箇所がある同書第四八節は「キリスト教による他者への関係――キリストの神秘体」と題されている。この題が示すように、「キリストの身体（corpus Christi）」へと一つに結び合わせられることにおいて、同じ生を互いに分かち合って生きるキリスト者の共同体のありようが、『ヨハネによる福音書』およびエイレナイオスやアウグスティヌスなどの教父たちの言葉をたどりながら解明されてゆくのである。

『受肉』においては、『現出の本質』において追求される「一体性」、「同一性」が、「共‐存在」として「他者‐と共に‐有ること」の観点から取り上げられ、いっそう、自己と他者の関係理解が深められて問われている（INC, 353：四五三）[9]。

もし〈御言葉〉が、あらゆる生ける肉的〈自己〉が自己のうちに到来し、自己のうちに到来することができるような条件であるとするなら、同時に〈御言葉〉は、私の〈自己〉以外のあらゆる生ける肉的〈自己〉の条件であり、そのような〈自己〉との、つまり他者との関係のうちに入るために、必然的に通らなければならない道なのではないだろうか。ここにおいてこそ絶対的〈生〉は、その〈御言葉〉において、私自身にとって私の〈自己〉への通路であるのと同様に、他の〈自己〉への現象学的通路であることが顕わとなるのである。すなわちそれは、そこにおいて私が私に与えられ、私のうちに到来するような、そこにおいて他人が彼自身に与えられ、彼のうちに到来するような、〈自己性〉なのである。

（INC, 352：四五二）

この箇所ではエックハルトへの言及はない。しかし、右の引用は、以下の二点に関して「エックハルトの思考の根本的な存在論的前提と〈ロゴス〉の本源的本質」と題された『現出の本質』の第四〇節においてエックハルトにもとづいて述べられていることを反映している。[10] 第一に、「絶対的〈生〉と〈最初の生ける者〉とのあいだの」、つまり、〈父〉と〈子〉（Fils）とのあいだの「現象学的内面性（intériorité phénoménologique）」の関係理解に関してである（INC, 351：四五〇）。これは『ヨハネによる福音書』において「私が〈父〉のうちにおり、〈父〉が私のうちにおられる」と示されるように、〈子〉から〈父〉に向かってつねにひらかれている「内面性（intériorité）」のうちに見出される〈生〉の内的構造であり、〈生〉と〈御言葉〉（ロゴス）の一体性である（INC, 351：四五〇）。第二に、この一体性が、われわれの〈自己〉、〈生〉として到来するために「受肉」があり、それなしには、われわれは同じ〈子〉として、同じ〈生〉にあずかる者となりえないという、「受肉」および〈子〉であることの理解に関してである。「受肉」によって〈御言葉〉である〈子〉は、あらゆる人間にとって「〈原‐息子〉（Archi-Fils）」であり、この〈御言葉〉である〈子〉の「根源的〈自己性〉において」、各々の人間の〈自己〉は、「それがそれであるところの〈自己〉として、自己に結合され、自己に与えられる」のであり、〈御言葉〉と同じ〈子〉とされるのである（INC, 351：四五一）。

2　エックハルトとともに西洋哲学の限界を脱する思考

アンリは『現出の本質』において、エックハルトを除く西洋哲学の思想家たちが、こうした「一体性」、「同一性」における「絶対者の内在的現実存在」を、人間の知の限界を理由にして不可知の暗黒のうちに祭り上げて、人間から切り離されたもの、隠されたものとしてしまったことを指弾する。このような態度によって取り繕われているのは思考または認識の無能さである。アンリの言葉に従えば「思考は、このように存在と現実存在の根底的な根拠にまで赴くことができないので、そのような根拠の内に可能性が見出されるものの方に自らの注意を移し、根拠が可能にしているもののうちに根拠の現前を認めるだけで満足してしまう」のである（EM, 341：三八七）。

たしかに、アンリが引用する「目標はあっても道がない」というカフカの言葉が示すように、思考は、絶対者自身に向かっていかなる手立てもない状態、交通途絶状態にある（EM, 506：五七二）。[11] しかし、アンリは、それ自身においては決して外在的な認識可能性の及ぶことのない絶対者を人間の思考の彼方へと切り離すことによって思考の無能さを覆い隠すのではなく、むしろ、その無能さを直視し、西洋哲学がその手前で満足していた地点を踏み越えようとする。この踏み越えにおいてアンリの同伴者となるのがエックハルトである。

エックハルトは思考される神ではなく、思考がその実在性に到達しえない存在する神を目指すよう、呼びかける（EM, 539：六〇六）。次の引用にある通り、アンリは、神の実在性に到達しえない思考の無能さが、エックハルトにおいては人間の自由と一体的に理解されていることを鋭く見抜く。

> 「思考が消失するとき、〈神〉もまた消失する」とエックハルトは述べている。思考の場における〈神〉の現出の偶然性、思考の場の構造によって定められ精神の自由な規定に結びつけられているこの偶然性には、そのような規定に対する根底的な非依存性という点で、〈神〉の本源的存在が、つまり、〈ロゴス〉の原初的はたらき内での〈神〉の本質の倦むことなき成就とその本質の恒常性が、妥協なきまでに対立させられている。（EM, 540：六〇六）[12]

思考に依存する限り、思考の場における〈神〉の現出は偶然性を免れえない。まさしく「思考が消失するとき、〈神〉もまた消失する」。しかも、この偶然性は思考それ自身の偶然性というよりも、思考する人間の「自由」による偶然性である。一般に、自由とは、人間が現にAであることから、Aではないことへ、または、現にAでないことから、Aであることへと移行可能であることとして理解され、そうした移行が不可能であることが自由のない状態として理解される。つまり、「自由」とは、自らが現にそうである実在性から別のものへと、つまり、現にそうではない実在性へと自らを関連づけることにほかならない[13]。しかし、そのような自由は、AであるかAではないかのいずれでもありうるという偶然的存在者においてのみ可能である。言い換えれば、絶対的存在においてそうした意味での自由は不可能である。なぜなら「絶対的存在が自らの実在性の現実態においてそれで在らぬような、あるいはいまだそれで在らぬようなものはなにも存在しない」（EM, 363：四一五）からである。したがって、絶対的存在者においては、いかなる意味でも、自らが現にそうであることから、現にそうではないあり方への移行は不可能であり、それが絶対的存在者の恒常性である。それゆえ、人間には神への態度を変更する偶然的な自由がありうるが、神が人間への態度を変更することは不可能である（EM, 540：六〇六―六〇七）。

アンリは、こうした自由の理解をエックハルトから正確に引き出している稀有な理解者である。神のわれわれへのかかわりは、恒常的、つまり、いつでも同じであって、われわれの側からの神への「認識過程や認識の進展」などに左右されないし、そうしたことに「無関心」でさえある（EM, 540：六〇六）。だが、われわれの思考が神に到達しえないならば、フィヒテもあきらめていたように、認識の欠如だけがそこに残るのだろうか。アンリは、エックハルトとともにこの認識の否定性、つまり、〈非－知〉の内部に入り込むことによってしか、すなわち、「〈非－認識〉によってしか〈神〉を認識することができない」として、フィヒテおよび西洋哲学の限界を踏み越えてゆく（EM, 548–549：六一五）。

だがそれはいかなることだろうか。人間の知の無能さにひらきなおって、現状維持のままで「実在性の啓示」が成就するということだろうか。そうしたひらきなおりがエックハルトの説く「貧しさ」や「謙虚さ」なのだろうか。もちろん、それらは絶対的存在を前にして人間の無力さに居直ったあきらめなどではない。むしろ、「貧しさ」や「謙虚さ」という無一物性に徹することは、「本質」（神の本源的存在）の内的構造そのものに入り込み、それを現れさせることである（EM, 392：四四九―四五〇）。なぜなら、ほかならぬ「本質」自体が、他の何ものももたないという無一物的な「窮乏」に徹しているからであり[14]、それこそが神自身が内在する「純粋な本質性」そのものだからである[15]。というのも、〈神〉においては、他の何ものでもありえないし、他の何ものももたないという無一物的な困窮は、いかなる媒介の介在なしに、完全に自らにおいて、自らを自らに完全に与える、という完全な自己贈与のはたらき以外の何ものでもないからである。そのようにして〈神〉は、すなわち、自らの実在性の内容のいっさいを完全に自らに与えるという自己贈与のはたらきは、〈神〉がそれ以外のありようがありえないという不可能性のうちに、つまり、他の何かでありうる能力としての自由の排除とともに成立しているのである（EM, 405–406：四六四）。

だが、エックハルトを除いて、西洋哲学の歴史は、こうした本質の内的構造を理解できなかった。「ドイツ神秘主義」の主要な思想家であるベーメも例外ではない。フィヒテ、シェリング、さらに、ハイデガーにも影響を及ぼしているベーメの「無底（Ungrund）」は、一切の本質の本質として、それ以上いかなる根底も根拠もさかのぼりえない、根底なき根底、また、根拠なき根拠であるが、結局それは、エックハルトのように「根底」それ自身の内的構造を理解する能力がなかったので、根底のない「無底」としてその理解の欠如を取り繕ったにすぎないのである。根底なき根底、根拠なき根拠としての「無底」は、そのようなものとして、いかなる理由や説明も不可能な偶然的で無規定的な不可知の絶対者として実体化されるが、それ自身としては無であって、いかなる内容も自らに与えることができず、いかなる起源にもなりえない。したがって、それは、自らを自らに対して対象化し、その対象化された限定態を媒介として、はじめて自らに対して自らであることを得ることになる。こうして、自らを現実化するために、自らから離れて、自らならざる限定態へと自らを対象化することが、根底なき根底、根拠無き根拠としての「無底」の自由であって、いうまでもなくそれは、エックハルトが〈神〉から排除した、他の何かでありうる能力としての自由にほかならない[16]。それゆえ、ベーメを取り上げるならば「ドイツ神秘主義」はまさしくドイツ観念論の源流であるが、エックハルトはいかなる仕方でもそこに一体化させることはできない例外的思想家なのであり、そうであるからこそ、われわれはアンリを理解するうえで、西洋哲学史における「ドイツ神秘主義」というカテゴリーに注目しなければならないのである。

かくしてアンリは、エックハルトとともに「謙虚さ」や「貧しさ」、つまり、他の何ものでもありえない無一物的な困窮の只中において、〈非‐知〉の内部、本質の構造の「内へと入り込む」ことによって西洋哲学の限界を踏み越えてゆくのであり、アンリの西洋哲学への根本的批判は本読本の第Ⅱ部2以降でさらに明らかにされる。本章で見てきたように、エックハルトが「例外的な思想家」であるということは、ほとんど理解されなかった思想家ということでもある。実際、エックハルトの、謙虚さ、貧しさによる神との一性の理解は、教皇勅書『主の耕地にて』（一三二九）で異端的と断罪され、その後の西洋哲学の歴史のなかでも無理解による誤読が繰り返された。つまり、エックハルトはせいぜい、偉大で難解な神秘主義者として祭り上げられるしかなかったのである。だが、断罪と誤読に満ちた西洋哲学の歴史に対して、アンリは「エックハルトを断罪した者たちには、欠けていたものがひとつだけある。それは、エックハルトの思考を了解することである」（EM, 398：四五六）と述べている。アンリは、エックハルトを正しく理解することによって、西洋哲学と根本的に対決した、まさに「例外的な思想家」の例外的な理解者だったのである。

註

（1）たとえば次のものがある。波多野精一『西洋哲学史要』未知谷、二〇〇七年（初版一九〇一年）。朝永三十郎『近世に於ける「我」の自覚史――新理想主義とその背景』角川書店、一九八四年（初版一九一六年）。

（2）西谷啓治「神秘思想史」『西谷啓治著作集　第三巻　神秘思想の研究』創文社、一九八六年、三―一七三頁。

（3）本章の引用表記では、アンリの原著での斜字体や訳書での傍点強調は割愛する。

（4）フィヒテ『浄福なる生への導き』高橋亘・堀井泰明訳、平凡社、二〇〇〇年、二三〇―二三一頁。以下、同書を『浄福』と記し、頁数のみ示す。

（5）フィヒテ『浄福』、一三九頁参照。

（6）この点については『現出の本質』第四六節でも詳しく述べられている。

（7）『現出の本質』ではフィヒテの『浄福なる生への導き』に沿って「受肉」が主題化されているが、後年のアンリの著作『受肉』は公会議や教父たちの諸見解を資料として本格的に「受肉」と向き合い、そこに西洋哲学の限界を打ち破るものを見出している。

（8）フィヒテ『浄福』、二八三頁参照。

（9）アンリの「共‐存在」の思想については本読本第Ⅲ部3「他

者と共同体」も参照。

（10）さらに、そこでのエックハルトの〈ロゴス〉、「御言葉」理解についての考察は、最後の著作『キリストの言葉』第八章で説かれる「いのち／生」をめぐる考察でも重要な意味を持つ。本章では立ち入らないが、創造的レベルでの誕生と神的レベルでの誕生が明確に区別されているなど、エックハルトの説く「誕生（geburt）」についての理解が『現出の本質』よりもさらに明敏になっている。

（11）アンリが批判的に検討する、人間の知の無力さが一方的に設定する断絶、差異は、『受肉』においては別の角度からとらえられる。人間の知の無力ではなく可死性が問題となっており次のように述べられている。「しかしながら、その〈御言葉〉において自己自身を自己のうちにもたらす無限の〈生〉と、自己自身を生のうちにもたらすことができず、かくしてひとつの確実なる死へとささげられているわれわれの生やわれわれの〈自己〉のような一箇の生、一箇の〈自己〉とを、或るひとつの深淵が分かっているのではないだろうか。ここに介入するのが、キリスト教の意味での〈受肉〉なのである」（INC, 351：四五一）。ここで「無限の〈生〉」と「一箇の〈生〉」は、それを分かつ「深淵」によって途絶しているように受け取られているが、しかし、それはすでに「受肉」によって克服され、自己や他者への「道」や「通路」がひらかれている（INC, 352：四五二）。しかし『現出の本質』では「受肉」による通路よりも、その途絶状態、「道が無い」ことが、アンリの考察を特徴づけている。

（12）「　」内は、エックハルト『教導講話』第六講、『エックハルトⅠ』（キリスト教神秘主義著作集　六）植田兼義訳、教文館、一九八九年、二八五頁。

（13）「自己の外に赴き、自分自身の実在性とは別のものを定立し、自分自身の実在性から逃れ出る能力であり、さらにいいかえれば、それは「自由」である」（EM, 362：四一四）。

（14）「本質の窮乏は、本質が〈他なるもの〉を何も含んではいないという点に存している」（EM, 350–351：四〇〇）。

（15）「本質は、本質自身の実在性がその内容を成しているのであって、他の何ものも含んではいない。〈神〉は、厳密にいってもはや他の何ものをも含んでいないような〈神〉自身のこの純粋な本質性に、内在している」とエックハルトは述べている」（EM, 392：四五〇）。「　」内の「　」は、エックハルト「ドイツ語説教三」『エックハルトⅠ』、二二頁参照。

（16）ベーメについては『現出の本質』（第一章第一四節）を参照。

2　アンリと合理主義哲学

デカルト、そしてスピノザ

上野　修

ミシェル・アンリの哲学を一七世紀近世の合理主義哲学との関わりで語るには、どうしても二つの名前が欠かせない。デカルトとスピノザである。言うまでもなくデカルト（一五九六―一六五〇）とスピノザ（一六三二―一六七七）はそれぞれ、「われ思うゆえにわれあり」、「神即自然」で知られる一七世紀合理論の哲学者である。もとよりアンリの関心は哲学史的なものではない。むしろアンリは――こう言ってよければ――彼自身の哲学のもっとも内奥で、のっぴきならない仕方でこの二人に出会っていた。私にはそう思われる。面白いのは、アンリによる二人への参照が、一方は明示的で、他方は隠伏的だという際立った特徴である。アンリにとってデカルトへの明示的な参照が外せないのはわかる。中期の『精神分析の系譜』（一九八五）は、「現れること」が自らに姿をあらわす特権的な瞬間をデカルトのコギトに見出していた。いわゆるキリスト教的転回後の『受肉』（二〇〇〇）も、コギトのラディカルな現象学的意義を再確認している。[1] デカルトの名は決定的なのである。他方スピノザはというと、少なくとも生前に公にされた著作において格別の言及は見当たらない。デカルトの扱いに比べればほとんど無に等しいと言ってよいほどである。にもかかわらず、若き日のアンリには長く公刊されずにいた『スピノザの幸福』（二〇〇四、執筆は一九四二―四三年）という試論があって、スピノザを正面から扱っていた。そして『我は真理なり』（一九九六）や『受肉』といった後期著作は、まさにこのスピノザ的テーマを密かに――それと名指すことなく――反復しているように見えなくもない。

デカルトへの参照は明示的だがコギトの特権性に限られ、その他の点ではアンリはデカルトを乗り捨てる。おそらくデカルト哲学そのものは、アンリの求めに応えるものを持たないのである。それをそなえているのは、われわれの見るところ実はスピノザの哲学なのだが、しかしこちらは何かが明示的な参照を妨げている。――こうしてわれわれは、近いように見えて実は遠いデカルト、遠いように見えて実は近いスピノザ、という、アンリの近世哲学への参照におけるある種の非対称性を前にする。問題は、この非対称性がアンリ哲学に対して持つ意味である。

1 近いように見えて実は遠いデカルト

まずデカルトから始めよう。『精神分析の系譜』で取り上げられる『省察』(一六四一)の歩みはよく知られたものだ。デカルトは普遍的懐疑のぎりぎりの限界点で、ついに不可疑の真理に出会う。たとえ私の見るものはすべて偽であると想定しても、そのように思惟している私はある。「私はある、私は存在する」、この言明は必然的に真である。なぜなら、たとえすべてが夢で、実在していないとしても、「確かに私に、自分が見、聞き、熱を感じているというふうに思われている」という、このことは虚偽ではありえないのだから[2]。こうして「見ること」が全面的に失効するまさにそのときに、「見ていると私に思われている」というコギトの真理が姿をあらわす[3]。アンリはそこに「現象性それ自体」の存在を見る。

> 現れることがもっとも本源的な意味で開始点であるというのは、現れることが何よりもまずそれ自身で、かつ、それ自身において現れるからである。ただこの限りにおいて、現れることは存在と同じものとなり、これを基礎づけるのだ。
>
> (GP, 18:一六)

「現れること」がそれ自身で、それ自身において現れる――そうした始源の特権的瞬間がコギトにほかならない。外への参照のない内在、自己触発として、「私はある」。デカルトが最初に見出した「思惟」は、この本来の意味での感受、媒介なしの情感性(affectivité)であった。しかし、とアンリは付け加える、それもつかぬ間、デカルトのまなざしはこの直観から逸れてしまう。デカルトによれば情感性は思惟の本質ではなく、他の事物、すなわち身体という名の物体に由来する偶有性にすぎない(GP, 56:六五)。デカルトは思惟に本質的な自己触発としての情感性を、身体がこうむらせる「受動」と取り違えるのである。こうして「感情はもはや現れることに属するのではなく、不可解なことではあるが、実は存在者の結果として現れる、ということになる」(GP, 57:六六)。そして忘却がやってくる。

> 今や、〈見ること〉は、思想上で〈私に思われる〉に対する優位を確立し、後者を忘却のうちへ追いやる。――実を言えば、〈見ること〉は、ほかでもないそれ自身の無媒介性を忘れたものとして、必然的に自分自身を展開するのである。
>
> (GP, 74:八九)

われわれはこの、どこか「存在忘却」（ハイデガー）を彷彿とさせる忘却という言葉のうちに、アンリ哲学の全体を貫く主張を認めることができる。西洋哲学はデカルトが一度は前にした内在の、忘却の上に展開する。だからこそいま一度、デカルトが遂行した起源へと、デカルト自身がもたらした忘却に抗して遡及しなければならない。デカルトはアンリにおいて、遡及すべき原点であると同時に、忘却の開始点でもある。デカルトは近いように見えて実は遠い。

2　遠いように見えて実は近いスピノザ

デカルトがかいま見た媒介なき自己触発は、思惟というよりはむしろ「魂」、あるいは「生」という名に値するものであった。デカルトは生を忘却するのである（GP, 52：五九―六〇）。じっさい、デカルトはただちに精神と身体の二元論へと移ってしまい、身体メカニズムによる情念の説明に終始する。だが二元論が問題なのではない。問題は「私」という謎をデカルトが取り逃がすことだ。現れること自体が「私」という一人称を発することができるようにするもの、コギトをただの現れではなく自己触発の「自己」にしているもの、ひとことで言えば、現れることをほかならぬ「私」の情感的な生にしているもの、それが何なのかをデカルトは教えないのである。

『我は真理なり』、『受肉』といったキリスト教的転回が取り沙汰される著作は、この問題を掘り下げる。[4] アンリの答えは「受肉（incarnation）」という驚くべきものであった。すなわち、およそ現象性が存在するためには、現れることそれ自体が、おのれがそれであるところの「肉」において自己を感受していなければならない。現象性はその意味で「現象学的な肉（chair phénoménologique）」である。肉はデカルト的な身体と違って世界には属さない。世界は肉を持たない「自己の外」だからである。世界は自己なしに「存在する」が、私は受肉して自己をこうむり、生に「到来する」。この意味で「人間の私はまったくキリストと同じように、世界のものではない」（CMV, 128）。

世界に属さないものはどこから到来するのか。アンリの「キリストの現象学」は、自己性のいわば超越論的条件として受肉のキリストを立てる。すなわち、神は生ける神、大文字の〈生〉（la Vie）である。神は自身をそのようなものとしてわれわれに啓示する。それが『ヨハネによる福音書』の「初めに〈御言葉〉があった」、「〈御言葉〉は神であった」、「この〈御言葉〉に生があった」ということの意味である。だが啓示は「現象学的な肉」になることでしか実現しない。それが「〈御言葉〉は肉となり、私たちのうちに宿った」ということの意味である。しかしわれわれがそのような肉であるためには、あらゆる時間に先立って、まずは大文字の〈生〉が自らを肉において出生し「原-自己」となったという、いわば超越論的な条件がなければならない。

私は大文字の〈生〉の根源的な自己性を介してでなければ私自身ではないし、また私自身でありえない。大文字の〈生〉がそれ自身に結びつくのはこの自己性の情感的な肉においてであり、私が私でありかつその私でありうるように私に私を結びつけるのは、まさにこの肉なのである。それゆえ私はキリストを介してでなければ私自身に結びつくことはできない。それというのもキリストこそが、大文字の〈生〉において〈最初の自己〉となることによって、永遠なる大文字の〈生〉をそれ自身に結びつけるからである。（CMV, 146）。

それゆえわれわれはみな、キリストを介してこの生へと到来させられている「神の子たち（fils de Dieu）」である。「私は道であり、真理であり、生である」というキリストの言葉はそのことを教えているのだとアンリは言う[5]。

私という小文字の「自己」が、大文字の〈生〉の「自己出生（auto-génération）」の絶えざる過程として生に到来する。アンリのこの「生の一義性[6]」とでも呼ぶべき構図はしかし、スピノザの『エチカ』（一六七七）を思い出させはしないだろうか。われわれが知るように、スピノザの「神即自然」もまた、それ自身の本性の必然性から無限に多くのものを自らの内に生み出す。「神は自己原因であると言われるまさにその意味ですべての事物の原因であるとも言われなければならない[7]」。われわれ人間はそうやって神的実体の内に到来する有限な様態である。だがそのためには、われわれがその局所的な部分であるような無限様態が、神的実体の様態変容として永遠から永遠にわたって生み出されていなければならない。それゆえ私があるということは神があるということと同じである。スピノザの「存在の一義性」だ[8]。

とすれば構図はほとんど一緒である。アンリにおいてもスピノザにおいても、われわれ人間は神の中に到来する――アンリの場合は受肉（incarnation）によって、スピノザの場合は様態変容（modificatio）によって。アンリが大文字の〈原－自己〉と小文字の自己を「能産的自己触発」、「所産的自己触発」と呼ぶとき（CMV, 138）、そして後の『受肉』でキリストの現象学を「ヨハネの知解性」と名づけて断わりもなく「第三種の認識」と呼ぶとき（INC, 372：四七八―四七九）、彼がスピノザを想起していなかったと考えるのは難しい[9]。そのうえ――あとに見るように――若きアンリが神との合一による至福という欲望をスピノザと共有していたとするなら、アンリとスピノザは同じことを考えているとする論者が出てきても不思議ではない[10]。とすれば、スピノザは遠いように見えて実は近い。デカルトよりはるかに近い。するとますます謎めいてくるのは、なぜアンリは後年、スピノザに言及せず沈黙しているのか、ということだ。

3　〈思惟されざるもの〉としてのスピノザ

謎を解く鍵はアンリの若き日の試論『スピノザの幸福』[11]にある。彼が二十歳の頃に書かれたこの論文は一種の片想いの恋文のように見えなくもない。アンリはスピノザのうちに自分と同じ欲望、「幸福への欲望」を見つけ、それを『エチカ』の冷たい幾何学的形式から救出しようとする。『エチカ』のあの「実体」はスピノザが経験していた無限の充足のことである。「存在がわれわれに与えられ、ちょうど母の胸に抱かれた子供のようにわれわれが存在において自らを失うことができるのでなければ幸福はない」（BS, 38）。スピノザの認識は抽象的ではなく「われわれを存在それ自身と合一させる」という特権を持つ。実体・無限様態・有限様態というあの三位一体において、個物は普遍者と同一化する。「われわれは存在するその限りで、神である」（BS, 98）。こうして「魂はある永遠なる対象に合一し、それと同じように永遠なるものとなり、最も深奥にあるもの、すなわち存在の内的な産出に到達する」（BS, 106）。――まるで五〇年後のキリスト論を先取りするかのようである。

が、アンリはスピノザに共感しながらも違和を隠さない。「感情」と「観念」は相容れない。至福としての「神についての感情」（sentiment de Dieu）はスピノザが自らに課した理性的認識の枠内では表現できない。このため『エチカ』は途中で内部修正を余儀なくされるとアンリは言う。修正は三点にわたる。身体変状の観念として説明されていた感情論の「喜び」は神との合一の喜びに、絶対的実体として提示されていた「神」は今や愛の神に、単なる有限様態であった「個体」は個々の永遠なる本質をそなえた個人に、それぞれ手直しされる。喜びの脱世界化、神の人格神化、全体に飲み込まれない個。こうして「この冷淡な実体はますます生ける神、愛する神、聖書の神に似てくる」（BS, 118）。しかし矛盾は解消しない。「スピノザ哲学が結局は乗り越えることができなかった矛盾、しかし乗り越えるべきであった矛盾」、それは、神についての感情に存する至福を知的理解に依存させるという矛盾である。

> もしスピノザ哲学が望むなら、人は合理的な表現に対する内的で初発的な規定の優位、すなわち観念に対する感情の優位を正しいものと肯定し、これによってスピノザ哲学を正当化することもできないわけではない。そのようにして矛盾は乗り越えられるべきであっただろう。〔…〕生は感情の観念のうちにあるのではなく、感情そのものの内にある。神の内的な認識というものがある。それは恩寵と同じものである。スピノザは知的理解の内奥においてそれを見出していたのだが、それは知的理解を超えたものである。それは知的理解の外に、直接見出すことができるのだ。〔…〕神秘家、素朴な人々もまた、スピノザの幸福を知っているだろう。（BS, 145–146）

注目すべきなのは、こんなふうに批判しながらも、アンリはスピノザの「経験」を一度たりとも疑わないことである。「あるということの無限の享受」というスピノザの言葉は、抽象的な〈存在〉に関する注釈ではない。「その言葉は明らかに、もっとも具体的な経験、実証されざる存在についての感情をあらわしている。その存在が持つ必然性は事実上の必然ではなく感受された大文字の〈存在〉のそれ、ある内面を持った大文字の〈存在〉のそれであり、この必然性は内的なものなのだ」(BS, 105)。しかし、そうであればなおさらのこと、スピノザはアンリの目に逆説的に映る。不可解なことに、スピノザは結局、理性はひとつの感情であると考えている。スピノザ哲学は「ある種の理性的な恩寵の理論」であって、そこに「その偉大さと逆説がある」(BS, 109)。

こうしてアンリは自分と同じ欲望をスピノザの中に認めて呼び止めるが、スピノザはついに振り返らない。アンリはこのすれ違いを思弁と現象学というアプローチの違いのせいにしているように見える。一九九六年十一月八日、若き日の『スピノザの幸福』を読み直してみてどう思うかと尋ねられて、アンリはこう答えている。

スピノザは彼の合理論を基礎づけたかったのですが、それに対し私は、第二種の認識は第三種の認識に比べて重要性が少ないということを指摘しているのですね。スピノザには宗教的なもののある種の思弁的基礎づけが見受けられます。神に対する人間の内的な関係という問題は内在的因果性という観点から扱われるのです。スピノザはこの問題に思弁的に取り組むのに対し、『我は真理なり』は現象学的に取り組んでいます。その企てはスピノザによっては理性的なものとして与えられるのですが、その基礎はしかし宗教的な（したがって決して知的なものではない）救済にあります。私には今では、『エチカ』はその内在的因果性のゆえにユダヤ教よりはむしろキリスト教により近いものと思われます。　(BS, 8)

スピノザと同じ問題に自分は今まさに取り組んでいる。ただそのアプローチが違うのだと。しかしそこにあるのは二つの選択肢ではない。スピノザのアプローチは乗り越えがたい矛盾をはらみ、「理性的な恩寵の理論」は大いなる逆説でしかないのだった。スピノザの取り組みは、本当はアンリにとってそれ自体としてありえないもの、理解不能な何かなのである。『スピノザの幸福』に特徴的なのは、スピノザの何が不可能なのかが分析されずに残されているということだ。いまの応答はそのことを図らずも示している。不可能が分析されずにいるからこそ、アンリは最後まで、スピノザのものと信じた救済の近くから離れない。

分析されずに残っているもの、それはアンリの思索が深く関わる「自己性」がスピノザではどうなっているのか、という問題である。『スピノザの幸福』の中で、アンリは実体から愛の神へという『エチカ』の内部修正なるものに関して一抹の不安を表明していた。

こうしてスピノザの神は自己意識を持つ神となった。しかし人はこう問うことができる。意識の人格性の現れはいったいどの程度まで体系の論理の中にあるのか、それは絶対的なその本性において意識の人格性とまったく異質であるような大文字の存在すなわち実体の掟のもとで、はたしてどこまで説明されるのか。そうした掟はある面で即自的な大文字の〈思惟〉であるとしても、最初からそれ自身についての〈思惟〉、すなわち対自的な思惟ではないからである。(BS, 118)

スピノザの神に自己意識があるのかという厄介な問題にここで立ち入ることはできない。しかし少なくとも、スピノザの定義する「自己原因(causa sui)[12]」の「自己」が意識や反省性をまったく含意しないのは確かである。それは現実に他のものなしに存在するとしか考えることのできないある本性の別名にすぎない。そしてこの同じ原因から、無限に多くのものが無限に多くの仕方で実体の中に様態として出てくる。それらは「個物」すなわちシンギュラーなものと呼ばれるように、その各々がこの世で一つっきりの事物である。それらは延長属性では物体(身体)、思惟属性ではその観念(およびこの観念の観念)として、同じものの異なる表現として存在する。そして、それ自身に合一し、その対象たる身体と合一する、神の中のこの「身体の観念」、これがその個物の精神にほかならない。この精神は身体に起こるすべてのことを身体の変状によっていくばくか認知するのだが、それは自らが思惟の無限様態の局所的一部であるための非十全な効果にすぎない[13]。スピノザはこうやって人間が自らを意識するユニットとして存在する理由を説明しながら、これは何も人間に限らない、この証明は無限に多くのあらゆる個物に当てはまるのだから「すべてのものには程度の差はあれ魂がある(animata sunt)」と注意していた[14]。

こうしてスピノザにおいてはすべての個物が何らかの認知をもって自らを生き、自らの生を享受する。「たしかに馬も人間も生殖の情欲によって駆り立てられるが、馬は馬的な情欲によって、人間は人間的な情欲によって駆り立てられる。同じように虫、魚、鳥の情欲と欲求もそれぞれに異なったものでなければならない。こうして各々の個体はみずからを成り立たせている自身の本性に満足しながら生き、それを楽しんでいるのだが、各個体が満足しているその生およびその楽しみはその個体の観念ないし魂にほかならないのである[15]」。そしてスピノザの幸福は、存在に固執する「私」もまたそのように神の本性の永遠なる必然性から出てくるという認識に存する。われわれはここに、デカルト的な自己意識からは到達不可能な「自己」概念の可能性を見ることができる。アンリが決して理解しなかったのはこうした別の「大文字の〈生〉の自己出生」、別の「自己の享受」ではなかったか。

こうしてわれわれは、アンリがスピノザに言及しない本当の理由を考えることができる。スピノザは危ないほど近い。だがスピノザの神は、アンリの中でキリスト教の神に似てくればくるほど、何か得体のしれないもの、類似で測れないそっくりなもの、ドゥルーズの意味での「シミュラークル＝模造品」として現れてくるのである。じっさい受肉の条件として、だれが馬のキリスト、虫のキリスト、魚のキリスト、鳥のキリストを考えることができようか。思うに『スピノザの幸福』のあとアンリがスピノザの名を口にしないのは、無神論者というその風評を憚ってではおそらくない。スピノザの正体が名指せないからである(16)。

結論にかえて

以上の考察は哲学史におけるアンリの可能性と限界をかいま見させてくれる。アンリにとってデカルトは遡及すべき原点と忘却の開始点として準拠点となりえた。「生の忘却」批判は近代合理主義の批判としてなおも可能性をはらんでいる。だがスピノザはアンリのいかなる準拠点にもなりえない。スピノザは始源でも忘却でもない。スピノザはアンリの大文字の〈生〉の哲学にとって見えない限界となっている。その限界を精査するためには、アンリ的な現象学の命運とともに今後多くのことが語られねばならないだろう。いずれにせよ、アンリをこんなふうに哲学史的コンテクストに置いてみることは、逆に合理主義哲学と呼ばれるデカルトとスピノザのあいだの思わぬ遠さを見させてくれることにもなる。哲学者たちはある意味でいつも同時代的なのである。

註

(1) 『精神分析の系譜』第一章、および『受肉』第一部第一節。

(2) デカルト『省察』第二省察を参照。『精神分析の系譜』において分析の対象となる、この「見ていると私に思われている(videre videor)」というラテン語表現は、アダン＝タンヌリ版デカルト全集第七巻、二九頁の一四―一五行に出てくる。

(3) 『精神分析の系譜』のコギト解釈については、本読本の第Ⅲ部1「感情と自己」、第Ⅳ部6「アンリと木村敏」、さらに、主要著作解題『精神分析の系譜』を参照。

(4) 『我は真理なり』や『受肉』に関しては、本読本の第Ⅲ部7「生の現象学とキリスト教」や主要著作解題を参照。

(5) 以上は、『我は真理なり』第四章「最初の生ける者の出生としての自己出生」、第五章「キリストの現象学」、第六章「〈神の子たち〉としての人間」の議論の再構成である。アンリが参照しているのは『ヨハネによる福音書』一章、「初めに〈御言葉〉があった」で始まる第一節から第一八節。「私は道であり、真理であり、生である」は同福音書の一四章第六節。

(6) 「生の一義性」という表現は鈴木泉による。鈴木泉「内在と内在的因果性――アンリのスピノザ主義に関する覚書」、東京大学哲学研究室『論集』三四号、二〇一五年、四三頁。

(7) 『エチカ』第二部定理七の備考。

(8) 「存在の一義性」はもちろんドゥルーズによる。ジル・ドゥルーズ『差異と反復』上、河出文庫、一一九頁。

(9) 「能産的自然」と「所産的自然」、「第三種認識」はいずれも『エチカ』に出てくる有名な表現である。『エチカ』第一部定理二九の備考、および第二部定理四〇備考二、第五部定理二三とその備考。

(10) 『スピノザの幸福』に付されたジャン゠ミシェル・ロンニョー「ミシェル・アンリのスピノザ主義に関する研究」(Jean-Michel Longneaux, « Étude sur le spinozisme de Michel Henry »)がそうである(BS, 369)。鈴木前掲論文はこれに疑義を唱えている。

(11) この試論は高等教育修了証書取得のためにリール大学に提出されたもので、一九四二年から翌年にかけて書かれた。予定されていたガリマール社からの出版は戦争のために果たされなかったものの、二つの長い抜粋が一九四四年と一九四六年に哲学雑誌に掲載されている。『スピノザの幸福』という題名は雑誌編集者側から付けられたものである(BS, 7)。二〇〇四年にエピメテ叢書の一冊として、ロンニョーの前掲論文を付して出版された。『スピノザの幸福』については本読本同書解題を参照。

(12) 『エチカ』第一部定義一。

(13) 『エチカ』第一部定理一六、第二部定理一一から定理二九。

(14) 『エチカ』第二部定理一三の備考。

(15) 『エチカ』第三部定理五七の備考。

(16) 実は一度だけ、それも『我は真理なり』の一つの注にスピノザの名が現れる(CMV, 176, note 1)。「我」という領域に決定論を持ち込む昨今の言説は、自由が人間の前に開く「過ちの可能性という深淵」をなきものにしようとする密かな動機づけを伴っている。アンリはそう批判しながら、スピノザをその説明にもってくる。「スピノザの自己欺瞞(mauvaise foi)は経験を犠牲にして絶対的必然の体系をこしらえあげながら、人間により確かな救済を差し出そうと努めていた」。スピノザは知ってか知らずか善意からのようにして誤った救済を差し出そうとしていた。意味深長な一文である。

3 アンリとフランス哲学

「感情」の哲学の系譜

村松正隆

1 「アンリとフランス哲学」という問題設定

ミシェル・アンリは、自身の情感性の哲学を語るに際し、しばしば「感情」の語を用いる。特に、『現出の本質』（一九六三）の第四部では形而上学的な意味での「感情（sentiment）」の諸相が語られる。ところで、この「感情」の語はフランス哲学の歴史において重要な役割を果たしている。多くの思想家がそれぞれの流儀でこの語を、印象的な仕方で用いている。

ベルクソン（一八五九―一九四一）も、フランス哲学史を概観するとある小論で、この点を強調している。彼はフランス哲学における合理主義的傾向を指摘した後に、こう述べる。「しかし合理主義的傾向のかたわらに、というよりはむしろそれの下部に、その合理主義そのものによって覆われ、しばしばそれに隠されて、いまひとつ別の潮流が現代哲学を貫流している。一七世紀のひとびとが「感情」という言葉によって理解し、しかもあらゆる直接的かつ直観的な認識をもそこに包含するかぎりにおいて、感情的と呼ばれるものがそれである[1]」。

ここで私たちが注意すべきは、ベルクソンが付している留保であろう。すなわち「感情」という言葉の一七世紀的な用法であるが、それは「直接的で直観的な認識」を意味している。「感情」とは認識なのだ。だから私たちは、「感情」については、その直接性と同時に、それが含む「知」の契機をも見て取る必要がある[2]。

ところで「感情」が「知」としての契機を含むならば、それは何をめぐる「知」であるのだろうか。「感情」の動詞形、「感じ取る（sentir）」の目的語としてはさまざまなものが挙げられるが、フランス哲学の伝統においてその筆頭に来るのはやはり、「私」、「自己」であろう。多くの思想家が、自己知をめぐる問いに取り組むに際して「感情」の語を発している。そして、「自己を感じ取る」ことの位相を見定めようとする思想の系譜は、自ずとアンリの情感性の哲学と響き合う。
本章では、アンリ哲学とフランス哲学の歴史を交差させることで、哲学史的に重要なこの系譜を浮かび上がらせ、同時に感情のうちの「自己知」という契機を浮き彫りにしたい。

2　自己知の暗さ――マルブランシュとアンリ

「感情」の語をアンリにもつながる意味で初めて用いたのは、マルブランシュ（一六三八―一七一五）と思われる。デカルトの影響を強く受けつつ美しい形而上学的体系を構築しながらも、同時に啓蒙主義的な法則的世界観へと道を開いたマルブランシュの哲学は、ある本質的な一点でアンリの哲学と共鳴している[3]。それは、自我に関する知を、「暗く曖昧」であるとした点である。「私」に関する観念を明晰・判明であるとしたデカルトとは対照的に、マルブランシュは、自己に関する知が徹底的に暗いものであると述べる。主著『真理探究論』のテクストに拠りながら確認しよう。

マルブランシュは、物体に関する私たちの知識が「観念」において成り立ち、「きわめて完全である」と述べた後、「魂の観念については事情は同じではない」と言う。私たちの魂に関する知、すなわち自己知は、「観念」の地位を得ることはできない。「私たちは魂を意識によってのみ知るのであり、そのゆえに、私たちは魂について不完全な認識しか持ちえない[4]」。「意識(conscience)」という語が用いられてはいるが、これは明晰判明な知が現れる場を指しているのでなく、あくまで何かが現れていることを指示するにすぎない。この語は、「内的感情(sentiment intérieur)」の同義語として用いられている。「意識によって知る」とは、明晰な観念による知を得ることではなく、何かを、そして何よりも「私」を「感じること」なのだ。「私は自分が存在すること、自分が考えること、自分が意志することを知るが、それは私が自分を感じるからである(parce que je me sens)」。ただし、その知の内実は決して明確ではない。「私は、自分の考え、欲望、痛みが何であるかはまったく知らない」(Malebranche, VI, 161)。

マルブランシュは、私たちならば理論的とも呼ぶ明晰で判明な知を際立たせつつ、これに自己知を対置する。このことが持つ道徳的含意も興味深いものだが、ここでは脇に措こう。重要なのは、マルブランシュが自己知の成り立つ水準を、理論的な観念の地平とは鋭く分離したことだ。こうした発想が、存在論的一元論を批判するミシェル・アンリの思想と響き合うことを、すでに本書第I部でアンリの思想に親しんだ読者は容易に見て取るだろう。

事実、こうしたマルブランシュの捉え方を、アンリはすでに『現出の本質』で高く評価していた。その第四八節「合理主義批判の存在論的意味」は、アンリの視点からマルブランシュ哲学の意義を照らし出すものと言える。以下、その概略を見よう。

アンリにとってマルブランシュの哲学は、「合理主義が理解しているような現象性の構造を、言い換えればまさに、究極的には合理主義の地平でもあるような存在論的地平を問いに付すことができるものとして自らを示すような合理主義批判」（EM, 524–525：五九〇）を含む。この哲学は、合理主義の前提をひそかに受け入れてしまった上で、非合理なものを対置して勝ち誇るような皮相な非合理主義ではない。そうではなく、合理主義が前提するような存在の理解をも問い直すようにと、私たちに促すものだ。

アンリの言葉に拠るならば、私たちは魂の観念を持たないとのマルブランシュの主張が意味するのは、「魂が、つまり、実存を創設するものとして自らを啓示するような現実態をそなえた啓示の本質が、可知的（叡知的）延長において覚知されることもそこにおいて自らを一個の内容として提示することもなしに、自らを現象化する、ということである」（EM, 528–529：五九四）。私たちの存在は、マルブランシュ言うところの叡知的延長を経由することなしに、すなわち、明晰な知の場で認識されることなしに、感じられるという形で、私たちに現れる。そして、マルブランシュがこのようにして、コギトを「数学的タイプの必然的真理の領域」から締め出したのは、「認識にとって根拠としての役目を果たす現象学的場の構造そのもののゆえ」（EM, 530：五九六）であり、彼が、われわれへと現れてくる事柄に忠実であったからに他ならない。「情感性」の告げる真理に忠実であったアンリと同じように。

もっとも、「残念なことに、マルブランシュ自身は、この絶対的始源の頂きに身を保つすべを知らなかった」（GP, 84：一〇二）。彼は、魂が告げる「知」の内実を言葉にすることができない。マルブランシュの思想において、「私は私自身にとって暗闇（ténèbres）でしかありえず、私の実体は私には理解不可能なものに見える」（Malebranche, X, 102）。詩人ノヴァーリス、そしてノヴァーリスに倣うアンリは、「夜の働き、その可能性と現実態とにおける夜による啓示の成就、見えないものとしての、〈夜〉の見えない本源的な光としての、啓示の現実態の規定」（EM, 554：六二二）をなしえたが、合理主義の思考圏に捕らわれているマルブランシュは、「暗闇」の持つ本来の力を見極めることができない。「〈始源〉に最も近づいたこの哲学者は、またそこから最も離れた哲学者でもある」（GP, 86：一〇三―一〇四）。己自身を告げるという感情の力、情感性、コギトの真の意味は以後、見失われてしまう。アンリによれば、「この決定的な意味は、〔…〕メーヌ・ド・ビランの場合をのぞいては、西洋哲学のその後の流れの中でまったく気づかれぬままであったことだろう」（EM, 531, note 2：原註三六）。

マルブランシュは、せっかく摑んだ自己知の独自性を見失ってしまう。合理主義的な認識、叡知的延長における認識の明晰さのゆえに、垣間見えた主観性の真理は、次の瞬間には取り逃がされてしまう。そうなのだろう。マルブランシュにおいては、

「魂の暗闇」の意味がそれ以上に展開されることはない。

ただし、マルブランシュ以降この「決定的な意味」はメーヌ・ド・ビランまで気づかれなかった、というアンリの評価には、異論を挟むこともできる。マルブランシュから影響を受け、また、メーヌ・ド・ビランには影響を与えた、その意味でまさに二人の中間に位置づけることができるルソー、彼もまた、感情による自己知、「存在の感情（le sentiment de l'existence）」について語るからである。

3　「存在の感情」と奇妙な沈黙？——アンリとルソー

「感情」こそが「私」の存在を告げること、このことをより明確に述べ、「存在の感情」という言葉を多くの人々の心に刻み込んだのは、ジャン゠ジャック・ルソー（一七一二—一七七八）だった。(5)

あまりに多面的なルソーの思想だが、この「存在の感情」という言葉を軸にその思想の全体を論じることも決して不可能ではない。この「存在の感情」という言葉、あるいはそれと類似した言葉は、ルソーの著作のここかしこに現れるものだが、ここではやはり、その白眉である『孤独な散歩者の夢想』における「第五の散歩」の記述を見ておきたい。

『エミール』の出版のゆえに流浪の生活を送らねばならなくなったルソーは、スイスのビエンヌ湖に浮かぶサン・ピエール島で、短期間ではあるが、静かな暮らしを送ることとなる。この滞在時、夕暮れに散歩をするルソーは、しばしば湖畔へと降りていき、そこで特権的な瞬間を味わう。

寄せては返す波の動き、とぎれなく続きながら間隔をおいて高まる音、それは休みなく耳目を打つうちに、私の内部で夢想が消した心の動きにとってかわり、これだけでもう私には、別に苦労して考えたりしないでも、自分の存在がうれしく感じとれるようになって行くのであった（pour me faire sentir avec plaisir mon existence）。(6)

この状態をルソーは、さらに言葉を継いで次のように説明する。

過去を思い起こす必要も、未来を先取りする必要もおぼえず、魂がそこですっかり安息でき、そこに自分の全霊を集中することができるほどの、しっかりした居所を見出せるような状態、そこでは魂にとって時間はなんの意味ももたず、現在がいつも持続していながら、持続がはっきりと知らされることもなく、継続のあともまったくないし、いかなる欠如や享有の感覚も、快楽や苦痛の感覚も、欲望や恐れの感覚もいっさいなく、あるのはただ自分が存在するだけであるという感覚だけであるような状態、そしてこの存在感だけで魂が全面的

に充足できるような状態[7]

この状態は「存在の感情」と名づけられる。「他のいっさいの情緒をとり払われた存在の感情（le sentiment de l'existence）は、それ自体、満足と安心の貴重な感覚であって、たえず私たちをこの存在感からそらしに来て、この世でのそういう心地よさを乱してしまうあらゆる官能的、世俗的な影響を自分から遠ざけることのできる人にとっては、この感覚だけで十分、この世に存在することが貴重で感動的なものとなるだろう[8]」。

ミシェル・アンリの思想を知る者にとっては、この「存在の感情」へ向けられた頌歌は、その予告とすら見える。これはまさに「自己享受」の状態ではないか。

実のところ、アンリはルソーにほとんど言及していない[9]。もっとも、アンリの思想とルソーの思想については、両者を重ね合わせる研究がポール・オーディによって行われており[10]、かつ、この研究に対してアンリが称賛を惜しんでいないという事実がある[11]。この点を踏まえるならば、両者の類似を主張しても、的外れとはならないだろう。

そして、二人の感情の哲学者の比較は、さらなる思索の可能性をも開く。なぜならば、ルソーの言う「存在の感情」は、一方で孤独への沈潜とその享受を指示するようでありながら、他方で他者を志向する感情をも包摂するものだからだ。他者との共生と感情という問題を立てたとき、ルソーがきわめて重要な参照軸となることは言を俟たない。そして、この問題が後期のアンリにとって大きなものであっただけに、両者の比較は一層の意味を持つとも言えるのだ。私たちの「存在の感情」と他者とはどのような関係を持つのか、他者との共生は私たちの「存在の感情」といかなるかかわりを持つのか、という、哲学的にも、そして実際の私たちの生活においてもきわめて重要な問題について、アンリとルソーの比較は、多くの思索の材料を与えてくれる[12]。

4　「われ能う」と感情——アンリとメーヌ・ド・ビラン

ルソーの後は、第2節の最後にその名が現れていたメーヌ・ド・ビラン（一七六六—一八二四）について見よう。アンリは多くの場所でビランへの称賛を繰り返しているが、「感情」の語を手がかりに、その評価の意味するところを探ることとしたい[13]。

さて、これまでの流れに重ねて確認しておくが、メーヌ・ド・ビランは、ルソーの「存在の感情」という概念を早くからわがものとしていた。身体が強靭ではなかったビランは、肉体の変化によって生じる「存在の感情」の変化に鋭敏であった。「感覚性の様態における変化のそれぞれには、存在の感情における これに釣り合った変化が対応している[14]」ことがビランの関心を惹きつける。こうしたビランの繊細さ、感情それ自体の変化に対する眼差しも、あるいはアンリの関心を惹くものだったかもしれない。しかし、アンリは、少なくともその著作では、これとは別の面でビランに注目する。

アンリがビランを評価するのは、ビランが自我と身体との共存に基づく経験の様態を細やかに記述したからだ。メーヌ・ド・ビランの哲学の独自性は、私たちが「身体」としてこの世界に住まうことの意味を緻密に記述したこと、人間の知的能力や情感的様態の根底に「身体」という項を適切に位置づけたことにある。ビランは「自我は、身体の共存について直接的で内的な感情、ないし統覚を持つときにのみ自らに対して実存するのであり、これこそが根源的事実である」（Biran, VII, 287）と端的に述べる。だから、私たちの存在様態の分析は、身体経験の分析に他ならない。私たちは自身の身体を感じ取る時にのみ、現に存在する。私たちは自分が身体と共にあることを忘れがちだ。だが、素晴らしい爽快感や逆に激しい疲れを感じるとき、あるいは身体に起因するさまざまな欲望に悩まされる時に、自分が身体を持つことを痛感させられる。そして、このことをめぐる反省を通じて、私たちは自分たちがつねに身体と共にあり、この身体がさまざまな喜びや苦しみの源泉であることを学ぶ。私たちは身体を「感じる」ことにおいて、まさに、自分の「存在の感情」を味わうのである。このように身体経験と感情とを密接に結びつけたビランをアンリが評価するのは、当然のことであろう。

ところでビランの哲学の射程はこれに留まらない。ビランによれば、私たちは、私に対して抵抗として現れるこの身体が意志によって動いていることを感じるだけではない。たとえ現にこの身体が動いていないときでも、私はこの身体を「動かしうる」ことを感じ取る。この点をめぐりビランは、目覚めたときの私について、美しい文章を書き残している。ビランは次のように述べる。「突然の目覚めの瞬間においても、個体はこれらの運動を感じ取るが、これは覚醒状態におけるような努力を伴うものではなく、これらの運動をなしうるという感情（un sentiment de pouvoir les faire）を伴っているのであり、このときこの感情とは、努力の思い出である」（Biran, VII, 135）。

私は「身体」を感じるだけでなく、さらには、身体が何ごとかをなしうることをも感じる。このとき、私という存在者はより豊かな規定を受けることとなる。アンリのまとめに従うならば、ビランの哲学においては、「エゴはひとつの力能であり、コギトが意味するのは「われ思う（je pense）」ではなくて、「われ能う（je peux）」なのである」（PPC, 73 : 七五）。

ビランに従うならば、私はまずは身体に働きかけるものとして自らを感じ、また、実際に運動を行使する中で、感じられる身体との相関関係の中でまさに自身の存在を感じ取る。そして、この感じられる身体（アンリはこれを「主観的身体」と呼ぶ）を地の如きものとして、世界のさまざまな内実が立ち現れ、「私」の経験の内容となるのである。[15]

なるほど、主観性の真理は感情にあるにせよ、この主張は、私たちのさまざまな経験と結び付けられてこそ意味を持つ。ビランの分析は、肉体を感情（あるいは情感性）と適切に結びつけつつ、私たちの日常的な経験を適切に記述するものであった。その意味で彼の哲学は、アンリの情感性の哲学を、肉体を軸にした分析という側面から補完するものだったのだ。

5　「感情」を狙う「交会測量法」

以上、「感情」という言葉を手がかりに、アンリの哲学とフランス哲学の伝統を突き合わせてきた。そして、その作業を通じ、さまざまな哲学者が「感情」の語によって名指そうとする「生」の姿が浮かび上がってきたのだった。

もちろん、論じうることは他にも多々ある。特に、本章では紙幅の関係上、アンリとベルクソンとの関わりについて触れることができなかった。同じように「生」の概念に依拠するベルクソンとアンリとをどのように比べればよいのだろうか。アンリ自身はベルクソンに対して冷淡であるとの印象を否めない。その著作でベルクソンに触れることはほとんどなく、またある講演会では、自身の哲学に対してベルクソンの哲学の影響があるか、との聴衆の質問に対して、「まったくない」と答えたとのことである。[16]

しかし、両者の著作に少しでも触れた者は、二人の哲学を比べずにはいられないだろう。外的な空間的認識と直観とを対比するベルクソンの姿勢は、超越と内在とを鋭く対比させるアンリの姿勢と重なり合うものだ。一例として、『意識に直接与えられたものについての試論』の、次の文章を見てみよう。空間化された時間概念を括弧に入れて、持続としての時間の概念に達することを勧めるベルクソンは、「そこでわれわれとしては、意識に対して、外的世界からひとり引き籠もり、抽象化の力強い努力によって再び自分自身になるよう要求することにしたい」と言う。[17]こうした言葉は、内在領域への立ち戻りを促すアンリの言葉と響き合っている。

また、アンリの『野蛮』（一九八七）における文化論と、ベルクソンの『道徳と宗教の二つの源泉』における「二重狂乱」との類似性も気にかかるところだ。文化がもたらす危機を生に外在するものではなく、生それ自身がもたらすものと捉える構えは、二人の哲学者に共通している。生のあり方、あるいは文化の危機についてアンリとベルクソンを比較する作業は、生産的なものとなろう。

ベルクソンは神秘主義に関する議論で、「神秘家たちのあいだに見られるある一致」[18]に触れている。各々の神秘家たちの証言が似通っていることを指してのことだ。ここからベルクソンは、形而上学の方法として、さまざまな証言が示す方向を延長し、突き合わせることで「真理」を明らかにするという手法を示し、これについて、測量における「交会測量法（méthode de recoupement)」[19]という美しい比喩を提示している。

この比喩は、残念ながら紙幅の関係上ほとんど触れることのできなかったベルクソンのそれも含めて、本章で扱ってきた人々の言葉にまさに当てはまるものではないだろうか。ベルクソンは先の箇所で、神秘家たちの証言の一致は、彼らの直観の同一性を示しているとし、また、彼らの証言が示す存在者の実在を明かすものとした。この言い方に倣い、本章で扱った哲学者たちの証言の一致は、彼らの直観の同一性を、そして彼らが証言する「生の実相」の「真理」を表していると言っておこう。

［付記］本章の執筆に際しては、川瀬雅也氏（神戸女学院大学）ならびに服部敬弘氏（同志社大学）から貴重な情報提供を受けた。記して感謝する。

註

（1）Henri Bergson, «La Philosophie française», in *Mélanges*, PUF, 1972, p. 1160（アンリ・ベルクソン「フランス哲学概観」（『ベルクソン全集 9 小論集Ⅱ』掛下栄一郎訳、白水社、一九六六年、六四―六五頁）．訳文は一部変更した。

（2）その意味では、«sentiment» の語に「感知」ないし「感得」といった訳語をあてる方途もあるのだが、本章では本読本の他の論考との統一のために「感情」の語を用いた。ただし、本読本で「感情」の語に出会われた場合は、ここで触れている「知」としての契機という側面を思い起こしていただければと思う。

（3）マルブランシュ哲学の概略については以下を参照のこと。鈴木泉「マルブランシュ」（『哲学の歴史 5』中央公論新社、二〇〇六年、所収）。

（4）Nicolas Malebranche, *Recherche de la vérité*, in *Œuvres complètes*, tome I, Vrin, 1962, p. 451. 以下マルブランシュからの引用については、同全集の巻数と頁数で示す。

（5）ただし、「存在の感情」という用語は一八世紀前半、さまざまな著作家が用いていた。この言葉をめぐる興味深い歴史については、以下の論文が詳しい。John S. Spink, «Les avatars du «sentiment de l'existence», de Locke à Rousseau», in *Dix-Huitième Siècle*, n°10, Garnier, 1978, p. 269–298.

（6）ルソー『孤独な散歩者の夢想』佐々木康之訳、『ルソー全集第2巻』白水社、一九八一年、三六七頁。

（7）同前、三六八頁。

（8）同前、三六九頁。

（9）ただし、『孤独な散歩者の夢想』をも連想させるルソーへの言及が『受肉』に見られる。もっとも「存在の感情」への賛美といったものではない（Cf. INC, 256：三三〇）。

（10）ポール・オーディは次の二つのルソー論を出版しているが、いずれも随所でアンリを参照している。*Rousseau, éthique et passion*, PUF, 1997, *Rousseau. Une philosophie de l'âme*, Verdier, 2008. なお、アンリ哲学を前面に押し出してのルソー解釈は、以下の論文に見られる。Paul Audi, «Pour une approche phénoménologique du «Sentiment de la nature», in *Michel Henry, l'épreuve de la vie*, Cerf, 2000, p. 407–437.

（11）ルソーの言語論のある側面をオーディが浮き彫りにしたことが称賛されている（Cf. PV–I, 192, PV–IV, 240）。また、オーディがルソーにおける「自然」の語を「生」の同義語として解釈した点も称賛されている（INC, p. 199, note 1：四九二）。

（12） こうした視点からのルソーとアンリの比較研究としては、以下を参照されたい。吉永和加『感情から他者へ——生の現象学による共同体論』（萌書房、二〇〇四年）、第三部「情感的共同体論の展開と限界——ルソーにおける共同体と自我」。なお、ルソーとアンリとの比較は同書第三部第三章第三節に見られる。

（13） 紙幅の関係上、メーヌ・ド・ビランの哲学の内実に触れることはできないが、さしあたっては、拙稿「メーヌ・ド・ビラン」（『哲学の歴史 6』中央公論新社、二〇〇七年、所収）を参照いただければ幸いである。

（14） Maine de Biran, «*Vieux Cahier*», in *Œuvres*, tome I, Vrin, 1998, p. 166. 以下、メーヌ・ド・ビランのテクストの引用に際しては、このヴラン社の著作集の巻数とページ数を示す。

（15） この経緯の記述がビラン哲学の魅力となるのだが、アンリの立場からのこのビランの分析を紹介したものとしては、川瀬雅也『生の現象学とは何か——ミシェル・アンリと木村敏のクロスオーバー』（法政大学出版局、二〇一九年）の第八章「努力する身体・抵抗する世界（アンリ）」を参照されたい。

（16） 川瀬雅也氏のご教示による。

（17） Henri Bergson, *Essai sur les données immédiates de la conscience*, PUF, 2007, p. 67（アンリ・ベルクソン『意識に直接与えられたものについての試論』合田正人・平井靖史訳、ちくま学芸文庫、二〇〇二年、一〇五—一〇六頁）.

（18） Henri Bergson, *Les deux sources de la morale et de la religion*, PUF, 2008, p. 261（アンリ・ベルクソン『道徳と宗教の二つの源泉』合田正人、小野浩太郎訳、ちくま学芸文庫、二〇一五年、三三九頁）.

（19） *Ibid.*, p. 263（同前、三四二頁、ただし訳語は変更した）.

4　アンリとカントおよびドイツ観念論

生と反省をめぐって

服部敬弘

ミシェル・アンリは自身の哲学を「生の現象学」と呼ぶ。生の現象学は、フッサールやハイデガーら「古典的現象学」に対置された、アンリ独自の哲学的境地である。ただ、その核心にある「生（vie）」という概念は、カント以降のドイツ観念論における「生（Leben）」の概念と深く共鳴する。実際、アンリにおける「内在と超越」の図式は、ヤコービ以来の「生と反省」という初期ドイツ観念論の支配的図式と多くの点で共通する。生の現象学は、実は古典的現象学以上に、ドイツ観念論と密接な関係を結んでおり、この関係は、アンリ哲学の理解にとって不可欠の要素をなしている。

アンリにとって、カントは当初から批判対象であり、乗り越えるべき対象である。それに対して、フィヒテ、ヘーゲル、シェリングらは、一方で批判されながら、他方でしばしば内在を予感した哲学としても評価される。カントの批判哲学と対峙するドイツ観念論は、古典的現象学と対峙するアンリにとって、最も重要な参照項の一つとなる。その中心にある着想が「生」である。以下、アンリがカントおよびドイツ観念論とのあいだで繰り広げる対話を概観することで、「生の現象学」の隠れた思想的源泉を紹介する。

1　カント（一七二四―一八〇四）

アンリは、晩年の対談で、自身の哲学形成が、リセ（アンリ四世校）時代の教育と不可分であったと述懐している（ENT, 87）。当時アンリは、フランスのカント主義者のテクストに触れ、カント哲学の洗礼を受けている。このとき抱いたカント哲学への違和感は、アンリの哲学的方向性を根底から規定することになる。

その後アンリは、DES取得に際し、カント主義者のブランシュヴィックによるスピノザ論を批判した論文を提出する（後年『スピノザの幸福』として公刊[1]）。そこでは、すでにカントへの批判的言及とともに、無限者と有限者の合一という重要なモチーフが先取りされている（Cf. BS, 38）。スピノザを後ろ盾にしてカントの批判哲学と対峙する構えは、すでに初期ドイツ観念論に広く見られた態度だが、アンリは当初からそれに倣っていたことになる。

戦時期、アンリはサルトルの著作を通して現象学を知る。このときアンリは「現象学者となった」（ENT, 87）のである。ただ、この現象学との出会いにおいて注目すべきは、アンリが現象学に新たな哲学の可能性を見たのではなく、むしろある種の停滞を見た点である。先の対談でアンリは、現象学を学んだ際、「古典哲学」を前に感じたのと同じ「不満」を覚えたと吐露している。その「古典哲学」とは、カント哲学である。アンリにとって、現象学はカント哲学から前進せず、むしろカントと同じく「本質的なものが欠けている」ように映る。この欠落を埋めようとする情熱こそ、後のアンリを「生の現象学」へと駆り立てる根本的な原動力となる[2]。

アンリは、まず『身体の哲学と現象学』（一九六五、執筆は一九四八―四九年）において、カントに対してビランを対置することによって、カントとの対決を開始する。続いて主著『現出の本質』（一九六三）において彼は、ドイツ観念論の問題圏へと足を踏み入れ、カントとの本格的な対決に乗り出すことになる。

『現出の本質』は、彼が終生敵対し続ける「超越」の哲学、すなわち「存在論的一元論」との対決の書である。アンリは、コジェーヴがヘーゲル講義で用いた「存在論的一元論[3]」という表現を継承しつつ、それを再定義したうえで、自身の哲学史解釈の中心に据える。アンリにとって存在論的一元論とは、主観の現出様態と客観の現出様態とを構造的に同一視する哲学、主観が客観と同じく「自己の外」で現れるとみなす哲学である。この「現出」への注目ゆえに、『現出の本質』の企図は現象学の克服にあるかのように見える。ただ、アンリは、この存在論的一元論の定義を、「経験一般の可能性の諸条件は、同時に経験の諸対象の可能性の諸条件である」（Kant, A158/B197[4]）という『純粋理性批判』（一七八一）の命題から引き出している（EM, 112：一三一）。

つまり、アンリにとって存在論的一元論との対決とは、実質的にはカント哲学との対決を意味する。アンリによれば、カント哲学こそ、フッサール、ハイデガー、サルトルら、あらゆる超越の哲学の「頂点」（ENT, 88）である。事実、最晩年の対談でアンリは、『現出の本質』の企図がまさにカント的主観性の克服にあった、と明言しているほどである（ENT, 114）。

確かに『現出の本質』におけるカント論は、『実践理性批判』（一七八八）の「尊敬」概念への批判に割かれた一章だけである。しかし『現出の本質』は、ハイデガーの『カントと形而上学の問題』（一九二九）を介して、カントの主観性の最深部に踏み込み、カントへの根本的批判を遂行している[5]。そこでアンリは、先に見たカントの欠落を埋める作業に着手する。

では、カントの主観性には何が欠けていたのか。それは「エゴの存在」の経験である。アンリの「不満」は、カントの認識論はエゴの存在なしには成り立たないにもかかわらず、カントがエゴの存在を与える経験を認めない点にある。この経験の不在こそ、上述の対談で語られた、現象学とカント哲学共通の欠落の内実である。

いかに「エゴ」は自身の「存在」を経験するのか。アンリはその経験を「自己触発」として提示する。自己触発は、意識の根源的作用が、（感性的であれ純粋であれ）直観に依存することなく、当の作用自身を内容として受容する場面で成立する。アンリはここに作用自身の絶対的同一性を確保したうえで、この同一性に「存在」を読み込んでいく。この「存在」は、後の表現では「コギタチオ（思惟作用）の現実存在（existence）」(PM, 66：七七) である。

身体論で知られるアンリのイメージからは意外だが、アンリは実際には、カント以上に、純粋思惟への純化を徹底させる。それは、『現出の本質』の一章を構成する予定であった未刊草稿「合理的心理学の誤謬推理に対するカントの批判の存在論的破壊」[6]や同時期（一九六九年）のカント論「魂の概念に意味はあるか」(PV–I, 9–38) に明瞭である。そこでアンリは、カントの思惟を批判する。それは、カントの思惟が感性を欠いているからではなく、むしろ感性に依存しているからである。それに対してアンリは、内官を触発する超越論的主観、特にその「超越論的認識能力」に着目する。そのうえでアンリが、「純粋思惟それ自体のなかに含まれる〈私〉の認識」(PV–I, 19) を求めて行き着いたのが、先の自己触発である[7]。

それは先のビラン論においても同様である。「主観的身体」の概念を通してアンリが目指すのは、カントの自我に対してビランの身体を代置することではない。むしろ焦点はビランの自我にある。アンリはビランの自我に、物自体と現象とのカント的区別が消失する次元を探り、そこに「エゴの存在」固有の経験領域を見出そうとするのである (PPC, 248：二六二)。

一切の客観との相関性を断ち切った主観の同一性に「存在」の経験を見ること、これがカントを乗り越えようとするアンリの中心的な関心事である。思惟の同一性から「存在」を導出することは、超越論的弁証論を経たカントには決して認められない[8]。それに対してアンリは、これを積極的に認めようとする。「われ思う」から「われ在り」への直接的移行によって、アンリは、カントの認識論には閉ざされた存在への扉を再び開こうとする。この思惟と存在との合致を与える「超越論的内的経験」こそ、内在である。

2　フィヒテ（一七六二—一八一四）

以上のアンリの歩みは、一見すると古典的「実体」概念の復権を企図した試みにも見える。確かにアンリは、『精神分析の系譜』（一九八五）においてデカルトの自我実体に接近する。ただし、アンリの「エゴの存在」は、単なる「形而上学的実体」ではない。それは、現象と対立する「現れないもの」ではなく、むしろ〈自己触発という〉独特の仕方で現れる「現象学的実体」（Cf. GP, 37：四一）である。「現象学的実体」の名の下で「エゴの存在」固有の現出を追求する点で、アンリの試みは、古典的実体概念の現象学的基礎づけという様相を呈する。

この「現象学的実体」が、ほかならぬ「生」である。この生は、確かにフッサールが用いる「生」と無関係ではない。『現出の本質』序論以来、アンリは、「志向的生」、「生ける現在」、「生世界」といったフッサールの諸概念に言及してきた。ただ、それらはいずれも批判的言及にとどまっている。一九七七年の論考「生とは何の謂いか」（PV-I, 39–57）ではアンリの「生」とフッサールの原印象との関連が論じられるが、アンリがそこでフッサール現象学に見出すのは、再びカント哲学との同型性である（PV-I, 45）。それに対してアンリがカント以降のドイツ観念論における「生」について語るとき、そこにはフッサールやカントとは異なる評価が垣間見える。

まずアンリのフィヒテ解釈から見ておこう。[9]『現出の本質』は、当時のフランスでは珍しくフィヒテを論じているが、そこで取り上げられるのは、「神の存在」から出発するフィヒテの宗教論『浄福なる生への導き』（一八〇六）[10]である。

アンリは、フィヒテの「存在（Sein）」概念に注目する。それは、「単純で、自己と同等で、不変」であり、生成消滅のない、永遠に同一的な「一者」である（Fichte, AL, 8：二六九）。この「神の存在」を、フィヒテは「生（Leben）」と呼ぶ。[11]アンリにとって、ハイデガーの存在は超越でしかないが、フィヒテの存在は、まさに内在である（EM, 373：四二八）。この恒常不変の存在としての生こそ、カントの認識論からは排除されたものである。

さらにフィヒテは、この存在＝生がいかに現れるかに関しても語っている。フィヒテは、存在の現出を「現存在（Dasein）」と呼ぶ。それは「意識」であり「知」である。ただ、存在は「それ自体では」、現存在と完全に合致し隔たりはない（Fichte, AL, 21：二八四）。そこでは存在から現存在へ移行しても、存在の同一性は保持されたままである。アンリにとってこのような神の現存在は、まさに「内在的現存在（existence immanente）」である。これを「愛」によって描き出したフィヒテ哲学は「新たな現存在の哲学」（EM, 375：四二九）として高く評価される。このようにフィヒテの生は、アンリにとって（その内実が十分に記述されているわけではないが少なくとも）内在とみなしうるものである。

しかし、その一方で存在は「現実には」現存在と区別される。そこでは一なる存在＝生が概念によって固定化され、さらに多数性へと分裂する。この固定化と分裂の原理が「反省」である。当然、アンリはこの点を批判する（EM, 88, 144：一〇七、一六六）。

そこに彼は、カントの遺産、つまり存在論的一元論を見るからである。

フィヒテがアンリによって批判されるのは、フィヒテが存在に現存在を加えたからではない。彼がそこに存在と現存在との合致だけでなく、分裂を持ち込み、有限な人間の反省を介在させたからである（EM, 382：四三七）。こうしたアンリのフィヒテ読解の姿勢は、フィヒテによる『ヨハネによる福音書』冒頭の「ロゴス（御言葉）」解釈にも貫かれている。聖書の中でも『ヨハネによる福音書』を重視するフィヒテは、存在と現存在との原初的関係を、神とロゴスとの関係に見る。フィヒテにとってロゴスは、一方で神と合致していながら、他方でそれは神の分裂、すなわち「受肉」をもたらす。この点に関して、アンリは、神との合致を維持するロゴスについては内在として評価し、神との分裂をもたらすロゴスについてはこれを退ける（EM, 85：一〇三）。アンリは、神と「神の子」キリストとの直接的一体性を肯定するが（EM, 383, 513：四三九、五七九）、後述の通り、神が「人の子」イエスとして受肉することは明確に否定する。

アンリとフィヒテとの違いは、生を捉えたか否かではない。両者の違いはむしろ、生を反省と分離したか否かである。フィヒテは、カントと異なり、生を自身の哲学の根底に据えている。しかしフィヒテは、この生を反省から分離することはない。フィヒテにとって、生と反省との絶対的統一、「純粋存在と反省の紐帯」（Fichte, AL, 136：四二二）の把捉こそ、知の最高の課題だからである。

それに対してアンリの批判は、フィヒテが生と反省、内在と超越の区別を立てながら、両者が不可分の関係にあるとみなした点に注がれている。アンリにとっては、生に反省を持ち込むことは存在論的一元論への転落でしかない。内在＝生はあくまで超越＝反省から純化された領域として捉えられなければならない。

確かに、フィヒテにとって「純粋存在と反省の紐帯」は「神の愛」であって、反省を超えた次元にある。ただ、人間がその次元に達するには反省を通過する必要がある。フィヒテにとって反省は、極限まで徹底化されて初めて無化されうるからである。それに対して、アンリはこうした過程の必要性をまったく認めない。アンリにとって、人間はつねにすでに神と一体であり、この一体性はあらゆる人間にあらかじめ与えられた「普遍的な存在論的構造」（EM, 383：四三九）だからである。そのため必要なことは、反省の徹底ではなく、ただ先在する神との一体性を直接感得することである。

アンリは、カントの思惟から「感性」への依存を退け、フィヒテの存在から「反省」との紐帯を断ち切って「内在」＝「生」を確立する。「生の現象学」はここから展開される。ただカントと違い、フィヒテは批判対象であると同時に、生に肉薄したとアンリが評価する、数少ない哲学者の一人である。そのときアンリは一貫して内在／超越の対を、フィヒテの依拠する生／

反省の対に対応させている。このことは、アンリとドイツ観念論との密接な類縁関係を示唆するものである。

アンリがフィヒテ読解を通して取り出そうとした生の直接的感得は、「エゴの存在」だけでなく「神の存在」をも同時に与える経験であり、両者の一体性の経験である。この経験は、カント的有限性の根本的な書き換えを伴っている。そこで自我の有限性は、カントのように客観への依存にではなく、究極的には神という「絶対者」への依存に求められる。フィヒテ宗教論の背後に探られたこの経験こそ、「存在」の失地回復をはかるアンリが、内在の根幹に据えるものである。

3　ヘーゲル（一七七〇―一八三一）

こうした神秘主義的モチーフに深く魅了されていたアンリにとって、フランクフルト期ヘーゲルの宗教論は、強い共感の対象である。アンリの著作のなかではもっぱら批判対象でしかないヘーゲル哲学だが、この若きヘーゲルだけは例外である。

実際、アンリにとって若きヘーゲルは、フィヒテ以上に重要な役割を果たす。フィヒテ宗教論の分析が『現出の本質』に限られるのに対して、若きヘーゲルの『キリスト教の精神とその運命』（一七九八―一八〇〇）[12]は、その後の著作で繰り返し参照される（M, 329; CMV, 294）。客観的な「律法」に対して主観的な「信仰」を対置するキリスト教に依拠し、カント的道徳に対して「愛」を対置するヘーゲルは、超越に対して内在を対置するアンリに、重要な着想を与えている。

アンリは、『現出の本質』において若きヘーゲルが、「その単一性における存在の経験」をもっていたことを高く評価している（EM, 359：四一一）。ここでも評価の中心に据えられるのは、存在である。さらに、若きヘーゲルもまたこの存在を「生（Leben）」と呼ぶ。それは、普遍と特殊、主観と客観の総合である（Hegel, GC, 327：七九）。何よりも若きヘーゲルは、「生生の純粋な感情（Gefühl）」（Hegel, GC, 371：一六八）を称揚する。の」を、「概念」ではなく「愛」として把握するなら、そこにはいかなる分裂もない。それは、父と子との「一体性（Einigkeit）」であり、しかも「概念の統一」ではなく、一切の分離が消失した「生ける統一（lebendige Einheit）」（Hegel, GC, 361：一四七）である。そしてアンリは、このヘーゲル的生を内在として受け入れるのである（EM, 511：五七六）。

もちろんヘーゲルの思想が手放しで肯定されるわけではない。若きヘーゲルにとって、生の統一は必ず分裂を媒介する。ヘーゲルは『ヨハネによる福音書』に基づいて神が、生であると同時に「ロゴス」でもある点を強調し、そこに反省の介在を認める（Hegel, GC, 374：一八一）。それに対して、アンリは、このロゴス解釈にフィヒテ宗教論との共通性を見たうえで、あらためてこれを退けている（EM, 866：九八六）。またフィヒテ同様、ヘーゲルにとっても、イエスは神の子であると同時に人の子でもある点が重要な意味をもつ。それに対して、アンリはやはりこの点を認めない（EM, 892：一〇三二）。それは初期のビラン論以来の一貫した立場である。後年アンリは、イエスが「人の子」でもあるという命題は「哲学的に支持しえない」（CMV, 339）と明言する。キリスト教に生の分裂の不可避性を見るフィヒテやヘーゲルらの共通見解は、晩年のアンリにとっても「キリスト教の精神」に対する絶対的無理解」（CMV, 297）にしか映らないからである。

こうした立場は、原始キリスト教団への評価についても同様である。ヘーゲルによれば、イエス存命中に成立した原始キリスト教団においては、イエスとその弟子たちとの直接的連帯が成立している。それは客観性を「最大の敵」（Hegel, GC, 404：二四三）とみなす共同体である。この段階の共同性を、アンリは積極的に評価する。アンリによれば、生の根源的本質は決して客観化されえないことを、若きヘーゲルは、原始キリスト教団を通してすでに直観していたのである（EM, 505：五七〇）。それは『精神現象学』（一八〇七）で描かれる原始キリスト教団における概念の「直接性」についても同様である（EM, 170：一九六）。しかし、ヘーゲルにとって客観性を欠く生は、真の生ではなく「未成就の生（unerfülltes Leben）」（Hegel, GC, 405：二四六）でしかない。原始キリスト教団は、信仰を直接共有する者たちによって形成された閉じた共同体である。それは、信仰を共有しない世俗から隔絶され、あくまで「現実」から遊離したところで成立した共同体にすぎない。この教団が真に「宗教」へと脱皮するには、現実と交わり「自己を不純化する」必要がある。

それに対してアンリは、原始キリスト教団の不完全性を指弾する若きヘーゲルの批判について、「馬鹿げている」（EM, 565：六三三）と切り捨てる。アンリは、ヘーゲルが「未成就の生」とみなした生にこそ生の本質を見る（EM, 878：一〇〇七）。それゆえアンリにとって、現実と隔絶して「心情の純粋性」を追求するイエスは、むしろ肯定すべき対象である（EM, 874：一〇〇〇）。

なお、ヘーゲル研究が実証的に示す通り、ヘーゲルも、フランクフルト時代初期の時点では反省を排除する立場を取っていた[13]。しかしその後、ヘーゲルは、ヘルダーリンの影響下、反省を容認して生と反省との「合一」を構想する立場に転じる。『キリスト教の精神とその運命』で描かれる生は、原初的合一が反省による分裂を経て再合一されることで初めて「完成した調和」に達する。それに対してアンリは、いわばこのヘーゲルの「前進」を「後退」とみなし、反省なき生にとどまろうとするのである。

この生の純粋性への固執は、『現出の本質』附論のヘーゲル論において、『精神現象学』を中心とした「否定性」への批判という形で継続される。反省を介した精神の自己還帰の運動はすべて「存在論的一元論」である。「媒介の思想」は「皮相な思想」（GP, 396：四六九）でしかない。アンリにとって、対自なき即自、死なき生こそ真の内在だからである。

以上のヘーゲル批判は、『マルクス』（一九七六）でさらに展開される[14]。そこで問題となるのは、ヘーゲルの精神が体現する「全体性」である。アンリは、ヘーゲル哲学の宗教的諸帰結を批判するヘーゲル左派の読解から出発し、続いて初期マルクスのヘーゲル批判を取り上げる。そこでアンリは、マルクスとともに、まずヘーゲルの「国家」に対して「個人」を対置する。ただ、マルクスと異なり、アンリは個人を、感性的条件から解放された個人、「生ける個人」とみなす。そこではヘーゲル的精神に対置された、フォイエルバッハ以来の「感性的存在」はいかなる意味ももたない（M, 316：二五四）。生ける個人は反省だけでなく、感覚をも排した純粋な行為のみを実現する主体である。

この行為は「実践（praxis）」や「労働」とも呼ばれるが、それは自己以外のいかなる契機にも制約されてはいない。それは、純粋に主観的な「力」である。この力が「生の運動」として捉えられる。生の運動とは、「モナド的主体性」の内部で感得される「生の潜在態の顕在化」（M, 264：二〇六）の運動である。この運動が最終的にヘーゲルの弁証法に代替される。というのも生は、純粋性を維持したまま自己展開する「内在的弁証法」を備え、独自の歴史を形成するからである。こうして生は、史的唯物論を根底から支える「歴史の超越論的条件」（M, 196：一六八）として提示される。

孤独なエゴから経済や社会といったより広範な現実へと拡張された生は、「内在的全体性」（M, 522）と呼ばれる。それに対して、ヘーゲルの生は「客観的全体性」であり、「個人を超越した普遍的本質」として批判される。その際にアンリが引き合いに出すのが、「生の流れにとっては、それによって回転する水車がどのような種類のものであるかはどうでもよい（gleichgültig）[15]」としたヘーゲルの言葉である（M, 273：二一三）。

しかし、ここでアンリが批判する「個人を超越した」ヘーゲルの生は、『精神現象学』の「有機的生命」であって、若きヘーゲルの神的生ではない。実際、「内在的全体性」としての生には、アンリが若きヘーゲルに見た、神とキリストとの直接的紐帯としての生の諸特徴が深く刻み込まれている。「プロレタリアート、それはキリストである」（M, 143：一三四）という一節は、そのことを示す顕著な例の一つである。アンリにとって「生ける個人」である労働者は、「神の子」としてつねに生との一体性を生きているのである。

アンリの聖書解釈[16]やマルクス解釈には多くの留保が必要だが、アンリが若きヘーゲルを批判しながらも参照し続けるのは、若きヘーゲルにおいてはフィヒテ以上に、人間と神との一体性が「感情」を用いて記述されるからである。この一体性が、生の内在的全体性を説明する。そこには、先に見た絶対者の経験がある。それは、若きアンリがスピノザ論で見出した、有限者と無限者との合致をもたらす経験である。『現出の本質』が情感性概念のもとで主題化したこの経験は、『マルクス』から晩年のキリスト教解釈に至るまで、つねに内在の核心に位置づけられる。そして、この特権的経験の有無が、カントとその後のドイツ観念論に対するアンリの評価の分水嶺をなしている。

4　シェリング（一七七五―一八五四）

アンリにとって「生」は、すでにフィヒテや若きヘーゲルによって語られていたものである。ただ、それが反省と不可分とされた点に、アンリの拭い難い不満があった。このように反省を強く敵視するアンリにとって、おそらく最も近い立場にあったのは、初期シェリングだろう。

『現出の本質』においてアンリは、ときにジャンケレヴィッチのシェリング研究に依拠しながら[17]、しばしばシェリングに言及する。言及されるシェリングの著作は、『超越論的観念論の体系』（一八〇〇）と『人間的自由の本質』（一八〇九）である。ただ、そこでシェリングは、現出を総じて意識の客観化の過程として捉える存在論的一元論の哲学者として扱われるにすぎない。しかし、実際にはシェリングは、『自然哲学に関する考案』第二版（一八〇三）において「むきだしの反省は人間の精神病である」と述べ、反省を人間にとっての「悪（Übel）」と断じている（Schelling, HKA I-13, 57：1b、一九）[18]。反省への敵視という点で、シェリングはアンリ哲学の隠れた先駆者とみなすことができる。

とりわけフィヒテの影響下で書かれた最初期の自我論、『哲学の原理としての自我について』（一七九五）および『独断主義と批判主義に関する哲学的書簡』（一七九五―九六）は、内在の哲学と呼ぶにふさわしい議論を展開している。実際、「自己を超出しないものは〔…〕その本質において内在である」（EM, 279：三一八）と述べるアンリの言葉は、次のシェリングの言葉を彷彿とさせる。すなわち、「絶対的自我は決して自己自身を超出しない」（Schelling, HKA I-2, 146：1a、一〇二）。確かにアンリがシェリングの自我論を読んだ痕跡はない。ただ興味深いことに、両者の自我論は、偶然にもいくつかの点で共通する。

第一に、カント的主観性に対する立場である。アンリと同様、シェリングもまた、カントの主観が論理的主語にすぎない点を批判し、この客観との関係に制約された「経験的自我」に対して「絶対的自我」を対置する（Schelling, HKA I-2, 134：1a、八七）。それは「純粋な一性」であり、かつ永遠不変の「実体」である。さらにこの絶対的自我は、「無制約性」であり「無限な自我」である。そこで存在と思惟は一致するとともに、有限な自我は無限な自我と等しくなる（Schelling, HKA I-2, 125：1a、七六）。これらの規定は、いずれもアンリの「エゴ」の規定と合致する。

第二に、反省に対する立場である。シェリングの絶対的自我は決して経験不可能ではない。それは、「知的直観」という「無媒介的経験」によってまさに経験可能である（Schelling, HKA I-3, 87：1a、一八七）。そしてこの知的直観は、フィヒテやヘーゲルと異なり、反省との不可分性をまったくもたないのである。「絶対的自我にはいかなる客観も存在しない」(Schelling, HKA I-2, 104：1a、四九)。少なくともここには存在論的一元論はない。実際、アンリは『超越論的観念論の体系』における直観概念に内在の片鱗を認めるが(EM, 498：五六四)、アンリの要求に適う直観はすでに最初期シェリングに見出すことができる。

第三に、スピノザ主義との連帯である。シェリングは、ヤコービ以来のスピノザ主義に魅せられ、レッシングの言葉「一にして全《ヘン・カイ・パーン》」を自身の標語として掲げると同時に、あらゆる実在性を内包する絶対的自我の原因性を、スピノザに倣って「内在的原因」(Schelling, HKA I-2, 121：1a、七一)と呼ぶ[19]。そしてアンリもまた、先述の生の運動を「能産的自己触発」と形容するほか、あらゆる生ける者を産出する生の原因性をスピノザの「内在的原因」と結びつけ、それを「決定的概念」とみなしている(PV-IV, 224)。何よりも両者のスピノザ評価は、ともに「絶対者」の知的直観に注がれているのである。たとえ彼らのスピノザ解釈には議論の余地があるとしても、カントに対峙する二人がスピノザに仮託するものは見事に一致している。

反省を排した生から出発するアンリの哲学は、このように初期シェリング自我論との深い親和性を示している。生の純粋性や直接性は、ドイツ観念論の潮流のなかで批判的に乗り越えられていく。この潮流に対して孤独な抵抗を続けてきたアンリにとって、初期シェリングは貴重な同志となりえただろう。そしてその根底にあったのは、カントとの出会い以来、終生アンリを突き動かしてきた、「生」という「失われた始源」を取り戻そうとする情熱である。

カントを頂点とする超越の哲学との対決から出発したアンリは、感性(カント)、反省(フィヒテ)、否定性(ヘーゲル)を退け、生の純粋性を徹底的に追求することによって、内在の哲学を彫琢してきた。そのことによって生じる困難は少なくない。しかし、戦後フランスの知的状況を鑑みるなら、彼の試みの独自性は際立っている。「生の現象学」の名の下で古典的現象学に対抗しようとしてきたアンリが、当初から深くコミットしてきたのは、「生と反省」、「無限者と有限者」といった主題を通してカントに対抗してきたドイツ観念論である。その枠組みは、マルクス論からショーペンハウアー論を経て後期のヨハネ論に至るまで、アンリの歩みを規定し続けている。フランス現象学者のなかで、これほど深いドイツ観念論との結びつきをもつ者は、アンリただ一人である。生の現象学が、古典的現象学や同時代のフランス現象学とは異なる、独自の光彩を放っているとすれば、ドイツ観念論はその最も重要な光源の一つと言えるだろう。

註

(1) アンリのスピノザ解釈については本読本第II部2「アンリと

合理主義哲学」参照。

（2） アンリとサルトルなどフランス現象学との関係については本読本第Ⅱ部8「アンリとフランス現象学」参照。

（3） A. Kojève, *Introduction à la lecture de Hegel*, Gallimard, 1947, p. 485（コジェーヴ『ヘーゲル読解入門』上妻精・今野雅方訳、国文社、一九八七年、三四八頁）.

（4） Kant, *Kritik der reinen Vernunft*, Philosophische Bibliothek, Band. 505, Meiner, 1998, p. 256（『カント全集』第四巻、有福孝岳訳、岩波書店、二〇〇一年、二五八頁）.

（5） 本読本第Ⅱ部7「アンリとドイツ現象学」参照。

（6） M. Henry, «Destruction ontologique de la critique kantienne du paralogisme de la psychologie rationnelle», in *Studia phænomenologica*, IX, 2009, p. 17–53.

（7） こうしたカント批判ときわめて近い論点がすでに初期ドイツ観念論のなかに見られる。田端信廣『書評誌に見る批判哲学——初期ドイツ観念論の展相』晃洋書房、二〇一九年、三三三—三四七頁参照。

（8） アンリ的自己触発は「現存在の感情」に言及する『プロレゴメナ』（一七八三）のカントにも見出しうると指摘する研究もある。中野裕考『カントの自己触発論』東京大学出版会、二〇二一年、一一五—一一九頁参照。

（9） アンリのフィヒテ解釈については本読本第Ⅱ部1「アンリとドイツ神秘主義」も参照。

（10） Fichte, *Die Anweisung zum seligen Leben*, Philosophische Bibliothek, Band. 640, Meiner, 2012（『フィヒテ全集』第十五巻、量義治訳、哲書房、二〇〇五年）. 以下、引用に際しては略号ALを用いる。

（11） フィヒテの生およびその反省との関係については次を参照。中川明才『フィヒテ知識学の根本構造』晃洋書房、二〇〇四年、一五三—一六七頁。

（12） Hegel, *Der Geist des Christentums und sein Schicksal*（1798–1800）, in *Werke in zwanzig Bänden I, Frühe Schriften*, Suhrkamp, 1971（『キリスト教の精神とその運命』伴博訳、平凡社ライブラリー、一九九七年）. 以下、引用に際しては略号GCを用いる。

（13） 久保陽一『初期ヘーゲル哲学研究——合一哲学の成立と展開』東京大学出版会、一九九三年、一四七—一九一頁参照。

（14） アンリのマルクス解釈については本読本第Ⅱ部6「アンリとマルクス」参照。

（15） Hegel, *Phänomenologie des Geistes*, Philosophische Bibliothek, Band. 414, Meiner, 1988, p. 191（『ヘーゲル全集』第四巻、金子武蔵訳、岩波書店、一九七一年、二八四頁）.

（16） アンリの聖書解釈については本読本第Ⅲ部7「生の現象学とキリスト教」参照。

（17） Cf. V. Jankélévitch, *L'odyssée de la conscience dans la dernière philosophie de Schelling*, Félix Alcan, 1933.

（18） シェリングからの引用は新全集版（*Historisch-kritische Ausgabe*, Frommann-Holzboog）に依拠し、略号HKAを用いて系列、巻数、頁数の順に表記する。また、邦訳については文屋秋栄版『シェリング著作集』の巻数と頁数を順に表記する。

（19） 初期ドイツ観念論における「スピノザ・コネクション」と初期シェリングについては次を参照。中河豊「若きシェリングのスピノザ主義」、加藤泰史編『スピノザと近代ドイツ——思想史の虚軸』岩波書店、二〇二二年、三〇一—三二一頁。

5　アンリと生の哲学
情感性をめぐる解釈の葛藤

伊原木大祐

ドイツを中心に「生の哲学」と呼ばれる思想潮流が明瞭な形で現れてきたのは、一九世紀末から二〇世紀初頭にかけてのことである。いち早くその重要性に気づいた現象学者シェーラー（一八七四―一九二八）は、論考「生の哲学試論」（一九一三）の中でニーチェ（一八四四―一九〇〇）、ディルタイ、ベルクソンという三人の哲学者を取り上げた[1]。さらにこの流れには、当のシェーラーに加え、社会学者のジンメル、文化哲学者のシュペングラーや心理学者のクラーゲスなどを含めることもあった。こうした思想の祖と目されるのが、「生への意志」を中心に独自の世界観を築き上げたショーペンハウアー（一七八八―一八六〇）である。

以上のような「生の哲学」は、同じく「生」という主導概念を掲げて自らの現象学を推進したミシェル・アンリと、どのような関係にあるのだろうか。アンリの既刊著作を概観するかぎり、ベルクソン[2]への言及は極端に少なく（AD, 89, 125）、ディルタイ、ジンメル、シュペングラー、クラーゲスに至ってはその名が挙がることさえない[3]。アンリが本格的に対決した生の哲学者は、ショーペンハウアー、ニーチェ、シェーラーの三人にほぼ限られるといってよいだろう。ここではその解釈のポイントを順に紹介してゆく[4]。

1　意志から情感性へ――ショーペンハウアー再考

若き日のアンリが執筆したスピノザ論には、一度だけ「ショーペンハウアー」（BS, 84）の名が出てくる。しかし、それから四〇年もの間、アンリはこの哲学者をまったく参照してこなかった。中期思想に属する『精神分析の系譜』（一九八五）の第五章「見出された生――意志としての世界」、第六章「生とその特性――抑圧」（GP, 159-247：一九五―二九二）に至って、ようやくアンリはショーペンハウアーに真正面から取り組んでいる。一九八八年の論考「ショーペンハウアー――第一哲学」(PV-II, 109–130)、一九九一年の「ショーペンハウアーにおける抑圧の問い」(PV-II, 131–146) は、それぞれ『精神分析の系譜』の第五章と第六章を変奏したものにすぎない。

アンリのショーペンハウアー論は次の文章で始まっている。「曖昧で、一貫性がなく、学説には理論的弱点があるにもかかわらず、ショーペンハウアーは今日、歴史上最も重要な哲学者のひとりとしてわれわれの前に登場する」(GP, 159 : 一九五)。まずは、その歴史的重要性の意味を確かめておこう。

『精神分析の系譜』は、近代哲学における「生」の発見をデカルトに帰していた。コギトの究極的定式である「見テイルト私ニ思ワレル (videre videor)」[5] における「私ニ思ワレル」は、無媒介的に「自己自身を自ら感じること」を指しており、そうした仕方で自らを現出させる「情感性」としての生に帰着する。アンリはこの純粋な生の現れを「始源」と呼んだ。だが、始源の生は早くもデカルト自身の手からこぼれ落ち、それ以降、マルブランシュ[6]、ライプニッツ、カントによって忘れ去られてしまう。代わりに「表象」が、存在および現象の条件として前景化してゆく。アンリの理解によれば、この「表象の形而上学の支配」に「急激な終止符を打った」(GP, 8 : 五) のが、ほかでもないショーペンハウアーなのである。

ショーペンハウアーの主著『意志と表象としての世界』(一八一九/四四) は、その題からして、アンリ思想の基本構成を想起させる。この著作は、現象と物自体のカント的区別を踏まえ、根拠律に従属するほかない「表象」と、それとは別の仕方で各人に直接知られる「意志」とを区別する。アンリはまさしくこの区別に、超越と内在、非実在性と実在性の区別を重ね合わせてゆく。ショーペンハウアーの意志とは、アンリにとっての「生」、すなわち「情感性」の別名にほかならない。この線上にある理解を二つの角度から確認しておく。

①意志の自己現出。一方で意志は、「生への意志」として、盲目的な切迫、際限のない努力である。こうした終わりなき欲望としての意志概念を、アンリは「いまだ素朴で、いわば存在者的な規定」(GP, 167 : 二〇五) と見なした。これに対置されるのが「存在論的な規定」である。それは、「意欲 (vouloir)」[7] が無媒介的に自己自身を感受し、この自己感受において「生ける意欲」になるといった、意志の自己贈与 (自らが自らに与えられる仕方) を意味する。先述の「始源」と同じものである。『意志と表象としての世界』正編第二二節や続編第一八章で示唆されている、意志による直接的自己認識の契機は、こうしたものに相当するだろう。そこにアンリは「現れることと意欲することの同一性という決定的主張」(GP, 173 : 二一一) を読み取った。

②情感性の優位。ショーペンハウアーは、生きるなかで回避しえない苦悩を「アプリオリに」証示しようとした。ところが、実際には快/苦といった二項の定義が、むしろ意志の後から生

じてくる事実的情調、いわば「意志のアポステリオリ」（GP, 221：二六三）になっている。定義上、満足・息災・幸福は「意志が目標に達していること」であるのに対し、苦悩は逆に「意志と意志の当座の目標とのあいだに位置する障害によって意志が阻害されること」である。[8] この場合、満足（幸福）と不満足（苦悩）は、意欲の事実的結果として同等に位置づけられ、目標到達の成否という経験的な事実に左右されてしまう。そうした傾向に抗してアンリが着目するのは、満足／不満足が担う地位の不均衡である。ショーペンハウアーにとって、不満足・欠乏・苦悩は「積極的」であるのに対し、満足や幸福はつねにその否定にすぎず、「消極的」性格しかもちえない。前者の積極性を考慮するならば、意欲の結果である満足／不満足に先立って、むしろその意欲をあらかじめ制約するような根源的不満足、アプリオリな受苦が想定されているのではないか。ここからアンリは、意志と情感性との間に設定された優劣関係の「密かな逆転」（GP, 224：二六七）――意志優位から情感性優位への逆転――を導き出す。さらに、アンリはショーペンハウアーの「狂気」論（正編第三六節および続編第三二章）に精神分析の抑圧理論と類似の構造を見出し、その本質もやはり情感性の能力にあると主張する。抑圧された「表象」と、その抑圧を遂行している「意志」はいずれも、嫌悪や不快といった情感性の言葉で語られていた。抑圧を構成する意志と表象は、ともに同一の情調、同一の生によって規定されているのである（GP, 233：二七七）。

以上のような肯定的読解と並行して、いくつかの批判的注釈も付されている。たとえば、意志の自己認識が、客体化された意志である「身体」を介して可能になるといった説明図式は、意志に認められていたはずの直接認識を揺るがすものではないか。認識という「鎮静剤」によって意志が生から離反するという正編第六八節の主張には、『現出の本質』（一九六三）で批判された「現象学的隔たり」が前提されているのではないか。いわゆる「個体化の原理」（空間と時間）によって規定された個体性は、意志の内的経験に根ざした個体性と衝突し、個体の実在性を破砕してしまうのではないか。議論の内実は違うが、「意志をもたない純粋な認識作用」を称揚する正編第三巻の美学論、性衝動を種の意志から説明する続編第四四章「性愛の形而上学」でも、やはり個体の情感的実在性が否定されてしまう傾向にある。後期アンリの『我は真理なり』（一九九六）と『受肉』（二〇〇〇）では、こうした傾向に対する非難がいっそう強い調子で語られている（CMV, 152; INC, 259：三三三―三三四）。

2　情感性のさらなる深みへ――ニーチェ読解

前期の著作『身体の哲学と現象学』（一九六五）は、ニーチェがキリスト教徒に向けた「身体の侮蔑者たち」という非難を、「奇妙にも性急」（PPC, 290：三〇七）であるとして却下していた。このような姿勢は、晩年の『受肉』にまで継承されている（INC,

16：四八三—四八四)。それに対し、『現出の本質』では、ニーチェへの肯定的な言及が目に付く。ニーチェの「運命愛」を存在の内的構造としての「非－自由」に結びつける議論（EM, 370：四二四）もさることながら、ニーチェが「受苦と歓喜との間で動揺する本源的な力」（EM, 839：九五三）を認めていたとする記述は、後に書かれた『精神分析の系譜』第七章「ニーチェによる生と情感性」、第八章「神々はともに生まれ、ともに死す」（GP, 159–247：一九五—二九二）の中心テーゼを先取りしている。一九九一年の講演原稿「ニーチェの言葉「われらよき者〔…〕幸いなる者」について」（PV–II, 147–161）は、『精神分析の系譜』第七章を特定のテーマに沿って圧縮したものである。アンリによるニーチェ解釈のポイントは、以下の三つにまとめられる。

①生の内在の力。ニーチェが打ち出した「力への意志（Wille zur Macht）」[9]は、欠如ゆえに何らかの存在を求め続けるショーペンハウアー的な意志と異なり、力を起点とした力の展開ないし拡張、すなわち力の「自己運動」（GP, 251：二九六）である。力への意志は「意志の力」でもあり、それはあらゆる力の根底にあって、それらの力を自己と緊密に密着させる本源的な力、アンリのいう「超力」なのである。別の術語で言うと、「内在」であり、これは「自己自身で自己増大し、この増大の陶酔において自己自身を感受する、原初的な自己内到達」（GP, 257：三〇三）であると定義される。そこからアンリは、貴族や主人に代表される「強者」と、その対になる「弱者」という二形象の意味を分析している。それによると、強者における「力」の本質的由来が、あらゆる力の自己増大を可能にする超力、したがって生の内在に見定められているのに対し、弱者の弱さとは、まさしくこの内在の破砕にあるとされる。生が生自らを破壊しようとする自己否定的な性格こそ、ニーチェが「病」と呼んだものであり、病める畜群に固有の態度なのである[10]。アンリの解釈では、こうした病は「生の内面的本質の破壊」（GP, 269：三一八）であって、その多様な発現——自己懐疑、自己不信、自己非難、疚しい意識、等々——はすべて、自己を前に立て置く「脱立」に、すなわち「生の真理を生の外部に置く」諸説（GP, 271：三二一）に関連づけられる。しかし、病者の弱さを真に「弱さ」たらしめているのは、自己破壊の企てというよりも、むしろその企てが失敗に終わるという点にある。生に抗する弱者の意欲もまた、生それ自身に属しつづける以上、この生ける自己を厄介払いすることはできない。そうした生の究極的無力は、「自己に対する克服しえない受動性」である「非－自由」（GP, 262：三〇九）という存在構造に起因する。

②情感性の本源的統一。なぜ弱者は自己破壊へと向かうのか。アンリはニーチェとともに、その理由を生の苦悩に見定めた。自己の苦しみから逃れようとする不可能な企てに弱さの起源があり、だからこそニーチェは、苦を拒絶し排除しようとする傾向全般に非難の矢を向けたのである。しかしながら、生は、このような受苦の「自己自身を自ら被り耐えること」の中で自己

増大しつつ自己の内へと到達することで、自己を享受している。『現出の本質』第七〇節で詳述されたように、生においては受苦と享受、受苦と歓喜が一体であり、両者ともに生の本質を構成する。こうした「受苦と歓喜の来歴上の連関」が「ニーチェの全作品を貫いている」(GP, 283：三四〇)と見なすアンリは、『悲劇の誕生』(一八七二)における「ディオニュソス」や「根源的一者」の概念、『道徳の系譜』(一八八七)の第二論文において描き出された嗜虐行為などを分析することで、情感性内部の矛盾的統一を強調する。

③情感的個体性の確保。アンリはまた、ショーペンハウアーの強い影響下にあった『悲劇の誕生』を解釈しつつ、またも個体性の問いに取り組む。初期ニーチェの個体性概念には、たしかに一方で、「個体化の原理」の神格化であるアポロン的形象、それゆえ「表象の脱自的構造から生じる」個体が想定されている。しかし他方で、そこには、こうした仮象的個体の可能性の究極的条件である〈本源的個体〉が潜んでいるという(GP, 321：三八〇)。ディオニュソス的芸術を通じた個体の解消というニーチェの見解は、アンリによって、前者から後者の個体性への転換として理解される。ここにおいて個体の破壊とは、ただ「思考領域からの」個体の消滅を表すにすぎず、積極的には、「生の情感性という、存在の本源的次元に対する個体の帰属」(GP, 323：三八三)を示している。その個体論は、ニーチェが『悦ばしき知識』(一八八二)の第九九節で、ショーペンハウアーによる「一つの意志についての証明不可能な学説」および「個体の否認」を攻撃していたことにつながってくる。[11] 自己自身を基準とした貴族的評価法(『道徳の系譜』第一論文)もまた、ニーチェによる情感的個体の尊重を反映しているというのが、アンリの一貫した主張である。

さらにアンリは、生の情感性を基準にニーチェの価値論を再考することで、「力への意志」や「遠近法主義」といった主要概念を表象の優位性から解き放とうとした。これは、ニーチェを西洋形而上学史の内部に組み込んでゆくハイデガー的な解釈フレームへの抗議を意味する。そして、ここに表れた価値の体系を理論化し、「他の誰よりもニーチェについて省察した」(GP, 335：三九七)と評される思想家が、次に扱うシェーラーである。

3 情感性の外在的区分を超えて——シェーラー批判

『精神分析の系譜』(GP, 289：三四二)によれば、シェーラーは「二〇世紀にニーチェの影響を受けたあらゆる偉大な思想家たちの中で」その省察を「最も遠くまで推し進めた」人物である。彼の省察は、西洋思想史上初めて「情感性についての体系的な問題提起」という形を取るものであった。『現出の本質』最終章を飾る「情感性」論でも、第六四節から第七〇節まで、繰り返しシェーラーの学説が取り上げられている。アンリの主[12]たる批判は、シェーラーがなおも「価値」の「感得(Fühlen)」

という志向的構造を重視することで、情感性固有の現出能力を見誤ったという点に向けられる。このタイプの批評は、『実質的現象学』（一九九〇）における共同体論でも反復されることになるだろう。[13] 以下では、『現出の本質』第六六節をサンプルとして、アンリによるシェーラー読解の要所を押さえておく。

シェーラーの主著『倫理学における形式主義と実質的価値倫理学』（一九一三／一六）のうち、アンリが標的としたのは、その第五編、とりわけそこで提起された「感情の深層水準」説である。シェーラーによると、感情には四つの水準があり、これらを区別しなければならない。[14] (1)「感性的感情」――志向性を欠いた単なる状態であり、身体の特定の場所に広がる感情、すなわち「感覚」のことである。(2)「生命感情」――身体の一部にしか関わらない感性的感情と違い、身体全体にまで広がる感情である。たとえば倦怠感について、「今日はとくに右足が倦怠である」などとは言えない。(3)「純粋に心的な感情」――感性的感情や生命感情は、身体という媒介を経ることでしか自我に関係づけられなかったが、喜びや悲しみといった心の感情はそのまま自我に関係づけられている。(4)「精神的感情」――浄福や絶望といった感情は、いかなる点でも「状態」ではなく、人格という中核から湧き出す精神「作用」であり、あらゆる特殊な体験内容を貫いて人格存在そのものを占めてしまう層である。

第一の感性的感情に関する注釈から見てみよう。シェーラーは、後にメルロ＝ポンティの分析によって広く知られるようになる幻影肢の現象を取り上げていた。そこではたとえば、「右腕を切断されてしまった後もまだ右腕に痛みを感じる」といった錯覚が起こる。これについてシェーラーは、切り落とされた右腕の記憶像が、残った断面の事実的な苦痛感を征服しているのだろうと解釈する。[15] アンリに言わせると、ここでシェーラーは二つのものを混同している（EM, 766–767：八七一）。一方で、「記憶像」という想像的な延長における苦痛表象が想定されている。アンリはこれを苦痛の「構成された存在」（苦痛が構成されてあること）と名づける。他方で、その苦痛は、局所的な像の延長が介在するかどうかにかかわらず、端的に私の苦痛として感じられていなければならない。こちらのほうをアンリは苦痛の「本源的で実在的な存在」と呼ぶ。幻影肢に苦しむ患者は、自らが想像の中で思い描く身体的延長の苦痛によって、初めて苦しむというわけではない。また、シェーラーは、身体器官の感情（感性的感情）が「二重に間接的な仕方で[16]」しか自我に関わらないと述べるが、幻影肢の患者は、やはり不在の右腕の痛みを、ほかでもない自分自身の痛みとして感じているはずである。

こうした「構成された存在」対「本源的存在」という区分は、感性的感情ばかりでなく、その他すべての感情に関わる。たとえばシェーラーが言うように、人は強い感性的感情を知覚しながら（香辛料の「辛さ」を舌で感じながら）、同時に生命感情を感じる（「元気いっぱいに」なる）こともできる。けれども、「それは、シェーラーが考えるように、これら二種の情調が相互に外的で現実に分離された情緒的平面の上で〔明確に区別された感性的感情と生命感情の共存として〕繰り広げられるからではない」（EM, 775：八八〇）。どの段階の感情に対しても、直接的な仕方で自己自身を感受する実在的感情のクラスが前もって存していなければならない。これらの実在的感情を、その感情の構成に基層として役立つ存在論的媒質（身体の一部分、身体全体、自我）と同一視することはできない。

シェーラーの理論においては、「私たち自身そのもの」である「人格」として与えられるような絶対的感情が、彼の定義する「精神的感情」にしか認められない。しかも、この感情は他の感情とは異質なものとして分離されてしまう。だが、実在性という観点からすれば、右腕の快苦も、体調の良し悪しも、心の喜ばしさや宗教的絶望も、等しく自己存在の核に参与している。こうして、シェーラーによる感情の四区分は、それとはまるで異なる区別に取り替えられるだろう。一方に、自己の根底的内在を具現する実在的な諸感情のクラスがある。これに対置されるのが、そこから分離し、超越し、空虚化してしまっている非実在的な諸感情のクラスである。

最後に、シェーラーによる例をもう一つだけ挙げておこう。「一人の人間が、浄福であると同時に、何らかの身体的苦痛を受けているということは可能である。というのも、たとえば、自らの信仰に殉じた真正の殉教者にとっては、このように苦痛を受けることがそれ自体で浄福な受苦だからである」[17]。深層水準説に従うならば、この殉教者の「身体的苦痛」は表層的な感性的感情や生命感情に分類されるだろう。一緒に感じられた「浄福」のほうは、それより深い層の精神的感情に区分されるはずである。その場合、相反する情緒の共存という矛盾は、レベルの異なる二つの感情がたまたま同時に存在していることでしかない。アンリは、こうした理解によって「生の内在的弁証法が失われ、それは外在的で恣意的な諸対立に場所を譲ることとなった」（EM, 850：九六五）と非難する。この処理は、前節で確認したばかりのアンリ的「ニーチェ」による生の根本テーゼからも乖離している。受苦と歓喜が共属している情感性の内部には、いかなる相互外在的な区別も存在しない。このように考えることで、アンリはシェーラーの感情説を退けたのである。

以上のことから、アンリが「生の哲学」に対し、是々非々で判断を下していたことは明らかである。アンリによる「生の現象学」は、生の哲学の思想動向と触れ合う部分があるにしても、その素朴な継承者の地位を占めるものではない。言葉の上で同じ「生」を扱うといっても、その「生」に対する見方が異なっているのである。アンリからすれば、ショーペンハウアーやシェーラーの議論は、生とは逆にむしろ「死」へと導く契機（脱立）をはらんでいる。それに比べると、ニーチェへの肯定的評価が際立つ。ただし、これを冷静に検討するには、アンリによる解釈の独自性、悪く言えば、解釈の偏りをも考慮に入れておくべきだろう。いずれにせよ、「生の哲学」と「生の現象学」から出発して、生という概念の多産性を見直すことは、今日でも有意義な作業であると考えられる。

註

（1） Max Scheler, *Gesammelte Werke, Band 3: Vom Umsturz der Werte: Abhandlungen und Aufsätze*, Francke, 1972, p. 311–339（マックス・シェーラー「生の哲学試論」『シェーラー著作集　第五巻　価値の転倒』下、小泉仰ほか訳、白水社、二〇〇二年、一五一―一九四頁）.

（2） ベルクソンとアンリの思想的な近さについては、川瀬雅也『経験のアルケオロジー――現象学と生命の哲学』勁草書房、二〇一〇年、三〇一―三三一頁、および本読本の第Ⅱ部3「アンリとフランス哲学」参照。

（3） ただし、ジンメルに関しては、アンリが『対談集』でインタビュアーから話を向けられた際に、タルドとの類似性を示唆している（ENT, 76）。

（4） 本章の記述は、以下の拙論をもとにしている。「意志の中の情感性――ミシェル・アンリによるショーペンハウアー解釈」『実存思想論集』第二期第二五号、二〇一八年。「共苦の力――ショーペンハウアー、ニーチェ、生の現象学」『ミシェル・アンリ研究』第一〇号、二〇二〇年。「情感性の概念――アンリとシェーラー」『北九州市立大学 基盤教育センター紀要』第五号、二〇一〇年。

（5） この表現をめぐっては、本読本第Ⅱ部2「アンリと合理主義哲学」、第Ⅲ部1「感情と自己」、第Ⅳ部6「アンリと木村敏」、主要著作解題『精神分析の系譜』参照。

（6） 本読本第Ⅱ部3「アンリとフランス哲学」参照。

（7） ショーペンハウアーも「意欲（Wollen）」という語を用いるが、それ以上にこの語がアンリにおいて頻出するのは、「生への意志（Wille zum Leben）」を「生きる意欲＝生きようと欲すること（vouloir-vivre）」と訳した一八八五年のビュルドー訳に従っているためと思われる。以下、意欲は意志とほぼ同義に理解してよい。

（8） Arthur Schopenhauer, *Sämtliche Werke, Band 2: Die Welt als Wille und Vorstellung*, Hg. v. Arthur Hübscher, Brockhaus, 1988, p. 365（『ショーペンハウアー全集　第三巻』斎藤忍随ほか訳、白水社、一九七三年、二三六―二三七頁）.

（9） 「力」の解釈をめぐっては、本読本第Ⅳ部2「アンリとドゥルーズ」参照。

（10） アンリにおける生の自己否定や自己破壊については、本読本第Ⅰ部「ミシェル・アンリの軌跡」、第4節を参照。

（11） Friedrich Nietzsche, *Sämtliche Werke: Kritische Studienausgabe*, Band 3, Deutscher Taschenbuch Verlag/Walter de Gruyter, 1980, p. 454（『悦ばしき知識（ニーチェ全集8）』信太正三訳、ちくま学芸文庫、一九九三年、一七九頁）.

（12） この術語は仏訳者ガンディヤックによって「情感的知覚（perception affective）」と訳されており、アンリもそれを踏襲している。

（13） 吉永和加『感情から他者へ』萌書房、二〇〇四年、四一―六四頁、および本読本の主要著作解題『実質的現象学』を参照。

(14) Max Scheler, *Gesammelte Werke, Band 2: Der Formalismus in der Ethik und die materiale Wertethik. Neuer Versuch der Grundlegung eines ethischen Personalismus*, Francke, 1980, p. 331-345（マックス・シェーラー『シェーラー著作集 第二巻 倫理学における形式主義と実質的価値倫理学』中、吉沢伝三郎・岡田紀子訳、白水社、二〇〇二年、二六五―二八七頁).

(15) *Ibid.*, p. 341（同前、二八〇頁).

(16) *Ibid.*, p. 336（同前、二七二頁).

(17) *Ibid.*, p. 333（同前、二六八頁).

6 アンリとマルクス

「歴史の基礎は〈生ける諸個人〉にある」

水野浩二

はじめに

ミシェル・アンリは一九七六年に大著『マルクス』を上梓した。いったい、アンリとマルクス（一八一八―八三）のあいだに接点があるのだろうか。一方は内在性の哲学者（現象学者）であり、他方は革命の経済学者である。たしかに、マルクスは同時に哲学者とも呼ばれてきた。とりわけ、二〇世紀に入り、初期マルクスの哲学的諸著作が発見されたことにより、若き日のマルクスが注目されるようになり、「哲学者マルクス」が人口に膾炙するようになった。しかし、必ずしもそこにだけアンリとの接点があるわけではない。なぜなら、アンリは青年期のマルクスに限定してマルクスを取り上げようとしたわけではないから。

アンリは、マルクス思想全体にわたる根本原理を明るみに出そうとした。それが「生ける諸個人（individus vivants）」という哲学的原理である。そうした哲学的原理が一貫してマルクス思想全体の基礎にある、とアンリは主張する。その点で、アンリは、若きマルクスがあるときを境にして独自の思想を構築し始めた、といった見方、すなわちアルチュセール（一九一八―九〇）の「認識論的切断」には与しない。だからと言って、疎外された主体性の回復を目指すといった、初期マルクスのヒューマニスト的人間学の立場をとるわけでもない。

『マルクス』を書いていた時期のアンリは、ベルリンの壁の崩壊（一九八九年）やソ連の体制破綻（一九九一年）について知る由もなかった。だが、その著作のなかには、その後に起こった一連の事件を予言するような文章が見られる。しかも、その予言が政治的予言ではなく、哲学的予言である、という点は注目に値する。すなわち、「生ける諸個人」の喪失が崩壊や破綻の原因となるであろう、と暗に語っているのである。実際、共産主義体制の破綻が現実のものとなってきた一九九〇年に刊行された『共産主義から資本主義へ』では、破綻の原因は「生ける諸個人」の喪失にある、と主張している。もはや、アンリのマルクス論の方向性は明らかである。

1　マルクスとマルクス主義

アンリは、マルクスの哲学思想とマルクス主義を截然と区別する。「マルクスの哲学思想とマルクス主義とは相容れない」(M, 18：一四)。デカルト哲学とデカルト主義との関係とは事情が違う、と言ってよいかもしれない。アンリに言わせれば、マルクス主義と呼ばれているものは、「マルクス自身の仕事のなかから、政治的活動を鼓舞することができるものを〔…〕選び出してきた」(M, 7：一)にすぎない。いわゆるマルクス主義者たちは、政治的諸テクストと呼ばれているもの、たとえば、『共産党宣言』、『ルイ・ボナパルトのブリュメール一八日』、『フランスにおける階級闘争』、『フランスの内乱』等々のテクストに基づいて、階級闘争の歴史といったいわゆるマルクス主義の根本思想を語ってきた。だが、それらの諸テクストにはマルクスの哲学思想の基礎的な概念は記されていない。

アンリを単なる政治嫌い、あるいは通俗的な反マルクス主義者と見なしてはいけない。なぜなら、アンリは『資本論』にまで触手を伸ばし本格的なマルクス論を展開しようとしているからである。すなわち、『共産党宣言』などの歴史‐政治的な著作ばかりか、『資本論』や『経済学批判要綱（グルントリッセ）』のような経済‐哲学的著作までを深く読み解き、おのれのマルクス論を展開している。その結果、アンリは、『資本論』の経済学的側面だけを重視することは誤りである、と考えるに至る。「マルクスの問題編成(la problématique)が経済学的分析に還元しうると考えるのはまったく間違っている」(M, 612：三四八)。それと同時に、マルクス思想をマルクス主義経済学と同一視することも間違いである、という確信に至る。

アンリによれば、『資本論』は経済学的体系についての研究に限定されるものではなく、最初から超越論的な探究として提出されている。超越論的な探究であるかぎり、それは哲学である。「その問題編成はもはや経済学ではなくて、それの可能性の条件に関する探究、つまり経済の哲学なのである」(M, 798：五〇七)。マルクスは、経済学者というよりは、「経済の哲学者」(SM, 59)と呼ばれるのがふさわしい。「『資本論』は経済についての哲学であって、政治経済学の一理論ではない」(M, 615：三五二)。こうして、アンリにとって、マルクスは、政治家、労働運動の理論家、改革者、革命家、預言者ではなく、また、経済学者、社会学者、歴史家でもなく、まぎれもない哲学者[1]、それも「西洋で最も偉大な哲学者のひとり」(CC, 25：一九)となる。

ところで、マルクスの哲学的諸テクスト、すなわち、「メタ経済的基礎を練り上げた哲学的諸テクスト」(CC, 26：二〇)が発見されたのは、一九二七年から三三年にかけてのことであった。たとえば、『ヘーゲル国法論の批判』（執筆は一八四二―四三年）、『経済学・哲学草稿』（執筆は一八四四年）、『ドイツ・イデオロギー』（執筆は一八四五―四六年）といった著作がそれに該当する。したがって、一九世紀の終わりから二〇世紀の初めにかけてマルクス主義の理論的・実践的学説を築いた人たち、たとえば、プレハーノフ、レーニン、スターリンといった人たちは、上記の哲学的諸テクストを知らなかったことになる。[2] 要するに、彼らは、マルクスの哲学思想を少しも参照することなく、それについてはまったく無知のままマルクス主義を打ち立てたのである。その結果、マルクス主義は、マルクスに関してなされた「もろもろの誤解の相互に関連した総体」（M, 7：二）になってしまった。

たとえば、レーニンの主張によれば、一八四四年から四五年というマルクス思想が形成された時期以降、マルクスは唯物論の、それもフォイエルバッハ流の唯物論の信奉者になった、とされる。ところが、アンリに言わせるなら、一八四五年の『ドイツ・イデオロギー』において、マルクスは、フォイエルバッハ（一八〇四―一八七二）の唯物論の「基礎的な概念を拒絶している」（M, 11：六）。そればかりか、『ドイツ・イデオロギー』において、マルクスは、唯物論とは異なる新たな次元を切り拓いた。それにもかかわらず、唯物論がそれ以後のマルクスの立場の通称とされてしまった。また、その唯物論をフォイエルバッハの唯物論から区別する必要から、「弁証法的」という形容詞がマルクス思想に冠されることになってしまった。だが、このヘーゲルから借りてこられた弁証法も、『ドイツ・イデオロギー』において斥けられることになる。こうしたアンリの解釈は、明らかにアルチュセールのそれとは異なる、と言えよう。[3]

アンリの解釈を続けるなら、マルクス自身はむしろ、フォイエルバッハに抗して、実践（praxis）についての基礎的直観を示して見せる。もっとも、その後、この「実践という語はマルクスの語彙から消えてゆき」（CC, 30：二四）、「生ける身体（corps vivant）」、「生ける労働（travail vivant）」、「主観的労働（travail subjectif）」などに置き換わる。アンリが着目したのは、この「生ける」、あるいは「主観的」といった含意である。

こうして、一八四五年に「生ける諸個人（身体、労働）」という問題編成が現れ出てくる。歴史の現実的諸前提は、この生ける諸個人（身体、労働）によって定義される。マルクスはそうした問題編成によって、おのれの哲学の導き手であったフォイエルバッハやヘーゲルを拒否するようになる。人間の概念、歴史の概念、政治的本質、社会の優位といったものに代わって、個人（individu）、主体性（subjectivité）、生（vie）、現実性（réalité）といった諸概念を実践に代わる概念として用い始める。すなわち、実践に代わるこれらの概念が存在の最も内的な規定性として、存在論的地平において登場してくる。基礎づける諸概念とそれらの諸概念から派生してくる諸概念とのあいだの弁別をおこなうことが、哲学的分析の役割である。それによれば、生産力、社会階級といったマルクス主義の基礎的概念とされているものは、「決してマルクス思想の基礎的な概念ではない」(M, 28 : 二五)。

2　生ける諸個人

マルクスのなかに生ける諸個人という概念が登場したことは、マルクスがフォイエルバッハの類的存在（Gattungswesen）の概念を放棄したことを意味する。[4] フォイエルバッハの類的存在は、「さまざまな個人の現実的諸活動の外的な寄せ集めと単なる再収集でしかない」(M, 80 : 九三)。マルクスは、個人の営みの場である市民社会は国家（類、普遍的なもの）と異なるものであってはならない、と考える。そこで、いかにして個人が普遍的なものの領域に入っていくのかという問題、すなわち、個人と政治的本質との連関の問題を、普遍的なものは一挙に個人の本質として措定されるという解答を導き出して、解決しようとする。アンリはそのような解決の仕方を「形而上学的クーデター（coup d'état métaphysique）」(M,74 : 八三) と呼ぶ。

こうして、個人の概念が、歴史の概念を了解し念入りに仕上げるための主導概念として、明示的に位置づけられる。『ドイツ・イデオロギー』に次のような命題が見られる。「あらゆる人間歴史の第一の前提はいうまでもなく生ける人間的諸個人の現存である[5]」。

「歴史の基礎は、まさしく「生ける諸個人」にある」(M, 195 : 一六七)。生ける諸個人は、生ける身体、生ける労働とも言い表される。歴史の基礎がそうした「生ける諸個人」にあるのであるならば、経済的・社会的・政治的・文化的な現象といった、われわれが歴史と呼んでいる現象の原理を、個人的な現象学的生[6]とその生に固有な必然性に位置づけなければならない。つまり、生きようと欲する生（欲求を充足させ、そのために労働する生）に位置づけなければならない。マルクスのように言うならば、「生ける諸個人」は、歴史のなかに立ち入っており、また歴史によって規定されているとはいえ、それ自身、反対に、究極的な意味において歴史を規定している。それはどういう意味であろうか。

生ける諸個人（身体、労働）が歴史の可能性の条件をなしているかぎり、生ける諸個人は、一方で歴史によって作られるものであるとしても、他方で歴史を作るものでもある。その際、生ける諸個人は、メタ歴史的なものとして、それが基礎づけている歴史の実態とは異質な基礎として、すなわち形而上学的なものとして、理解されなければならない。これがアンリの立場である。歴史の可能性の条件についての理論は、メタ歴史的である。その理論は、世界の流れを構成している出来事についての事実学としての歴史（学）ではない。すなわち、歴史的現実性（Geschichte）をその対象とする歴史学（Historie）ではない。

「歴史の可能性の条件についての理論は、歴史それ自体についての理論であり、それは〈哲学〉である」(M, 198：一七一)。

マルクスにおいては、対象を創設し受容する直観的主体性から、いかなる対象もそこから排除されているような根本的な主体性（＝生ける体験）への移行が見られる。比喩でもって語るなら、対象（＝選手）を見つめるだけで、何もしない観客とは違って、競技場のトラックの上の走者こそが競争というものの現実性である。走っている人だけに生ける体験が与えられる。このような根本的主体性へとマルクスは移行した。いったい、この根本的主体性とは何か。

根本的主体性は、「個人的実践（praxis individuelle）」と言い換えられる。個人的実践だけが、価値を基礎づけ、資本主義体制を説明する。この個人的実践という生産諸力の主体性の歴史が、「生産諸力それ自体の歴史、資本主義の歴史、世界の歴史なのである」(M, 28：二五)。諸階級もそうした生産諸力により説明される。

結局、マルクス思想は、「根本的な内在性の哲学および生の哲学（philosophie de l'immanence radicale et de la vie）」(M, 55：五七）として理解される。この生というものをアンリは、「根本的な現象学的内在についての直接的経験において生じるような個人的・主体的な生」(M, 142：一三二）と表現する。この個人的・主体的生は、「もろもろの印象とその隠された情調性（tonalités affectives）の流れにおいて」(M, 142：一三二)、すなわち、生そのものである絶えざる運動において変化する。時間であるそうした変化において、生の情感的様相が生起して到来するのは、偶然によるのではなく、生の〈本質の歴史＝来歴（historial）〉としてであるという。このことをもう少し詳しく見てみよう。

実は、アンリは、『マルクス』において、「〔生そのものについては〕この場で明らかにすることはできない」(M, 142：一三三)として、『現出の本質』（一九六三）の第七〇節を見るように読者に促している。その第七〇節のなかに、「この透明で純粋な生の内で、受苦の歴史が、受苦の内面的生成が、喜びへの受苦の弁証法的変化が生み出される」(EM, 843：九五八）という表現が見られる。アンリによれば、「食べるという投企の前に、着るという投企の前に、寒さがあり、不快なことについての主体的体験がある」(M, 207：一七六)。そして、投企のあとに、生がおのれの否定的諸規定、すなわち「受苦（souffrance）」を取り除こうと試みる具体的な主体的活動がある。ここでアンリは、「投企のあと」というよりは、「情感性が直ちに活動を引き起こし、活動において継続する」(M, 207：一七六）とも言っている。

要するに、生を最初から情感的なものとして構成している存在論的受動性において生の情感的諸様相が生起するがゆえに、そうした諸様相はそれ自体、情感的なものとして、換言すれば、苦しみとしてまた喜びとして、そして両者の絶えざる相互的移行（変化）として現れる。こうしてアンリは、生の情感的諸様相の生起のなかに弁証法を見る。「弁証法の根源的本質は生のうちにある」（M, 142：一三三）。ところで、アンリが強調するこの「生」とはいったい何か。

3　個人の切り下げ

アンリは、この生（vie）について、「〔それは〕生物学が研究する生とは何の関係もない」（CC, 28：二二）と明言している。生物学が研究する生は、あるプロセスから構成されており、それらのプロセスはそれがいかに驚嘆すべきものであっても、盲目であるという共通の特徴をもつ。その意味でそれらは「諸事物」であり、分子も核酸の連鎖もニューロンも自分自身を感じることはなく、そこには「意識」はない。といっても、アンリは生と意識を同一視しているわけではない。

『マルクス』が出版されてから数年後の一九七九年、オタワ大学で開催された講演会（「マルクスによる合理性」）において、ポール・リクール[7]から、あなたは「主観 - 客観の対立」にこだわっているのではないのか、との質問を受けたアンリは、「主体性はもはや意識ではなく、生というまったく新たなものである」（PV–III, 103）と答えている[8]。アンリの生は、生の主観性にとどまるものではない。むしろ主体的身体と言ったほうがよい。生という言葉でアンリが理解しているものは、すべての人の生、すべての人が語る生、とりわけ労働者たちの生、そして暇人たちの生である。「生とは人間たちに確たる諸目的を定めてくれる正真正銘の〈理性〉（Raison）である」（CC, 219：二〇三）[9]。

ところが、現代社会において、生は、社会、人民、歴史、社会的諸階級といったものに取って代わられ、また、貨幣、利潤、利子、そしてそれらの率といった経済的諸存在体に取って代わられた。さらには、科学技術が花開いた現代において、物質的実在に取って代わられた。こうした現代社会を、アンリは、「死の宇宙」（CC, 220：二〇四）と呼ぶ。そのような宇宙において世界の組織化の根源におかれているのは、われわれがそこから少しも触発を受けない何ものか、欲望や愛の対象にならない何ものかである。そのとき「狂気の時代」（CC, 220：二〇四）が訪れる。

かつてナチズムは生を称揚し、賛美した。そして称揚は、生のもっとも際立った諸性格のひとつである力というものへと向けられた。つまり、暴力の賛美となっていった。しかし、本来、生にたいするいかなる賛美も、いかなる称揚も、悪の源泉にはなりえない。にもかかわらず、ナチズムやファシズムにおける生への賛美が悪の源泉になりえたのは、そこにはつねに「個人の切り下げ（abaissement）」への意志というものが含まれていたからである。この個人の切り下げへの意志の根底には、「個人を否定しようとする意志」（CC, 93：八一）が存在していた。もっとも、個人の切り下げ（＝個人の否定）は何もナチズムだけに見られる現象ではない。

マルクス主義もまた、個人を否定することによって、「ファシズムの純粋形態のひとつ」(CC, 177：一六二) となっている、とアンリは見る。同様に「現代の民主主義諸陣営にも似たような様相が見出される」(CC, 177：一六二)。つまり、個人の否定は、マルクス主義から少なからず影響を受け、同時に全体主義との親和性も高い社会主義諸国にも、また、民主主義を標榜する資本主義諸国にも共通して見られる。「資本主義は、主観的な生と生ける個人との排除という、社会主義を墓場に追いやったのと同じ悪によって蝕まれている」(CC, 23：一七)。ここでは、悪とは技術のことである。現代の資本主義の生産の現実的過程に、技術が、アンリの表現では「ガリレイ的技術 (technique galiléenne)」(CC, 23：一七) が、侵入してきている。そうした現代の技術−資本主義世界は、生ける個人を排除する点で社会主義体制と似ており、明瞭な相違がいくつかあるにもかかわらず、究極的には同じ理由によって、社会主義体制と同様、「死に脅かされている」(CC, 154：一三九)。

今日、社会主義諸国の崩壊を前にしての唯一の頼りの綱として資本主義が呈示されるとき、われわれはいかに振る舞うべきか。アンリによれば、「資本主義それ自身が死の淵にあること」(CC, 23：一六) を忘れてはならない。現実性の在り処を個人から社会へと移してしまったように見える、社会の優越性というテーゼは、共産主義諸体制の根源にあるだけではなく、西洋民主主義諸陣営のなかの社会主義的傾向をもつイデオロギーにも、等しく浸透しているのである。

こうした社会の優越性というテーゼに対抗して、アンリは繰り返し、歴史の基礎は歴史の実態とは異質なものである生ける諸個人 (労働、身体) にある、と主張する。はたして、歴史的・社会的諸関係とは別に生ける諸個人 (労働、身体) というものが本当に存在するのだろうか。もちろん、アンリも、「これこれの個人が自らの内奥に生まれるという恩恵ないし不幸をもつ以前に、これこれの社会的環境が存在していることは明らかである」(CC, 76：六五) ということを認めている。

アンリが問題にしているのは、経済的・社会的・政治的・文化的現象ではない。そうではなくて、個人的な現象学的生である。そうした生が歴史の根底にある、と言いたいのである。それは超越論的探究、可能性の条件に関する探究 (＝哲学) と呼ばれるにふさわしい。アンリ自身認めているように、生についてのメタ歴史的、形而上学的探究と言ってもよい。

アンリにとって現実性とは個人的主観性のことである。したがって、「社会性」も「共同主観性」も現実性をもたない。その点をアンリ哲学の弱点と見て、衝くことも可能であるし、アンリが社会主義というものと一定の距離を取ろうとしていると見なし、非難することも可能であろう。[10] しかし、アンリは、社会性や共同主観性を蔑ろにしているわけではない。むしろ、「社会的諸連関の透明さ」ということを挙げ、それは、「相互主体的な諸連関として理解されなければならない」(M, 947：五三九）と述べている。つまり、社会的諸連関は、諸個人によって直接的に生きられる体験であり、それゆえそれは諸個人の眼には透明なものである。アンリは、生きた諸個人が生産力や社会階級といったものを基礎づけている、と言いたいのである。結局、アンリは、社会性や共同主観性の基礎づけをおこなおうとしたのである。

結び

最後に、二〇世紀後半のフランス思想界を簡潔に回顧することにより、アンリのマルクス論の立ち位置を確認してみよう。アンリのマルクス論が登場する以前の思想的状況はといえば、正統派マルクス主義（マルクス＝レーニン主義）の教条主義に基づく喧《かまびす》しい論争の時代であった。

そうしたなかで、サルトル（一九〇五―八〇）が、一九五七年に、のちの『弁証法的理性批判』（一九六〇年）の序論部をなす「方法の問題」を発表し、そのなかで、「マルクス主義は乗り越えることはできない」と明言した。サルトルは、一方で、教条主義的マルクス主義とは一線を画しつつも、他方で、マルクス主義に強い共感を覚えることを隠そうともしなかった。それがサルトルの実存主義的主体性の立場からの疎外論である。それは、レイモン・アロンのように、マルクス主義を「観念的人間主義」の名の下に斥けるのではなく、むしろ「マルクス主義の内部で人間を取り戻す」試みであった[11]。

次いで、ルイ・アルチュセールが、一九六五年に『マルクスのために』を出版し、構造主義的マルクス主義を展開することにより（もちろん、アルチュセールの哲学を「構造主義」という言葉で一括りにすることは偏頗な解釈であると言わざるをえないが）、マルクス研究それ自体を刷新しようと目論んだ。それは端的に言って、「マルクス主義哲学を理論的に深める作業[12]」であった。すなわち、イデオロギー（青年期のマルクスのヒューマニズム）と科学（円熟期のマルクスの歴史科学）を区別し、歴史過程の連結のなかで認識論上の切断を考えることを可能にする理論の構築を目指すものであった。

そして一九七〇年代に登場したのがアンリのマルクス論である。そこに見られるのは、マルクス主義にたいするサルトル的共感ではなく、また、伝統的マルクス主義を刷新しようとするアルチュセール的使命感でもなく、マルクス哲学それ自体についての深遠な洞察である。「生ける諸個人（労働、身体）」から発するアンリの根本的な内在性の哲学、すなわち生の哲学は、個人と社会を横のつながりで考えるというよりは、個人そのものを深く掘り下げようとする哲学であった。

註

（1） このあたりのマルクスの呼称については、『マルクスによる社会主義』を参照のこと（SM, 45)。

（2）『共産主義から資本主義へ』では、トロツキーと毛沢東の名が付け加えられている（CC, 26：二〇）。

（3）アンリは、アルチュセールを、「弁証法的唯物論の教条的テーゼに味方して、マルクスの哲学思想を排除すること」（M, 19：一五）を企てたとして、非難している。

（4）『ヘーゲル国法論の批判』を執筆していた一八四二年当時のマルクスには、「フォイエルバッハ的な〈類〉概念の不合理性は、いまだ明白にはなっていなかった」（M. Henry, «De Hegel à Marx», in *Hommage à Jean Hyppolite*, PUF, 1971, p. 142; cf. M, 82：九五）。アンリによるこの論文「ヘーゲルからマルクスへ」は、一部を除きほぼそのまま『マルクス』の第一章として採録されている。

（5）K・マルクス＝F・エンゲルス『ドイツ・イデオロギー』真下信一訳、国民文庫6、大月書店、一九八六年、四二頁。なお、邦訳は、厳密には「生きた人間的諸個体の現存」である。別の邦訳では「生きた人間的個体の生存」（古在由重訳、岩波文庫、一九八〇年、二四頁）となっている。

（6）史的唯物論がマルクス主義に固有の内容だとする立場を括弧に入れること、すなわち「マルクス主義のエポケー（εποχή *du marxisme*）」（M. Henry, «Introduction à la pensée de Marx», in *Revue philosophique de Louvain*, tome 67, n°94, 1969, p. 241）という現象学の方法を使って、アンリは、マルクス思想が唯物論といかなる深い関係ももっていないということを証明しようとした。アンリによるこの論文「マルクス思想入門」は、『マルクス』に活用されており、また、そのまま『マルクスによる社会主義』に採録されている。なお、『マルクスによる社会主義』では、「マルクス主義のエポケー」が、「マルクス主義の起源への遡り」（SM, 10）と言い換えられている。

（7）アンリとリクールとの関係については、本読本第Ⅳ部1「アンリとリクール」を参照のこと。

（8）この講演で、アンリは、主にマルクスの『経済学批判要綱』を俎上に載せ、議論を展開している。アンリによれば、『経済学批判要綱』は、「厳密な仕方で経済の超越論的発生を、経済の原理的可能性において論じている」（PV-III, 81）。その『経済学批判要綱』が書かれたのは一八五七—五八年のことであったが、公刊は一九三九年および一九四一年である。

（9）「生は根拠（fondement）という意味での真の理性である」（PV-III, 78）。

（10）「アンリにおいて、《社会性》も《共同主観性》も何ら現実性をもたず、真にレアールなのは個体的主観性のみであるとする。〔…〕アンリの説が正しいのなら、マルクスは反-《社会》-主義者である他はない」（今村仁司『労働のオントロギー』勁草書房、一九八六年、一七二頁）。

（11）サルトルは、一九六一年に、「マルクス主義と主体性」と題する講演のなかで、デカルトのコギトと同一視される「形而上学的主体」（意識の主体性）に代わる、「社会的主体性」を提唱している。さらには、そうした主体性はマルクス主義の枠組みのなかにすでに存在している、とも言っている（サルトル『主体性とは何か？』澤田直・水野浩二訳、白水社、二〇一五年、一一五頁）。

（12）Louis Althusser, *Pour Marx*, La Découverte, 1986 [1965], p. 31（ルイ・アルチュセール『マルクスのために』河野健二ほか訳、平凡社、一九九四年、五九頁）.

7 アンリとドイツ現象学

現象の根源をめぐる対話

景山洋平

はじめに

ミシェル・アンリは終生一貫して、エトムント・フッサール（一八五九―一九三八）とマルティン・ハイデガー（一八八九―一九七六）というドイツ現象学の巨匠との対話と対決をおこなっている。議論の構図だけを見ると、アンリがこの二人の巨人との対話から取り出すものは明快である。すなわち、アンリによれば、フッサールとハイデガーは現象学的な現象概念の超越の側面だけをそれぞれの仕方で明らかにしたのであり、これに対して彼自身は、超越が与えられることの実質としての、それ自体は超越の地平とは異質な根源的受動性としての内在を取りだすのである。アンリがフッサールとハイデガーに対して自らを位置づける仕方はこの点で驚くほど一貫している。

それゆえ、アンリとフッサール・ハイデガーとの対話の哲学的意義は、「超越」と「内在」という二分法の現象学的吟味によって見定められねばならない。そこで本章の問いは次のように表現される。アンリにとって、フッサールとハイデガーを「超越」の哲学者として解釈し、彼らとの対話を通じて「超越」と「内在」の二元性を分節化するとは、どのようなことだろうか。本章では、『現出の本質』（一九六三）と『実質的現象学』（一九九〇）に特に焦点を当てて、この点を概観してゆきたい。ハイデガーとの関わりをフッサールより先に論じるが、それは内在概念を確立した『現出の本質』でハイデガーとの対話が行われるからである。

1 『現出の本質』におけるハイデガーとの対話

『現出の本質』でアンリは、ハイデガーの『存在と時間』（一九二七）と『カントと形而上学の問題』（一九二九：以下『カント書』）を取り上げて、粘り強い考察を加えながら、彼自身の超越と内在の二元論を提示する。彼の考察は、ハイデガーの「存在の問い」の全体を射程に入れる仕方でなされているので、超越と内在の二元論という出来上がった結果だけをみるのでなく、ハイデガーのプロジェクト全体とどのようにアンリが対峙しているかをみることが重要である。本節では、その主要な論点を取り上げて検討する。

①普遍的な現象学的存在論とエゴの連関

『現出の本質』の冒頭で述べられるとおり、同書の一貫した目的は「エゴの存在の意味」を明らかにすることである（EM, 1：三）。だが、エゴはそれだけで孤立した主題とはならず、存在一般、つまりエゴに限らない「存在としての存在」を探求する存在論との関係に置かれる。というのも、アンリが言うように「「私は在る」と言うとき、私の言明においてめざされているものは、存在がすでに輝き出ているからこそ、まさしく可能であるからである」（EM, 3：五）。この「エゴをめざす問題設定を普遍的な存在論に結びつけている絆」（EM, 3：五）の地平において、アンリはエゴの問題の哲学的意義をまず明らかにしようとする。普遍的存在論とエゴの探求のこうした関係がハイデガーとの対話の出発点となることは見てとりやすい。なぜなら、ハイデガーも「存在の問い」の出発点として基礎的存在論、つまり存在を了解する存在者である現存在の存在の意味を明らかにする課題を立てたからである。だが、私たちはこうした構図上の共通性の確認に満足することなく、アンリがハイデガーの課題をどう理解して、これに対して自らの課題の輪郭をどのように描いたかをより詳しく見てみよう。

アンリの読解の特徴は、ハイデガーの「存在の思惟」を、対象が対象であるための超越論的条件（対象性）の探求としてもっぱら理解することである。彼は、現象学の歴史をたどり、直観主義をとる理性の現象学――フッサールが念頭にあるだろう――が直観の背景となる地平を探求できないことを、その次に、ハイデガーを念頭に置きつつ、対象一般の超越論的条件としての地平を考察する「存在の思惟」が従来求められたことを確認している（EM, 22–25：二八―三一）。

しかし、こうしたハイデガー理解は必ずしも妥当でない。確かにアンリがしばしば参照する『カント書』では「対象性一般」が語られて、これこそが存在者が存在者として現れるための前提条件とされる。[1] だが、当の『カント書』においても、ハイデガーが実際に試みているのは「全体としての存在者それ自体」の認識である「形而上学」を「根拠づけ」ること（Heidegger, KM, 19：二九）、つまり、全体としての存在者のただなかに被投された実存がそれでもなお存在者それ自体――対象性一般――、つまり存在者の存在を理解できてしまう根拠を明らかにすることである。そして、その答えとされるのが、『カント書』のカント解釈の特徴である超越論的構想力である（KM, 127：一三〇）。この特異な構想力解釈は後年に「エアアイグニス（Ereignis）」

の思索へと発展を遂げるが[2]、エアアイグニスと対象性一般を同一視することはできない。こうしてみると、『現出の本質』のアンリがとらえた「存在の思惟」は、ハイデガーのプロジェクトのかなり限定された一局面でしかない。

次に、対話者のハイデガーの言説をこのように受け止めることで、アンリは、彼独特の仕方で、普遍的な現象学的存在論におけるエゴの探求の位置を定めてゆくことになる。まずアンリは、存在の超越論的地平の探求（存在の思惟）において、この地平そのものがそもそも探求可能になる原初的事態、つまり地平が「現象」として与えられる出来事に注意を向ける（EM, 35：四三）。これは、存在の超越論的地平が「現象」として与えられなければ、思惟すべき事象がそもそもなくなるので、存在の思惟が成り立たないということである。そして、アンリによれば、地平の現象化の問題は必然的にエゴの存在の問題へとつながる。なぜなら、地平とは一定の視点にとっての地平である以上、必ず「地平を繰り広げる能力」（EM, 47：五七）を行使する超越論的生としてのエゴを前提するからである。地平を繰り広げるエゴの能力は「超越（transcendence）」と呼ばれる（EM, 47：五七）。そして、このことを併せて考えると、地平の現象化という存在の思惟の根本問題は、究極的には、地平を繰り広げるエゴそのものが「現象」として与えられる仕方の解明を求めることになる（EM, 47：五七）。次々節（③）で述べるとおり、こうした問題関心の文脈において、アンリはエゴの現象様態としての「内在」概念を彫琢していく。

こうして概観すると、エゴの探求の哲学的意義がアンリとハイデガーにおいて決定的に異なることが明白となる。『存在と時間』第二節をひとまず字義通りに受け取るなら、アンリが述べるように、ハイデガーにとって「人間的実存の分析論の優位」とは「方法論的次元」の優位、つまり、「存在一般の意味」の解明のために現存在の存在が「最初に」問われねばならないという意味での優位である（EM, 46：五六）。これに対して、アンリにとってのエゴの探求とは、存在そのものと同一視された超越論的地平の根源的所与性を明らかにするものとして、「究極の存在論的意味」をもつ課題、つまり「人間的実在の存在の意味と存在一般の意味との連係性」そのものを明らかにする課題なのである（EM, 46：五六）。

②ハイデガーの超越概念はどのように受け止められたか

それでは、アンリがエゴの能力とする「超越」とは具体的にどのようなことか。また、ハイデガーが語る現存在にこの意味での超越を読みこむことで、彼はハイデガーとどのような対話を展開するのだろうか。

アンリは、地平を繰り広げる超越の働きを「現象学的隔たり」という術語によって性格づける（EM, 76：九三）。現象学的隔たりとは、事物同士の空間的な隔たりでなく、存在者がそこにおいて存在者として与えられる地平が開かれること、つまりハイデガーの意味における「世界」が開かれる出来事である（EM, 76：九二）。ここから明らかなとおり、『現出の本質』でアンリが用いる「超越」概念は、カントがいう感性的認識に対する超越でも、フッサールがいう志向作用の内在に対する志向的対象の超越でもなく、ハイデガーが『存在と時間』で用いている、現存在が世界内部的存在者の現れの場を開くという意味での「超越」概念にもっとも近い[3]。そしてアンリは、ガッサンディがデカルトへの反駁で「眼は決して自分自身を見ない」と述べ、認識がつねに自己からの隔たりを必要とすると主張した歴史を振り返って（EM, 72：八八）、ハイデガーの現存在概念もこうした「隔たり」の系譜に属しているという（EM, 81：九八）。

アンリのこうした超越概念は、『存在と時間』の現存在概念が一定程度もっており、しかもハイデガー以後の哲学者によって批判された性格を、より純化された仕方で継承している。それは、地平を繰り広げる超越論的な存在者としての現存在の様態と、地平において現れる他の存在者にそくして解釈される現存在の様態の二分法について、前者の様態がひとつの独立した様態となってそれだけについて語りえると捉えられることである。『存在と時間』において、現存在は、日常的には自らが居あわせる世界内部的存在者に没入してそこから自己解釈しているが（非本来性）、この頽落傾向への「反対運動」（Heidegger, SZ, 311：二四）を通して、世界内存在である自己に固有の存在の自覚という「根源的真理」（SZ, 307：一五）にたどり着く（本来性）。しかるに、ハイデガーは、現存在にとって非本来性が必然的な様態であり、現存在の真理と非真理が等根源的であることを認めるが（SZ, 308：一七）、それにもかかわらず、ハイデガーは現存在の本来性を独立に語りえる様態として描き出す。この点は、地平を繰り広げる絶対的エゴを独立に語りだすアンリに通じるものがある。

ただし、本質的な違いもある。繰りかえすとおり、『存在と時間』の本来的現存在は、あくまで「反対運動」において語られるものであり、世界内部的存在者への没入――いわば異他触発――との解釈学的な緊張関係にある。この点を真剣に受け止めると、一九二八年以降のいわゆる形而上学期のハイデガーのように、存在了解に先だつ「全体としての存在者（das Seiende im Ganzen）」の受容性を認めざるをえなくなるだろう[4]。ハイデガーの超越概念は、他の存在者との絶え間ない緊張関係に置かれて、動揺するのである。これに対してアンリは、超越するエゴそれ自身が存在者であるという有限性を認めつつも（EM, 128：一五〇）、少なくとも『現出の本質』では存在者の受容性としてもっぱらエゴ自身の受容性を問題にしている（EM, 131–132：一五三）。つまり、他の存在者の現れを可能にするエゴの超越の純粋性は議論の前提であって、この超越がおのれ自身を受容するありかた――内在――が主題となる。

また、こうした超越理解とゆるやかに連動する形で、ハイデガーの存在の哲学は、本人の意図とは反対に、近代の意識の哲学と根本的に同質のものとみなされる（EM, 118：一三八）。言うまでもなくアンリは、ハイデガーが一九三〇年代の著作において近代の主観性の形而上学と批判的に対決して、主観性の形而上学の本質を「表象すること（前に立てること）（Vor-stellen）」にみたという現象学史の常識を知っている（EM, 100：一一九）。だがアンリにとって、近代哲学の表象的な意識概念は、ハイデガーの存在概念と対立しない。なぜなら意識とは、表象作用を介して区別される主観と客観という二つの領域でなく、主観と客観の関連性というただ一つのものだからである（EM, 104：一二三）。つまり、対象の経験がただ一つの領域においてのみ成立する点で、意識の哲学は、世界という超越における存在者の現出を説くハイデガーと存在論的一元論の構造を共有する（EM, 105：一二四）。

③自己触発と内在の概念

アンリ哲学の根本概念である「内在」は、超越するエゴに固有の現象様態である。この概念はハイデガーの『カント書』の自己触発概念の驚くほど粘り強い読解と批判をとおして提示されるが、そこでアンリはハイデガーとどのように対話しているだろうか。

アンリの理解に必要なかぎりで『カント書』の内容を概観しよう。『カント書』は、超越の働きが可能となる根拠をカント解釈の形で説明しようとする。その論旨は大まかに次のように整理できる。第一に、『純粋理性批判』第一版における純粋直観と純粋思惟が、それぞれ超越論的地平の受容能力と了解能力に見たてられる（KM, 51, 55：六〇、六四）。第二に、カントが原則論で語りだす構想力と図式機能（Schematismus）の概念が、直観と悟性の綜合、つまり地平が「感性化」されるための根本前提に見たてられる（KM, 91：九七）。それゆえにハイデガーは超越論的構想力を、直観と思惟にとっての共通の根とみなす。だが第三に、カント解釈の終盤でハイデガーは、地平を受容する純粋直観の構造の考察へと転じてゆく。それによれば、純粋直観は、経験に依存しない受容能力であるために、自らが受容するもの（地平）を自ら形成する循環構造を持たねばならない（KM, 189：一八五—一八六）。ハイデガーは、純粋直観のこうした再帰性を「時間の純粋自己触発」と呼んで、ここに超越する存在者の自己性の根拠を求める（KM, 191–192：一八七—一八八）。

この試みは、超越の根拠を探求する点で、超越の現象様態を考察するアンリの問題意識に近い。だがアンリは、ハイデガーが論じる超越論的構想力と自己触発を批判的に読み替えることで、彼自身の内在概念を引き出してゆく。

まず、アンリにとって、『カント書』の代名詞のような概念である超越論的構想力は実のところ超越の根源的な成立条件でなく、純粋直観こそが超越の根源である（EM, 221：二五三）。なぜなら、超越論的地平を現象学的に語りえるためには、地平の受容能力である純粋直観が他のすべての能力に先だたねばならないからである（EM, 216–217：二四七―二四八）。上述のとおりハイデガー自身がもともと構想力を論じていた割に、最後に純粋直観の構造分析（自己触発）に転じてゆくが、アンリはもっと端的に構想力の本質として純粋直観を捉えるのである。

次に、純粋直観に考察の焦点を絞りこむことで、アンリは、純粋直観の構造である自己触発について、『カント書』の問題点を指摘しつつ、彼自身の自己触発概念を提案する。

ハイデガーに対する批判から確認しよう。『カント書』では、超越論的地平が感性的かつ純粋に受容されるという想定のもとに、その受容能力である純粋直観が再帰的構造を持たねばならないことが主張されていた。当該箇所で「時間が触発すべきであるなら（wenn sie affizieren soll）」（KM, 189：一八五）と記されるように、ハイデガーは、純粋直観のようなものがあるとしたら、その場合に必ず前提される構造として自己触発概念を提示する。しかし、この論理だけをみると、自己触発とは、地平の受容の事実がまったくなくとも受容能力の本質として前提される、実質を欠く形式的概念となってしまうだろう。アンリはこの点を鋭く突いて、『カント書』の自己触発概念が、超越するエゴの現象化を実質ある仕方で記述できない「循環」（EM, 217：二四九）に陥っていると主張する。

これに対して、アンリ自身が提案する自己触発概念は、エゴが実質をもって現象化する根源的出来事を記述する。彼は、地平の受容能力のうちに再帰的な同一性を見ることについてはハイデガーに反対しない。だが、ハイデガーとは異なり、この同一性が実際に経験されている場合にのみ語りえるものとして自己触発を捉える。それによると、地平の受容能力は、地平との関係によって初めて自己同一性をもつのでなく、もっぱら受容能力としての自己自身を受動的に享受することにおいて、同一なものとしておのれ自身に対して現れるのである（EM, 299：三四一）。こうした現出様態をアンリは「内在」と呼ぶ（EM, 299：三四一）。内在の現象様態は、みずからが繰り広げる地平の構造とは独立に与えられる以上、地平の現象様態である超越とはまったく異質である（EM, 307：三五〇）。また、地平を繰り広げる能力である超越は、単なる論理的可能性でなく、内在においてはじめて実質ある事実として成り立つので、「内在は超越を啓示し（révéler）、かくして超越をその存在そのものにおいて可能にしている」とされる（EM, 311：三五四）。こうして、アンリ哲学の基本体制である超越と内在の現象学的二元論が確立される。前々節（①）で普遍的な現象学的存在論とエゴの探求について述べたことを踏まえれば、この内在概念こそが、アンリにとって、ハイデガーを超えて、存在の問いに答える道である。それゆえに彼は内在概念を検討する終盤で、次のように語る。

存在の自己へのこの根源的な贈与、文字どおり存在を成しているこの贈与は、偶然や奇跡によって成し遂げられるのではなく、むしろ内在において、またこの内在そのものとして成し遂げられる。

（EM, 344：三九一）

現象学的存在論が経験の事実性、つまり経験においてつねにすでに前提されてしまう事実を探求するものだとすれば、この探求にとって、事実性の根源的実質を解明するアンリの洞察は明らかにきわめて重要である。それでは、ハイデガーがアンリに応答しえたとすれば何を語っただろうか。最も重要な点として、超越論的構想力が簡単に片付けられてしまったことに、彼は不満を述べるだろう。なぜなら、構想力は、地平の感性化（直観と思惟の綜合の成果）に発生的に先だつ条件として導入され、かつ、ハイデガーにおいて綜合以前の直観だけがある状態などないのだから、当然、構想力は直観にも発生的に先だつからである（KM, 128：一三一）。確かに『カント書』のハイデガー自身も直観の構造分析にたどりつく。とはいえ事柄としてみれば、構想力は、現象学的存在論が本来探求すべきもの、つまり、存在者の存在がそのつど理解されているという事実そのもの――これ自体は超越論的地平でも超越でもない――を記述するのだから、地平を繰り広げる絶対的エゴよりも根源的なものとしていつでも前提されるはずである。[5] それゆえに後年のハイデガーは構想力をエアアイグニス概念と接続するのである。こうした発想は、むしろ晩年のアンリのキリスト教論で説かれる「自己触発の強い概念」、つまり内在の受動性の根底にある能産的な自己触発に通じるものがあるだろう。[6]

2　『実質的現象学』におけるフッサールとの対話

アンリは『実質的現象学』でフッサール哲学に取り組むが、そこでも彼はフッサールの主要論点との対話を通じて内在の哲学を展開している。

アンリは、フッサール現象学の根本概念である志向性（意識の構造）をアンリがいう超越の場に見たてた上で（PM, 19：一九）、フッサールが志向性の素材とみなした「印象」ないし「ヒュレー」を最大に強調して、これをアンリがいう内在の次元として明らかにする（PM, 19–20：一九）。フッサールは印象やヒュレーを志向的意識の「実的（reel）」な契機、つまり意識の内なる契機（フッサールがいう内在）ととらえたが、アンリはこの実的性格こそが意識に実在性を与えると考え、これを探求する彼自身の「実質的現象学」を唱える（PM, 75：九〇）。アンリの論点は多岐にわたるが、フッサールとの対話という観点から次の二点に注目したい。

第一は、志向性概念における印象ないしヒュレーの位置である。もともと『イデーンI』（一九一三）でフッサール自身が、非超越的な感覚的体験であるヒュレー――志向的対象に帰属させられる前の「赤い感じ」など――が、対象へと超越する志向性の構造に従属しなければならないか否かについて「決定されることができない」と判断保留していた。[7] アンリはこの点に着目し（PM, 16：一五）、それ自体は志向的でないヒュレーをフッサールが不当に志向性（超越）に従属させたことを指摘し（PM, 17：一六―一七）、その上で、そもそも志向的対象の構成に先だって、構成されていない感覚与件としてのヒュレーが「ラディカルに内在的な」ものとしてなければならないと主張する（PM, 26：二八）。

第二に、ヒュレーが属する体験が現象学的な時間経過に従うことから、アンリは、『内的時間意識の現象学』（一九〇五）で分析された時間意識における原印象の位置へと考察を進める。フッサールは、内在的時間客観――意識の対象としてのメロディーなど――の構成の前提条件を考察して、時間経過を知覚する意識はそれ自体が時間的に延び広がっていなければならないと考えて、意識の時間的流れを原印象・過去把持・未来予持の三契機に分析した。これに対してアンリは、時間意識そのものの意識が時間的であるか否かというフッサールが後期まで格闘した難問に注目して、フッサールが時間意識に固有の現象性を明らかにできなかったと指摘する（PM, 44：五二）。アンリによれば、時間の自己構成において絶対的に構成するもの（構成された時間流でなく）の実在性は印象によってしか確保されず（PM, 46：五三）、さらに、この印象それ自体は、生が自らを絶対に受動的に受容するありかたとして、構成された時間とはまったく別の現象性を持つとされる（PM, 57：六八）。

こうして、志向的意識（超越）の根底に、志向性とは端的に異質な印象の受動的享受（内在）が取り出される。こうした立場の帰結として、アンリは、『デカルト的省察』における他者論も批判的に考察して、自我と他者の共同体がこの内在的享受に根ざすと主張する。彼によれば、共同体の基盤である内在が超越とは異なる現象性をもつからこそ、他者の意識は超越的な志向性に原的に与えられないのだ。

フッサールならアンリの批判をどう受け止めただろうか。推測の域を出ないが、アンリの提案は経験の意味の現象学的解明には関わらないと考えただろう。確かに、志向的意識の実在性を説明するために、存在の順序で志向性に先だつ内在概念は有益である。しかし、ベルネが述べたように、内在の概念は、世界の超越論的構成、つまり超越論的主観が世界の意味を理解しつつ関わりあうありかたを説明することはできないし、そもそも説明するつもりもないだろう。[8] 言いかえると、内在概念は、意識が自らの実在を自覚するありかたの解明には役立つが、超越と異なる現象様態である以上、意識が自らを超越する対象をしかじかのもの「として」有意味に理解するありかたの解明には関わりえない。さらにこの点の帰結として、フッサール現象学のもともとの認識論的課題、つまり体験の本質記述による認識――超越的対象の認識――の基礎づけという課題からも、アンリは遠ざかってしまうに違いない。

まとめ

ここまでの概観により、冒頭の問いに答えられる。フッサールとハイデガーとの対話を通して内在概念を確立する営みは、「超越と内在」の対概念というすでに出来上がって固定化された学説を、そもそも考察の出発点が異なる彼らに外側から押しつけることではない。むしろアンリは、両者による現象の根源の分析に耳を傾け、そこで取り逃がされたと彼に思われた事象を言葉で腑分けして、両者にあらためて語りかけたのである。ハイデガーに対しては、存在を問うまさにその現場において、現存在はおのれ自身を本当に根底から自覚しているかと。また、フッサールに対しては、世界を構成する意識はおのれ自身を本当に根底から自覚しているかと。確かにアンリがフッサールとハイデガーの哲学的射程をとらえきれていない部分はある。だが、「超越と内在」が対話において生成するダイナミックな区別であるなら、両者の立場から想定される反論を受け止めて、現象の根源を探求するさらに生産的な区別へと鍛えあげる可能性は果てしなく開かれている。

註

（1） Martin Heidegger, *Kant und das Problem der Metaphysik*, Klostermann, 1998, p. 90（ハイデッガー『カントと形而上学の問題』門脇卓爾・ハルトムート・ブフナー訳、創文社、二〇〇三年、九五—九六頁）．以下では、本文中に略号KMで表記し、アラビア数字で原著ページ数を、漢数字で翻訳のページ数を示す。

（2） Martin Heidegger, *Beiträge zur Philosophie (Vom Ereignis)*. *Gesamtausgabe* Bd. 65, Klostermann, 1989, p. 312（ハイデッガー『哲学への寄与論稿』大橋良介・秋富克哉・ハルトムート・ブフナー訳、創文社、二〇〇五年、三三七頁）．エアアイグニスについては下記を参照。仲原孝「性起の出来事としての存在」、ハイデガー・フォーラム編『ハイデガー事典』昭和堂、二〇二一年、一〇八—一一一頁。

（3） Martin Heidegger, *Sein und Zeit*, Max Niemeyer, 2001, p. 366（ハイデガー『存在と時間Ⅲ』原佑・渡辺二郎訳、中央公論社、二〇〇三年、一五一頁）．以下では本文中に略号SZで表記し、原著ページ数をアラビア数字で、翻訳のページ数を漢数字で示す。

（4） 景山洋平『出来事と自己変容——ハイデガー哲学の構造と生成における自己性の問題』創文社、二〇一五年、第三章を参照。

（5） 景山洋平『出来事と自己変容』第四章を参照。

（6） 晩年のアンリのキリスト教論については、本読本第Ⅲ部3「他者と共同体」、および第Ⅲ部7「生の現象学とキリスト教」を参照のこと。

（7） Edmund Husserl, *Ideen zu einer reinen Phänomenologie und phänomenologischen Philosophie, Erstes Buch*, Martinus Nijhoff, 1950, p. 209（フッサール『イデーン Ⅰ—Ⅱ』渡辺二郎訳、みすず書房、二〇〇一年、九二頁）．

（8） Rudolf Bernet, «Christianisme et Phénoménologie», in Alain David et Jean Greisch (ed.), *Michel Henry, L'épreuve de la Vie*, Cerf, 2001, p. 199.

8　アンリとフランス現象学

意識の現象学から生の現象学へ

加國尚志

はじめに

ミシェル・アンリの哲学を哲学史上に位置づける際に「フランス現象学」という系譜の中に置くことは自然なことであるように思われよう。アンリの著作のタイトルに『身体の哲学と現象学』、『実質的現象学』など、「現象学」という言葉が使われ、彼がフッサールやハイデガーに言及することがあるわけだから、アンリの哲学を現象学の展開のひとつの形と見ることができようし、そのように考える人も少なくない。

たとえばドミニク・ジャニコーが、いささか論争的な内容を含む『フランス現象学の神学的転回』[1]という著書で、世代としてはそれぞれずいぶん異なるレヴィナス、アンリ、マリオンを「フランス現象学」と括っているような仕方でアンリを現象学の流れの中に位置づけることも可能であるだろうし、フランソワ＝ダヴィッド・セバーのように、そこにデリダも含めて、現象学それ自身の限界を超えていく現象学の試みを見出すこともできよう[2]。またドイツ語圏に最近のフランス現象学の潮流を紹介するゴンデクとテンゲイの『フランスにおける新しい現象学』[3]に見られるように、「生の現象学」として、アンリの現象学に独自の位置を与える例もある。いずれにせよ、アンリの「生の哲学」をフランスにおける現象学の一展開形態と見る見方はすでにかなり定着している。

他方で、アンリの言う「現象学」を、フッサールやハイデガーやシェーラー、あるいはサルトルやメルロ＝ポンティらが用いる意味での「現象学」と同じものと解釈してしまうなら、それは問題がある。アンリは、それまでの現象学にかぎらず、古代ギリシア以来の哲学的伝統が、彼の言う「絶対的内在における見えない生」を覆い隠し、忘却してきたことを批判しているわけだから[4]、彼の「現象学」が従来の現象学の方法を踏襲しているとは言えない面も大きい。アンリの「生の現象学」は、従来の「意識の現象学」とははっきり区別されるべきだろうし、そうだとするとこのような対立にもかかわらずアンリが「現象学者」に、あるいは少なくとも彼の哲学が「現象学」に数え入れられうるとしたら、それはなぜなのかが示されるべきであろう。

アンリがフランスに住み（生まれたのはフランス領インドシナ）、フランスの大学で教え、フランス語で著述したのだから、彼の哲学の地理的位置づけに「フランス」という国名を冠することは（これも問題のないわけではない形容であるとはしても）、哲学史的整理の便宜上許されるかもしれない。だが「フランス現象学」ということになると、当然、そのような整理によって「フランス」という国名を冠される「現象学者」たちの、「現象学的」内実をもつ著作の一群を指すわけだが、その場合の「フランス現象学」とはいったいどのような意味で用いられているているのか。「フランス」というこの形容も便宜的な概観のために用いるのでないとしたら、かなり錯綜した議論を要求するものになりそうではある。

仮にそのような一般化された意味で「フランス現象学」というカテゴリーを用い、哲学史的に、この文脈のうちにアンリの哲学を位置づけるなら、アンリの「現象学」とその他の「現象学」、あるいは少なくとも他のフランスの「現象学者」との共通点と違い、あるいはその関係を示しておくことは、必要な作業であろう。

しかし、本読本では前章で「アンリとドイツ現象学」について述べられ、さらには現象学の問題設定に深く関わるトピックである「自我」、「身体」、「他者」についてのアンリの思想が論じられ[5]、個別の哲学者たちとの対比では、マリオン、リクール、デリダらとの比較考察もなされるので[6]、そうした記述や詳細な議論はそちらに譲り、ここでは、そうした詳論への導入として、大まかな哲学史的・歴史的素描を概括的に行うこととしたい。またアンリ自身の思想については、第Ⅰ部、第Ⅲ部でくわしく論じられ、詳細な著作解題もあるのだから、繰り返しを避ける意味であまり深くは立ち入らず、その歴史的な位置を示すだけにしておきたい。

1　アンリとフランス現象学

そのような観点からアンリの著作刊行時期を時代的な軸で概観してみるなら、アンリが『身体の哲学と現象学』（一九六五）を準備していた一九四八年から一九四九年頃は、サルトルの『存在と無』（一九四三）、メルロ＝ポンティの『知覚の現象学』（一九四五）などが出版された後、彼らの実存主義が人気を博していた頃である。彼らの現象学は「世界経験」の記述の学であると理解されていたと見ることができるし、その経験の主体は内在的な超越論的自我ではなく「世界内存在」であり、それを「アンガジュマン」の概念[7]と結びつけたところに、彼らの独創性があった。この時期のフランスにおける現象学がまずは「志向性」と「世界性」に依拠し、そしてこの世界へと投げ入れられながら世界へと向かっていく志向性の初発的な中心として身体が論じられていることはすでによく知られるところであろう。

『存在と無』も『知覚の現象学』も「身体の現象学」と呼んでよい身体論を含んでいるが、メーヌ・ド・ビラン論であるアンリの『身体の哲学と現象学』では、サルトルの『イマジネール』（一九四〇）は言及されているが、メルロ＝ポンティについての言及はない。一九八七年に同書の第二版が出版された際に付された序言では、同書の内容が「私がその時期に知らないでいたメルロ＝ポンティの同時期の研究には何も負っていない」とはっきりと述べられ、彼の書物がメルロ＝ポンティの身体論と「全面的に異なる」ものである、とされている（PPC, v)。この言葉を文字通りに受け取るなら、アンリは「現象学」を標榜しつつも、サルトルやメルロ＝ポンティとはまったく異なるところから哲学を開始していたと言うことができる。「志向性」の概念ではなく「情感性」を重視するアンリの「現象学」は、まずはサルトルやメルロ＝ポンティの「世界経験」の記述としての身体の現象学と対照をなすものと理解してよいだろう。

アンリの最初の著作にしてやはり主著と言ってよい『現出の本質』（一九六三）、『身体の哲学と現象学』が出版された時期は、レヴィナスの『全体性と無限』（一九六一）、デリダが長大な序文を付して翻訳した「フッサール「幾何学の起源」序文と翻訳」一九六二）、一九六一年に没したメルロ＝ポンティの遺著『見えるものと見えないもの』（一九六四）、デリダの『声と現象』（一九六七）といった著作が発表された時期にあたる。

アンリの内在と生の自己啓示（auto-révélation）の哲学は、絶対の他とその外在性を語るレヴィナスとも、現前中心主義を批判し差延（différance）を語るデリダとも異なっており、ここでも同時期の他の哲学者たちの著作と対照的なものとして理解することができよう。それでも、たとえばマリオンが『現象学のフィギュール』（二〇一二）[8]で、フッサールやハイデガーと共にレヴィナス、アンリ、デリダを論じていることからもわかる通り、この時期以降のフランスの現象学はそれ以前のサルトルの実存主義やメルロ＝ポンティの知覚の現象学とは異なる方向へ向かい、アンリの著作は独自の位置を占めつつもその動きのひとつを成したものと見ることはそれほど不当なことではあるまい。

それは端的に言えば、「見えないものの現象学」であり、現象学の問いを現象の場としての世界性への問いから、現象の現象性（現れること）、現象の本質への問いへと展開するものでもあったと見ることができる。この時期のフランス現象学は、現象あるいは現象することの起源にある（あるいはその起源の彼方にある）現象しないもの、見えないもの、他なるものへの視線によって規定されていると言える。アンリの「現象学」は、レヴィナスやデリダとはその存在論的枠組みは異なりつつも、彼らと並んで現象学の限界を超え出る思考へと向かうものであった。

つづいてアンリが旺盛に著作を刊行し始める一九八〇年代以降、たとえば『精神分析の系譜』（一九八五）、『実質的現象学』（一九九〇）が刊行された時期は、マリオンの『還元と贈与』（一九八九）、ジャン＝ルイ・クレティアンの『呼びかけと応答』（一九九二）といった著作が公刊された時期と重なる。さらにアンリがキリスト教についてあからさまに語り始めた時期、たとえば『我は真理なり』（一九九六）、『受肉』（二〇〇〇）、『キリストの言葉』（二〇〇二）の時期であれば、やはりマリオンの『与えられると』（一九九七）、『エロス的現象』（二〇〇三）、そしてデリダの『触覚——ジャン＝リュック・ナンシーに触れる』（二〇〇〇）といった著作と並べてみることもできるかもしれない。それらは「肉」や「エロス」という身体的問題と宗教経験の問題を扱う現象学を展望していると見ることができる。これは現象学における真理の問題と深く関わる「贈与」の問題、あるいはそのような現象学的真理の主体としての「自己」を、伝統的な神学や形而上学の存在神論的機構と異なった、啓示の経験、あるいはある種の神の経験の問題とともに語る現象学の試み（デリダの場合はその批判、ということになろうが）であったと言ってよいかもしれない。

先に述べたように、リクールやデリダやマリオンとアンリの関係については、本読本の第Ⅳ部で述べられよう。ここでは、まずアンリの哲学の立場を彼の先行世代にあたるサルトルやメルロ＝ポンティらの現象学との比較対照から示してみることにしよう。

2　サルトルらの現象学——「新カント派」に抗して

ここで少し、アンリから目を離して、アンリ以前のフランスにおける現象学の受容とサルトル（一九〇五—八〇）やメルロ＝ポンティ（一九〇八—六一）らがそこで演じた役割に目を向けてみることにしよう。

フッサールによって始められた現象学は、フランスにはレヴィナスの『フッサール現象学における直観の理論』（一九三〇）によって紹介され、一九二九年にはフッサール自らがソルボンヌ大学で『デカルト的省察』としてまとめられることになる講演を行なったことで、サルトルやメルロ＝ポンティら当時の若い世代の哲学研究者たちの関心を引くようになった。

レヴィナスの前掲書を読んだサルトルは一九三三年にベルリンに留学し、帰国後『想像力』（一九三六）、『自我の超越』（一九三七）などの現象学に基づく論文を発表していく。メルロ＝ポンティは『行動の構造』（一九四二）を一九三八年に脱稿した後、ルーヴァンのフッサール文庫に出向いて遺稿を閲覧し、『知覚の現象学』として公刊される博士論文の準備を行なっている。第二次世界大戦の前後から、フランスの思想界で活躍することになる彼らの思想形成に現象学受容が大きな役割を果たしたことはまぎれもない。

　そのような彼らの現象学受容の動機のうちには、彼らの世代に先行するフランスの哲学への不満があったようだ。この時期のフランスの哲学アカデミズムではレオン・ブランシュヴィック（一八六九—一九四四）の新カント主義、つまりカント的批判主義とスピノザ的合理主義の融合された主知主義的哲学体系が大きな権威を持っていたらしい。

　メルロ＝ポンティが後に語るところによると、彼らの先生であったブランシュヴィックがもたらしたのは「カント的観念論」であり、「反省の努力」の哲学であって、それは対象を構成する「精神の創造的で構成的な活動」を重視するものであり、「学者たちが対象の方に向けていた視線を、学問の対象を構築する精神の方に転じる」[9]哲学であった。ブランシュヴィックの哲学は「われわれは精神に目を向けなければならず、学を構築した世界の知覚を作り上げる主観に目を向けねばならないが、この精神、この主観については、何か長々と哲学的記述ができたり哲学的説明を与えることができたりするものではない[10]」ということを教える哲学であり、この精神とはブランシュヴィックにおいては「一者」であり、「万人にとって同一」の「普遍的理性」のことなのである。

　サルトルやメルロ＝ポンティらがフッサールの志向的分析の現象学に見出したのは、このような新カント派的な構成主義、内在主義的観念論からの脱出口であったことは想像に難くない。サルトルは一九三九年に文芸誌『ＮＲＦ（新フランス評論）』に掲載された「フッサール現象学の根本理念」という文章で、ブランシュヴィックの名前を挙げ、ブランシュヴィックの哲学が、精神が「物を意識の中に解消する」哲学であるのに対して、フッサールの「志向性」の概念は、「いかなる意識も或る物についての意識である」という、「己れを逃れる運動」、「己れの外への滑り出し」であり、「内在の哲学を終焉させる」ものであることを指摘する。「超越の哲学（la philosophie de la transcendance）はわれわれを、大道の上に、脅威のさなかに、目もくらむ光のもとに投げ出す[11]」。

　およそフッサールにおける「現象学的還元」の理論や「内在的知覚」をめぐる議論を吹き飛ばしてしまうような解釈と言えそうだが、粗っぽいことは承知の上で、非専門家を対象にした文芸誌で挑発的な宣言的文章を打ち出し、旧アカデミズムへの対抗を示そうとしたサルトルの気分はよく伝わってくる。われわれは「志向性」概念によって「内面の生」から解放されたのであり、すべては「外部に」あることになる。外部をそれとして名指すためには、まず内部が確定されていなくてはならないのではないかという疑問はただちに浮かぶわけだが、サルトルにとっては、現象学はそれまでのフランス哲学における内在主義からの脱出を可能とし、世界や他者を発見させてくれる新しい哲学的方法として価値があったということであろう。

またメルロ゠ポンティも『知覚の現象学』の序文で現象学を観念論的な反省的分析と区別して「非反省的な生」[12]を強調し、「働きつつある志向性（作動する志向性）」を「世界とわれわれの生との自然的な先述定的な統一を形成する志向性」として、それを「ハイデガーが超越（transcendance）と呼ぶもの」としている。[13]サルトルにおいてもメルロ゠ポンティにおいても、現象学は、それまで主知主義的観念論が見ないできた、この超越の働きとしての意識を主題化した哲学であり、反省的自我を超えて、世界、他者、歴史を発見させる哲学であった、ということであろう。またそれは、フッサールの観念論的傾向の限界を超えて、世界や歴史を問うた「世界性の現象学」へと向かったハイデガーやフィンクらの方向とも重ね合わせることができる。

本読本の第I部でアンリの哲学の概要を把握した読者には、こうした「超越」の哲学としての現象学と、「超越の根拠」を内在に求めるアンリの「絶対的内在としての生」の哲学が対照的な思想であることが容易に理解されるであろう。

3　アンリの内在の哲学——サルトルに抗して

アンリの没後刊行され始めた『ミシェル・アンリ国際雑誌』（*Revue Internationale Michel Henry*）には、彼の未刊の草稿が収められており、その一部には「サルトルに抗して（contre Sartre）」という言葉が付された文章がある。それらは必ずしも綿密な考察ではなく、個人的な覚え書のようなものと見るべきであろうが、アンリが『現出の本質』を準備する中で、サルトルを批判しながら自身の哲学を確認する作業を行なっていたことがわかる。[14]

ここではとりわけそれがサルトルの『自我の超越』への批判として書かれていることに注目したい。サルトルは『自我の超越』で、彼の志向性理解と反省－非反省的なものの関係をもとに、従来の哲学における「自我」の概念を批判した。

サルトルは、対象を定立する意識が前反省的であることから、そのような前反省的意識が自己に対する定立的意識ではないことを導き、そこから、意識とは志向的意識として前反省的で対象定立的であり、そこに「自我」などというものが存在しないことを主張した。仮に「自我」というものが現れるとしたら、それは外界の対象を定立するのではない反省的意識の対象としてであり、自我が意識にとって超越的な対象にすぎないことを示した。

そしてサルトルはその結論として「超越論的領野」を自我論的構成から純化し、この「超越論的領野」を非人称的な自発性であるとする。またそこから、この「超越論的領野」における独我論の解決の可能性を示し、「絶対的意識のみひとり絶対として存在する」のであり、「私の〈我〉は、意識にとって、他の人々の〈我〉よりも一そう確実だということはない」として独我論の不可能性が述べられる。(15) ランボーの『見者の手紙』の「〈我〉(Je) とは一人の他人である」という言葉を引用しながら、サルトルは意識の自発性が「個別化されても非人称的にとどまる自発性」であるとしている。(16)

いわば〈自我〉と〈世界〉の相関の場を非人称的な超越論的領野として規定し、その場所を「絶対的意識」の非人称的な自発性ととらえることにより、唯物論的な実在主義も観念論的な内在主義も同時に乗り越える仕組みをサルトルは現象学の志向性理論から導き出そうとしたのである。

アンリはこうしたサルトルの自我批判と超越論的領野の構想に批判的であったようである。アンリにとって「超越」はその根拠として超越論的「内在」を想定する。サルトルにしても「絶対的意識」を語るからには、彼の言う「超越論的領野」は内在に他ならないだろう。ただサルトルにおける「内在」には自我という統一体は含まれておらず、非人称的な自発性としての意識があるのみである。

それに対してアンリは次のような批判的な覚え書を残している。

> サルトルにおいて自我は存在しない。
> 一人称の存在論的基礎の問題
> サルトルは暗黙のうちに一人称を用いている。しかし、自我が超越であるなら、自我の身体、私の身体も超越である。だとすると何がそれを私の身体と呼ぶことを可能にするのか。(17)
> 非人称的意識に反対する自我。
> 意識の、そして「超越論的領野」の非人称性、それは三人称の優位性であり、すでに不条理であり、論理的に正当化できない(超越論的自我からの三人称の出現という問題)。(サルトルはこう言うべきだった。「それ」はそれがあるところのものではない。等)(18)。
> 『自我の超越』のテーゼに反対して。
> 自我が超越的なものであるとするなら、なぜ私がこの対象は私であると言うのか、そしてそのことはどのような意味を持つのか、ということを言えなくてはならない。(それは自我の概念そのものにそもそも備わっている不条理ではないのか。)サルトルは、経験的我が我として構成されうるのは超越論的我から借りられた我によってのみであることを見事に示したラシエーズのテーゼに反対することになる。そしてサルトルは、それと反対のことを言うことになる。それは素朴で傲慢な、認めがたい経験主義だ。
> たしかに超越的身体があるように超越的自我はある、しかしそれはまずもって超越論的主観性の内在のうちに一つの我と一つの身体があるからである。(19)

ここで「ラシエーズ」と言われているのは、リヨン大学教授だったピエール・ラシエーズ＝レイ（一八八五—一九五七）である。彼には『カントの観念論』（一九三二）、『自我・世界・神』（一九三八）という著作があり、コギトの永遠性を主張した哲学者である。彼の哲学は基本的なところでブランシュヴィックの新カント主義を引き継いでいるが、メルロ＝ポンティは『知覚の現象学』で、カントの超越論的自我とデカルトのコギトを結びつけるラシエーズ＝レイの「永遠のコギト」を批判して、「コギトに時間の厚みを与え返す」ことを主張した[20]。

もちろん、サルトルにしても反省的な自己意識の構造は認めていたわけであるし、『存在と無』では『自我の超越』でのテーゼを自ら批判して「自己性の回路」の存在を認めたわけであるから、絶対的意識の非人称性を認めるだけで話をすませたわけではない。

それでも、サルトルやメルロ＝ポンティが、反省的で人称的な自我に対して前反省的で非人称的な意識の領野の先行性を認め、超越論的主観性を時間性として規定し、この時間性のうちにコギトの統一を置いたのに対して、アンリは、超越論的領野をあくまで一人称的な自我として理解しなくてはならないこと、超越論的主観性そのものが「我」の内在領域であることを主張していることがわかる。

サルトルやメルロ＝ポンティが、新カント派の主知主義的な内在主義的観念論への批判として志向的記述としての現象学を標榜し、「世界内存在」の概念を導入したのに対し、アンリはこれも言わば「超越論的我」の内在主義に帰ることによって、フッサールが「超越論的観念論」の名の下に描いていた、明証性と自我の相関についての現象学的究明のプログラムに忠実であろうとしたと見ることもできよう。

4　超越と内在

もっともサルトルやメルロ＝ポンティが「超越」の起源を内在に求めていなかったわけではない。彼らが「超越的」対象と区別して、「超越」という語を用いる場合は、志向性が超越的な対象を目指して自らを越え出ていく、いわば世界へと向かっていく志向性の運動のことを述べている。メルロ＝ポンティがフッサールの「作動する志向性」を「超越」と呼ぶ場合には、内在に対しての外在という意味ではなく、世界に内属しつつ世界へと向かっていく実存の運動を指している。メルロ＝ポンティは、このような「超越」についてフッサールの表現を借りながら、次のように述べている。

> 私の身体、自然界、過去、出生、死、これらのいずれが問題になろうと、肝心なのはつねに次のことである。すなわち私を超え、しかも私が引き受け体験する限りにおいてしか、存在しない諸現象に私が開かれていることが、どのようにして

可能なのか。私自身を規定し他のすべての現前を条件づけているところの私自身への現前（Ur-Präsenz 根源現前）がいかにして同時に脱－現前化（Entgegenwärtigung）であり、私を私の外に投げ出すことになるのか、この次第を知ることである。[21]

メルロ＝ポンティがここで述べている「脱－現前化」は、私を超えているもの、すなわち、他者、世界、歴史へと私が開かれるようにするその可能性の条件としてとらえられた時間性、すなわち超越論的主観性のもつ二重作動の一方である。その意味では、超越を可能にする超越論的領野の非人称的自発性としての「脱－現前化」あるいは「脱自」こそがサルトルやメルロ＝ポンティにおいて論じられる「超越」の本質であろうし、このようにしてとらえられた「超越」の概念は、超越と内在の二元的対立を解体し、内在における両義的な現前のうちに超越への始動を認める動詞的な概念であろう。

アンリが批判的に論じているのは、この超越の本質をめぐる議論である。アンリは超越の本質が内在にあることを主張しながら、「超出」が自己の外に出るものではなく、その超越の根拠との関係からして、自己の内にとどまるものであるとしている。したがって、サルトルやメルロ＝ポンティが超越論的領野の非人称的自発性としての時間性＝超越論的主観性（あるいは対自存在）の根源的現前化と脱現前化あるいは脱自の二重性を「超越」としてとらえ、そこに時間性＝主観性（対自存在）の自己時間化と地平における現象の現出の本質構造を見ようとしていたのに対し、アンリはこうした超出そのものの根拠を「内在」の内に置き、超出が受容性としての自己との根拠関係において内在を離れることはないとしたわけである。この自己が与えられる場が情感性であることは繰り返すまでもないだろう。アンリとサルトルやメルロ＝ポンティとの解釈の違いは、多様で無際限な流れとしての非人称的意識流と必当然的な統一体としての超越論的自我との関係性そのものに含まれる「自己」の場の両義性を、時間性から見るか、情感性から見るか、という視点の相違によるものであると見ることもできる。

5 フランス現象学におけるアンリ哲学

このように見てくると、アンリの哲学がフランス現象学の展開における重要な分岐をなすものであることも見えてくるであろう。

サルトルやメルロ＝ポンティが「志向性」の概念とともに現象学を導入した際に、それは当時のフランスの哲学アカデミズムにおける新カント派的な主知主義的観念論への批判となる点が強調されていた。サルトルやメルロ＝ポンティの哲学は、内在的な超越論的自我や、時間を超越した永遠のコギトあるいは精神を想定するのではなく、主体を世界へと投げられ、かつ世界へと向かう運動として理解し、その運動としての超越の本質を時間性の脱自的構造に求め、現象が現象することと主体の存在とが、この非人称的な自発性としての意識の流れの自己構成において両義的に絡み合うものであることを基本とした哲学である。彼らの哲学は多くのものをもたらしたと言えるが、他方でこうした超越論的な自己構成における意識の流れの「自己性」をめぐる問いや、現象の本質である脱自的な超越の起源にある「無時間的なもの」についての考察は課題として残されていた。メルロ＝ポンティはハイデガーの『カントと形而上学の問題』に依拠しながら、主観性＝時間性の自己構成＝自己時間化の起源に「自己触発」と「感情」が認められることを示唆してはいたが[22]、『知覚の現象学』ではそれ以上に論を進めることはしていない。

これは彼らの考察が不十分だったというよりも、彼らが当初依拠した「志向的分析」に基づく現象学的記述という方法論がそうした問題に接近することに適していなかったからと言うべきであろう。世界経験の記述の学としての現象学から、メルロ＝ポンティが「現象学の現象学」[23]と呼んでいたもの、「超越の源－泉の存する両義的な生」[24]の探求へのさらなる深化が求められていたのである。

アンリの内在における生の自己啓示の哲学は、このような意味でフランス現象学の新たな歩みを示すものであった。それは現象の現象性を明らかにするために、表象と志向性の領域としての超越からはっきり区別される内在における生の自己触発に立ち返り、それを新カント派のようにアプリオリな形式的な条件の演繹によってではなく、情感において啓示される実質的な生の経験から理解しようとするという意味で、現象学の還元理論における所与性としての真理の経験についての考察の深化という面をもつことはたしかである。

他方で、アンリのように超越と内在、世界と自己、見えるものと見えないもの、現象と生をはっきり二元的に区別して論じてしまうと、この現象の現象性が、現象そのものにおいて作動するその場面、現象することのない現象性の作動する現場を、その両義的な絡み合いにおいて取りおさえることができなくなってしまうのではないか、という疑問も浮かんではくる。そうなると、それは現象学の深化であると言うよりも、現象学とは別の哲学ではないか、ということにもなりそうである。志向性の概念に依拠しない領域を言語化する思弁の試みがなお現象学の方法にかなうものであるとしたら、それはどのような方法に依拠していたのだろうか。

伝統的な「意識の現象学」とアンリの「生の現象学」とは異なるものであるが、現象学とは意識の生そのものにおいて根源的な生の現出を見ようとするものであったとするなら、果たしてその異なり具合をどのようにとらえればよいのだろうか。志向的実在論と手を切り、非志向的な超越論的経験に依拠する超越論的観念論あるいは超越論的なものの探求に向かう哲学が、単に思弁ではなく現象への通路を確保しているのだとすると、それはどのようにしてなのか。差異化としての時間化の運動そのものとして自己現出する前人称的意識流と、この意識流が意識流であるかぎり備えている自己性との関係を究明する必要があるだろう。前人称的意識流における時間化と反省的な一人称的意識の自己化とを可能にする超越論的主観性における自己性を解明する哲学的反省理論の可能性は、開かれたままであるようにも思われる。そして、レヴィナスにおける「他者」も、デリダにおける「差延」も、時間化の運動の起源に想定される自己固有性に「先立つ」異他性を組上に載せていたのだとすると、時間化と自己化の起源で試される、「立ち止まりつつ流れる」[25]生の「与えられてあること」の内実をめぐる問題はアンリ哲学のみの問題ではなく、アンリもそのひとりであったフランス現象学の展開における問題でもあったにちがいない。

註

（1） Dominique Janicaud, *Le Tournant théologique de la phénoménologie française*, Éditions de l'Éclat, 1991（ドミニク・ジャニコー『フランス現象学の神学的転回』北村晋・阿部文彦・本郷均訳、文化書房博文社、一九九四年）.

（2） François-David Sebbah, *L'épreuve de la limite, Derrida, Henry, Levinas et la phénoménologie*, PUF, 2001（フランソワ＝ダヴィッド・セバー『限界の試練――デリダ、アンリ、レヴィナスと現象学』合田正人訳、法政大学出版局、二〇一三年）.

（3） Hans-Dieter Gondek, Làzlò Tengelyi, *Neue Phänomenologie in Frankreich*, Suhrkamp, 2011.

（4） 本読本第Ⅰ部「ミシェル・アンリの軌跡」参照。

（5） 「自我」、「身体」、「他者」についてはそれぞれ本読本第Ⅲ部1「感情と自己」、第Ⅲ部2「身体と肉」、第Ⅲ部3「他者と共同体」を参照。

（6） マリオン、リクール、デリダについてはそれぞれ本読本第Ⅳ部10「アンリとマリオン」、第Ⅳ部1「アンリとリクール」、第Ⅳ部3「アンリとデリダ」を参照。

（7） この概念は、主体としての実存が歴史的状況の内に投げ入れられ、そこに深く関与し拘束されつつも、そこから「投企」としての行動を企てていく人間存在の自由の条件となるものを意味している。

（8） Jean-Luc Marion, *Figures de phénoménologie, Husserl, Heidegger, Levinas, Henry, Derrida*, Vrin, 2015.

（9） Maurice Merleau-Ponty, *Parcours deux 1951–1961*, Verdier, 2000, p. 250（モーリス・メルロ＝ポンティ『知覚の本性』加賀野井秀一訳、法政大学出版局、一九八八年、九五頁）.

（10） *Ibid.*, p. 251（同前、九六頁）.

（11） Jean-Paul Sartre, *Situations*, I, Gallimard, 2010, p. 39（ジャン＝ポール・サルトル「フッサールの現象学の根本的理念」白井健三郎訳、『シチュアシオン』人文書院、一九五三年所収、一六四―一六五頁）.

（12） Maurice Merleau-Ponty, *Phénoménologie de la perception*, Gallimard, 1945, p. IX（モーリス・メルロ＝ポンティ『知覚の現象学』中島盛夫訳、法政大学出版局、一九八二年、一四頁）.

(13) *Ibid.*, p. 480（同前、六九一頁）.

(14) アンリにおけるサルトル批判を取り上げた研究として、服部敬弘「アンリの超越理解とサルトルの影」、米虫正巳編『フランス現象学の現在』法政大学出版局、二〇一六年所収を参照。

(15) Jean-Paul Sartre, *La transcendance de l'Ego, Esquisse d'une description phénoménologique*, Vrin, 1985, p. 85（ジャン＝ポール・サルトル『自我の超越　情動論素描』竹内芳郎訳、人文書院、二〇〇〇年、八五頁。一部訳語を変更した）.

(16) *Ibid.*, p. 78（同前、七九頁）.

(17) *Revue Internationale Michel Henry*, n°3–2012, Presses Universitaires de Louvain, 2012, p. 115.

(18) *Ibid.*, p. 117.

(19) *Ibid.*, p. 119.

(20) Merleau-Ponty, *Phénoménologie de la perception*, p. 456（メルロ＝ポンティ『知覚の現象学』、六五六頁）.

(21) *Ibid.*, p. 422（同前、五九六頁）.

(22) *Ibid.*, p. 488（同前、八一六頁）.

(23) *Ibid.*, p. 424（同前、五九九頁）.

(24) *Ibid.*, p. 423（同前、五九八頁）.

(25) フッサールが「生き生きした現在」の謎として提示した、時間の根源的に流れるという働きと、それにもかかわらず同一にとどまる、という同一性の矛盾しつつ両立している状態を指す表現。

コラム❷ ミシェル・アンリのために

ディディエ・フランク

ミシェル・アンリの在り方を特徴づけていた若々しいエレガントさは、彼が思索しようと努めたものそのものにでなければ、いったい何に由来していたというのだろうか。

マラルメはあるジャーナリストのアンケートに答えて次のように書いていた。「二十歳の頃の私の理想がどのようなものであったのかですが、私が選んだ営みは書くことだったわけですから、私がその理想を弱々しい声で表明さえしたというのも、ありそうにないことではまったくありません。つまり、今や壮年期によってこの理想が実現されたのかどうか、その判断は、自身の関心を私から引き継いだ人たちだけに帰属するものです。とりわけ――私一人で、あるいは稀なお客の立ち会いのもとで――私が身を委ねる評価の中でも、私の内心の自伝的評価に関して、あなたのお望みに応じて新聞で何か言うとすれば、私の取るに足りない人生も一つの意味を保ち続けた程度には、私は自分に十分忠実だった、と付け加えましょう。はっきり言いますと、その手段とは、どちらかといえば経験という名のもとで人々が拾い集めている、外的にもたらされた危険なものの埃を、私の生来のひらめきから日々払い落とすことです。幸せだったにせよ虚しかったにせよ、私の二十歳の意志は無傷のまま生き続けています」[1]。

ミシェル・アンリの体つきや顔つきはしばしば、年齢からくる避けられない特徴とはまるで無関係のようであって、彼の「二十歳」をそこに感じさせたとすれば、それはまさに彼がそれに忠実であり続けることのできた「生来のひらめき」によるものである。ところでこの忠実さは、絶えず誕生するものに関わっており――アンリはかつて「私は自分の誕生の音を永久に聞いている」(CMV, 283)と言った――、生それ自身に関わっている。したがってこの忠実さは、〔マラルメが言うように〕「どちらかといえば経験という名のもとで人々が拾い集めている、外的にもたらされた危険なものの埃を〔…〕払い落とすこと」なしには、要するに〔アンリの言葉で言えば〕純粋な自己触発としての生が絶対的にそれとは無縁な、世界に関わる超越を倦むことなく還元することなしには、成し遂げられることはできないだろう。

しかし、こうした〔超越の〕埃の払い落としは、独我論に陥ることを余儀なくさせるのではないだろうか。また、哲学という言葉によって世界についてのロゴスを理解するならば、ミシェル・アンリの思索は本来的に哲学的などんな対話をも禁じていたのではないだろうか。いや、むしろ事態は逆である。聖書、とりわけキリストの譬え話が証し立てているように、神の御言葉と同一視される生の言葉が、人間の言葉と世界の言葉を通して絶えず語りかけてくる以上[2]はそうである。このことは同時に、ミシェル・アンリとのどんな対話やどんな議論も、その対象が何であれ、多かれ少なかれ直接には、彼が本質的とみなしていたものに関わらざるを得なかったし、さらにはそれを賭けざるを得なかったということではないだろうか。

そしてそうであれば、彼への感謝を込めた思い出をどうして保ち続けないでいられるだろうか。

（訳＝米虫正巳）

註

（1）Lettre à Jean-Bernard du 17 août 1898, in Stéphane Mallarmé, *Correspondance 1854–1898*, éd. B. Marchal, Paris, Gallimard, 2019, p. 1788.

（2）Cf. J.-L. Chrétien, « La parole selon Michel Henry », in *Reconnaissances philosophiques*, Paris, Cerf, 2010, p. 169 et sq.

第Ⅲ部

ミシェル・アンリにおける主要テーマ

1 感情と自己

アンリの生の現象学の端緒

北村　晋

1 私・自我・自己

私たちはつね日頃、私たち人間それぞれの内面には必ず、その人なりの「私」とか「自我」あるいは「自己」と呼ばれるものが備わっていて、それがいわば主体となって活動することでさまざまな「感情」も生まれてくる、と考えているのではないだろうか。つまり、私たちのいろいろな心的活動には必ず「私」とか「自己」とかいういわば主人公がいて、それがさまざまな「感情」をも生み出している、というわけである。

しかし、このような私たちのいわば常識的な理解を批判する哲学者もいる。たとえば、ミシェル・アンリと同じフランスの現象学的哲学者サルトル（一九〇五―八〇）の初期思想からすると、私たちの日常的な言語使用においてはほぼ同義語として扱われる「私（je, moi）」、「自我（ego）」、「自己（soi）」という三つの語は、前二者の「私」と「自我」がほぼ同義だとしても、最後の「自己」だけは、まったくの別格として他とは峻別されなければならないのである。サルトルによると、「私」や「自我」とは、本来、非実体的で半透明（translucide）であるはずの意識が、すでに対象化され実体化されたいわば意識の疎外態にほかならない。一方、意識はそのように対象化・実体化されずとも、つねに自らそれ自身を非定立的（＝非措定的）な仕方で意識することができる。これが「非定立的ないし非措定的な自己意識（conscience non positionnelle ou non thétique de soi）」という在り方であり、ここに意識の自己性が成立する。[1]

とはいえ、これはあくまでサルトル哲学から見た場合の話であって、アンリ哲学には当てはまらない。アンリの場合、「自我」と「自己」という両概念は、彼の主著『現出の本質』（一九六三）においても必ずしも明確に区別して用いられているとは思われず、むしろその区別の曖昧さがすでに幾人かの論者によって指摘されてきてもいる。[2] だとすると、これからアンリを読み始めようという一般読者の方々は、この両概念の微妙な違いに、それほど敏感になる必要はないかもしれない。その両者をほぼ同義語として読み進めても、アンリ哲学のおおよその理解には影響はないであろう。

ただし、「自我」や「自己」が、さまざまな感情を感じる際の心のはたらきの「主体」ないし「主人公」になる、という常識的な理解に関しては少し注意が必要である。というのも、アンリ哲学は、これとはいわば正反対の見方を示しているからだ。それによると、主体ないし主人公としての自我や自己がまずあって、しかる後にそれがさまざまな感情をもつ、のではない。そうではなくて、感情こそがまさしく、自己（や自我）が立ち上がるある種の場を成しているのである。

2　私は見ていると私に思われる（videre videor）

まずは、アンリ哲学の基本的発想を説明しておこう。アンリによれば、彼の主著のタイトルにある「現出の本質」についての、あるいはもっと分かりやすくいうと、あらゆる現象・あらゆる現れの本質についての、ある「根本的な存在論的前提」（EM, 73 : 八九）が、古代ギリシア以来の哲学の歴史を現代にいたるまで貫いてきている。その前提とは、一口にいうと、何かが現象として現れてくるためには、その条件として一種の「隔たり」が設定されていなければならない、という考え方である。

アンリは『存在と時間』（一九二七）でのハイデガーの議論を援用して、この場合の「隔たり」が客観的に計測しうる「空間的隔たり」や現存在の気遣いによって生きられる「実存的な隔たり」とは異なり、超越論的・存在論的な意味で一種の「実存論的なもの（実存範疇）（existential）」として理解されなければならないことを明らかにし、それを「現象学的隔たり（distance phénoménologique）」と名づけている（EM, 72 sqq. : 八九以下）。そして、そのような「隔たり」こそが現象の唯一の本質であり、この本質によらぬ現出などありえないとする立場を、アンリは「存在論的一元論」と呼んで批判していこうとする（EM, 91 sqq. : 一一〇以下）。なぜなら、この一元論の前提に従っているかぎり、「現象性（phénoménalité）」の真の本質である「本源的な現れること」が忘却され、「絶対的な主観性の根底的な内在領域」の内で「感情」として成就される「生（vie）」の「根源的な啓示（révélation）」が隠蔽されてしまうからである[3]。

ところで、「デカルトには何か現象学的存在論のような観念が根づいている」と見るアンリは、とりわけデカルト（一五九六―一六五〇）のコギト（私は思う）の議論の内に、右のような存在論的一元論には解消しえない根源的な思惟を読み取ろうとしている。アンリはその際、デカルトの「第二省察」の次の箇所に「コギトの最も究極の定式化」を見出す。

いま私は光を見、騒音を聞き、熱を感じる。これらは虚偽である、私は眠っているのだから、といえるかもしれない。けれども、私は見ている、私は聞いている、私は熱くなっている、と私に思われることは確かである。このことは虚偽ではありえない。これこそ本来、私において感じると呼ばれるところのものである。そして、このように厳格に解するならば、これは、思うこと〔思惟すること〕にほかならないのである。(4)

アンリの解釈によると、デカルトが行使する徹底した懐疑という一種の「現象学的還元」は、感覚的であれ知性的であれ、あらゆる「見ること一般」、ならびにそれを可能にする条件である「脱‐立（脱自的に外へと出で立つこと）(ek-stasis)」――これは「現象学的隔たり」を設定することと事態としては同じである――を根底的に「エポケー」する。(5) この還元の結果が、右の引用にある「私は見ている、と私に思われる（videre videor: il me semble que je vois)」というコギトの究極の定式化なのだ（GP, 24 sqq.：二四以下）。

この定式は、もはや、超越のはたらきに依拠する通常の表象的意識の場合のように、後半の「私に思われる（videor)」がコギト（私は〜と思う）となり、前半の「私は見ている」がその思惟対象（「私は〜と思う」のその「〜」）になるという意味で理解することはできない。つまり、「〜と私に思われる」を単純に「〜と私は思う」と置き換えるわけにはいかないのだ。いいかえれば、この場合の「私」は自分の「見ること（videre)」という視覚のはたらきを反省的に対象化したうえで意識しているわけではない。というのも、そうした反省的意識・対象化的意識の在り方を可能にしてくれる存在論的な前提条件、すなわち、「現象学的隔たり」や「脱‐立」といった超越のはたらきが、まさに（デカルトの懐疑という）現象学的エポケーによって無効にされてしまっているからである。したがって、この場合の「私に思われる」は決して、存在論的一元論の諸前提に帰すわけにはいかない。むしろそれは、「見ること」一般も含めていっさいの「現れることとの本源的本質」としての「原初的な思われ（semblance primitive)」(GP, 27：二七）を、換言すれば、すべての見ることに内在的で直接的な「自ら自己自身を感じること（se sentir soi-même)」(GP, 31：三一）を指し示しているのである。

デカルトがたゆまず主張したのは、われわれはわれわれの思惟を感じるということ、われわれは自分が見ている、聞いている、熱くなっている、と感じるということなのである。この原初的な感じることこそが〔…〕まさしく存在を定義するものなのだ。私は自分が思惟していると感じる、ゆえに私は在る（Je sens que je pense, donc je suis)。見るとは、見ていると思う〔見ていると思惟する〕ことである――「私が見るとき、あるいは私が見ていると思うとき（私はもはやこの二つのことを区別しない）……」〔第二省察〕――ただし、見ていると思うこと、それは自分が見ていると感じることなのだ。「私は見ている、と私に思われる」という場合の「私に思われる」は、見ることにとって内在的なこの感じることを指し示しているのであって、この内在的な感じることが、見ることをして現実的な見ること、自分が見ていると自ら感じる見ることたらしめるのである。
（GP, 29：三〇―三一）

この「自己自身を感じること」こそ、アンリによればコギトの真の意味であり、根源的な「内在（immanence）」としてすべての現象性の始源・根拠でもある。アンリはこの内在的な感じることを、もはや、超越のはたらきに依拠する次元の意識、すなわち、表象的な意識との混同を招きやすい「自己意識」という言い方ではあえて呼ばずに、独自な「自己触発（auto-affection）」、「自己贈与（auto-donation）」、「自己感受（épreuve de soi）」といった用語で捉えようとしている。呼び方はそれぞれ異なるとはいえ、これらの用語によってアンリが意図している具体的な自己の在り方こそは、まさしく「感情」ないし「情感性（affectivité）」にほかならないのである。

3 感覚・超越・表象

ここで少し整理しておこう。「感じる（sentir）」というフランス語の動詞には、「感覚（sensation）」と「感情（sentiment）」という二つの名詞形が存在する。この二つの心のはたらきは、人間の持ついずれ劣らぬ重要な認識能力である。ところが、古代ギリシア以来の西洋哲学史は人間の「知る」はたらきを分析するにあたって、もっぱら前者の感覚にばかり着目して、後者の感情のはたらきの分析は、いくつかの貴重な例外を除いて、ほとんど蔑ろにしてきてしまったのである。[6]

感覚のはたらきが機能するためには、くだんの「現象学的隔たり」が設定されていなければならない。これは一見、隔たり不要にも思われる触覚のはたらきにも当てはまる。隔たりを開くのは「超越」のはたらきである。要するに、すべての感覚作用は超越のはたらきに依拠しており、超越が感覚作用一般の根拠なのである。

ところで、超越によって隔たりが開かれるとは、主観と客観という二項が区別されることでもある。フッサールが好んで用いたとされる「Ego cogito cogitatum」というラテン語の文がある。直訳すると「私は思惟対象（思惟されるもの）を思惟する」[7]となる。これを図式化して表すと、《主観・私は（Ego）》↓《客観・思惟対象（思惟されるもの）を（cogitatum）》となり、主観から客観へ向かう矢印はまさに「思惟する（cogito）」というはたらきを指示している。この矢印はまた、「表象する（vorstellen）」というドイツ語で考えると、よく知られたハイデガーの語源的解釈にあるように、近代的人間がまさに主体＝

主観（subjectum）となって客観や対象になるものを自分の「前に（vor）」、「立てる（stellen）」というはたらきを表す[8]。あるいはさらに、現象学のキーターム「志向性」という観念で言えば、意識は志向性のおかげで絶えず自らを脱自し、自らを超越するというサルトル流の「志向性＝意識の自己超出」説を読み取ることもできよう。主観と客観の間の矢印は、今度は「志向性」という名の意識の自己超越のベクトルを表すというわけだ[9]。

さて、以上のことから次のように結論できる。私たちがいずれかの感覚を用いて私たちの外界を認識したり思惟したりすることができるのは、超越のはたらきによって隔たりが開かれている場合だけである。また、私たちが外界ではなく、自己自身を対象化して反省することができるのも、やはり、超越による隔たりを介する場合だけなのだ。

ところがその一方で、アンリの考えによると、感情（情感性）の場合、私たちは何の隔たりも介することなく、直接的に、つまり自己の外界を介するのではなく自己の内在のうちで自己自身を感受することができる。感情とは、まさに隔たりなしに、自己が自己自身に感じ取られることなのだ。

4　感情もしくは情感性

さて、「感情」と「情感性」という二つの用語は、アンリ哲学においてさしあたり、ほぼ同義語として読み進めてもかまわないだろう。だが、厳密に区別していうと、個々のさまざまな具体的感情に共通する本質を言い表す用語が、情感性なのだ。つまり、情感性とは、その本質から見られた感情のことなのである。

ところで、一口に感情や情感性といっても、実際にはさまざまな種類のものがある。たとえば、喜び、悲しみ、愛情、憎悪、安心、不安、希望、絶望、快、不快、恐れ、怒り、うれしさ、苦しさ、などなど。しかも、もうお気づきのように、お互いに正反対の性格をもつものさえある。けれども、アンリによれば、これらすべての意識様態は、それらがまさに感情であるかぎりにおいて、すべてに共通するある存在構造を備えている。それが、すでに見た「自己触発」、「自己贈与」、「自己感受」という構造である。以下では、これら三つの用語のうち、便宜上「自己感受」という語に即して説明しよう。

話をわかりやすくするために、ある具体的な場面を考えてみよう。たとえば、今朝起きてからの私の行動を思い出してみる。目が覚めベッドから起き上がった私は、寝室を出て一階へと降りていく。そこで、顔を洗い、牛乳とトーストとハムサラダの朝食をとる。以上の行動はそれぞれバラバラであって、それらに統一的な意味など特にない。けれども、私はそれらの行動すべてを自分がやっていることを分かっている。それぞれの行動に際して、私に明瞭に（主題的な仕方で）現れてくるのは、そのつど、私の寝ていたベッド、寝室のドア、階段、洗面所のドア、洗面台、食堂のテーブルの上の牛乳、パン、サラダなどなどであって、それらと並んで自己が、明瞭に現れてきているわけではない。それにもかかわらず、私は、それらの行動を通じて、いつでも暗黙のうちに（非主題的な仕方で）自己を感受しているのである。これが、感情による内的な自己感受のはたらきである。つまり、この自己感受のおかげで、私はドア、階段、洗面台などの諸対象を見つつも、そのつど同時に、それらを見ている自己の存在を知るのである。ここにおいて、すなわち自己感受のはたらきの最中において、私の自己が成立している。ちなみに、こうした情感性による自己感受を、アンリはまた「生（vie）」とも呼び換えている。情感性による自己感受はまさに、生の本質でもあるのだ[10]。「いかなる生も、本質上、情感的なのであり、情感性が生の本質である」（EM, 596：六七二）。

ところで、自己の成立は、私たちが生きていく上ですこぶる重要な役割を果たしている。もし仮に私の自己が成立していなかったとしたら（これはありえない想定ではなく、たとえば離人症といった精神障害に実際に見られる症状である）、私が日々経験するさまざまな出来事は、すべて時間の経過とともにバラバラに流失してしまい、同じ一人の私という人格が経験したことだというまとまり（一貫性）と統一がなくなってしまうだろう[11]。その意味で、自己の存在は、私たちの日々の経験の連続性と統一性を保証するのに不可欠なのである。

ただし、誤解してはならないが、私たちにとって自己の存在が必要不可欠だ、ということは、私たちが自由に自己の存在を獲得できるとか、私たちが主人公として、自らの自己や感情を自由気ままに処置できる、などということを意味するわけではない。私たちは私たち自身の自己や感情に対して「主人公」であるどころか、かえってむしろ「受動的」で「非‐自由（non-liberté）」（EM, 823 sq.：九三四以下）であらざるをえない。私は、自らの自己の外に出ることはできないし、この自己から逃れ出ることもできない。私はまた、刻々と私に与えられてくる自己を拒むことはできず、それを否応なしに被ること（souffrir）しかできない。そのうえ私は、そのような自己を自ら根拠づけることもできない。そうした意味で、自己感受とは実は、「自己受苦（souffrance de soi）」、つまり自己を苦しむことでもあるのだ[12]。「受苦すること（souffrir）が情感性の本質を成している」（EM, 827：九三九）。「受苦（souffrance）とは、感情が〈自分‐自身‐へと‐与えられて‐在ること（être-donné-à-lui-même）〉であり、同一性の完璧な密着において感情が〈自己‐へと‐釘付けにされて‐在ること（être-rivé-à-soi）〉である」（EM, 830：九四三）。

しかしその一方で、アンリは、自己を獲得することは同時に自己を喜ぶこと、享受することでもあると述べる。「この自己への完璧な密着において自己を獲得すること、感情が自分が在るところのものの享受の内でそれ自身において生成し出現すること、これが享受（jouissance）であり喜び（joie）である」

(EM, 830：九四三)。ここでアンリが述べている喜びとは、実は、さまざまな具体的感情のうちのひとつではなく、「ひとつの存在論的構造」であり、受苦と同一であり、かつ一体でもある。アンリは受苦と喜びの一体性を次のように論じている。

> 受苦と喜びの一体性は存在それ自身の一体性であり、ひとつにして根本的な存在論的出来事の一体性である。〔…〕受苦として、また喜びとして考えられているのは、ただひとつの同じ現象学的内容、ただひとつの気分なのであり、両者は、つまり受苦も喜びも等しく、ただひとつの気分の骨組みを、実質〔実体〕を、そして現象性を、現実的かつ具体的な現象性として造り上げている。〔…〕受苦と喜びの一体性は、両者の内に、両者の内容の内に存しているのであり、両者の内容がこの一体性を成しているのだ。受苦が喜びであるのは、受苦の内で、受苦の内容の内で、そして受苦が在るところのものの内で、〈自己‐へと‐与えられる‐存在〉が、存在の享受が実現されるからであり、受苦の現象学的現実態がこの享受だからである。逆に喜びが受苦であるのは、存在の〈自己‐へと‐与えられて‐在ること〉が、存在の享受が、存在の被ることの自ら自己自身を感受することの内に存しており、またこの内で実現されるからであり、喜びの現実的な現象学的内容がこの被ることの受苦だからである。
>
> (EM, 832：九四五―九四六。原文の強調は割愛)

要するに、感情による自己感受のはたらきは、単なる自己受苦ではなく、つねに同時に自己を喜ぶ「自己享受（jouissance de soi）」でもある。それというのも、受苦と享受は、そもそも存在論的にはただひとつの同じ内容をもつ根本的な感情なのであって、両者は、実のところ、一体を成しているからなのである。

したがって、私が自らの自己から逃れることができず、さりとてその自己を自ら根拠づけることもできないという自己に対する私の徹底的な受動性は、一方で私の自己受苦の表現でもあれば、他方で私の自己享受の表現でもある、というわけだ。日々の生活に追われ、そうした中であれこれの感情に流されてしまっている私たちにとって、こうした受苦と享受の一体性、苦しみと喜びの同一性というアンリの考え方は、いささか謎めいたものに見えるかもしれない。けれどもこの着想は、実際には、主著『現出の本質』で展開されたアンリの生の現象学の核心的部分を成しており、そしてそれだけでなく、私たちの感情の在り方の本質を言い当てているようにも思われるのである。

アンリ哲学はある時期から、私が自ら根拠づけることのできない自己の真の根拠を、頭文字を大文字で表記した「〈生〉(Vie)」、あるいは「絶対的〈生〉(Vie absolue)」と呼び習わすようになる。ただし、それは主として、アンリの生の現象学が、いわゆるキリスト教的転回を経た後の話なのである[13]。

註

（1）非定立的・非措定的とは「はっきり対象としては立てずに」という意味である。Cf. Jean-Paul Sartre, *La transcendance de l'ego*, J. Vrin, 1972［1965］（J－P・サルトル「自我の超越」竹内芳郎訳、『サルトル全集　哲学論文集』所収、人文書院、一九七三年を参照）.

（2）たとえば、以下の論考を参看されたい。木村敏「コギトの自己性」『分裂病の詩と真実』河合文化教育研究所、一九九八年、所収、一〇六頁以下、斎藤慶典「哲学の内／外」、大橋良介・野家啓一編『〈哲学〉――〈知〉の新たな展開』ミネルヴァ書房、一九九九年、所収、二五九頁、庭田茂吉『現象学と見えないもの――ミシェル・アンリ「生の哲学」のために』晃洋書房、二〇〇一年、二九七頁。なお、ミシェル・アンリと木村敏の「自己」解釈の相違については本読本第Ⅳ部6「アンリと木村敏」参照。

（3）したがって、感情とは、私たちがそのつど抱く移ろいやすい気分などではなく、アンリによれば、私たちの「生」が自己自身に「啓示される」ときの様態にほかならない。ちなみに、『現出の本質』で用いられる最広義の現象概念が「現出（manifestation）」であるが、「啓示（révélation）」という語はそれよりもっと特殊な現象、つまり、私たちの主観性の内在領域において「感情」ないし「情感性（affectivité）」として成就される「生」のより特殊な現れを指し示している。

（4）*Œuvres de Descartes*, publiées par C. Adam et P. Tannery, J. Vrin, 1996, tome VII, p. 29, tome IX–I, p. 23（デカルト『省察』井上庄七・森啓訳、中公クラシックス「デカルト　省察・情念論」二〇〇二年、所収、四一―四二頁）。ただし、引用者の判断で一部訳文を変更した。なお、「第二省察」のこの言葉に関するアンリの解釈については本読本の第Ⅱ部2「アンリと合理主義哲学」、第Ⅳ部6「アンリと木村敏」、および、主要著作解題『精神分析の系譜』も参照。

（5）「脱－立（脱自的に外へと出で立つこと）」と「現象学的隔たり」を設定することとは同じ事態であり、『現出の本質』のアンリは、それを「超越」のはたらきと呼んでいる。また、この超越のはたらきによって設定される隔たりは、「存在の純粋地平」、「世界地平」とも呼ばれている。次に、「現象学的還元」と「現象学的エポケー（判断停止）」とは、素朴な自然的態度から現象学的態度へと移行するためにフッサールが考えた方法論のこと。ここの文脈では、視覚を使った見ることや知性の目で見ること、ならびにそれらが為されるための条件である脱－立という超越のはたらき、以上をすべていったんカッコに入れて棚上げにし、いわばスイッチを切って機能しなくさせることを意味している。

（6）フランスにおける「感情」の哲学の系譜とアンリの関係については、本読本第Ⅱ部3「アンリとフランス哲学」参照。

（7）Ego（ego）は先に「自我」と訳されていたが、この語はもともと英語のＩやフランス語のjeに当たるラテン語の一人称単数主格の人称代名詞（私は）である。

（8）Cf. Martin Heidegger, *Die Zeit des Weltbildes*, in *Holzwege*, V. Klostermann, 1972, p. 85, 100（ハイデッガー『世界像の時代』桑木務訳、理想社、一九六二年、三三頁以下、六三頁以下、『杣径』茅野良男、ハンス・ブロッカルト訳、創文社、一九八

八年、一一二頁以下、一二九頁以下を参照).

(9) 「現象学が、このような統一化し個別化する〈自我〉に拠り所を求める必要がないことは確かである。というのも、意識は志向性 (intentionnalité) によって定義されるのだから。志向性によって、意識は自ら自分自身を超越し、自らを逃れることによって自らを統一づける」(J.-P. Sartre, *La transcendance de l'ego*, p. 21. サルトル「自我の超越」、一八三頁)。「人間的意識のうちに、自己からの一種の脱出 (échappement à soi) を見るのは、現代哲学の一つの方向である。ハイデッガー的な超越の意味は、かかるものである。フッサールやブレンターノの志向性もまた、いろいろな点で、自己からの離脱 (arrachement à soi) という性格をもっている」(J.-P. Sartre, *L'être et le néant*, Gallimard, 2006 [1943], p. 60. サルトル『存在と無』I、松浪信三郎訳、ちくま学芸文庫、二〇〇七年、一二三頁)。

(10) 以上のようなアンリの「感情による自己感受」という考えによく似た考えが、サルトル哲学にも見られる。それは、先に述べた「非定立的ないし非措定的な自己意識」という初期サルトル哲学の原理的発想である。Cf. J.-P. Sartre, *L'être et le néant*, p. 19–20.(サルトル『存在と無』I、三六―三八頁参照)。ただし、アンリとは違ってサルトルの場合、意識の端的な「透明性 (transparence)」の主張や「対自 (le pour soi)」としての存在論的規定などの点で、非定立的な自己意識と通常の表象的意識との差異が、必ずしも厳守されているようには思われない。詳細については以下の拙論を参照されたい。「初期サルトル哲学における意識の問題――非定立的自己意識の原理および反省概念をめぐって」、松浪信三郎編『フランス哲学史論集』創文社、一九八五年、所収。「非‐表象的コギトの系譜――デカルト、サルトル、アンリ」、掛下栄一郎・富永厚編『仏蘭西の智慧と藝術』行人社、一九九四年、所収。

(11) 離人症を一つの事例としてアンリ(と木村敏)の「生の現象学」について論じた著書として、川瀬雅也『生の現象学とは何か――ミシェル・アンリと木村敏のクロスオーバー』(法政大学出版局、二〇一九年)がある。

(12) 「自己感受」の「感受」と訳されている épreuve という語には、もともと「感じること」という意味と並んで「試練や苦難を被ること」という意味がある。それゆえ「自己感受」とは、単に自己を感じ取るだけではなく、まさにその自己という苦難を被ることでもある。「自己受苦」と結びつくゆえんであろう。

(13) 本読本第Ⅲ部7「生の現象学とキリスト教」を参照。

2 身体と肉

「主観的でありエゴそれ自体である身体」

村瀬　鋼

はじめに

「身体」という主題はミシェル・アンリ哲学の始点と終点とをしるしづけながら、この哲学の歩み全体を支えている。実際、「身体」は、アンリの実質的な処女作『身体の哲学と現象学』（公刊は一九六五年だが執筆は一九四八―四九年とされる）と、アンリの最後から二番目の著作『受肉』（二〇〇〇）で中心的に主題化されている。前者はその成果によりアンリ哲学全体の展望を開いたものであり、後者はアンリ哲学の集大成とも言える内実を持つ。なるほど、この二著をつなぐ道程では、身体は必ずしも主題的には論じられていないが、最初の著作で見出された文字通り具体的な主体の観点は、アンリの全仕事を通じて基本的な視座であり続けた。そのことは実践的主体について語る『マルクス』（一九七六）を見てもわかる。[1]

本章では、アンリ最初期の『身体の哲学と現象学』と最晩年の『受肉』との二著に依拠して、アンリの身体論の概略を見る。この二著の間では、大雑把に見れば、身体論としての内容に大きな違いはない。前者で獲得された思考はすでにかなり決定的なものであり、後者ではその同じ思考が、細部には差異や発展を含みつつも、ほぼ同じ骨組みのまま反復されている。ただ、後者で「肉（chair）」の概念がせり出してきているのは一見して明らかな差異である。

大きな見取り図を言えば、アンリの身体論は三つの身体を扱っている。三つとは「主観的身体（corps subjectif）」と「有機的身体（corps organique）」と「客観的身体（corps objectif）」である。けれども実は、アンリは結局はただ一つの身体をしか扱っていないのだとも言える。それは「主観的身体」である。アンリにとっては「主観的身体」こそが身体そのもの、「根源的身体（corps originaire）」である。あとの二つは、この根源的身体の表現や表象であるが、それらが表す当の実在はこの根源的身体を措いては存在せず、それらの存立自体がこの身体に根拠づけられている。そればかりかこの身体はおよそわれわれの経験一般の条件でもあって、だからアンリはこれを「超越論的身体（corps transcendental）」とも呼ぶ。実のところアンリにおいては、主観的身体はその具体性を伴った超越論的主観それ自身なのである。

かくてアンリの身体論は、構成する働きをもった超越論的身体たる「主観的身体」を中心に置き、これを拠点にした「有機的身体」および「客観的身体」の構成と、三者間での諸々の絡み合いとを語る、という議論構制を持つ。アンリ晩年に言う「肉」は、この中心をなす「主観的身体」の、やや異なった文脈とニュアンスを伴う別名である。アンリはこの用語法を通じて自身の身体論をキリスト教的な「受肉」の哲学的解釈へと接続する。

本章では以下、これら三つの身体についてのアンリの議論を、まずは「主観的身体」、次に「有機的身体」と「客観的身体」の順で、主に『身体の哲学と現象学』に依拠しつつ見ることで、アンリの身体論の基本的骨格を粗描する。その後で、『受肉』で浮上する「肉」の概念がこの骨格に付け加えているものについて若干のことを述べたい。

1　「主観的身体」

「主観的（＝主体的）身体」という言葉はアンリに限らず現代の身体論にときに見られる用語で、ひとは平凡な印象を持つかもしれない。だがアンリの言う「主観的身体」は、実は見方によってはかなり異様な言葉なのである。

アンリの思考の特徴を明確化するには、ここでデカルト（一五九六―一六五〇）を参照するのが効果的である。アンリ自身、『身体の哲学と現象学』ではその第五章全体をデカルト批判に割いている。

デカルトの基本的理説は、物と心、「物体」と「魂」とを区別する物心二元論である。これは後世の用語法を使えば「客観（客体）」と「主観（主体）」との二分法にも重なる。この構えにおいて、身体は客観たる「物体」の方に分類され、主観たる「魂」からは区別される。そもそもデカルトの用いている言語では「身体」と「物体」とは同じ語である（フランス語ではcorps、英語ならbody）。他方デカルトは、「身心合一（身心結合）」と言うべき事態が経験的にはあることを認めてもいた。デカルトは、この事態は物心二元論では了解されず、日常経験によって学ばれるより他はないとするが、実際に哲学内部でこれを扱う段になると「物体」と「魂」との能動・受動の関係を語る。すると立脚点はやはり物心二元論にあるわけである[2]。

身体を「物」として「心」から区別した上で、身体が「心の宿った物」であるという事態については、両者の関係を言おうとする。デカルト以降の諸哲学は、概ねこの構図のもとでさまざまな「身心関係」論を企てることになった。それは実はわれわれの日常的なものの見方にもなっているもので、たんにデカルト特有の思考というよりも、一般に身体を考えるときの支配的な構図である。

この構図に照らすとアンリの「主観的身体」は実に奇妙なものである。デカルトの構図では身体は物体であり客観であるのが前提で、それに心が宿るとしてもこの前提は変わらない。だがアンリにとって、身体は根源的には物体ではない。それは心とは別の物体としてたんに心を宿すのではなく、むしろ心と同じものであり、客観ならぬ主観である。身体の哲学では、後にも触れるメルロ＝ポンティ（一九〇八―六一）などのように、身体というものを、主観かつ客観、心かつ物である両義的存在として捉える見方もあるが、アンリの見方はこれとも違う。身体は根源的に、ひたすら主観と心の側にあるのだ。

アンリの言う「主観的身体」は、「主観的でありエゴそれ自体である身体」(PPC, 14：一五) である。『身体の哲学と現象学』はまるごとメーヌ・ド・ビラン（一七六六―一八二四）解釈の書でもあるが、ビランの教え全体がこの概念に要約されるとアンリは言う。ただ実はこの概念はビラン自身のなかにはない。ビランでは、自我は、意志的努力に抵抗する「有機的身体」との間の「原初的二元性」と呼ばれる関係において、「有機的身体」から区別される仕方で自己覚知し、存在する。そこで自我ないし主観は、「身体」と分離不可能ではありながら明確に区別された精神的なものと解されている[3]。ところがアンリは、後に見るように「有機的身体」についてのビランの発想を受け入れつつも、「有機的身体」ならぬ自我そのものを、あえてまた主観的身体と呼ぶのである。

この異様な見方はどう正当化されるのか。それはアンリ哲学の一貫した立場である「内在」と「超越」との「存在論的二元論」によってである[4]。一方には、一切の現出を可能にする現象性自体として超越論的な性格を持つ、内在的な「自己現出 (auto-apparaître)[5]」がある。この自己現出はそのまま自己の存在であり、現出と存在とのこの同一性は「情感性（affectivité）」を実質とする「生」として現実化する。他方には、この自己が外へと志向的に超越する先に現れる超越的な何ものかの現出があり、これが「生」自身ではない「世界」の現出である。アンリによればこの二元性は根本的なものである。デカルトの「われ思う」が超越論的主観性としての意義を持ち得たのも、それが超越とは根本的に区別された内在の圏域を意味していたからなのだ。ところで実は、身体もまた、これを現象学的に見ればデカルトのコギトと同様にこの絶対的内在の圏域に帰属するのである。

『身体の哲学と現象学』第二章の記述に従えば、その事情はこうである（PPC, 76–85：七八―八九）。私の身体とは、まずは動くものであるが、その運動は、私が「自ら動く」こととして、「われ能う（je peux）」たる私の「力能（pouvoir）」のそのつどの現実化として、当の運動の存在に等しい内在的な自己現出においてて私に直に与えられ、その自己現出がそのつどの私の存在をなす。身体はまた感覚の主体でもあるが、この感覚の働きもまた、世界の側に実現される感覚の手前に、運動的なその働き自身の自己感受・自己現出を持つ。このような「われ能う」の内在的な自己運動・自己現出が身体なるものの根源的存在をなしている以上、「われ能う」は「われ思う」と同じ資格で自我の存在であり、いわゆる思惟をその活動の一環として生きる私の存在全体を考えるならば、むしろそれこそが真に具体的な超越論的主観性なのである。

翻ってアンリは、デカルトの二元論は実は「存在論的二元論の一つの降格」なのだと言う（PPC, 209：二二二）。実際、デカルトは当初、方法的懐疑によって超越的なものについての一切の客観知を無効化した末に、内在的な自己現出としての主観性を見出したはずだった。その功績についてはアンリは評価を惜しまない[6]。だがデカルトは学知の確立への関心に引きずられて、主観性の内実を、表象的客観知を志向する「知性」に還元した。本来主観性の実質をなすべき「情感性」はと言えば、これは純粋なコギトの圏域には属さない身心合一に関わる事態として扱われ、その超越論的な身分を奪われてしまう。デカルトの致命的欠点は何より「情感性についての超越論的な理論の不在」にあるのだ（PPC, 198：二一一）。その結果、一切の経験は知性による表象知に帰され、知性それ自体もまた自身の表象の対象に転落する。アンリによれば、結局デカルトの物心二元論は、内在を排除して超越のみを存在のエレメントとみなす「存在論的一元論」に帰着する。それは、つまるところ超越的な現出の場に物体と魂とを並べるだけの「擬似二元論」にすぎないのだ（PPC, 209：二二二）。

かくてデカルトの構図との関係でアンリの身体概念の特異性が明確になる。デカルトは、一方は魂、他方は物体および身体、という二者間に分割線を引きながら、身体と結びついた情感性を魂の核心部から排除し、知性へと還元された魂による一元的な表象知の地平に一切のものを並置する。これに対して、アンリは内在と超越という二つの様式の間に分割線を引きながら、内在の側に魂と身体と情感性とを一体のものとして置き、これを、まるごと主観性そのものである超越論的身体とみなすのである。デカルトの構図がわれわれ自身の一般的見方にも重なっていることを考えると、アンリのラディカルさがよくわかる。

2　二つの超越的身体
——「有機的身体」と「客観的身体」

しかし、主観的身体がいかに根源的であったとしても、これを考えるだけでは身体を十分理解したことにはなるまい。というのも、身体はそれでもやはり、超越的な客観として世界のなかに現出しもするからだ。それは主観的身体ならぬ「客観的身体」の存在の問題である。

アンリは、すでに触れた「有機的身体」についてのビランの独特な考え方に依拠しつつ、この問題にアプローチする。[7]

アンリによれば、主観的身体は、内在的自己現出にその存在を持つものの、それ自体が超越の運動、世界へと向かう運動でもある。その運動はそこで世界の実在と言うべきものに出会う。それは運動する主体の「努力」に対するその「抵抗」において輪郭づけられる「抵抗する連続体（continu résistant）」である（PPC, 48–49：四九―五〇）。超越的な世界は、内在にそれ自身の存在を持つ超越論的主観性に根拠づけられる仕方で、「抵抗する連続体」としてたしかに実在する。客観的身体もまた、それが超越的な実在を持つ限り、やはりこうした「抵抗する連続体」のなかに見出されることになるはずであろう。だが、もし努力と抵抗との単純な対だけがあるのだとすれば、自己の客観的身体の構成は成就しない。というのも、そこに認められるのは努力する唯一の主体と抵抗する唯一の超越的世界との拮抗関係のみであり、超越的世界のなかに主体が自分を見出すことはないからである。[8]

この問題に対してビランは「抵抗」を二種類に分けることによって解決を与える。一つは「絶対的抵抗」で、これは主体の運動が外的物体にぶつかるときの抵抗である。主体の運動が絶対的抵抗に出会うとき、その抵抗の連続性こそが「外的物体」と呼ばれるものの実在性を形作るのだ。もう一つは「相対的抵抗」であって、これは「努力に譲歩し」、努力と不可分な仕方で動かされる抵抗である。そしてこれこそが自己の身体の超越的存在の最初の顕現なのであり、「有機的身体」の特異な現出なのである（PPC, 168–169：一七八―一七九）。ビランによれば、有機的身体は「内的延長」と呼ばれる一種の延長を形成するが、これは、表象されることなく直接経験されるという点で外的空間とは根本的に異質である。かくして、同じく抵抗するもののなかにあって、「絶対的抵抗」とは異なる「相対的抵抗」を示すことにおいて際立つこの「内的延長」こそが、自己の客観的身体の構成の鍵となる。つまり、この「内的延長」が主体の運動の限界においてさらに「外から」主体に経験されて、外的物体と同様の絶対的抵抗を主体に与えるとき、絶対的抵抗の連続体のうちに、内的延長をその内に包み込む特殊な一物体が構成されることになるわけであって、これがまさに自己の「客観的身体」なのである（PPC, 182–185：一九二―一九六）。[9]

かくて、根源的な主観的身体が客観的身体として表象されるに至る一つの道筋が描かれ、身体をめぐる諸事情について基本的な構図が提示されたことになる。アンリの身体論は、主観＝心と客観＝身体との間でことを考える伝統的な二元論のそれとは深く異なる。それは、①超越論的主観性である根源的な「主観的身体」、②主観的身体の運動への「相対的抵抗」において現出する表象されざる超越的身体としての「有機的身体」、③主観的身体の運動の限界で有機的身体がそれ自身の外面を絶対的抵抗としてこの運動に対置するところに現出して表象の対象となる「客観的身体」、という三種類の身体を記述する、身体の超越論的現象学である。これら三種類の身体は平等ではない。三つの身体は、第一のものを一切の実在性の根拠とし、その力能の展開のもとに層化されて組織立てられる。実在する私自身である主観的身体こそが、他の二つの身体を束ねているのである（PPC, 179–185：一八九―一九六）。

3　「肉」

晩年の『受肉』においてアンリは再び本格的な身体論を展開するのであるが、冒頭で触れた通り、その内容は、基本的な組み立てだけを見れば最初期の『身体の哲学と現象学』と大きく異なるものではない。ただ「肉」の概念を前面に出すことで強調されることになった要素というものはある。すぐに見て取れるのは、たんなる「物体」をも意味する「身体（corps）」という語に代えて、根源的身体に「肉（chair）」という語を充てることによって、客観的事物ならぬ主観的情感性としての根源的身体の実質がより明確化されたことであるが、以下、これ以外に大きく二つほどの事柄に関して述べ、稿を閉じたい。

一つは、「肉」の概念の前面化が、現象学的身体論の代表格と見なされているメルロ＝ポンティ晩年の「肉」の哲学への批判を引き寄せ、これを通じてアンリの身体論を際立たせている点である（『受肉』第二一節および第三一節）。なるほどアンリは初期からメルロ＝ポンティの「両義性の哲学」に対する批判的なスタンスを示してはいるのだが、[10] メルロ＝ポンティ晩年の「肉」の概念の吟味は、アンリの「肉」概念を際立った対照性において逆照射する。

骨子のみ述べるなら、メルロ＝ポンティが『見えるものと見えないもの』（一九六四）で語る「肉」とは、まずは「二重の意味での感じうるもの（le sensible au double sens）」[11]、知覚主体かつ知覚対象であるような身体のことである。これは、自身が担う見るものと見えるもの、触れるものと触れられるものとの「可逆性」ないし「キアスム（交叉）」によって、身体を世界と可逆的に交叉させ、世界それ自体をも「肉」として浮上させ、他者との共存をも基礎づけるものとされる。だがアンリにとっては、「肉」とは、見える世界には所属しない内在的な情感性であり、主観と客観の両義的な一体性ではない端的な主観性である。アンリによれば、メルロ＝ポンティはこの本来の「肉」の内実に注意を払うことなく、超越としての知覚をこそ経験の一般的形式とすることで、先にわれわれが見たデカルトのケースと類比的な仕方で「存在論的一元論」に陥っているのである。

またメルロ＝ポンティは「肉」の成り立ちを「自己を見る」や「自己に触れる」といった自己知覚の働きに引き寄せて語りも

するが[12]、そこで考えられているのは超越としての知覚であり、アンリ的な内在的自己現出ではないので、そこではそもそも「自己」が存立しない。翻って「自己」がアンリ的な「肉」であるとするならば、メルロ＝ポンティ的な超越のキアスムでは他者との真の共存は成立しない。そこでアンリは、他者との共存を、超越ならぬ「内在」を通じた共同性として理解することへと向かう[13]。

二つ目は、「肉」の概念の導入が、アンリの身体論を、キリスト教における「受肉」の問題につなげるとともに、われわれの救済の道への問いまでをも含むキリスト教的な生の哲学のなかに引き入れていることである[14]。この文脈において、こと身体論の構制に関わる重要な変化は、われわれの生を大文字の「〈生〉(Vie)」の自己出生によってもたらされる根本的に受動的なものとして理解することで、われわれの存在の根本的受動性、あるいはむしろ「無力(impuissance)」が強調される点である。

アンリのキリスト教解釈によれば、「神」である大文字の〈生〉はその現出である〈御言葉〉(Verbe)の自己現出において〈自己〉(Soi)に到来し、情感性を実質とする「肉」となる。これがキリストの「受肉」である。そしてわれわれ個々の生ける者は、自己の生のうちにこのような内的構造を持つかぎりにおいて、自己性を持つ一つの肉として出来する。〈生〉とは超越的な存在のことではないし、〈御言葉〉の受肉は世界内のたんなる歴史的一出来事のことではない。問題なのはいま私が生きている内在的な生それ自身の内的な構造である。大文字の〈生〉が語られるのは、私の生の根本的な受動性ゆえである。日常的実感から言っても、私の生は私の力の産物ではなく、逆に私こそが生によって生のうちに生まれた。生を私のものたらしめている生の自己性そのものも、私の仕業ではなく、与えられたものにすぎない。だから私の生は、いわば私の意のままにならぬ大文字の〈生〉の自己現出の仕業なのであり、私の生はつねに「私の」生でありながら、私を超えた〈生〉でもあるのだ。生は決して非人称的で前個体的なものではなく、つねに私の自己性と切り離せない自己の生なのだが、その「自己」は自己の権能を超えた〈生〉の「超‐力能(hyper-pouvoir)」によってもたらされる(INC, 251:三二三)。初期の身体論では「力能」としての主観的身体の本質が際立たせられていた。だが『受肉』では、この「力能」が「超‐力能」に対する「無力」に裏打ちされていることが強調される(INC, 252–253:三二四—三二五)[15]。「力能」は、自身ではどうしようもない自身の自己現出においてこそ力能としての身分を手に入れており、この自己現出はまさに〈生〉の〈御言葉〉が〈自己〉の肉となること、つまりキリストの受肉に他ならない。キリスト教が提示する人間の救済の道とは、「われ能う」が向かっていく超越的な世界のなかに生を満たすものを空しく探すことではない。救いは、われわれの見えない肉である内在的な生を通じてその〈基底〉たる〈生〉に還帰し、その〈生〉に与るあらゆる者とともに、超越的な世界内の歴史には記入されないそのつどの永遠の現在を生きることにあるのだ。「その〈夜〉の基底において、われわれの肉は神である」(INC, 373：四八〇)。

もっとも、最晩年のアンリ哲学のこうした展開は、実は『身体の哲学と現象学』ですでに予告されてもいた。実際、同書の「身体の存在論的理論と受肉の問題――肉と霊」と題された「結論」は、身体の現象学とキリスト教における救済の問題との接続をすでに粗描している。またその直前、メーヌ・ド・ビラン解釈の最終章で、アンリはビランにおける「受動性の理論」の不備を致命的難点として指摘しながら、ビラン晩年の「三つの生」の構想における「第三の生」の意義のなかにこの不備を補うものを見ようとしている。第三の生とは、抵抗する連続体との二元的な拮抗関係のなかで生きる第二の生を去って、神の恩寵に対する全面的な受動性に身を委ねる生のことなのだが、アンリの解釈によれば、そこに認められるべきは内在としての絶対的主観性の「根源的存在論的受動性」(PPC, 243：二五八)である。そしてビランはこの主観性の内的構造そのものを通じて「自己認識と神的認識との関係、またおそらくは両者の一性」の観念にまで導かれた。これが第三の生の浮上の真相なのだ(PPC, 250：二六六)。こうしてみると、『身体の哲学と現象学』で確立され、『受肉』で集大成されるアンリの身体の哲学全体は、前者の導き手だったビラン哲学の徹底的な反復の試みであったとも言えるかもしれない。

註

(1) なお、本章では立ち入って見ないが、先に挙げた二著以外に身体を明示的に主題化した若干のまとまった考察が見られるアンリの著作は、『精神分析の系譜』(一九八五)、『野蛮』(一九八七)、『実質的現象学』(一九九〇)である。アンリの諸著作の概要については本読本の主要著作解題の各項を参照。

(2) 以上のデカルトの理説については、デカルトの『省察』第六省察とエリザベト宛の二通の書簡(一六四三年五月二一日付、六月二八日付)、また『情念論』第一部を参照。

(3) ビランの基本的考えについては『心理学の諸基礎についての試論』第一巻第二部第一章(Maine de Biran, *Essai sur les fondements de la psychologie*, *Œuvres*, Tome VII-1, Vrin, 2001, p. 115-126)を参照。

(4) 「存在論的二元論」(および対をなす「存在論的一元論」)という用語はアンリ哲学の鍵語であるが、実際にはこの『身体の哲学と現象学』と『現出の本質』の二著でしか用いられていない(前者ではPPC, 209, 260：二二二、二七七を参照)。なお『受肉』では、「存在論的」が「現象学的」に置き換えられ(INC, 170：二一六、PV-I, 168)、「現れることの二元性」といった言い方もなされるが(INC, 160：二〇三)、アンリの現象学は現象学的存在論なのだから内容は同じである。なお、この二元論の下でのアンリの生の哲学については本読本第I部「ミシェル・アンリの軌跡」を参照。

(5) この用語は『受肉』から取ったが(INC, 94：一一六)、「自己触発(auto-affection)」、「自己啓示(auto-révélation)」、「自己感受(épreuve de soi)」、「自己を感じること(se sentir)」等、ア

ンリが初期以来、自己の現出＝存在を言うために用いてきた諸々の鍵語と置き換え可能である。本章では、多様な言葉を並べる煩を避けて「自己現出」の語で代表させる。

(6) アンリのデカルトの肯定面での評価は『精神分析の系譜』の第一章によく確認される。なお、この肯定的評価については本読本第Ⅲ部1「感情と自己」、第Ⅳ部6「アンリと木村敏」を参照。

(7) 以下本節では直接にはアンリを参照するが、アンリの依拠するビランの議論は『心理学の諸基礎についての試論』の第一巻第二部第三章「われわれがわれわれ自身の身体について持つ認識の起源」(p. 139–151) によく確認される。

(8) 「抵抗する連続体」はビランがライプニッツから借りた概念だが、これを「有機的身体」に適用したところにビランの発明がある。

(9) この経緯については『受肉』第三一節により詳しい記述がある。さらにアンリはビランに拠りながら、内的延長や身体表面への諸感覚の局所化の仕組みや、身体の構成が実在性の根拠から離脱して「表象」の高度化に進む事情などについても細かく論じているが、詳細はここでは措く。

(10) アンリはたしかに、『身体の哲学と現象学』を執筆した一九四八―四九年にはメルロ＝ポンティの研究を「知らなかった」と言うのだが (PPC, V)、メルロ＝ポンティの『行動の構造』(一九四二) と『知覚の現象学』(一九四五) を一読はしていたはずで、同書に豊富に見出される暗示的な符合――一例のみ挙げれば、第三章末尾の「「ひと (on)」は感じない」(PPC, 148：一五五) は『知覚の現象学』の有名な「ひとが知覚する」(Maurice Merleau-Ponty, *Phénoménologie de la perception*, Gallimard, 1945, p. 249. M・メルロ＝ポンティ『知覚の現象学』中島盛夫訳、法政大学出版局、一九八二年、三五三頁) を明らかに参照していると思われる――もそれを裏書きする。

(11) Maurice Merleau-Ponty, *Le visible et l'invisible*, *Gallimard*, coll. «TEL», 2001 [1964], p. 307 (M・メルロ＝ポンティ『見えるものと見えざるもの』中島盛夫監訳、法政大学出版局、一九九四年、四三〇頁).

(12) *Ibid.*, p. 297, 302, etc. (同前、四一〇頁、四一九頁、他)

(13) なお、アンリはすでに『実質的現象学』の第三章で、彼の言う本源的身体を欠いた身体論を介して他者との共同性を語るこの種の他者論に対する批判を、メルロ＝ポンティの発想源であるフッサールを相手取って行っている。こうした批判を経て提示されるアンリの積極的な他者論・共同体論の詳細については次章「他者と共同体」を参照。

(14) 直前に触れた他者との内在的共同性は、最終的には神である大文字の〈生〉の〈基底〉において存立するものとされるから、メルロ＝ポンティの共存の哲学に対するアンリの批判はアンリのキリスト教理解と表裏一体である。なお、アンリのキリスト教の哲学の詳細については本読本第Ⅲ部7「生の現象学とキリスト教」を参照されたい。

(15) なお『精神分析の系譜』の末尾では、初期の「力能」の根源的な在り方が「可能力 (puissance)」ないし「〈潜在力〉(Potentialité)」という言葉で捉え返され、「力能」自体を働かせる高次の力としての「超力 (hyperpuissance)」が語られているが (GP, 393–398：四六四―四七〇)、ここで言う「超力」は神の力ではなく、本源的身体自身の力を意味している。

3 他者と共同体
アンリ哲学の外部という問題

吉永和加

はじめに

本章では、ミシェル・アンリの哲学における「他者と共同体」について見てみよう。

「他者」は、自己を中心に展開されてきた西洋哲学のなかでは、比較的新しい主題である。哲学において、他者論は大きく三つのタイプに分けられる。一つめは、フッサール（一八五九—一九三八）に代表されるように、他者を自己にとっての知覚の対象と見なして、自己から出発して他者認識を進めようとするものである。二つめは、それに対して、他者は知覚の対象ではなく、自己と同様に情感的な存在であり、だから自己と他者は情感的な関係をもちうる、と考えるものである。そして三つめは、レヴィナス（一九〇六—九五）のように、他者は自己とは隔絶した存在であるから、知覚や感情によって把握することはできず、ただ、自己が他者に対して責任を持つという限りで関係づけられる、とするものである。

アンリの他者論は、この二つ目に相当する。(1) しかも、アンリの場合、本章の「他者と共同体」というタイトルが示唆するように、他者論が必ず共同体論と同じものとなるところに、その特徴がある。

ところで、アンリ哲学は『現出の本質』（一九六三）以来、生の内在を軸に展開されている。第Ⅰ部でも言及されたように、そうした議論は、自己の個体性をよく説明する一方、自己の外、すなわち外在性をどう表しうるのか、という疑義を呼ぶ。事実、アンリは外在性へとつながるいかなる超越的関係も否定することから、他者への接近はアンリ哲学にとってのアポリアとして現れるであろう。他者という「自己の外部」を、アンリ哲学は論じうるのか。本章では、アンリがいかにこのアポリアを解くのか、その他者論がなぜ共同体論でしかありえないのか、その理路を詳らかにしつつ、アンリの議論の問題点を考えたい。

1　生の情感性における共同体論

アンリの他者論は、『実質的現象学』（一九九〇）第三章「共－パトス」で展開される。ここではフッサールへの批判を踏まえて、アンリ独自の他者論の基本路線が示される。

まず、アンリのフッサール批判は、彼の志向性による他者把握に向けられる。アンリによれば、フッサールの他者論は、他者が私を超越したものであり、それゆえ志向性によって私に与えられる、という前提で成り立っている。その上で、フッサールは、私の経験から他者にまつわる経験を捨象して、私の固有の帰属圏域、すなわち「エゴとしての私に特に固有のもの」(PM, 142：一七六）を得て、ここから他者経験を構成するという。

フッサールにおいて、他者経験は次のように構成される。まず、他者は志向性に基づき、知覚によって与えられる。最初に認められるのは物体としての他者の身体である。この物体としての身体は、私の固有の身体から有機体という意味を受け取り、私と類比的な対象的身体として構成される。このように私の意識の統一において与えられた二つの内容が対をなし、同じ意味によって覆われることは、「対化（accouplement）」と呼ばれる(PM, 147：一八三）。この対化の図式は、他者の心理現象の把握にも適用される。それが感情移入である。

しかし、アンリに言わせれば、こうした対化の基盤となっている私の身体そのものが構成された身体である。また、私の帰属圏域も対象化され、その内容も構成されたものにすぎない(PM, 149：一八五）。さらに、対化の志向性が働く際には、あらかじめ私の帰属圏域の向こうに他者と他の帰属圏域が前提されているが、そのような存在を知覚が基礎づけることはできない。アンリは言う。「知覚が決して根拠づけることがなく、つねに前提しているようなこの前提は、そこでエゴそれ自身が誕生するような超越論的生に根差していて、この生とこの生自身の〈基底〉（Fond）とから出発してのみ理解されうるのである」(PM, 157：一九七）。

フッサール批判から導かれるアンリの結論はこうである。すなわち、他者経験が真に問題なのは、他我（alter ego）が他なるもの（alter）だからではなく、他我がそれ自身において捉えられないエゴ（ego）だからである（PM, 151：一八九）。エゴとは、生ける者（un vivant）として、その生には志向性が働くようないかなる〈隔たり〉もない。そして、エゴがそのようなものである限り、事物の把握に相応しい知覚による把握は、必然的に自己も他者をも取り逃がし、他者経験を「死せる事物の経験」（PM, 152：一九〇）にしてしまう。他者は、構成された私の帰属圏域に基づいて構成されることで、いわば二重に構成され、変質させられて、その「謎めいた性格」を奪われてしまうのである（PM, 147–148：一八三）。

アンリの考える、他者と共にある生の具体的様態とは、欲望や成就、喜びや悲しみ、好意や怨恨、愛や憎しみなどの感情的な様態のことである。こうしたパトス的で、具体的な相互－主観性の展開を決定づけるのは、生の〈基底〉への共－属におけるパトスの諸法則だとアンリは言う（PM, 153：一九〇）。

　では、その諸法則とはいかなるものか。アンリによれば、生は、生から決して分離されないような仕方で、生自身を自らに与える（PM, 161：二〇二）。生は外部へ漏れ出すことなく、生の内部で充足し、生ける者はこの生を直接、自己自身で感受する。生ける者が自己自身を触発し、触発される内的体験を、アンリは生の自己触発と称する。この触発するものと触発されるものとが逐一合致する体験は、生ける者に個体性を刻印する。こうして、自己触発は自己性（ipséité）の原理となる（PM, 163：二〇四）。

　この自己の自己触発の同一性は、外部に対して閉じている。それゆえ、外部の他者への接近は、アンリの議論にとってアポリアとなるように映る。しかし、アンリは、先にも見たように、「私が他我をそれ自身において知覚できないのは、他我が一つの他だからではなく、それが一つのエゴだからである」（PM, 151：一八九、強調は引用者）として、他者の問題をエゴの問題に転換し、すべてのエゴを生の自己触発によって基礎づけることで、このアポリアを軽々と乗り越える。自己触発という生のあり方は、生ける者すべてに与えられ、共同体の成員たる資格となるからである。こうして、生の自己触発は、自己性の原理となるだけではなく、共同体の本質ともなり、生ける者の潜在的な総体を構成する（PM, 163：二〇五）。それゆえ、「共同体と〈個体〉とを互いに対置し、両者の間に階層的な関係を打ち立てようとする試みは、まったく無意味である」（PM, 163：二〇五）。アンリにとって、「共同体は一つのアプリオリ」（PM, 175：二二二）なのである。他者論が共同体論と同じものとなる所以である。

　さらに、アンリは、生ける者の潜在的な総体を描き出す。彼が着目するのは、すべての生ける者が共有する生の自己触発の受動性である。確かに、生の自己触発においては、触発するものも触発されるものも同じ自己ではある。だが、この生自体は、生ける者が生み出したものではない。「自己によって措定されたのではない自己への関係とは、その情感性におけるアフェクト（affect）[2]である」（PM, 177：二二五、強調は引用者）。生ける者は、絶えず生を、自己自身を被り、そこから逃れることができない。また、生ける者は、その生の力である情感性を被り、それを選んだり避けたりすることができない。その意味で、生ける者は根元的な絶対的受動性のうちにある。

　このような絶対的な受動性から、アンリは、翻って、生を与えるもの、生の起源となるものを導き出す。それが〈基底〉である（PM, 177：二二四）。生はこの〈基底〉から到来する。生ける者はこの〈基底〉から離れることなく自己触発を行い、自己自身と同一化するとともに、この〈基底〉と一体化し、しかも他者と〈基底〉を共有している。それゆえ、他者体験とは、自己自身の体験であり、〈基底〉の体験でもある。つまり、自己と他者とは〈基底〉と一体化して、これらは互いに区別されることがない（PM, 178：二二六）。アンリは、蛇に飲み込まれようとするリスを例に取り、両者の間に働く生の力の一致を説明する。アンリによれば、リスは自らを飲み込もうとする蛇を前に、それを他なる脅威と感じることなく、魅入られ呪縛され、この力のなすがままになるという（PM 172：二一七）。このとき、リスと蛇とは、生の力すなわちアフェクトにおける非－差異化（non-différenciation）のうちにある。こうして、他者体験は、「主体なき、地平なき、意義なき、対象なき、一つの純粋な体験」（PM, 178：二二五）となる。

しかしながら、問題も指摘されうる。確かに、アンリの生の自己触発は自己性を確保しうる。そして、その自己性は文字通り底が抜けて〈基底〉に至り、そこにおいて他者の自己性と一致して、共同性を構成しうる。だが、リスと蛇の例のように、自己と他者の生の力が一致して両者の非－差異化が起こるのであれば、この非－差異化は、他者から「謎めいた性格」を奪わないであろうか。また、アンリが挙げた、他者と共にある生の具体的様態のうち、憎しみや怨恨などは、自己と他者の齟齬の経験であり、両者の間には斥力もしくは差異化が働くと考えられるが、これはどのように説明されるのか。これらは、アンリ自身がフッサールに投げかけた問題でもある。そしてこれは、レヴィナスの言う「他者の他者性（altérité）」の確保という問題なのである。

2　共同体論のキリスト教的展開

このように『実質的現象学』で示された他者論の基本路線は、『我は真理なり』（一九九六）および『受肉』（二〇〇〇）という、キリスト教の現象学的解釈に関する晩年の著作に受け継がれ、新たな展開を見せる。アンリは、「神、キリスト、人間」のうちに、生の共同体の原型を見出し、そこにおいて自己と他者の関係論を構築しようとしたのである。この節では、その原型が示された『我は真理なり』を検討しよう。

『実質的現象学』の共同体論においては、自己自身の情感性の事実、そして情感性における生の自己触発の受動的なあり方が議論の要であった。そして、自己触発の絶対的受動性が梃子となって、生を与える〈基底〉が導出されたのである。しかし、『我は真理なり』のキリスト教解釈において、この〈基底〉は、他の概念に取って代わられる。それが、大文字で表記される〈生〉（Vie）である。アンリは、大文字の〈生〉と生ける者の小文字の「生（vie）」とを区別して、この〈生〉に「生」の起源を託す。そして、この〈生〉を神と解し、「生」を子（fils）と解するのである。こうして、〈基底〉と生ける者との関係は、神と子の関係に移行する。

アンリは、神と子の関係を論じる際に、両者の絶対的な差異を示すため、自己触発に新たな概念を導入する。それは、「強い」自己触発と「弱い」自己触発という区別である。

神には、強い自己触発が相当する。この自己触発において、生は自己自身でその内容を作り出す。神における強い自己触発とは、この自己触発を自己自身で作り出すこと、すなわち生の自己による出生、すなわち自己出生（auto-génération）である。これに対して、人間には、弱い自己触発が相当する。この自己触発において、人間は自らを触発し、自ら触発されるがゆえに、人間は主体でありその内容ともなる。ただし、「〔…〕私はこの感受の源泉であることなしに、自己自身を感受する。私は、この贈与がいかなる仕方でも私に属することなく、私に与えられるのである」（CMV, 136）。このあり方は、自己以外の源泉を示唆する。

このような神と人間との関係が、キリストの仲介を経て二段階で描かれる。まず、神の強い自己触発は、始源である自己出生であり、自己開示（auto-révélation）の過程でもある。この絶対的な自己触発において生成され、この絶対的な過程に共に内属するものとして最初の〈生ける者〉（Vivant）、〈原－息子〉（Archi-Fils）すなわちキリストが生成する（CMV, 76–77）。神とキリストとは相互内面的であり、可逆的である（CMV, 81）。〈原－息子〉は、生の自己触発を神と共有し、本質的な〈自己性〉を保持する限りで、他のすべての子の自己性の条件を保持している。それゆえ次に、この〈原－息子〉に内在的な仕方で、あらゆる生ける者が生成する。「生ける者は、〈原－息子〉において、またそれによってのみ可能である」（CMV, 139）。生ける者は「子」として、神とキリストの相互内面性のうちで、つまり、〈生〉の絶対的な自己触発の永遠の過程において自己を享受するような運動の内部でのみ、自ら自身を感受する。その限りで、「唯一の〈生〉しかなく、この〈生〉が神である限りで、すべての〈子〉は〈生〉の〈子〉であり、それらはすべて神の〈子〉である」（CMV, 92）と言われるのである。

こうしたキリスト教解釈は、自我の生成という主題にも展開をもたらす。生の自己触発が、神の受容に発することから、アンリは、「私（moi）」という呼称は、まずは主格ではなく対格において現れるという（CMV, 171）。この「私」はエゴと同じものではない。

では、対格である私がいかにしてエゴとなりうるのか。それは、絶対的〈生〉の自己－贈与に与ることによってである。その過程が次のように表される。「〈生〉の〈自己性〉において自己自身を感受しながら、「私」は、自身を所有し、同時に私を横切っていく力の各々をも所有する」（CMV, 171）。この力は、いわゆる身体の力と精神の力の双方を指すが、それらはパトス的な体験において自己と一致する。自己がこの力と一致して力を意のままに行使でき、〈われ能う〉（Je Peux）と言いうるとき、対格であった「私（moi）」が主格としての〈私〉（Je）に転換される。〈私〉は力を所有し、この力の中心となり、これを行使する自由を得る。ここにおいてエゴ、すなわち超越論的自我が成立する（CMV, 172）。

ただし、ここには蹉跌もある。エゴが力を所有し行使するという能動性に転じることは、エゴ自らが力の起源であるという錯覚、すなわち超越論的錯覚を生むからである（CMV, 176–177）。この超越論的錯覚は、生の起源を隠蔽し、エゴの前に世界を開く。人間の行為は、〈われ能う〉限りで絶対的〈生〉に属しつつも、可視的〈世界〉に向かっても開かれることになる。また、エゴが力の起源であるという錯覚は、世界の中の事物や他者を自らに関わる限りでしか気遣わないエゴイズムを生む。そこから脱却するには、神の慈悲によって、行為の遂行が生の運動の一つとなり、絶対的〈生〉の自己遂行と合致しなければならない（CMV, 216）。このときに働く身体を、アンリは目に見えない超越論的身体と呼ぶ。

以上が、共同体の原型となるキリスト教的な人間の把握である。アンリは、このような把握に基づいてのみ、真の他者が立ち現れるという（CMV, 212）。生の〈基底〉は神としての〈生〉へと引き継がれ、アンリの他者論は、キリスト教的に解された身体論と結びついて展開されることになる。注意したいのは、この議論が、神の下にある不可視の生と、堕落としての可視的な世界、という伝統的な二元論において成立していることである。その限りで、可視的な世界が最終的にはすべて神の不可視の生へと回収されること、そしてそのプロセスが正当性を有することとが、あらかじめ約束されているのである。

3　「受肉」としての共同体論の完成

次の著作『受肉』のなかで、アンリはキリスト教の現象学的解釈が他者経験の議論そのものであると明言している（INC, 350 : 四四九）。彼は、神とキリストの相互内面的な関係を基盤として、〈われ能う〉限りでのエゴが、他のエゴといかなる関係を築くのかを論じる。ここに、「共－パトス」の形而上学が完成する。

アンリは、この身体論において、伝統的な身体概念とは異なる「肉」（chair）という概念を提起する。[3]「肉」とは、外的身体ではなく、生において生じる根源的身体を指す（INC, 173 : 二二〇）。肉は、絶対的な〈生〉の自己触発が自己開示する限りで出生するものであり、肉における力は、キリスト教の「受肉」を念頭に、次のように表現される。「あらゆる力の可能性は、肉という形態の下での、生の自己への到来である。もし身体性がわれわれの力の総体なのであれば、この身体性が可能であるのは、肉において、肉としてである」（INC, 197 : 二五一）。あらゆる肉には〈生〉が内在し、その肉におけるあらゆる力にも〈生〉が内在する。この力が実効的であるとは、自己が、〈生〉のパトス的な自己触発を受け取り、行使できるということである。このように、肉と力が、絶対的な〈生〉から導かれる限りで、それらはパトス的な自己触発、すなわち〈情感性〉と不可避的に結びつく（INC, 204：二六〇）。

こうした肉の出生の構造は、超越論的〈自己〉の出生の構造と同一である。その意味で、「〈自我〉と〈肉〉は一つのものでしかない」（INC, 178：二二七）。だが、肉における諸力は、アプリオリに世界への接近を許されている（INC, 207：二六五）。だとすれば、その力は、世界における他者という項へも接近できよう。それが次の問いである。「［…］広がりのないものとしての主観的な契機が、どのようにして延長する物体＝身体（corps）に働きかけることができ、それを動かすことができるのか」（INC, 209：二六七―二六八）。アンリがこの問いに答えるために参照するのは、メーヌ・ド・ビランの「抵抗する連続体（continu résistant）」の議論である[4]。

アンリによれば、根源的な身体性において、不可視の肉の自己触発は、力の運動として、その身体性そのものに絶え間なく抵抗する項に衝突する。この抵抗に遭遇した肉の自己触発は、その対立のうちで、努力という感情によって自ら自身を把握する（INC, 268：三四六）。「あらゆる力は、それ自身において、力がそれに対して何もできないもの、すなわち絶対的な非‐力に自らぶつかるのである」（INC, 248：三一九）。「抵抗する連続体」と衝突することで、エゴは自己自身の実在性と、内的諸力の限界としての外在性とを得る（INC, 213：二七三）。ただし、ここでの外在性は、内的諸力から把握される限りで、空間的に表象される外在性ではない。それは、力一般に対して出会われる〈内的延長〉としての不可視の外在性なのである。

このような身体の把握の下、自己と他者との関係は、エロス的関係における「触るもの／触られるもの」を解釈することによって検討可能になる[5]。アンリによれば、「触るもの」は、自らに絶対的に抵抗し、自らの努力の限界に存するものとしての「触られるもの」に遭遇する。このとき、「触られるもの」は、「触るもの」である自己の内的力の境界である。ここで、自己は、他者の不可視の内的な力に触れることができる（INC, 298：三八四）。ただし、「触る／触られる」という能動／受動の関係は、内的な力の衝突において互いに可逆的である。そうだとすると、力の可逆性において、自己と他者の確定は困難であり、したがって「共‐パトス」での自己と他者の非‐差異化の問題は解かれぬまま残るように見える。

だが、ここでは、解釈をさらに重ねることによって、自他の可逆性は、自己と他者の一体化に至らずに済ませることが可能である。なるほど、「触るもの」と「触られるもの」が、互いを力によって圧迫し、互いを押し返すとき、両者は互いに「触るもの」かつ「触られるもの」であり、可逆的であり、変換可能である。だが、その可逆性や変換可能性そのものは、不可視のものとして、互いの肉の内在のうちに留まる。なぜなら、見えない皮膚に隔てられて、互いの「肉は裂けない」（INC, 208：

二六五）からである。自己と他者とは、皮膚という接触面を介した互いの内在において、努力と抵抗という形で、距離を持たずに互いの内的力を感受する。このように考えれば、自己と他者が非‐差異化されて自己性を喪失する、という事態は回避されうる。

しかしながら、なおも疑問は残る。それは、このような解釈によって、自己と他者の互いの自己性は確保されるとしても、互いにとって「抵抗」と感じられるものがなぜ外ならぬ他者であると言いうるのか、という疑問である。というのも、自己が感受するのは、自己の自己触発、すなわち内在における生の運動のみであり、自己性の確保と他者の限界づけは同時に起こりうるとしても、「抵抗」が他者というステイタスをもつ保証はないからである。この問題はさらに、自己が自己を隔たりなく感受する仕方と、自己が他者を感受する仕方は同じなのか、という疑問を呼び起こす。ここでも、レヴィナスのいう、他者性の確保の問題が別の仕方で浮上する(6)。この疑問は、アンリの他者論を貫く、他我の問題はエゴの問題である、という前提を動揺させる。

さらに、この疑問は、あらゆる事象を自己の内在、生の自己触発において解き、生の外部をも生の内在へと回収してしまうアンリ哲学そのものへの疑義にもつながる。その問題点は、決して生の内在へと回収されえない「死」(7)、とりわけ自己と他者の間でもたらされる「死」について考えると鮮明になる(8)。第1節では、蛇に飲み込まれるリスの例と、そこで起こる両者の力の一致を見た。だが、この事態を人間同士に置き換えれば殺人であろう。殺人とは、生ける者の外的身体を破壊することを通じて、その生の自己触発を断絶させる行為である。その際、殺人者の自己触発の努力の運動は、殺される者の抵抗を破って、その外的身体ばかりではなく、見えない皮膚を破り、その生の自己触発を強制的に停止させ、生から放逐する。殺人者の生の力が、殺される側の生の力にとって可逆的な内的力として把握されることはなく、まして両者の力が一致することはありえない。こうした殺人の可能性は、内在には決して回収されない不測の他者、すなわち他者の他者性、さらには死という外在性を浮き彫りにする。このとき、生の共同体は、真の外在性たる死の次元に晒されることになる。それはアンリ哲学の外部でもあろう。

おわりに

このようにして、アンリにおいては、他者への接近は、自己の生の自己触発を軸として、徹頭徹尾、内在的な仕方で果たされる。アンリの他者論は、〈生〉という基盤において、自己と他者が同じ生ける者として自己触発を感受するという仕方で互いを把握し合う限りで、共同体論と同じものとなり、それは、キリスト教解釈を容れて形而上学として完成される。冒頭で提起した、アンリの他者論で特に想定されるであろう、閉じた内在からの外在性への接近というアポリアは、自己と他者とが「エゴである」と同一視されることで、難なく解かれる。

ただし、これは見方を変えれば、他者問題の解消でもある。確かに、アンリの共同体論は、生ける者すべてに開かれるゆえ、他者を対象的に構成するフッサールのような議論を脱して、他者を自己と同等の資格、すなわち情感性において、直接的に把握することを可能にする。だが、議論の要である生の自己触発が、自己自身の情感性の受動性の事実からすべてのエゴへと敷衍されたものであることからすれば、他者問題は最初から我の問題へと回収されているのであり、その意味でこれは、自己の同一性の拡張としての共同体論であるともいえる。ここでは、アンリ自身がフッサールに対して求めた、他者の「謎めいた性格」は最初から排除されている。また、ここに、レヴィナスが強調するような他者性への配慮はなく、自己と他者が全体性を構成してしまうことへの危惧もない。

しかしながら、こうしたアンリの共同体論を、全体性の形而上学だとして切り捨ててよいかと言えば、そうではない。というのも、レヴィナスのように、共同感情の一切を自己と他者の同一化、すなわち全体化を招くものだとして忌避し、絶対的な他者性を標榜する他者論を打ち立てたとしても、別の問題が生じるからである。[9] たとえばレヴィナスの場合、自己と他者をつなぐものとして責任を掲げ、その責任はさらに「他者の苦しみを苦しむ」身代わりへと至る。[10] だが、ここには、他者を苦しむものとして措定し、かつ、それを自己が共感しうるという可能性が前提されてしまっている。つまり、隔絶した他者を擁し、自己との融和を排した議論もまた、アンリの言う生の共同体のごときものを前提としなければ成立しないのである。こうして、共－パトスを排した他者論もまた、共－パトスの共同体論へと舞い戻る。ここにアンリの生の共同体論の抜き難い意義が存するのである。

註

（1） アンリと同様、フッサールの志向的他者把握を批判し、共同感情による人格的な他者把握を主張した現象学者にはシェーラーがいる。Max Scheler, *Wesen und Formen der Sympathie*, A Francke AG Verlag, 1973（マックス・シェーラー『同情の本質と諸形式』青木茂訳、白水社、二〇〇二年）．アンリによるシェーラー批判と、両者の議論の差異については、拙著『感情から他者へ――生の現象学による共同体論』萌書房、二〇〇四年、四一―六四頁、また本読本第Ⅱ部5「アンリと生の哲学」を参照されたい。

（2） 本読本の第Ⅲ部6「芸術の意味」、第Ⅳ部4「アンリとナンシー」、および要著作解題『実質的現象学』では、この語を「情感（affect）」と表記している。

（3） アンリ固有の肉の議論については、本読本第Ⅲ部2「身体と肉」を参照されたい。

（4）この議論は、『身体の哲学と現象学』の議論とつながっている（PPC, 168：一七七）。

（5）一般に、エロス的関係は他者論において特別な位置を占めるが、アンリ自身は、「共‐パトス」でも（PM, 176：二二三）、『受肉』でも（INC, 301-304：三八八―三九〇）、その関係を対化的な諸記号の表象関係だとして否定的に捉えている。

（6）Emmanuel Levinas, *Totalité et Infini*, Martinus Nijhoff, 1961（エマニュエル・レヴィナス『全体性と無限』藤岡俊博訳、講談社学術文庫、二〇二〇年）.

（7）アンリは、死者との共同体については論じている。そして、これも不可視の生のパトス的共同体へと回収される（PM, 154：一九二）。

（8）詳しくは、拙著『〈他者〉の逆説――レヴィナスとデリダの狭き道』ナカニシヤ出版、二〇一五年、二一―二四頁を参照されたい。

（9）同前、六五―六七頁を参照されたい。

（10）Emmanuel Levinas, *Autrement qu'être ou au-delà de l'essence*, Martinus Nijhoff, 1974（エマニュエル・レヴィナス『存在の彼方へ』合田正人訳、講談社学術文庫、一九九九年）.

4　無意識の探究

真理と誕生の経験

本間義啓

1　アンリと精神分析

ミシェル・アンリが精神分析を論じたのは『精神分析の系譜』（一九八五）と数本の論文やインタビューのなかだけであり、その論述は限定的かつ否定的である。論究されるのはフロイト（一八五六―一九三九）のいくつかのテクストに限られ、ラカン（一九〇一―八一）への言及は少ない。その読解は、無意識に関する精神分析の理論を「生の現象学」の枠内で解釈し、「存在論的観点」から批判しているだけのようにも思われる。それゆえ臨床実践としての精神分析への寄与が不透明であるばかりでなく、精神分析との対決はアンリが自身の思想を展開するにあたって資するところは少なかったと言わざるをえない。しかし、アンリにとって精神分析が否定的な参照項でしかなかったにせよ、読者はアンリをフロイト、ラカンとともに読むことができる。たとえばエゴの真理についてのアンリの思想を、無意識の主体についてのラカンの議論とともに読むことができるだろう。またアンリの誕生概念と精神分析のそれを突き合わせることができるかもしれない。アンリと精神分析はそれぞれ異なる仕方で無意識をエゴの真理の現出の次元と捉えていた。アンリを精神分析とともに読むことは、エゴの真理について、自らの真理が隠されたままに生きるエゴの自己経験について、そして、自らを真理において生き直そうとする試みについて、多角的に考えてゆくことを可能にするであろう。

2　自己触発と無意識

精神分析を批判し、その無意識概念を再定義しようとするアンリの試みが分析家側からほぼ黙殺されていたのは、ラカン以後のフランスの思想的状況において冒瀆的な大胆さを持っていたからであろうか(1)。アンリの精神分析批判の論旨は明確である。

無意識に関する精神分析の言説は、意識の哲学の脱中心化を行うには不十分であり、自己を内在的に経験するエゴの生を究明することができないというものである。まず、アンリが精神分析に抗してどのように無意識を考えようとしていたのかを見てみよう。

『精神分析の系譜』には「失われた始源〔始まり〕(commencement)」という副題が添えられているが、この「始まり」は『現出の本質』(一九六三)以来アンリが論究してきた問題である。『現出の本質』でアンリは次のように述べている。「コギトは出発点であり、始まりである。コギトとともに一つの真理が見出され、意識は確実性のうちに生きることができるようになる」(EM, 9:一二)。問題になるのは、自らの現出の開始点に遡行し、自己の現出に立ち会うエゴの経験の真理である。「私は思う」によって「私」を現出せしめること、これが「始まり」であり、真理とは自らの存在を現出させる仕方に関わる。なぜ自らを現出せしめる私の真理が「始まり」のなかで捉えられなくてはならないのか、どのようにしてそれが失われるのかという問題は後で見よう。さしあたって確認したいのは、アンリがエゴの現出の真理を意識と関連づける仕方である。先の引用文では、意識に定位したエゴの自己経験が肯定されているように思われる。しかしアンリは、意識が誤って自己を現出させることがあると主張し、さらに、エゴの真理は「当の意識が真理であるものとして表象するものからは独立しているような真理」であると言う(EM, 192:二一九)。「私が思う」ところの「私」は、エゴの真理ではない可能性があるのだ。

エゴが現出する様態は二つある。超越と内在である。超越とは、そこで自らを現出させるための可視性の地平を展開する能力であり、空間的、時間的な隔たりにおいて自己を自らに対置する作用のことである。超越は意識の根本作用であるとされ、自らを対象として立てる表象作用と同義である。いわば自己を自らの外に立て、それを自らに対置するという仕方で自己を脱自的に経験するのが表象的自己意識である。これに対して内在は、自らのうちにとどまり、自身のリアリティを受容する経験である。この自己受容こそ、脱自的自己意識とは異なるものとして、真理において自己意識を支える作用とアンリは考える。

超越と内在という二つの現出様態が厳密に区別されるにせよ、両者に関連がないわけではない。アンリによれば内在は「超越に先立ち、超越を可能にする」(EM, 53:六四)。内在的な自己現出は、超越における自己現出に対して条件として先行しているのだ。自己を自らの前に立て、それに対置するためには、当の自己がそれ自身に与えられ、受容されていなければならない。たとえば、鏡像に自己を認めるためには、外部に自己を見るのに先立って、当の自己がすでに自身に与えられている必要がある。このような脱自的自己意識に先立って自己を受容する働きこそが、意識を内在的に支えている。

アンリはこの自己受容の働きを自己触発によって規定する。

自己触発とは「自分自身を感じる」ことであり、情動、欲動をとおして自己のリアリティによって触発され、自身を受容する経験である。重要なのは、自己触発は特異な時間性によって自己を現出させるという点である。自己触発とは、「つねにすでにそれ自身へと与えられたもの」(EM, 589 : 六六三) として自己を感じさせ、この「つねにすでに」という形式で現れる「私」の現出は、「自己自身の純粋な享受」(EM, 593 : 六六九) とされる。つまり自己の直接的受容は、「私」をすでにあったものとして現出させるのである。かくして、どのように真理と「始まり」が自己経験において結びつくのかが見えてくる。自らを現出させるエゴの真理とは、「すでに」という形でエゴが与えられていることであり、この「すでに」へと遡行することがエゴの「始まり」をなす。アンリは自己触発を、現出の本質のそれ自身への「遡行的差し向け」と呼ぶ (EM, 290 : 三三〇)。自己触発は自らを「すでに」という形で経験させることによって、「私」の「始まり」に遡行させるのである。

この内在的自己経験は逆説的な論理によって貫かれている。第一に、「意識において確実に生きられる」「私」は、「すでに」という形で経験される。この「すでに」は内在的な自己経験と規定される以上、時間的隔たりなく感じられることになる。第二に、このすでにあるエゴの現出は、超越による可視性の地平への現出と対比されて、「隠れてあるもの」だとされる。アンリによれば、真理におけるエゴの現出は「自己自身へのひとつの現前であるような、ある内在的啓示なのだが、もっともそのような現前は「見えないもの」にとどまる」(EM, 53 : 六四)。自らを見えないものとする自己経験こそが、エゴの真理の本源的現出だとアンリは言うのである。つまりエゴの真理は、その現れにおいて、隠されてあることになる (EM, 481 : 五四七)。さらにアンリは、真理における自己現出が隠蔽作用であると言い、それゆえ忘却されるとまで言う。この忘却についてアンリは次のように述べる。「忘却された現実の提示は必ずしも想起と限らないし、意識への忘却された現実はいつも過去に属するとはいった思考様態の内部で成し遂げられるわけでもない。われわれが忘却する本質的なものは、ある見方からすれば、つねにそこに在るものなのではないだろうか」(EM, 483 : 五四八—五四九)。

アンリは、このような不可視の次元における自己現出を、現出の「限界様態」と形容し、それを無意識の問題と関連づけている (EM, 558 : 六二五—六二六)。『現出の本質』における無意識概念への言及は精神分析との対決を伴ってはいないが、『精神分析の系譜』等における精神分析批判が依拠する無意識概念を原理的に明らかにしている。アンリにとって無意識と呼ばれるものは、表象的自己意識と異なる仕方で、内在的にエゴを規定する原理であり、自らを隠蔽することによって自らを顕す真理の開示作用である。そしてこの開示は、エゴをすでにあったものとして感受させる自己触発によって遂行される。自己経験をすでにある「私」に準拠させ、「私」を隠すことにおいて「私」

を顕す隠蔽的な現出が無意識なのであり、それをアンリは「生」と呼んだのだった。「私自身の深奥にあって表象とは異なる種類の現実〔…〕、それは私のうちにつねにあった実に特殊な現実であり、その不可視性という条件にとどまるものである。それをフロイトは無意識と言うのだろうが〔…〕その真の名は「生」である[2]」。

アンリによれば、フロイトは内在において自己現出を遂行するエゴの生の真理を捉えることができなかった。確かにフロイトは無意識を表象的意識の外部に位置づけた。しかし、精神分析において無意識は、分析をとおして想起し、意識化しうるものとして考えられており、それゆえ、結局のところ「自己の前に立てる」、「自己に対置する」という表象の能力によって構想されているとアンリは考える。フロイトは精神分析を「過去への遡及を主だった内容とする治療作業」であるとし[3]、抑圧された過去をエゴの歴史の一部として想起させ、自己経験を時間的に秩序づけることが分析の一つの指針であると考えていた。たとえば、親などの他者との関係におけるかつての自分のあり方と対峙することによって、エゴは自己の「始まり」を問い直し、自己の真理を探るのであり、その際エゴは自己の真理を時間的な隔たりにおいて経験することになる。このような「時間的脱自の光」(GP, 9：六) において無意識の現出が捉えられている以上、つねにすでに自らの始まりを経験するエゴの生は捉え損なわれてしまうのである。

3 「エゴの存在が真理なのだ」

この無意識と自己の時間的経験の問題に関して、ラカンはどのようなアプローチを提示していたのか。ラカンは「現象としての無意識」について語り、「無意識がわれわれにまず現象として現れてくる本質的形式」を時間の問題として考察していた[4]。分析経験において無意識は分析主体が分析家に語る具体的な言説において現れるとされる[5]。ラカンは無意識を「〈他者〉の言説」として捉え (Lacan, E, 524)、そこに、分析によって再発見されるべきエゴの真理を位置づけた。アンリは、〈他者〉との言語的関係のなかでエゴの真理を捉える精神分析のアプローチを批判していたし (PV-IV, 181–182)、無意識の現出を内在ではなく、〈他者〉の言説という外在性において捉えるラカンの無意識概念は、アンリのそれと根本的に対立している。しかし、この対立はある親和性を下地にして吟味すべきものである。その親和性とはハイデガー（一八八九―一九七六）の真理概念の解釈の仕方である。両者がどのようにハイデガーを批判的に受容しながら生ないし無意識の現出様態を考察したのかを見てみよう。

真理はギリシア語でアレーテイアであり、その意味は「隠れなさ」であるとハイデガーは言う。覆いを取られ、光のなかで、「開け」のなかで顕わになるものが真理であり、これに対して非真理とは覆い隠すことであると言う。ハイデガーの真理概念の特徴は、顕わにすることと隠すことが複合的であるとし、それをロゴスの作用とした点にある。「ロゴスは〔…〕現前するものをその現前することのうちへと顕わにする。〔…〕ロゴスは、それ自身において同時に顕わにすることと隠すことである。ロゴスはアレーテイアである。隠れなさは、隠れを、すなわちレーテー〔忘却、隠蔽〕を、そこから顕わにすることがいわば汲み出す自らの貯えとして必要とする」[6]。問題になるのは、存在者の存在を「現象することのうちへと解放する」ことである。存在者はこの解放された場で自らの存在を可能にしているものへと脱自的に自らを開くことによって現出する。しかしアレーテイアという語のなかにレーテー（忘却）があるように、開示としての真理は非真理（覆い）を前提としている。覆いを取る作用は覆い隠された存在を前提とする以上、真理はそれを隠す働きと切り離すことはできない。

真理は言語（ロゴス）の働きであり、それによって現出するものは隠蔽され忘却される。このようにラカンはハイデガーの真理概念を理解する。ラカンによれば「無意識という領野の構成そのものが回帰（*Wiederkehr*）によって保証されている」(Lacan, S XI, 48：上巻一〇八)。抑圧されたものが回帰し顕わになるとしても、そこには覆い隠されている部分がある。たとえば「私は」と言って自らについて語るとき、忘却や言い間違いがあったり、否定によって何かが意識から退けられたりする。「私」が自らを語ることによって、自らを覆い隠されたものとして現出させるのである。語ることによって、現れ出ようとする何かは、すでに逃れ去っている。このような喪失の次元に無意識は位置づけられる。「私は」と語りつつ、語る「私」の存在そのものが取り逃がされている可能性があるのだ。このようにハイデガーの真理概念は、語る主体における無意識の現出様態として捉え直される。しかしラカンは重大な変更を加える。開示される真理とは存在者の存在ではなく、欲望するエゴの真理だと解釈するのである。ハイデガーによれば、現れ隠れるのは存在という非人称的なものであるが、ラカンにおいて真理は、発話や夢、失策行為をとおして現れると同時に意識から消えるエゴの歴史の一部分とされる。無意識とは、特異なエゴがそれぞれ異なるものとして生きた歴史のなかの隠された真理であり、それを発見することによって自らを再び生き直すことができるような真理なのだ。「無意識は、私の歴史のなかにある空白によって記され、あるいは嘘によって埋められた一章である。〔…〕しかし真理は再び見出されうる」(Lacan, E, 259)。

アンリがハイデガーの真理概念をどのように解釈したのかをみてみよう。「現出の本質は自らの働きを成し遂げるまさにそのときに自らを隠蔽する。現象性の本質のこの自己隠蔽が存在者の自己の現出なのである。〔…〕本質の非真理が存在者の真理なのだ」(EM, 133–134：一五五)。このように、アンリの真理概念がハイデガーのそれに依拠していることは明瞭である。しかしアンリもまたハイデガーを退ける。ハイデガーによれば存在者は自己の外で、自らを顕すと同時に隠す存在に身を開く限りにおいて、存在に関わることができる。存在者は自己を存在せしめる存在に対して脱自的に対峙するしかない。開示されるものを隔たりにおいて現出せしめる「存在の真理」に対して、アンリは「〈生〉の真理」を対置する。この真理は、それが現出させるものをそれ自身の外に置くことはない。それ自体がエゴの現実性をなすがゆえに、その開示においてエゴが自分自身と切り離されることがありえないような真理、それが〈生〉なのである。アンリによれば〈生〉はそれ自身をエゴの生として顕す。エゴは〈生〉のなかで自らを感じることによって生きるエゴとして自らを経験し、この自己経験は、エゴを生きる者たらしめる〈生〉がエゴにおいて自己を現出させていることによって可能となる。このようにアンリは、自己経験の真理を、エゴの生そのものを可能にする〈生〉に依拠させるのである。

　エゴが自身のうちで感じる生と、エゴの生を可能ならしめる絶対的と形容される〈生〉とのあいだには隔たりはないとアンリは考えていたようだ。「〈生〉はそれが顕す（révéler）ものを外に投げ出すことはせず、自己のうちに保持する。あまりにも緊密な抱擁のうちにそれを引きとどめるがゆえに、それが引きとどめ、顕すものが、それ自身となるのである」（CMV, 43）。〈生〉においてエゴが自らを感じる経験をアンリは「超越論的誕生」（CMV, 69）と呼んだ。エゴが自らを生きる者として感じることができるのは、〈生〉がエゴを生み出しているからであり、エゴは自らを感じることにおいて、自らの条件である〈生〉に到来することができる。それゆえ、エゴが〈生〉に到来するという意味での誕生は、エゴが自らを感じることにおいて経験されるとアンリは言うのである。誕生こそが私の「始まり」をなすのだが、アンリはこの「始まり」の経験を自己現出の様態として考察したのである。

4　再び誕生へ

　アンリにならって〈生〉を無意識と理解するのなら、それは「つねにすでに」という形で自らを経験させる「始まり」であり、私の誕生を今ここで遂行する原理である。私を生かす〈生〉は、私の生の条件として絶対的に先行しているという意味で「絶対的な「すでに」」（CMV, 190）である。しかし私は、自らを感じることにおいて、〈生〉をつねにすでに経験している。それゆえ、この過去はいかなる時間的隔たりもなく非脱自的に開示されているのだ。アンリにおいて誕生は、父母によって世界へと到来するという出来事を意味しない。私を生み出したのは〈生〉であり、私の誕生は私が自らを感じる度に反復されるのである。このようにアンリは通常の誕生概念を転覆し、エゴの自己経験を貫く特異な時間性を考えることを促している。[7]

　ラカンもまた、誕生をキー概念にして、無意識の現出におけるエゴの自己経験を考察している。しかし誕生が遂行される場所は、まず〈他者〉の言説のなかであるとされる。「主体は〈他者〉の領野にシニフィアンが現れる限りにおいて誕生する。しかしまさにこの事実によって、それまでは到来すべき主体でなければ何ものでもなかったそれはシニフィアンへと凝結する」(Lacan, S XI, 181：下巻一七五) 精神分析において子供は言語のなかに生まれるとされる。あるいはこの世界に到来する前に名前を与えられ、すでに欲望の対象として〈他者〉が語る言説（「〇〇には～であってほしい」）のなかに生まれていたのかもしれない。そして子供は、「〇〇は～だ」、「だから～しなくてはならない」と言う〈他者〉の声を聞き、それが「私」に該当すると思うとき、〈他者〉の言説のなかのシニフィアンによって表象され、〈他者〉の欲望の対象として自らを生きることになる。親の言うがままに自分を理解し、親が望むように生きる子供を考えるとわかりやすい。このような単なる〈他者〉の欲望の対象であった子供が主体として存在し始めるのは、〈他者〉の言説のなかにある穴に直面し、自らと〈他者〉の欲望について問いかけるときである。「〈他者〉の欲望は主体によって、何かうまく収まらないもののなかで、〈他者〉の言説の欠如のなかで捉えられる。子供のあらゆる「なぜ」は〔…〕大人を試すものであり、「なぜあなたはそれを私に言うのか」という問いである。この問いは、大人の欲望という謎を土台として、つねに繰り返し呼び起こされる」(Lacan, S XI, 194：下巻二〇九)。子供は自分に語りかける〈他者〉の言説のなかにある意味のわからないものをとおして欲望の謎に直面し、〈他者〉の欲望について問いかけ（「彼（女）はこう言ったが、いったい私に何を欲しているのだろう」）、さらには、〈他者〉にとっての自分の存在の意味を問うことによって（「彼（女）が言ったようであるためには、私は何でなければならないのだろう」）、自分が産み落とされた世界に対して脱自的に存在するようになるのだ。

〈他者〉の言説の穴において感じられる〈他者〉の欲望は外傷として経験されうるとラカンは言う。「私」の存在を支えていた〈他者〉の言説の意味が揺らぐとき、子供は不安定な仕方で「私」を生き始めるであろうし、その際に〈他者〉の欲望が「私」の存立の脅威となることがあるのだろう。ラカンは「欲望されたものとして生まれることより他の出生外傷はない」と言い、さらには「人間は誤解から生まれる」と言った[8]。自らを生み出した〈他者〉の言説から身を引き剝がし、〈他者〉が自分に何を欲していたかと問いかけ、場合によっては、〈他者〉を否定し、自己の存在を見つめ直すことができるためには、「私」は「再び生まれ直さなければならない」(Lacan, E, 682)。しかし子供は〈他者〉の欲望を誤解することがあるのだ。後年、〈他者〉にとって「私」が何であったのかを知るために、〈他者〉の穴を外傷として生き直し、再び誕生を苦痛とともに経験することもあるであろう。幼児期に経験された外傷は、〈他者〉との言語的関係のなかで生きる人間存在の脆さを証していると考えられる。

〈他者〉は何を自分に欲望していたのか。自分は何になろうとしていたのか。起源の謎は自己形成の過程で明らかになることなく残存することもあるだろう。誤解され、意識から排除された何かが、思わぬ仕方で回帰しうる。この回帰可能性こそ無意識の領野を保証し、そこに「私」の欲望の真理が探し求められることになるのである。しかしながら、誤解され、理解されずに抑圧されたものが分析によって明るみに出されうるのだとしても、それが再び生きられるかどうかは自明ではない。「無意識はまずもって「生まれなかったもの」と言えるようなものの領域に待機している何かとしてわれわれに現れる」とラカンは言っていた（Lacan, S XI, 25：上巻五三）。無意識が「生まれなかったもの」として認知されるのか、それが再び生き直すに値すると考えられるかどうかは個々のエゴの特異な生に委ねられている。

5　超越と内在

アンリはエゴの自己経験に言語と歴史が介入することを拒否していた。アンリにとって「ロゴス〔「世界の言葉」という意味での〕は殺人という仕方で遂行される」がゆえに（PV-IV, 181）、言語において自己を現出させることは、自己を消失させることに他ならない。それが顕すものを自己の外部へと投じるがゆえに、言語においてエゴが自らを感じることは不可能なのである。同様に「始まり」を、生き直すべきエゴの歴史の一部として捉えることもできない。今ここで誕生を遂行するエゴの生を、「すでに起こったことから、子供時代から、〈父〉や〈母〉との関係から、出生外傷などから帰結する」とみなす精神分析のアプローチは、アンリからすれば不条理ですらある（GP, 12：一〇）。エゴは自己触発において「つねにすでに」自らの存在を受容している以上、自らの真理に到達するために、自己を切り離して、かつてあった自分、あるいは、これから実現すべき自分というものを表象する必要はないからだ。

一方において誕生を自己触発という隔たりのない自己との抱擁のなかに見出そうとする思考があり、他方に「生まれなかったもの」の再誕生の可能性を問う思考がある。内在的自己経験と脱自的自己経験の差異は明白であり、アンリとラカンのあいだには超えがたい隔たりがあるように思われる。しかしアンリは内在が超越を可能にすると言っていた。たとえ時間的脱自において自らを経験し、〈他者〉との関係で自らを喪失することがあったとしても、エゴは内在的に、つねにすでに自己を経験している可能性がある。あるいは、内在において自らを失調したものとして生きるエゴ、そして再び自らを生き直そうとするエゴの経験を分析する必要があるかもしれない。自己の真理を失うエゴの生、エゴの失調の内在的経験。そして再誕生の可能性。このような問題がアンリを精神分析とともに読むことによって論究されるべきものであるように思われる。

註

（1） Jean-Marie Brohm et Jean Leclercq（dir.）, *Michel Henry*, L'Age d'Homme, 2009, p. 38.

（2） *Ibid*., p. 83.

（3） Sigmund Freud, Erinnern, Wiederholen und Durcharbeiten. in *Gesammelte Werke*, Bd. 10, Fischer, 1946, p. 131（ジークムント・フロイト「想起、反復、反芻処理」道籏泰三訳、『フロイト全集』第一三巻、岩波書店、二〇一〇年、三〇一頁）.

（4） Jacques Lacan, *Les quatre concepts fondamentaux de la psychanalyse*, Seuil, 1973, p. 28（ジャック・ラカン『精神分析の四基本概念』上巻、小出浩之ほか訳、岩波書店、二〇二〇年、五九頁）. 以後 S XI の略号を用い文中にて原典の頁数、邦訳の巻数と頁数を示す。

（5） Lacan, *Écrits*, Seuil, 1966, p. 258. 以後 E の略号を用い文中にて頁数を示す。邦訳（ラカン『エクリ』全三巻、宮本忠雄ほか訳、弘文堂、一九七二―八一年）に原典の頁数が付記されているため、邦訳の頁数は省略する。

（6） Martin Heidegger, *Vorträge und Aufsätze*, *Gesamtausgabe*, Bd. 7, Vittorio Klostermann, 2000, p. 225（マルティン・ハイデガー「ロゴス・モイラ・アレーテイア」宇都宮芳明訳、『ハイデッガー選集』理想社、第三三巻、一九八三年、二八頁）.

（7） アンリの時間概念に関しては、川瀬雅也『生の現象学とは何か――ミシェル・アンリと木村敏のクロスオーバー』法政大学出版局、二〇一九年、一七九―二三二頁を参照。

（8） Lacan, «Le Malentendu», in *Ornicar ?*, n°22/23, Lyle, 1981, p. 12–13.

5 文化と野蛮
科学的文化と生の文化

野村直正

人が人とともに生きるところ、そこには文化が育つ。文化は、食事、衣服、住居といった、生の基本的欲求に基づく生活様式から、共同体の組織化とともに発達する、芸術、倫理、宗教といった、高次の活動様式にいたるまで、さまざまな形態をまとう。いずれにしてもそこにあるのは、生が自らの活動を通して成長していく、生の自己成就の動きである。文化とは「自己増大（accroissement de soi）」としての生の証にほかならない。

ところがその文化が危機にあるという。どういう意味での危機なのだろう。現代の「文化の危機」とはいかなる「危機」なのだろう。

ミシェル・アンリは、『野蛮』（一九八七）において、近代科学という「異常な知の異常な発達」（B, 10：四）がもたらす「文化の危機」を未曾有の「野蛮」として告発する。知の衰退がもたらす危機ではなく、知の内部で、知の発達そのものによってもたらされる危機である。その際にガリレイの名が何度も登場する。アンリのガリレイ的科学に対する批判は、「生の知」を排除する「科学の知」に対しての存在論的批判である。以下アンリのガリレイ的科学に対する批判の意味を明確にして、そのあと、現代の野蛮の現状と科学技術の問題、そして、アンリのいう「生の病」について考えてみたい。

1 「生の知」と「科学の知」[1]

ガリレイ（一五六四―一六四二）は、『偽金鑑識官』において、宇宙をひとつの大きな書物にたとえ、この書物は「数学の言語」で書かれており、その文字は「三角形、円、その他の幾何学的図形であって、これらの手段がなければ、人間の力ではそのことばを理解できない」[2]と論じる。ここに近代の「幾何学的・数学的自然学」の原理が宣言されているわけであるが、同書ではまた各人によってさまざまで相対的である「主観的・感性的性質」を捨象して、純粋な物質的存在の客観的構造のみを絶対的な「真の存在」として探究する近代科学者の根本姿勢が表明されている。[3] アンリはこの言明を歴史のその後の進展を決定づける「原-事実（Archi-fait）」と規定する（CC, 156：一四二）。世界は徹底して客観的・物質的になり、「科学の知」は純粋な客観的対象性の追求となる。アンリが批判するのは、科学の知の支配によって生じる、「生の世界」、「生の知」の忘却・隠蔽であり、その帰結としての現代の未曾有の「野蛮」である。[4]

その際に注意しなければならないこと、それは先に述べたように、アンリのガリレイ的科学に対する批判が科学主義に対する存在論的批判だということである。近代科学における主観性の捨象は方法論的捨象であり、これによって科学は自身の活動領域を確保する。その意味では、この捨象は方法としての正当性を持つだろう。しかし問題はこの主観性の捨象が方法論的捨象にとどまらず、主観性にまつわる諸現象の固有性を否定して、これを物質的存在に還元する、存在論的捨象にいたるということである。こうして「物質的存在」だけが「真の存在」としてその名に値する「認識」の対象となる。これに対しては次のような反論があるかもしれない。このような主観性の捨象は科学主義的イデオロギーの極論にすぎない、現実の生においては「主観性」は存在している、と。それでは現代世界において、主観性はどのように存在しているのだろう。これこそがアンリが『野蛮』においてわれわれに問いかけている問いである。

さらに言えば、アンリのガリレイ的科学に対する批判は、単なる科学主義のイデオロギーの批判にとどまらない。科学主義の諸帰結が世界に広まり、芸術、倫理、宗教といった、生の文化は世界の片隅に追いやられている。この現状が「科学の知」による「生の知」の排斥、科学の超発達（hyperdéveloppement）が引き起こしている現代の「野蛮」として告発されている。しかしここで問題として明確にしておかなければならないこと、それは、「生の知」の忘却の根底には、存在を「外在性」、「超越」として規定する、西洋の伝統的な存在理解があり、この伝統的存在理解のいわば究極的な一形態としての「科学の知」が現代の世界を席巻しているということである。アンリのガリレイ的科学に対する批判の根底には、「超越」としての「世界の現象性」の存在論的規定についての存在論的問題があり、「超越」としての「世界の現象性」に対してアンリは、「内在」としての「生の現象性」の根源性を主張するのである。

アンリは科学の知と生の知をそれぞれまったく異質の知として語るが、「科学の知」の条件は西洋の伝統的な「古典的思惟」の条件でもある（B, 104：一〇六）。「科学」も「古典的思惟」もそしてまた「歴史的現象学」[5]も、存在論的には同じ「超越」、「脱-自」を、現象性の根源的条件にしている。そしてアンリによれば、「脱-自」の「外」には「生」は現れない。したがって、アンリのガリレイ的科学に対する批判は、知の条件一般の批判として、暗黙の裡に歴史的現象学に対する批判にもつながることになる。「超越」の現象性の根拠は見えない「内在」の現象性にある。これが科学のもたらす現代の「文化の危機」をめぐるアンリの議論の根本的な枠組みである。

科学の知の支配は、生の知を追いやっていくが、そもそも科学の知は生の知がなくては成り立たない。「生の知」がわれわれのすべての活動を支えている。この生が忘却・隠蔽されているのである。そして「科学の知」が過剰に発達して、科学の知の諸成果がとめどなく人間の活動領域に侵入するとき、そして「生の知」の排除が理論にとどまらず、実践的になるとき、生の文化の「危機」が訪れる。

それではそもそも「生の知」とはいかなる「知」なのだろう。それは一言でいえば、根源的受動性としての「自己触発」において、自己自身を感じ、自己自身を体験している、「生の自己知」である。それは実践としての生の知であり、情感性、感情、パトスとしての生の知である。つまり生きているものにのみある、本源的な自己知である。人と事物との違いは、人は生きており、「自分自身を感じる（se sentir）」という、この一点にある。嬉しかったり、悲しかったりする、この情感性の「調性(tonalité)」が、生そのものの自己知として、生の実践を導いている。科学の知の支配が転倒させるのは、この生の根本原理にほかならない。

ところで、「科学の知」が「生の知」と対立するのであれば、ここに奇妙な事態が生じている。一方では、科学の志向する「真の存在」は生を捨象し、感性的諸性質を捨象した生なき客観的存在である。この客観的存在のみが存在するのだとすれば、主観的な存在、「生の存在」は否定される。科学主義とは「生の否定」にほかならない。しかし他方では、科学者の活動それ自身は主観的な生の一様態である。実験装置を操作し、実験結果を読み取るなどのありふれた所作から、理論を構築するなどの知的営みにいたるまで、科学的活動自体が実践的知としての「生の知」に依拠している。科学者の活動そのものを支えているのは、「科学の知」ではなく、科学が知らない、しかし誰もが知っている「生の知」なのである。科学者の活動それ自身が主観的生の遂行である。科学的探究には探究の喜びがあり、理論的探究は、見ることのパトス、明証のパトスによって支えられ、生きられているのである(6)。

理論的な「生の否定」が実践的な「生の遂行」であるということ、「生の否定がまさにこの生の一様態であるということ」(B, 115：一一七)、アンリはここに、科学主義の志向そのものがはらむ内的矛盾を指摘する。「科学の知」は、「生の知」を前提とし実践しながら、生を否定しようとしている。「生の一様態」としての「生の否定」がその特徴をなす世界、アンリによればこれこそが現代の「科学的文化」の世界である。

2　野蛮の現状と科学技術の問題

『野蛮』では、現代科学が引き起こしている「文化の危機」が「野蛮」として語られている。科学主義の野蛮、メディアの世界の野蛮、大学に侵入する野蛮である。

科学主義の野蛮としては、ギリシアのエレウテリアにあるアッティカの要塞の廃墟の上を走る「一本の高圧電線」(B, 50：四八)、そして、科学的年代判定による科学的真理だけを基準にする、「芸術作品」であるダフニ修道院のモザイクの「きわめて特異なタイプの修復」(B, 63：六二) が論じられる。

前者において語られるのは、技術的効率だけを考慮の対象にして、生の根本原理である感受性は考慮しない、現代の「野蛮」の一例である。「生の世界」は感受性に基づく世界であり、感受性は「美」の根本原理である。感受性を捨象して構想される世界は美とは無縁の世界である。しかしそれでも現実の「生の世界」は存続している。この例においては美的には醜悪な世界として。このような「野蛮」の例は現代世界のいたるところにあるだろう。

後者において語られるのは、科学の「客観的な知」だけを基準にして作品を復元しようとして作品の命を奪ってしまう、科学至上主義の「野蛮」である。物質の科学的分析を行うことで過去の作品の成立年を科学的に確定し、作品のオリジナルの「物質的土台」だけを復元することは可能である。しかし「芸術作品」の修復は、「生の表現」としての作品を支える土台である物質的諸要素の調和と統一を無視しては成り立たない。過去の幾度かの修復によって「物質的土台」の全体的調和を維持することで守られてきた作品から、オリジナルの「物質的土台」だけを残してそれ以外ははぎ落すという行為は「野蛮」というしかないであろう。芸術作品の美の原理は生の原理なのであり、感受性のないところに美は存在しない。

メディアの世界の野蛮としては、技術の自己発展の典型であるテレビが取り上げられ、その映像の「時事性」が批判の的になる。時事性とはそのときには話題になっていても次の瞬間にはどうでもいいもののことであり、その特質は次々と現れては消えていくところにある。テレビの視聴者は目の前を流れていく映像に身をゆだねているわけであるが、アンリによればその根本的な気分は「退屈 (ennui)」である。人間にとって為すべきことがないという状況は危険な状況である。伝統的な「生の文化」が築いたような「生の自己変容・自己増大」の道が消えていくとき、生は自らの力を行使するに値する高貴な道をもはや見出すことができなくなる。「私は何をしたらよいのかわからない」(B, 191：二〇〇)。「文化の危機」は同時に「倫理の危機」なのである。「自己触発」としての生はつねに自己の重みを担う。この重みを担い、実践的な努力によってこの重みに耐えるところにこそ、日常的な「生の倫理」がある。なぜなら自己の重みに耐えることで生は内的に成長し、自らの実践によって自らの価値を知り、そうして生の規範の源泉となるのであるから。生が自己の重みに耐えることができず、自己から逃れて「外在性」に助けを求めようとしても、そこには生自身に見合う「価値」を見出すことはできないだろう。生の規範は生自身にあるのであって、「外在性」にはないのである。

大学に侵入する野蛮としては、伝統的な「生の文化」の反復・育成に務めるという、大学での教育と研究の本来の役割の喪失とこれに伴う「大学の破壊」が論じられる。伝統的な大学は社会とは一線を画し、社会の周縁において「固有の任務とそれに伴う固有の規範、リズム、規則」(B, 210 : 二一九)を有していた。ところがその境界が社会的平等の名において取り壊され、社会的原理が大学に流れ込む。しかもこの「社会の法則」は「生の法則」とはまったく異質の法則である。伝統的文化の世界においては、大学も社会も根本的には「生の原理」に基づいていた。しかし社会が「非人間的」になるとき、すなわち社会が経済的価値を優先しだし、その手段としてのテクノロジーの諸要請に身をゆだねていくとき、経済的効用と技術の世界が大学に侵入し、「文化の場所としての大学」(B, 211 : 二二一)は疎外される。そして「人間の学」は自然科学系の学に飲み込まれていく。伝統的な大学の破壊を、アンリは現代の経済的・技術的社会の根本動向の一つの典型として、特徴づけるのである。

これらの実例において示されているのは、生を排斥していく現代の技術社会の現状である。生の力を行使する場が失われ、生の力の行き場がなくなるとき、生にとって危険な状態が訪れる。特にメディアの野蛮においては、技術的機械装置の異常な発展に生が巻き込まれることによって、生が受動的になっている現状が如実に示されている。この状況はますます加速するだろう。この「野蛮」の根源にあるのは、生の力の衰退そのものである。

現代技術の自己発展によって、物質的な技術的装置の集合体が世界を襲い、生の実践としての「生の文化」を社会の片隅に追いやっていく。しかし、そもそも技術とは何なのだろう。アンリによれば「技術」とは根源的には「生の知」であり、実践としての生の力の発動であり、生の力の展開、拡張である。「生の知」としての技術の問題は、「テクネー」の本源的意味をめぐる問題であり、アンリの身体論の主要問題でもある[7]。

アンリによれば、「テクネーの本源的本質とは、生それ自体にほかならない」(B, 79 : 八〇)。「技術」とは「為す‐術(savoir-faire)」であり、身体の行為に宿る知として、身体の諸能力の行使そのものにおいて、主観的身体の行為に組み込まれていくものである。身体の諸能力、身体の運動は、根源的な努力としての生の力の行使にほかならない。この努力は大地の抵抗に出会うが、この抵抗を克服しようとする努力そのものが、生の力の解放とその限界とを決定する。アンリは、「「身体」と「大地」は「共有(Coproprìation)」の関係で結ばれている」(B, 82 : 八四)と言う。さらにアンリはこの「共有」を「身体‐所有(Corpspropriation)」と呼ぶ。世界は「生の世界」として、「身体的運動の相関物として、身体的に所有されたものとして」(B, 83：八五) 存在している。こうして、テクネーの原初的形態である「道具」が主観的身体の生の延長として、「生の知」に組み込まれるのである。

現代の科学技術の自動装置が押し寄せてくるとき、生の実践に、生なき技術装置の自己展開が取って代わるとき、生の「為す‐術」にはもはや自己の「より以上」の発展を遂げる道がない。身体の実践的力が行き場を失うとき、身体の本源的技術が本来のその活動の場を失うとき、社会全体が野蛮の状態に傾いていく。それがまさに現代であり、現代という時代の病である。

3　生の病

文化は「生の文化」であり、生の遂行、生の自己変容・自己増大として規定される。生はそれ自身として、理由も知らぬまま、自己の存続を望み、生きる喜びを求める。生自身の欲求に基づき、より以上のものを求め、幸福を求める運動が「生の目的論」を形成している。ところが現代の「野蛮」は「生の否定」から生じている。しかもその否定は「生の様態」なのであるから、文化が野蛮に陥るとき、そこには「生の自己否定」という事態が生じていることになる。それは同時に「生の病」として規定される[8]。ではどうして、それ自身の幸福を求める生が、「自己の否定」という奇怪な事態に陥るのだろう。なぜ生は野蛮に陥るのか。なぜ「生一般の衰退」(B, 42：三八) が起きるのだろう。

その源は生の根源的な受動性のうちにある。すでに述べたように、諸個人の生の「自己性」は「生の自己への到来」としての「自己触発」そのものにある。「自己触発」はそれ自体が「情感性 (affectivité)」であり、自己の根源的な感受である「感情」として、生は絶え間なく自己を体験している。「自分自身を感じること」、「自分自身を体験すること」、これが「生の本質」である。それは感情として自己を体験する生であり、自己体験のパトスは生の活動力そのものである。この自己体験のパトスが生を高揚させる運動になり、また生を否定する運動にもなるのである。

生の根源的な受動性は原初的な「被ること (subir)」として、「苦しむこと (souffrir)」、「受苦 (souffrance)」として規定される。それは自己につながれた生の絆の重みそのものである。しかしそれゆえにこそ、この重みに耐え、この重圧そのものを自らの力の行使によって、創造的・実践的に乗り越えるとき、生はまさに自己を成就し、自己を「享受する (jouir)」。この場合、生の「受苦」の原理は生の高揚としての生の「享受 (jouissance)」の原理でもある。生の自己感受のパトスが、生の自己変容と自己増大の根源にあり、生の実践を導く。「受苦」は「享受」への乗り越えとしての「生の文化」の源泉であり、「苦しみ」は「喜び」へと逆転する生に固有の運動の原理となる。苦しみに耐える力、この苦しみそのものとしての生のパトスが、同時に生の解放としての創造への道を開き、生の活動、生の実践を、生の「自己増大」としての「生の文化」へと導くのである。

しかし「根源的な受動性」に戻って考察するなら、原初的な受苦はそれでもなお存続している。苦しみを創造的に乗り越える道がないならば、苦しみは苦しみでしかない。この場合、苦しみとしての生のパトスは、自己存在の重みの重圧そのものとして、「生の嫌悪（horreur）」の源となる。ここに「生の自己否定」が生の一様態として生そのものに生じる根拠がある。その意味では生のパトスはそれ自身において危険を孕むと言わなければならないだろう。

生は「受苦」である。この苦しみから逃れようとする動きそのものが、生の活動、生の実践を導く。そして、生の活動、生の実践が、自己の本源的な力を解放できるかどうか、ここに生にとっての分かれ道がある。生の喜びと生の嫌悪という行先の違いが生じる。一方は創造へ向かい、他方は逃避へ向かう。これがアンリにおいて「文化」と「野蛮」を分かつ根本原理である。アンリは「野蛮とは、用いられることのないエネルギーである」（B, 177：一八五）と端的に表明している。現代の技術は現代世界を「野蛮」に追いやる。現代の技術世界において、努力としての生の力はその行使の場を失い、自己自身の行き場を見失っている。生の力が自由に解放されないという窮地、それが現代の文化の危機をもたらしている。苦しみを喜びへと創造的に乗り越えていくことで、文化が成立し、生はその文化とともに生きる。しかし、本来の活動の場を奪われた生にとっては、自己の重みは耐え難い苦しみとなり、生は自己から逃避しようと企てる。アンリは次のように述べている。「もはや生ではありたくないという意志」が生の原初的苦しみのうちに生まれ、「生のうちに生の自己否定の運動が産み出される」（B, 119：一二二）、と。これこそが「生の病」である。

しかし、生が自己から逃れようと企て、「外在性」に逃避しようとしても、それは成功しない。「自己を自己につなぐ絆」を断ち切ろうとする企ては、不可能な企てである。ここにこそこの病の本質がある。この企ては挫折し、エネルギーの解放を成し遂げることができない。こうして未使用のエネルギーが「秘められた不満」（B, 127：一三一）となって存続し続けることになる。自己から逃れることの不可能性、この生の根源的な存在論的条件は、同時に「不安」を絶えず増大させる。そしてここにはまた、「絶望」と「自己破壊」の暴力が潜む。

それでは、現代の世界において、生の力の自己成就はなおも可能なのだろうか。アンリは、現代の世界を「文化というものを欠き、文化とは無縁なところで存続している社会」（B, 241：二五一）と特徴づける。このような世界にあって、文化に未来はあるのだろうか。

4　文化の未来

『野蛮』は「科学的文化」としての「現代文化」が孕む「危機」を解明する。科学は主観的生の一様態であり、科学固有のパトスの自己成就として「文化の一形態」（B, 109：一一二）である。しかし、この現代文化の決定的特徴、それは科学の導く技術の超発展が、生の排斥、生の否定に至るというところにある。ここに科学的文化としての現代文化の矛盾があり、この矛盾によって「科学」と「文化」は両立不可能になる。そもそも文化とは「生の文化」なのであるから。こうしてアンリは現代の技術世界を文化のない世界と断定するのである。アンリは現代の技術世界において「文化」は身をひそめ、「地下潜行（clandestinité）」を余儀なくされているという。現代の技術的世界、メディアの世界には「生の文化」のための場所はない。そしてアンリは、「世界はまだだれかによって救われうるのだろうか」（B, 247：二五七）という問いをもって『野蛮』を閉じる。それではわれわれはこの問いに対して、どのように向き合えばいいのだろう。

　アンリが「文化」の基本形態として考察の対象にするのは、「芸術」、「倫理」、「宗教」である。文化にとって救いが可能であるとするならば、その可能性は、現代世界での、「芸術」、「倫理」、「宗教」の可能性に託されることになるだろう。「文化」が生き続けることができるとすれば、それは各人の「生の本質」においてでしかない。「自己触発」、「自己感受」としての生が自己を自己として生きる場、それこそが「生の文化」の未来への足掛かりになるだろう。

　生が生の本質を成就する場、そのひとつは「見えない生」をそのパトスにおいて感受する「芸術」である。「感受性」の自己体験が「芸術」そのものであるのだから。

　生が生の本質を受けとめる場、そのもうひとつは「生の根源的受動性」としての「受苦」と「享受」において〈生〉を啓示する「宗教」であるだろう。「宗教」とは生の根源の自覚にほかならないのだから。

　そして、「芸術」あるいは「宗教」において、諸個人が、生である限りでの自らの本質に目覚め、そしてまたこの本質において「他者」とともに生きるとき、そのときにこそ、生の規範としての「倫理」もまたおのずと示されることになるだろう。

　アンリの「生の現象学」において、「芸術」と「宗教」と「倫理」が、〈生〉の証そのものとして、また同時に「救済」の可能性の問題をめぐって、あらためて問われることになる。[9]

註

（1）「生の知」と「科学の知」の対照は、「生のロゴス」と「理性のロゴス」の対照と同じ問題圏域にある。「科学の知」が「対象的知・理論的知」を意味するのに対して、「生の知」は後に述べるように「生の自己知・実践知」を意味する。

（2）Galileo Galilei, *Il Saggiatore*, Le Opere di Galileo Galilei, Nouva

Ristampa Edizione Nazionale, G. Barbèra Editore, 1968, Vol. VI, p. 232（ガリレオ・ガリレイ『偽金鑑識官』山田慶児・谷泰訳、豊田利幸責任編集『世界の名著　26　ガリレオ』中公バックス、一九七九年、三〇八頁）.

（3）*Ibid.*, p. 347–348（同前、五〇二—五〇三頁）、および、INC, 142–143：一八〇—一八一参照。

（4）フッサールもまた最晩年の『危機』書（Edmund Husserl, *Die Krisis der europäischen Wissenschaften und die transzendentale Phänomenologie, Husserliana* Bd. VI, Martinus Nijhoff, 1954. エドムント・フッサール『ヨーロッパ諸学の危機と超越論的現象学』細谷恒夫・木田元訳、中公文庫、一九九七年）において、「ガリレイによる自然の数学化」を詳細に論じて批判している。そこで主題化されるのが、「自然の数学化」にともなう諸学の基盤としての生活世界の忘却と隠蔽であり、ガリレイは「発見する天才であると同時に隠蔽する天才でもある」（*Ibid.*, 53：同前、九五頁）と評されている。そしてこの批判とともに表明されるのが、「理念の衣」によって忘却・隠蔽された「生活世界（生の世界）」という地盤に立ち戻り、この根源的な地盤そのものを形成する「超越論的主観性」の超越論的構成の働きそのものを現象学的に解明するという、超越論的現象学の壮大な課題にほかならない。

ある点ではアンリのガリレイ批判はフッサールのガリレイ批判の継承である。両批判はともに、科学の発達そのものがもたらす「生」の忘却・隠蔽としての「危機」を主題化している。しかし両者の違いは、「内在」としての「超越論的生」の主題化の根本的な方向性の違いにある。

なお、フッサール現象学に対するアンリの存在論的批判については、『実質的現象学』に収められた論文「現象学的方法」を参照。また、ガリレイ批判を通して浮かびあがるフッサールの現象学的意図と、アンリの生の現象学の意図との相違については、川瀬雅也『生の現象学とは何か——ミシェル・アンリと木村敏のクロスオーバー』（法政大学出版局、二〇一九年）の第一部を参照。

（5）アンリは、ギリシア以来の西洋哲学の伝統を継承し、「超越」の現象性に依拠する現象学を「歴史的現象学（phénoménologie historique）」と呼び、これに対して、「内在」の現象性を追究する自身の現象学を「実質的現象学（phénoménologie matérielle）」と呼ぶ。

（6）「理論（théorie）」はテオリア（theōria 見ること）から、「明証（évidence）」はヴィデーレ（videre 見る）から派生している。

（7）アンリは『身体の哲学と現象学』において、「努力」としての「主観的身体」について論じている。「努力」と「抵抗」を「原初的事実（fait primitif）」としてとらえ、「努力」と「抵抗」の「原初的二元性（dualité primitive）」を、「超越」を排した「内在」の次元において読み解く試みは、アンリの「生の現象学」の出発点そのものである。なお、アンリの身体論に関しては本読本第Ⅲ部2「身体と肉」参照。

（8）アンリは『精神分析の系譜』の第七章「ニーチェによる生と情感性」において、「生の病」について詳細に論じている。『精神分析の系譜』におけるアンリのニーチェ解釈については、本読本第Ⅱ部5「アンリと生の哲学」参照。

（9）アンリの芸術論については次章「芸術の意味」、また、アンリの宗教論、特にキリスト教論については第Ⅲ部7「生の現象学とキリスト教」をそれぞれ参照。

6 芸術の意味
拡張された生としての芸術

本郷　均

はじめに

ミシェル・アンリ哲学における芸術論の狙いは、生の自己増大、自己実現の一つの現れを証示するものとしての芸術について論じることにある。アンリが芸術を主題として直接論じた著作『見えないものを見る』（一九八八）においては、芸術とは「美的体験という拡張された生」（VIV, 11：三）である、という一句で芸術一般の意味づけがなされている。

アンリは芸術の中でも絵画、特にカンディンスキーの抽象絵画を中心に据えて論じる。抽象絵画が論じられる理由は、「あらゆる絵画は抽象的」（VIV, 13：四）で、「抽象絵画があらゆる絵画の本質を規定している」（VIV, 104：八八）からであり、のみならず、あらゆる芸術形式が原理的には抽象絵画の原則の下にあるからである。そして、絵画の起源については、「自己を啓示すること（révélation de soi）」としての生が「もっと見たいと望み、そして絵画が生まれた」（VIV, 240–241：二一一）のだ、とする。この生と絵画の関係について考えてみよう。

以下では、アンリが深く共感し、自身の芸術論の基礎としているカンディンスキーについてまず簡単に紹介してから、生の現象学と芸術との関係について述べることにする。

1　アンリとカンディンスキー

本読本第I部「ミシェル・アンリの軌跡」でも述べられているように、アンリは音楽的な環境の中で成長している。しかし、アンリは音楽について直接論じることはほとんどない。彼が芸術について語るとき、もっぱら取り上げるのは絵画、特にカンディンスキー（一八六六―一九四四）の抽象絵画である。アンリは、カンディンスキーが絵画に関して行っている分析について、「私が自分の現象学的分析において引き出してきたカテゴリーを使用している」(PV-III, 289) と述べている。カンディンスキーはアンリの思想と通底する要素を多く持った画家なのである。

カンディンスキーは、抽象絵画のもっとも基底的な要素は色彩と形態であると考える。「色彩は、魂に直接的な影響を与える手段[1]」であり、「形態は内面的内容の外的表現[2]」であるとされる。さらに、「内面的精神的必然性から生ずるものが美[3]」だと言う。また、セザンヌについて、その静物画が「外形上〈生命のない〉物が内面的に生命をうる、そうした高さにまで引き上げ」、その生命が「内面的絵画的な音符である色彩を通して表現[4]」されている、という点を高く評価するのである。

このセザンヌへの評言にも見られるように、『芸術における精神的なもの』において目につくのは、音楽との結びつきの強さである。カンディンスキーはこの書物で、絵画にとって最も重要な「内的必然性」を表現しているものとしてヴァーグナー(一八一三—八三)とシェーンベルク(一八七四—一九五一)の音楽を取り上げて評価する。そして、友人であるシェーンベルク[5]の音楽に依拠して、「音楽的体験は耳の問題ではなく、純粋に魂の体験である[6]」と言う。もっとも、「写実的なもの」を何も「語ら」ないで芸術を作ることが出来る」点で音楽を高く評価していたとはいえ、カンディンスキーは「楽音と同じくらい表現豊かで強烈[7]」である色彩と形態とによる絵画、描くために何らかの対象にもとづくことのないがゆえに「実在的[8]」で「具体的[9]」な抽象絵画を選ぶ。とはいえ、その音楽との結びつきの深さは、自身の制作をコンポジション(作曲・構成)と呼び、また絵画の要素に関して旋律的とか交響的と呼んでいることからも理解されよう。

ここで、抽象絵画がリアルで具体的だと言われている点については、通常の考え方からすれば逆なのではないか、と思われるむきもあるだろう。しかし、カンディンスキーの試みをいわば絵画における現象学的還元として捉えてみると、その目標はアンリの目指すところときわめて近いことがわかる。それは、アンリで言えば、〈自分自身を剝奪されることで原理的に非存在になってしまっている外の存在すなわち対象〉以前の現象性、その「本源的な現出」とその現象学的実体、すなわち「そこにおいて生が自己を感受するところのパトス的直接態——つまり〈生〉」(PM, 7:三)を指し示す、という実質的現象学が目指す地点である。

では、アンリの芸術論について、見ていくことにしよう。

2　生の現象学と芸術

本読本をここまで読まれてきた方にはすでに明らかなことであるが、確認しておく。

アンリの「生の現象学」は、フッサールやハイデガー、メルロ=ポンティなどの現象学に対する根本的な批判を含むものである。特に現象学にとって重要な概念である「現れること（l'apparaître）」に関して言えば、フッサールやハイデガー、メルロ＝ポンティなどはまず何よりも、世界が現れることを考えている。これに対して、生の現象学で考えられている現れることは、「パトス的な贈与、パトス的な啓示（révélation）」（PV-III, 289）を意味している。そしてこの違いは、フッサール、特にメルロ＝ポンティがその現象学の基盤を「知覚」というわれわれの外において現れる見えるものに置いているのに対して、生の現象学では、根柢的な内面性という見えないもの、生すなわち感情・情感性が問題とされる、という点で明確になる。これはまた、前者が昼に比されるのに対して、夜あるいは闇とも言われる。

ところで、生の現象学においては、夜にも比される見えない内面性が問題となるとしたら、目に見えるものである絵画の位置は、どのように考えられることになるのだろうか。そもそも『見えないものを見る』というタイトル自体、普通に考えれば矛盾しているのであるから、このような疑問もむしろ当然であろう。しかし、見えるものである絵画を「見る」ことが、「見えないものを見る」ことになるというこの矛盾にこそ、アンリ哲学の真骨頂がある。

この事態の捉え方はさまざまな言い方で示されているが、ここでは『野蛮』（一九八七）から次の一節を引こう。

> 芸術作品は、世界の外で、世界のうちにあるすべてのものから離れて、「他の場所で」己の存在を開示する。そして、この芸術作品が存在する「他の場所」とは、われわれが存在する場所、われわれの存在の意味するところのものでもある。
>
> （B, 65–66：六五）

芸術作品は、たしかに視覚や聴覚などによって知覚的に捉えられるものである。その点で、他の諸物と同じく世界のなかに現れてはいる。しかし、それは決して他のものと同じ現れ方、すなわち、道具のように何かの役に立つものとして現れてはいない。特に絵画について言えば、それは見えるものであることには違いないが、何らかの目的に結びつけられた道具としては現れない。

もちろん、肖像画や風景画が、誰かやどこかに思いを馳せる手がかりとして現れていると言えなくはないし、その場合には実物に似ていることが賞賛されたりもする。そのように考えるとき、プラトンが芸術を退けた理由が強い意味を持ってくる。プラトンが芸術を退けるのは、芸術が似せようとしている当の実物なるものがそもそもイデアの模倣《ミメーシス》なのだから、その実物の模倣である絵画は模倣の模倣となり、「真実からは遠く離れたところにある」[10]という理由に基づいていた。アンリは、この考えの淵源をギリシアの現象概念が「光のなかに現れるものを表」していることに求めている（Cf. VIV, 19–20：一一）。従来の現象学が〈光のなかに現れて見えるようになっている外在性〉を問題としており、芸術作品もここから考えようとしているのに対して、アンリ自身は〈闇の中にあって見えない内面性〉から芸術作品の意味を考えようとする。したがって、議論の構造上はプラトンの芸術批判と同じく、模倣（〜に似ていること）は芸術作品にとって何の意味も持たないどころか、むしろ否定的な意味を持つ。『見えないものを見る』の序で、プラトンやアリストテレス、カント、ヘーゲル、ハイデガーなどの名を挙げて、彼らは「絵画のことをまったくわかっていない」(VIV, 11：二）と言い放つことができる根拠は、ここにある。

問題とすべきは、模倣ではない絵画、世界のうちにある何ものとも似ていない絵画である。ここで重要な意味を持つのがすでに見たカンディンスキーの「抽象絵画」だ、というわけである。

一般に抽象絵画が「抽象的」と言われるわけは、それが何らかの対象（具象）、つまり「何を」描いた絵であるかを名指すことができないからである。「何」と名指すことができるものは世界のなかに現れているが、抽象絵画は世界のなかに現れているものを描いていない。さらに、抽象的という語はしばしば「話が抽象的だ」と言うときのように、わからない、というニュアンスを含んでおり、これは、具象的・具体的なものがわかりやすいとされていることに由来する評言であろう。これもまた、世界のなかに当の話と何らか対応し連関するモノがあることがわかりやすいことの手がかりとされており、世界のなかに有している位置づけが指標となっている。

これに対して、抽象絵画が「己の存在を開示する」場所は世界の中ではなく「他の場所」である。作品は、それ自体が世界のなかで（物理的な意味で）他のものと並んで存在しているとしても、世界のなかにその存在の意味を位置づけることはできない、ということである。もちろん、他のものを模倣する仕方で存在しているわけでもないのだから、眼前に今ある作品が模倣しているものを求めて世界のなかを探しても何も得ることはできず、どちらにしても「何であるか」がわからない、とされることになる。そして、この特徴は、そのまま音楽の特徴でもある。すなわち、「音楽は、われわれが世界と呼ぶもの、通常の知覚による外的世界になんら関心を示さない」(VIV, 194：一六九）という点である。音楽と抽象絵画の共通点をここにも認めることができる。

3　絵画とは

しかし、絵画とは、やはりそれ自体としては見えるものである。だとすれば、見えないものである内在をどのようにして見えるようにしているのか。また、このとき内在が「見える」とはどのような意味でそう言えるのか。

先ほどの『野蛮』からの引用直後でアンリは、「芸術は生の表象である」(B, 66：六五）と言う。生の表象とは何か。生を表象することが、生を対象として捉えて模倣することではないことはすでに明らかであろう。生を対象としてしまうことは、生を破壊することでしかない（Cf. VIV, 206：一七九）。

　では、どのような意味で、生の表象であるか。『野蛮』ではさらに「芸術は、〔…〕、生を現にないものとして与えることしかできない」（B, 66：六五）とも言われている。「現にないもの」として生を与えつつ眼前にある絵画。『実質的現象学』（一九九〇）では、そのような絵画の位置づけについて、カンディンスキーの言葉、「世界は共鳴に満ちている。世界は、精神的な行為を行う諸存在のコスモスを構成している。死せる物質は生ける精神である」[11]を引いた後で、次のように述べられている。

　それゆえにこそ、たとえば絵画は、外的諸事物の形象表現ではなく、諸事物の内的実在、それらの調性の表現であり、カンディンスキーにいわせれば、それらの「内的な響き」の表現、すなわち力と情感（affect）の経験なのである。

（PM, 179：二二七）

カンディンスキーが「共鳴」という言葉によって示そうとしているのは、アンリの言葉で言えば、「現れることの二重性」（PV-III, 293）が示す事態であると考えることができる。まず、現にないものを表象するという仕方で眼前にある絵画が表現しているのは調性である。そして、調性によって「存在の原初的出現がそのつど本質現成する」（GP, 237：二八二）。よって、絵画を見るとは「存在の原初的出現」に立ち会うことである。「真の光が闇の中で輝」（EM, 552：六一九）[12]いて、現れることの二重性の、つまり世界の現れと生の現れのはざまで、「力と情感」が発する光が捉えられ、絵画として定着されるのである。

　このことをよく示しているのが、カンディンスキーの色と形である。『生の現象学』第三巻所収の「芸術と生の現象学」というインタビューで、アンリはこれをおおむね次のようにまとめている。

　まず、われわれは、色といえば対象の上に拡がっているものと考え、画家が画布をたとえば赤く塗るのは、対象が赤いからだと考える。しかし、赤とは、根柢的に主観的な一つの感覚であって、根源的には見えないものなのだ。その根源的には見えない色が、投射によって事物の上に拡がる。よって、画家が画布をある色で塗るのは、われわれに衝撃を与えたり和ませたりする事物の印象を生み出したいからなのである。これは色の情動的で印象を与える力に由来するものである。

　また形の世界は、われわれのうちの諸力の働き、つまり生が暗号化されたものである。見えないエレメントである力が、生き生きと働いている身体として体現されていることに絵画の起源があるのだ（Cf. PV-III, 290–292）。

　さて、このようにして、さまざまな色と形（さらには、点・線・面）は、それぞれに固有の情調性を持っている。これを分析的に探究し、一つの統一性を作り出すこと、これが、カンディンスキーが創作の原理とした「コンポジション」である。アンリによる絵画の定義、「生の法則と結局は同じ〔色の精神的な音響の〕法則、すなわち生の情熱や創意に富んだ荒々しさや昂揚の直接的な表現」（VIV, 174：一五〇以下）が絵画である、ということの内実も、こうして明らかになったと言えるだろう。

4　想像力

　では、このような絵画はいかにして可能か。ここで関係してくるのは、想像力である。

　一般に、知覚と想像との区別については、さまざまな議論があるが、特に重要なのはサルトル（一九〇五―八〇）の『想像力』と『イマジネール』であろう。サルトルは、知覚的意識が対象の実在を定立するものであるのに対して、想像的意識は「対象を無として」あるいは「不在または非実在として定立する」[13]ものとしている。

　アンリは、『見えないものを見る』の、特に「壮大な芸術」の章で想像力について論じている。そこでまず強調されるのは、「想像力は内在的なもの」（VIV, 186：一六一）だということである。サルトルは、知覚的意識と想像的意識とをいわば同一平面上で区別した上で、知覚的意識を前提として想像的意識を考えている。よって、想像的意識は二次的なものとならざるを得ない。これに対してアンリは、両者を次元の異なるものとして考えるだけでなく、想像力により根源的な意味を与えるのである。

　では、想像力の働きがいかにして絵画を可能にするのか。これもカンディンスキーに即して述べられているところであるが、たとえば点を、それが世界のなかで置かれている文脈から引き離して変動させる「変動の方法」（VIV, 84：六九）によってである。この操作によって、「見えるものからその優先権を奪取して揺るがせるものが、また図の単純さと明白さを別次元の統一性を持つ生のパトス的ポリフォニーで置き換えるものが、突如出現する」（VIV, 86：七一）のである。この置き換えをもたらし、出現させる力が想像力である。「想像するとは、生を呈示すること」（VIV, 185：一六〇）だからである。

　さらに、この想像力は「生の新しい様態」を創造するとも言われる。それは「生が自己へと至るたゆみない過程」（VIV, 187：一六二）でもあるからである。つまり、「想像力は、そのたゆみない内的な自己分節化の努力において、生そのものである」（VIV, 189–190：一六四）ことになる。

　生と想像力の同等性は随所で指摘されている。想像力を恃みとする芸術は、アンリの生の哲学における生の運動である生の拡張と生の自己啓示をいわば証示しているのである。

5　間主観性と絵画

それでは、絵画における現れは、創作者と鑑賞者とにどのような関係をもたらすだろうか。まず、絵画における現れは、世界における現れ、すなわち「われわれを外へと投げ出す脱自的な現れではなく、それゆえ地平ではなく、私が〈生〉と呼ぶもの、すなわち啓示（*révélation*）〔という秩序にある〕。これは何か他なるものの啓示、つまり外在性へとわれわれを開くものではなく、われわれを生自身へと開くものである」（PV–III, 286）。このように、絵画における現れが「われわれを生自身へと開く」のであるから、この現れはまた間主観的なものとも関連することになる。

　というのも、ある形を通して、それを創作した者と鑑賞者とは「同じパトスを感受する」（PV–III, 293）ことになるからである。さらに、このパトス的共生の状況にあっては、絵画が一つのきっかけとなってある種の同時性をもたらす、とも言われている。ある絵画が、〈過去にそれを描いた創作者〉と〈今ここでその絵画に向き合っている鑑賞者〉との間にあって、生の力と情感という「かつて作動していたものを再び作動させる」（PV–III, 294）こと、つまりキルケゴールの言う「反復」（PV–III, 294）、これによって同時性が可能になる。その意味で「生の復活」（PV–III, 301）である絵画は、創作者と鑑賞者との間に織り成される「内的な諸力と諸情動の織物」（PV–III, 294）として、間主観性に達している、というわけである。

　絵画の存在は、こうして、情感性を本質とする共同体すなわちパトス的共同体を証示するものともなる。[14] というのも、パトス的共同体があればこそ、創作者と鑑賞者との交流、あるいは鑑賞者相互での交流が成立しうることになるからである。

　また、生の表象であり生の復活である芸術が間主観的に成立しているというこの事情は、芸術の本性を考慮すると、同時に倫理的な意味を帯びてくる。というのも、アンリにとっての芸術が生の拡張であり生の復活という意味を持つのは、芸術がすでに見たような仕方で「生の情感的でダイナミックな諸力をわれわれのうちに呼び覚ます」（PV–III, 297）からである。ところで、倫理が目指すのは、生との「根柢的な関係をわれわれが内的に生き直す」ことになるパトス的な経験を生じさせることである。してみれば、「芸術は本性上倫理的」（PV–III, 297）である。のみならず、アンリは倫理を「宗教的生の一つの形態」（PV–III, 297）として捉え、「美的・感性的経験は基本的に聖なるもの」であるとする。かくして、「偉大な芸術作品はすべて聖なる作品」（PV–III, 297）なのだと言うことができる。

むすび

　以上、アンリの芸術論について見てきた。アンリが「あらゆる絵画は抽象的」（VIV, 12：四）だと述べる理由はもはや明確であろう。いかなる具象絵画も、〈生〉それ自体のもつ本源的なリアリティからすればむしろ抽象的なのであり、対象はこの〈生〉へとわれわれを送り返し、〈生〉を生き直す契機となる。この限りで、対象を描くどのような具象絵画も、本質的には抽象絵画となる。アンリが〈生〉から立ち上げる芸術論は、通常の芸術論を芸術の根本的な意味に立ち戻らせて再考を促すものとなっているのである。

註

（1）Wassily Kandinsky, *Über das Geistige in der Kunst*, Benteli, 2009 (3 Auflage der 2004 revidieren Neuauflage), p. 68（カンディンスキー『抽象芸術論——芸術における精神的なもの』西田秀穂訳、美術出版社、二〇〇〇年［新装初版］、七〇頁。なお、本訳書の副題「芸術における精神的なもの」が原書のタイトルである）.

（2）*Ibid.*, p. 73（同前、七六頁）.

（3）*Ibid.*, p. 141（同前、一四七頁）.

（4）*Ibid.*, p. 55（同前、五五頁、「色彩」のみ引用者による強調）.

（5）シェーンベルクは、無調音楽と一二音音楽を創始して二〇世紀音楽の源泉となった作曲家である。二人の交友は、カンディンスキーがシェーンベルクのコンサートを聴き感激して、彼に手紙を書いたことから始まった。カンディンスキーはそのコンサートをテーマとした作品（『印象三（コンサート）』）を製作してもいる。両者の関係については、『シェーンベルク／カンディンスキー　出会い』（土肥美夫訳、みすず書房、一九八五年）を参照されたい。

（6）Kandinsky, *Über das Geistige in der Kunst*, p. 68（カンディンスキー『抽象芸術論——芸術における精神的なもの』、五四頁）.

（7）カンディンスキー『芸術と芸術家』西田秀穂・西村規矩夫訳、美術出版社、二〇〇〇年（新装初版）、一三八頁。

（8）同前、二〇五頁。

（9）同前、二四八頁。

（10）プラトン『国家』、『プラトン全集』第十一巻、藤沢令夫訳、岩波書店、一九七六年、六九九頁（598B）。

（11）『芸術と芸術家』、四九頁。引用文は『実質的現象学』による訳文をお借りした。

（12）これはエックハルトの言葉である。

（13）Jean-Paul Sartre, *L'imaginaire*, Folio essais, Gallimard, 2000[1940], p. 30 sqq.（サルトル『イマジネール』澤田直・水野浩二訳、講談社学術文庫、二〇二〇年、五三頁以下）なお、アンリはサルトルの想像力論について、『身体の哲学と現象学』(PPC, 118：一二八以下）で、運動との関係で論じている。また、カントとハイデガーに関わる「構想力」としての imagination については、『現出の本質』で詳細に論じられている。この点については、本読本第Ⅱ部7「アンリとドイツ現象学」を参照のこと。

（14）アンリの共同体論については、本読本第Ⅲ部3「他者と共同体」を参照のこと。

7　生の現象学とキリスト教

〈受－肉〉の現象学におけるキリストの言葉の役割

古荘匡義

第I部でも論及されていたように、ミシェル・アンリは『現出の本質』（一九六三）においてもキリスト教思想を扱っていたが、後期思想に至ってキリスト教思想や『聖書』の章句を主題的に扱う「キリスト教の哲学」を展開した。後期思想に至る前のアンリは生ける者たちの共同性や相互主観性の問題に直面していた[1]。自己自身を根源的に被り受苦することを本質とする人間の生が、いかにして情感性のレベルで他なる生と交流し、共同性を形成するのかという問題である。中期のアンリは、生ける者たちの生の源泉としての「生の〈基底〉（Fond）」あるいは「生の世界」において実在的な他者関係や共同性が実現すると考えたが、生ける者たちの生と生の〈基底〉との関係については明示できていなかった。

そのような折、アンリはパウロやヨハネのテクストを再読したことによって「実存を変え」られ、『我は真理なり』（一九九六）を執筆するに至った。

私の反省が深まりつつあったとき、私は聖パウロの文章と『ヨハネによる福音書』を再読したのでした。それは第二の深い感動でした。私は生の現象学の前にいることに気づきました。私が哲学者として考えていたことがパウロやヨハネのテクストの中で、哲学者がなし得るよりも直接的な仕方で表現されていました。彼らのテクストが私の実存を変えたのです。そうして私は『我は真理なり』——キリストのある言葉をほのめかすタイトルです——を書きました。その本で私は、私の生の現象学を使って、生の現象学とは別の、生の現象学以前の現象学と思われるものを解明しようとしました。もちろん、私はキリスト教を生の哲学に還元したいのではありません。それは一つの宗教です。つまり、宗教は諸存在の生の様式（mode）に関わります。それは諸存在に何かを考えることではなく、何かを行うことを強いるのです。一九四六年にメーヌ・ド・ビランに出会って以来、私は行為を思考よりも本質的なものとして考える傾向にありますので、私は水を得た魚のようでした。 (ENT, 130–131)

この箇所でアンリは、自分が哲学的に考えていたことがパウロやヨハネのテクストにおいてより直接的な仕方で表現されていると感じ、彼らのテクストが自分の「実存を変えた」とまで述べている。その後に書き上げた『我は真理なり』では、生の現象学を使って「生の現象学以前の現象学」の解明に至ったという。この「生の現象学以前」への進展は、生ける者の生についての現象学から、生ける者に生を与える絶対的〈生〉についての現象学への移行であった。あるいは、個々の生ける者の肉の現象学から、絶対的〈生〉が個々の生のうちに〈受肉〉するさまを明らかにする「〈受－肉〉(In-carnation)の現象学への遡行的準拠(rétro-référence)」(INC, 248：三二八)であった。アンリは「諸存在に何かを考えることではなく、何かを行うことを強いる」宗教の一つとしてのキリスト教を生の哲学に還元しようとはしないが、生の現象学をキリスト教信仰によって弁証しようともしない。アンリにおいて生の現象学とキリスト教は独特の関係を取り結んでいる。

本章ではこの関係を二つの側面から概観したい。第一に、キリスト教思想から着想を得て、絶対的〈生〉や〈受肉〉の現象学へと進んでいく側面である。アンリは、生ける者が絶対的〈生〉のうちで生を与えられて生ける者となる構造について哲学的に解明し、〈生〉を忘却し自己自身のみを被ることに囚われているエゴイスティックな人間の救済の可能性を示す。これらの哲学的解明の枠組みはすでに『我は真理なり』で形成されている。この著作には聖書からの引用が多いが、引用のかなりの部分はヨハネやパウロなどの神学的な思想であり、共観福音書にみられるキリストの言葉の引用は多くない。さらに、『受肉』(二〇〇〇)ではそもそも聖書からあまり引用されず、エイレナイオスやアウグスティヌスなどの神学者の議論を踏まえての身体論や共同体論などが論じられている。アンリはキリスト教の思想的な部分を介して、生の現象学から「生の現象学以前の現象学」への遡行を実現したのである。

第二に、エゴイスティックな人間が救済されるための方策を、福音書のキリストの言行によって具体的に例証する側面である。このような側面は『キリストの言葉』(二〇〇二)に典型的にみられる。この著作には『我は真理なり』よりもさらに多くの聖句が引用され、しかも共観福音書からの引用が多い[2]。アンリは、人間のエゴイスティックな本性を神的な本性へと転換する具体的な事例を、「敵を愛せ」などのキリストの逆説的な言葉に認めている。キリスト教思想だけでなく、福音書に記されたキリストの言葉によってエゴイズムからの救済を例証するアンリは、「何かを行うことを強いる」一つの宗教としてのキリスト教に一層深く関わっているようにみえる。

1　生の現象学以前への遡行

まずは、キリスト教思想を摂取して展開した「生の現象学以前」の思想を紹介したい。

第Ⅰ部でも論じられていたように、後期アンリの思想の最大の特色は、生ける者の生と、その生を可能にする絶対的〈生〉とを、両者の自己触発の性質の違いによって明確に区別したことである。生ける者は根源的に自己を被り、自己を触発しているが、「私の本質を規定する自己触発は私の業（fait）ではな」(CMV, 136) く、生ける者は「自己触発される（être auto-affecté）」(CMV, 136) ことしかできない。それに対し、生ける者に生を与える絶対的〈生〉は、自分自身で自己触発を開始し、自らを「産出する（engendrer）」(CMV, 135) ことができる。

しかし、絶対的〈生〉はいかにして生ける者に生を与えるのだろうか。端的に言えば、「肉」を通してである。アンリは生が自己自身を受苦し、自らから逃れることができない根源的な不自由や抱擁（étreinte）において根源的な自己性が生じると考えるが、この「抱擁の現象学的実質」(INC, 173：二二〇) が肉だとされる。よって、肉とは見えないが内在的で実在的な実質のことであり、世界のうちに現れる対象としての物体的身体のことではない(3)。このような肉の概念はアンリの初期思想にも同様のものが認められるが、後期思想では、自己を触発し産出する絶対的〈生〉そのものにも内在的な現象学的実質としての〈原－肉〉(Archi-chair) が想定される（アンリは、生ける者の自己触発に絶対的に先行する、〈生〉の自己産出に関わる事柄に〈原〉の接頭辞を付す）。中期思想では、生の世界や生の〈基底〉が自己自身を触発し、何らかの実質をもって現れることは想定されていなかった。萌芽的な議論として、抽象絵画論において絵画的諸要素が置かれるキャンバスなどの絵画平面そのものがパトス的に現れ、たとえばキャンバスの上と下はそれぞれ異なる情感的ニュアンスを帯びて現れているという議論はある (VIV, 107–108：九〇―九一) が、絵画的平面の現れは、絵画的諸要素の現れと根本的に異なるものとされていたわけではない。キリスト教思想を介してはじめて、自らを産出し生ける者たちに生を与える絶対的〈生〉が、生ける者の生と質的に区別されたものとして、しかも現象学的実質としての肉を有するものとして思考できるようになった。

しかも、生ける者の肉は「〈生〉の〈原－肉〉における、この肉の自己のうちへの到来」(INC, 174：二二一) によって可能になるという。つまり、アンリにおいて生ける者の肉は生ける者自身の力能によって生み出されるものではなく、絶対的〈生〉の自己産出において、根源的な〈自己性〉として産出された〈原－肉〉を通して到来するものである。この〈原－肉〉は、キリスト教思想を介して、受肉した〈生〉の〈御言葉〉(Verbe) であるキリストとして規定される。このような規定によって、〈原－

肉〉と生ける者の肉とのある種の同一性を導き出す。「私の肉のうちで私は自己自身に与えられるが、私は私自身の肉ではない、私の肉、私の生ける肉はキリストの肉である」（CMV, 147）。すなわち、生ける者の肉と〈原-肉〉としてのキリストの肉とは、自らを根源的に被ることによって自らを露わにするものである限りで、同じ肉である。ただし、生ける者は自らの力能で肉を産出して自己自身となるのではない。生ける者の肉はもともと絶対的〈生〉の〈原-肉〉であり、絶対的〈生〉のうちで、「媒介」や「門」（CMV, 147）としてのキリストを通して絶えず肉が与えられていることによって、自己自身を体験し、生ける者であることが可能になる。このように、肉こそが、絶対的〈生〉のうちで生ける者が生を受け取るための生の通路なのである。

2　キリスト教の倫理——言葉と行いの一致

このような後期思想は、アンリを悩ませていた問題、つまり生の〈基底〉のうちでいかにして生ける者たちに生が与えられ、生ける者たちの共同性が形成されるのかという問題を解決するよりも、さらに先鋭化させ、一元論とエゴイズムという表裏一体の問題を顕在化させる。一方で、生ける者の生が絶対的〈生〉の自己産出のうちでしか、すなわち〈原-肉〉を与えられることでしか可能にならないと考えると、生ける者の生の実在性が唯一の絶対的〈生〉に還元される恐れが生じる。他方でアンリは、生ける者の生と絶対的〈生〉を原理的に区別したことによって、生ける者の生のエゴイズムを一層先鋭化させている。根源的に体験し受苦できるものは自己自身でしかない以上、絶対的〈生〉が現象学的実質をもって現れているとしても、生ける者はその現れを実在的なものとして覚知できないのである。

アンリはこのようなエゴイズムからの救済を、理論的には、「行い（l'agir）」のレベルで生ける者の生が絶対的〈生〉に一致すること、人間の生の「神化（déification）」（INC, 335：四三〇）に見出している。この救済は「天におられる私の〈父〉の意志をなす（faire la volonté）[4]」こと、すなわち、生ける者に発する行為ではなく、「〈父〉の意志、すなわち絶対的〈生〉の自己産出の過程」（CMV, 209）によって引き起こされ、成就する行いである。このような行いが生ける者の生の「パトス的な内的自己変容」（CMV, 218）を引き起こし、自らを超えたもののうちで生きていることを、まさに「私が生きるのではなく、キリストが私のうちに生きておられる[5]」ことを覚知させる。このように、人間の生のエゴイズムからの救済が、絶対的〈生〉の自己産出によって引き起こされる行いのうちに見出されているのである。

興味深いことに、アンリにおいてこの行いは〈生の言葉〉としての〈掟〉と深く結びついている。アンリはこの行いを「〈掟〉の「遵守」（«observation» du Commandement）」（CMV, 238）と捉える。これは〈律法〉(Loi) を形式的に守ることではない。〈律法〉は「諸行為にとっての理想型」であって、「原則的に非実在的であるため、諸行為を生み出すことができない」(CMV, 225)。つまり、〈律法〉の言葉は行為を生み出さず、行為と一致していない。だからこそ、人間は〈律法〉の言葉を守らないことも、形式的に守ることもできる。

それに対し〈掟〉の「遵守」とは、絶対的〈生〉の自己産出において生ける者のうちに生が与えられ、生ける者が生ける者となる過程において生じる実践である。そのため、自らが〈父〉なる絶対的〈生〉のうちで生み出される〈子〉(Fils) であることを自覚する者においては、ある意味で〈掟〉は必ず遵守される。というのも、〈掟〉の「遵守」は絶対的〈生〉の自己産出のうちで生ける者が生ける者となる過程そのものだからである。

> 〈掟〉は、生ける者の〈子〉としての条件のうちで生ける者が生まれる過程と、したがって、生ける者のうちでの生の実効化と、生ける者の生ける実践 (sa praxis vivante) と同一であるので、〈掟〉と実践とは、そして〈掟〉と行いとは調和している (vont ensemble)。つまり、生ける者の行いは、生ける者のうちでの絶対的〈生〉の行いによって、絶対的〈生〉の絶えざる業 (œuvre) によって生じている。〈掟〉と行いは、生成においては根源的に共実体的 (consubstantiels) である。
> (CMV, 236)

アンリが特に「行い」という語を用いる際には、その行いが生ける者の意志によって生み出されるものではなく、絶対的〈生〉の自己産出のうちで生じるものであることを示している。行いとはある意味で絶対的〈生〉の行いや業である。「行いは〈生〉に属しており、その本質を〈生〉のうちでしか展開しない」(CMV, 229)。

この行いについて、愛を例に具体的に紹介したい。アンリが第一義的な愛とするのは神の愛である。アンリは「神は愛である」(『ヨハネの手紙第一』四章一六節) という章句をもとに、愛を絶対的〈生〉の自己産出の帰結と考える。「〈生〉は愛である。なぜなら、〈生〉は自己の享受のうちで絶えず自らを体験し、そのようにして無限にかつ永遠に自ら自己自身を愛するからである」(CMV, 234)。アンリが考える第一義的な愛は、神の根源的な自己体験から生じてくる神の自己産出、自己啓示であり、神が自分自身を愛することである。

この神の愛から生ける者たちにとっての神への愛を考える際に愛の〈掟〉の概念が重要になる。「神の愛こそが第一の、そして実を言うと唯一の倫理の〈掟〉」(CMV, 234) だと考えるアンリは、「私の〈掟〉を心に留め (retenir)、〈掟〉を実行に移す (mettre en pratique) 者は、私を愛する者である」[6] という章句に次のような説明を添えている。「〈掟〉の「遵守」、すなわち、各々を〈子〉としての条件のうちに導いた生成の過程の実働化

(actualisation)、そしてこの根源的な条件のうちに〈子〉を再び組み込むこと（réinsertion）、これこそが倫理的な行いであり、この行いのうちで愛が出現するのである」（CMV, 238）。行いは、自らを愛する絶対的〈生〉の自己産出の過程のなかで〈子〉としての条件のうちに再び組み込まれること、「第二の誕生」であり、この行いにおいて〈子〉としての神への愛も生み出される。「自らのうちに〈掟〉を留め、〈掟〉のうちで生きることこそが愛のうちで生きること」（CMV, 236）であり、この愛が生ける者にとっての神への愛となる。

さらにアンリは、キリスト教において神への愛とともに重視される隣人愛も絶対的〈生〉の自己産出のうちで生じる〈掟〉の遵守に帰着させる。この〈掟〉の遵守は神による愛の命令だとされる。「神は、あらゆる生ける者に生を与え、神のうちで生ける者たちを〈子〉らとして生成しながら、生ける者たちに〈愛〉を命じる」（CMV, 234）。ここで言う「〈子〉ら」は、「無限なる〈生〉の自己体験およびその永遠の愛のうちで自己自身を体験しながら、無限で永遠の愛によって互いに愛し合う者たち」（CMV, 234–235）であり、このような〈子〉らは、「彼ら自身が〈子〉らであり、そのようなものとして自己自身を体験する限りで、他者たちを愛する」（CMV, 235）という。したがって、他者を愛するために必要なのは、〈父〉なる絶対的〈生〉の永遠の愛（無限なる自己産出）のうちで生を与えられた〈子〉らであることの覚知である。他者を愛することは、生ける者が自らの力能によって行使していると思い込んでいる行為ではなく、神の〈律法〉に形式的に文字通りに従うことでもない。それは「〈掟〉の「遵守」」という一つの「行い」であり、神が自らを愛するなかで生ける者たちが自らを神の〈子〉として覚知することによってはじめて可能になる。このように、アンリは隣人愛も神の愛のうちで成立する他者との関係だと考える。

3　非相互性への転換をもたらすキリストの言葉

しかし、これらの議論は、エゴイズムに陥り、〈子〉として「自己自身を体験する限りで、他者たちを愛する」ことが自覚的にできない人間にとって有効であろうか。生ける者の神への愛も隣人愛も絶対的〈生〉の愛に帰着させる議論は、絶対的〈生〉の一元論でしかない。エゴイズムに陥った人間が具体的に〈子〉として生きるようになる方策を提示する必要があろう。

アンリはこの方策を、ヨハネやパウロを含む神学的、理論的思想に依拠するだけでなく、共観福音書を頻繁に引用しながら示している。とりわけ『キリストの言葉』が重要である。この著作の論述形式には『我は真理なり』や『受肉』にはない要素が含まれている。それは、キリストの言葉を扱う際に、キリストが超越的に現れる世界の言葉で人間たちについて語る言葉と、世界の言葉でキリスト自身の神の子としての条件について自己正当化する言葉とを区別して論じていることである。後者の言葉が、絶対的〈生〉のうちで現れるキリストのあり方に関するキリストの自証であり、これらのことばを通してアンリが論じる内容は『我は真理なり』や『受肉』から大きく変化していない。それに対し、前者の言葉は、人間関係の根本的な本性である「相互性（réciprocité）」（PC, 36：四二）を転倒し、非相互性（non-réciprocité）へと転換させる言葉である。[7]『キリストの言葉』では、この前者の言葉を福音書に遺されたキリストの逆説的な言葉や行いのうちに認め、人間の相互的な本性を転倒し、人間の〈子〉としての条件を自覚させ、エゴイズムから解放する言葉として論じている。

アンリは、等価的な交換の原理が人間の通常の行動の基盤になっているとし、この原理を「相互性」と呼ぶ。相互性は資本主義的な価値交換を支えているだけでなく、愛を与えた人からお返しを期待するというような人間の情動的な行為に至るまで、人間のあらゆる行為の基盤になっている。たとえば他者が自分を愛する行為を表象し、さまざまな行為や価値と比較して、等価的と思われる愛の行為を返す。ただ、アンリは相互性が必ずしも悪いものだと考えてはおらず、むしろ相互性は、人間の本性に起因するものであり、経済的な交換をはじめとするさまざまな社会的関係において人間同士の関係を維持、強化、拡張すると捉える（Cf. PC, 36–38：四二―四四）。

それに対し、「非相互性」は、第一義的には絶対的〈生〉と人間の生との関係を指している。すなわち、「神の無限なる生のうちでわれわれの有限なる生が内在的に生成されること」（PC, 46：五二）である。絶対的〈生〉は、人間たちの求めに応じるといった相互的な仕方ではなく、生ける者たちのうちに内在し、無条件に「絶えず生きることを贈与する」（PC, 54：六二）という非相互的なはたらきを遂行している。

アンリによれば、ぶどう園と農夫のたとえ（『マタイによる福音書』二一章三三節以下など）や「神の意志をなす人は誰でもわたしの兄弟、姉妹、また母である」[8]など、共観福音書に記されたキリストの言葉は、相互的な情愛関係に根ざした血縁関係や社会的、経済的生活にみられる相互性の原理を転倒させ、まったく別の原理を提示し、相互性から非相互性への「人間の条件の転倒」（PC, 41：四五）を目指しているという。つまり、この言葉は「人間の条件が、人間同士の相互関係の体系によって、人間的地平において規定されるのではなく、人間ひとりひとりの神との内的関係によって規定される」（PC, 45：五〇）ことを促す。

いわゆる「愛敵の論理」も「人間の条件の転倒」と捉えられる。キリストは「しかし、あなたがたは敵を愛しなさい、お返しに（en retour）何も期待しないで善いことをし、貸しなさい。そうすれば、あなたがたの報いは大きく、あなたがたはいと高き方の子となる。いと高き方は、恩を知らない者にも悪人にも情け深いからである」[9]と述べる。通常人間は愛してくれた「お返し」に愛し、「お返し」を期待して金を貸す。しかし、キリストの言葉は、悪人にも情け深い神のように、相互的な「お返し」を期待せず善行をなすことを求める。キリストは、神にふさわしい者となるというある種の「お返し」を求めて自らの言葉を形式的に遵守して「人間の本能的自発性に逆らう」(PC, 45：五一) 行為をあえて行うことを求めているのではない。そうではなく、世界の言葉として聞き取るならば「逆説」でしかないキリストの言葉が〈生の言葉〉として聞き取られるとき、人間の相互的な本性が転倒し、「人間的本性から神のうちで生成される本性への実体変容 (transsubstantiation)」(PC, 45：五〇) が生ける者のうちに引き起こされる。キリストが世界の言葉で語る逆説が、救済などのお返しを求めて愛や金を与えるのではない行いを、つまり、絶対的〈生〉のうちで生を与えられていることを自覚し、キリストの言葉を〈掟〉として聞き取り遵守する「行い」を引き起こし、人間の本性を転換するのである。このときキリストの語る逆説を〈生の言葉〉として聞き取ることと、その逆説を〈掟〉として「遵守」する行いとは一致しているのである。

4　後期アンリ思想の意義

このようなアンリによる「キリスト教の哲学」は、単に生の現象学をキリスト教思想に適用したというのではなく、二つの点で中期までのアンリ思想を決定的に転換したと言える。第一に、人間の生の自己触発を可能にするものは、中期思想では生の〈基底〉などの概念で表現されていたが、キリスト教思想を介することで、自己を産出し、肉をもつ絶対的〈生〉として概念化、実質化され、人間の生と明確に区分されたことである。生の現象学はキリスト教思想を通して生の現象学以前の〈生〉の哲学へと理論的に遡行したのである。

第二に、超越的な現れとしてのキリストの言葉が、〈掟〉の「遵守」という形で内在的な生の本性を変容することをより積極的に示したことである。図式的に言えば、アンリの生の現象学では、内在的な現れに実在性を認め、超越的な現れは内在的な現れに基礎づけられた非実在的なものであり、超越的に現れた生の表象が内在的な生に作用することはなかった。自己の生や自己の労働が表象されて諸価値と交換されるなかで生の自己否定が引き起こされるとしても、生を否定しうるのは内在的な生自身であり、表象された生が生に直接作用するのではなかった。また、アンリの抽象絵画論[10]に、黄色い三角などと表象される図形がキャンバスという絵画的平面に適切に配置されることで生の言葉を露わにするという議論はあったが、そもそも絵を鑑賞する者の感情に影響を与えるのは実在的に現れている黄色い三角のパトスであった。抽象絵画のパトスを感じ取れず、黄色い三角を黄色い三角として見る者の生に対し、黄色い三角の表象は作用しない。またそのような者に抽象絵画の生の言葉を読み取らせる方策もアンリは提示しない。

「キリスト教の哲学」に至って、世界の言葉であるキリストの言葉が、その逆説性によって、そしてその逆説性が〈掟〉の「遵守」という「行い」を導くことによって、人間の生の本性を変容させ、その結果人間はキリストの言葉を〈生の言葉〉として聴き取れるようになることが示された。もちろん、神のうちで生成される生の本性は絶対的〈生〉によって生み出されたものであって、キリストの言葉の超越的な現れは、生の本性を変容したというよりも、生に自身の本来の条件を思い出させただけだとも言える。しかし、超越的な現れであるキリストの言葉がその逆説性によって人間の生の条件を思い出させたのだとすれば、中期以前のアンリとは異なる次元で超越的な現れが内在的生に作用することを認めたことになろう。アンリの思想は、一つの宗教ではないにせよ、人間の生の本性を転倒させて何かを行わせることを強いる思想となりえているようにもみえる。このような思想の展開を可能にしたのが、「生の現象学以前の現象学」へと遡行したことと、キリスト教を思想として参照するだけでなくキリストの言葉そのものによって自らの思想を例証したことであったと思われる。

［付記］本章は執筆者の課程博士論文と註2の拙論の内容を大幅に改変して成立している。また、龍谷大学研究員、龍谷大学国際社会文化研究所共同研究、日本宗教研究諸学会連合奨励賞（二〇二〇年度）、科学研究費補助金（20K12819）による研究成果の一部である。

註

（1）本読本第Ⅲ部3「他者と共同体」、主要著作解題『実質的現象学』を参照。
（2）「キリスト教の哲学」における聖書引用については以下の拙稿を参照。「転覆と反復――『キリストの言葉』における福音書引用の分析」『ミシェル・アンリ研究』第八号、二〇一八、四五―七二頁。
（3）本読本第Ⅲ部2「身体と肉」を参照。
（4）『マタイによる福音書』七章二一節からのアンリの仏語引用（CMV, 209）の直訳。
（5）『ガラテヤ人への手紙』二章二〇節からのアンリの仏語引用（CMV, 213）の直訳。
（6）『ヨハネによる福音書』一四章二一節からのアンリの仏語引用（CMV, 238）の直訳。
（7）相互性と非相互性の問題をめぐっては、本読本第Ⅳ部9「アンリとジラール」を参照。
（8）『マルコによる福音書』三章三五節からのアンリの仏語引用（PC, 47：五三）の直訳。
（9）『ルカによる福音書』六章三五節からのアンリの仏語引用（PC, 44：四九）の直訳。
（10）本読本第Ⅲ部6「芸術の意味」、主要著作解題『見えないものを見る』を参照。

8 アンリと文学①

文学作品から引用するアンリ

真理への入口

佐藤勇一

はじめに

文学は、ミシェル・アンリの哲学を理解する重要な糸口である。アンリはその生涯において多くの哲学的作品を残しているが、それらではしばしば、文学作品からの印象的な引用を行っている。その一方で、彼は一九五四年に『若き士官』（一九四八年執筆[1]）を出版し、一九七六年に『目を閉じて、愛』でルノード賞をとり、一九八一年に『王の息子』、一九九六年に『不躾な死体』を出版するというように、小説家としても活躍した。アンリは文学に対して解釈者と創作者の二重の立場で関わった。われわれは、どちらの立場のアンリを入口としても、彼の哲学へと入門することができるだろう。

そもそもアンリにとって、哲学と文学はどのような関係にあったのか、こうした当然思い浮かぶ問いに対して、アンリはいくつかの機会に答えている。ある対談では、彼は激しい労苦をともなう哲学的分析と、問いを立てずに自由に没頭する文学的創作との間で迷いがあったと率直に認めている（PV–III, 309–311）。しかしその一方で、アンリは小説でも「パトス的な生」（PV–III, 313）と想像の内的な結びつきを探究したと言い、別のところでは、文学と哲学が「真理を語ろうとする意図」（AD, 224）を共通してもつと主張する。彼にとって小説の執筆は、哲学の労苦を紛らわす手慰みではなく、真理を表現する別の仕方であり、哲学書における文学作品からの引用も、真理との関係で行われる。「小説を書くアンリ」については次節に譲り、本節では、解釈者としての「文学作品から引用するアンリ」からアンリ哲学の門をくぐりたい。紙幅の関係上、アンリによる文学作品の引用を網羅することはもちろんできないが、以下では、アンリが真理との関係で文学作品を解釈していたことをおおよそ彼の著作の年代順に簡潔に確認していく。

1　『身体の哲学と現象学』（一九六五、執筆は一九四八―四九年）

アンリの著作において文学作品からの引用は、哲学者や教父、芸術家のテクストや福音書からの引用ほどには頻繁に出てくることはない上に、その引用は短いものが多く、通りすがりに軽く言及しているように見えるものばかりである。[2]『身体の哲学と現象学』では、結論にいたってようやく、アルチュール・ランボー（一八五四―一八九一）の『地獄の一季節』の最終節「別れ」から、諸身体は「裁かれるだろう」（PPC, 281：三〇〇）[3]という言葉が引かれる程度である。

しかし、このランボーの言葉は、主観的身体の存在論的分析によって、それ以前の哲学的伝統における身体観を次々と裁いていく『身体の哲学と現象学』の試みそのものをよく表している。その伝統には、キリスト教的な伝統も含まれ、『身体の哲学と現象学』の結論では、性的現象、身体の罪と復活というように、ランボーの『地獄の一季節』と呼応する倫理的、キリスト教的主題が扱われている。「魂と身体において真理を所有すること」[4]という言葉で終わる『地獄の一季節』からの簡潔な引用は、アンリにとって自身の著作で表現しようとする真理を託す言葉であり、彼の思索を導く言葉であった。

ランボーへの参照は、『身体の哲学と現象学』以降の著作においては見られなくなる。これと対照的に、『身体の哲学と現象学』には見られないが、アンリがそれ以降の著作のさまざまな箇所で引用する特権的な作家が登場してくる。フランツ・カフカ（一八八三―一九二四）である。

2　『現出の本質』（一九六三）

君が立っている地面が、それを覆う二本の足よりも広くはありえないという幸運を知れ。[5]

カフカが一九一七―一九一八年のノートに記し、一九一八年以降の「アフォリズム集成」に再び書きつけたこの言葉は、『現出の本質』第三七節「内在の内的構造」で、まさにその内的構造という「根源的で普遍的な構造における真理それ自身」（EM, 361：四一三）を示すものとして引用される。しかし、アンリにとって、カフカの重要性は真理を語ったという点にとどまらない。第四六節では、「探し求める者は見出すことがないが、求めない者は見出す」（EM, 506：五七一）[6]といったカフカの断片的な言葉[7]がいくつも引用され、知や認識を用いた探究によっては真理に到達できないが、この不可能性を通じて真理が見出されると主張される。自分自身にとどまる生の本質は、知や認識という「超越」の不在を通じて、自らが「安らう」（EM, 353：四〇四）場所を構成することができる。

真理は分割できないものであり、それゆえ自らを認識できない。真理を認識しようとする者は、虚偽とならざるをえない。
(EM, 508：五七三)[8]

信仰が意味しているのは、自己の内に不滅のものを解放すること、より正確には、自らを解放すること、もっと正確に言えば、不滅であること、さらに正確にいえば、存在することである。
(EM, 510：五七六)[9]

アンリの引用する一つ目の断片における分割できない真理と、二つ目における「不滅のもの」は、同じものである。「不滅のものは一つである。個々の人間はそれであり、同時にそれは各人に共通している。だからこそ人間はとてつもなく固く結びつく[10]」。しかし、認識は、認識するものと認識されるものの分割や隔たりを前提としているため、この「不滅のもの」を捉えられない。認識の真理と不滅のものという真理は別の真理である。「われわれには、認識の木と生命の木によってあらわされる二つの真理がある。活動者の真理と安息者の真理である〔…〕[11]」。

カフカは、「認識の木」と「生命の木」によって、それぞれ、認識の真理と不滅のものを示す。生命の木が象徴する「不滅のもの」は、「神と等しいもの[12]」となって安らぐ「安息者」の真理である。人間は「認識の木」の実を食べたために「善悪の認識能力[13]」をもち、「生命の木」の実を食べなかったために、堕罪後の人間は「神と等しいもの」にはなれず、「神のような認識者になった[14]」。そして、善悪を分割する認識では、善そのものである不滅のものという真理を捉えることができず、人間の認識は「虚偽とならざるをえない」。しかし、これは認識によって不滅のもの〔壊されないもの〕が壊されたことを意味しない。「われわれは〈楽園〉を追われたが、〈楽園〉はそのために壊されてしまったわけではない」(EM, 507, note 3：原註三二)[15]。つまり、楽園は不滅だが、認識が不滅のものを捉えそこなっているにすぎない。不滅のものは、信仰によってはじめて「自らを解放する」のであり、認識によって近づくと遠ざかってしまう。そのため、「誰も認識だけでは満足できない[16]」が、それでも不滅のものに安らおうと間違った努力をし、行動し続けてしまう。楽園を追われるということ、それはカフカにとって、「安息者」から「活動者」に堕してしまうことを意味している。

以上のように、カフカのアフォリズム諸断片のうちにも、不滅のものという真理と、真理を求めて道に迷う認識という、アンリがカフカに見出した二面性を読みとることができる。カフカを真理および探究の道との関係で考察するというアンリ独特の解釈は、十分可能なひとつの解釈である。

3 『実質的現象学』(一九九〇)、『我は真理なり』(一九九六)、『キリストの言葉』(二〇〇二)

アンリは、『実質的現象学』第三章で、「君が立っている地面が、それを覆う二本の足よりも広くはありえないという幸運」(PM, 162：二〇四)という、『現出の本質』でも引用したカフカの言葉を引いて、彼が〈基底〉と呼ぶものに言及する。〈基底〉はあらゆる生ける者に生を与える根拠である。アンリにとって、「地面」は生ける者を生ける者たらしめる「生の自己出生」を、「二本の足」は「各々の生けるエゴ」の受動的な自己感受を象徴しており、これらが一致するというカフカの言葉は、「各々の生けるエゴが生み出されることになる生の自己出生」という真理を現している。すでに述べたように、アンリはすでに『現出の本質』においてカフカの言葉を真理の表現と見なしていたが、これはそれ以降の著作でも同様である。

また、『現出の本質』では、カフカの言葉から、真理だけでなく、真理に至る道行きについても考察されていた。真理に至る道行きは、後の諸著作では、或る種の共同体や共同体に入る道についての考察として現れる。共同体は『実質的現象学』の第三章ですでに示唆されていた。〈基底〉である「地面」は、生ける者である「二本の足」にとっての地面であるだけではなく、他の生ける者の足にとっての地面でもある。アンリは、『我は真理なり』では、『ヨハネによる福音書』に見られる「住む所」や「あなたがたのための場所」を、こうした生ける者のための場所と見なす(CMV, 158)。

> 私の父の家には住む所がたくさんある。もしなければ、あなたがたのための場所を用意しに行くと言ったであろうか。行ってあなたがたのための場所を用意したら、戻って来て、あなたがたを私のもとに迎える。こうして、私のいる所に、あなたがたもいることになる。(17)

アンリは、『我は真理なり』第七章で、この『ヨハネによる福音書』の言葉をカフカの長編小説『失踪者』(18)の文章と重ね合わせる。その文章は、「オクラホマ野外劇場」の章で、主人公カール・ロスマンが街角で見つけた劇場要員募集ポスターの文章である(CMV, 165)(19)。「誰でも歓迎」し、「各人を適材適所に」配置するという劇場は、「住む所がたくさん」あり、「あなたがたのための場所」が用意される「父の家」、つまり神の神殿と重なりあう。「父の家」はイエスにとって「私のいる所」であり、そこに「あなたがたのための場所」が用意される。イエスを通じて、すべての生ける者が存在しうる「絶対的ここ」(CMV, 165)、つまり〈基底〉に支えられた共同体へと至る。イエスは、いわばこの共同体に入る「門」であり、生の真理への道である。

ただし、『現出の本質』で不滅のものと認識の真理が区別されていたように、イエスの「生の真理」、「生の言葉」は、イエスにたいして「あなたの父はどこにいるのか」と問うファリサイ派の言葉に代表されるような、この世〔世界〕の系譜を求める「世界の真理」、「世界の言葉」とはまったく区別されるものである。晩年の『キリストの言葉』では、かつて『現出の本質』で認識の真理を批判するために引いていたカフカのアフォリズムのひとつを再び用いて、世界の言葉では、イエスの言葉が「沈黙のこだま」(PC, 133：一六五)となってしまうことが指摘される。アンリはカフカとともに、真理と、真理探究の困難をつねに考察していた。

おわりに

アンリにはまとまった文学作品論はないが、以上見てきたように、その時々の哲学作品における文学作品への簡潔な言及の背後を追跡すると、アンリがつねに真理との関わりで文学作品と向き合ってきたことがわかる。哲学と文学がともに真理に関わるものだと考えていたアンリにとって、ランボーやカフカは、真理を表現した作家であるとともに、紆余曲折のある真理探究の道について考察した先達であった。「文学作品から引用するアンリ」を捉えることは、先達の後を辿り、もっと先へと探究を進めるアンリの姿を発見することであり、文学は、「真理を語ろうとする意図」をもつアンリ哲学へと通じる門のひとつである。

〔付記〕本節は拙稿「ミシェル・アンリにおける宗教思想家としてのカフカ」(『ミシェル・アンリ研究』第6号、二〇一六年)と内容が重複することをお断りしておく。

註

(1) 執筆時のタイトルは「ネズミ」であった。
(2) たとえば、本節では扱わないが、アンリはモーパッサン(CC, 27：二二)やリルケ(PV-IV, 178)などに通りすがりのように言及している。
(3) Arthur Rimbaud, *Œuvres complètes*, Gallimard, «Bibliothèque de la Pléiade», 2009, p. 279(ランボー『ランボー全集 個人新訳』鈴木和成訳、みすず書房、二〇一一年、二六八頁).
(4) *Ibid.*, p. 280(同前、二六九頁).
(5) Franz Kafka, *Nachgelassene Schriften und Fragmente II*, S. Fischer, 1992, p. 118(カフカ『掟の問題ほか カフカ小説全集6』池内紀訳、白水社、二〇〇二年、一四〇頁).
(6) *Ibid.*, p. 63(同前、七二頁).
(7) 『現出の本質』でアンリが引用するカフカの文章は、「八つ折りノート」GとH、および、「アフォリズム集成」に出典が限られている。八冊残された八つ折りノートは、後世、年代順にAからHの記号がつけられた。このノートに関しては、中澤英雄『カフカとキルケゴール』オンブック、二〇〇六年を参照。
(8) Kafka, p. 69(カフカ、八一頁). 強調は引用者。

(9) *Ibid.*, p. 55（同前、六一頁）. 強調は引用者。
(10) *Ibid.*, p. 66（同前、七六頁）.
(11) *Ibid.*, p. 83–84（同前、一〇〇頁）. 強調は引用者。
(12) *Ibid.*, p. 73（同前、八六頁）.
(13) *Ibid.*, p. 74（同前、八八頁）.
(14) *Ibid.*, p. 73（同前、八七頁）.
(15) *Ibid.*, p. 72（同前、八六頁）.
(16) *Ibid.*, p. 74（同前、八八頁）.
(17) 新共同訳聖書『ヨハネによる福音書』一四章二―三節。強調は引用者。
(18) 『失踪者』は、マックス・ブロートによって『アメリカ』という表題が付けられ、一九一三年に出版されている。「オクラホマ野外劇場」という章の標題もブロートが付けた。
(19) Franz Kafka, *Amerika*, S. Ficher, 1966, p. 305（カフカ『失踪者 カフカ小説全集 1』池内紀訳、白水社、二〇〇〇年、三〇八頁）.

8　アンリと文学②
小説を書くアンリ
「生」の真理と人間の社会

村松正隆

はじめに

ミシェル・アンリは傑出した哲学者であるだけでなく、小説家という顔も持つ。その作品は、『若き士官』（一九五四）、『目を閉じて、愛』（一九七六）、『王の息子』（一九八一）、『不躾な死体』（一九九六）の四作であり（四作の書誌情報については、アンリの著作一覧を参照いただきたい）、二作目の『目を閉じて、愛』は、フランスの主要な文学賞の一つ、ルノード賞を受賞している。複数の作品を出版し、権威ある文学賞まで受賞しているという事実から、アンリの小説執筆は余技といったレヴェルを越えていると、ひとまずは言えるだろう。

本節では、アンリの小説論や執筆における技法を参照しつつ、これら四つの小説の特質を分析し、アンリにとって小説を書くことがいかなる営みであったのか、考えてみたい。なお、哲学的著作とは異なり、アンリの小説には邦訳がないため、その細部に関わる記述などは極力避けるようにしたが、それでもわかりにくい部分は残ってしまうかもしれない。その点については、読者諸賢のご寛恕を予めお願いしたい（なお、本章をお読みになる方は、「主要著作解題」の「小説」に予め目を通していただければ幸いである）[1]。

実際の分析に先立ち、一つ、著者の推測を示すことをお許しいただきたい。この推測とは、アンリが小説を「楽しんで」執筆していただろう、というものだ。もう少し細かく言うならば、彼は哲学的著作との違いを強く意識しつつ、「小説」の特質を可能なかぎり引き出そうとしていたように見える。彼の理論的著作は、総じて語彙が少なく、意図的とはいえ重要な主張を反復することが多いのに対して、小説においては、ジャンルの性質上当然ともいえるが、語彙がきわめて豊かであり、筋の展開もそれなりに劇的である。アンリは小説の執筆に際して、こうした「違い」を楽しんでいたように見える。

とはいえ、その哲学的著作と小説のいずれもが、同じ人物の手によることもまた事実である。アンリがこれら二つの著作活動を通じて示そうとしたことがいかなるものであったのか、この点について考えてみたい。

1　アンリの小説「理論」

本節では、アンリ自身の言葉に拠りつつ、小説執筆と哲学的思索との間にいかなる共通点があると彼が考えていたのか、この点を整理しておこう。

アンリによれば、小説と哲学の共通点としては「真理を言わんとする意図、実存の出来事ないし諸形式を通じて本質的なものを見極めようとする意図」(AD, 224) が挙げられる。また彼はその小説執筆に関して、より広い読者層を意識していると思しき言葉を発している。彼自身の言を見よう。「小説というものは概念的指標ではなく想像的なものを利用します。この点からして、小説というものは、より広い読み手、私とは違った人々へと向けられているのです」(AD, 225)。

この言葉に拠るならば、アンリは、哲学的著作を読まぬ人々に自身の哲学を語るために、小説というジャンルを意識的に選択している、との推測が許されよう。そうすると、アンリの小説には何かしら哲学的な寓意があるということになる。

事実、『若き士官』においては身体性や悪の問題が、「ネズミ」という象徴を通して論じられている。『目を閉じて、愛』では文明と生との関わりが、『王の息子』では「生」の多様な様態と、科学や精神医療の生に対する無理解が語られているが、これらはいずれもアンリの哲学の重要なテーマである。したがって、アンリの小説群と哲学的思索との間に一種の並行関係を見て両者の連関を分析する作業は、哲学的主題がフィクションにおいてどのように表現されうるのか、という問題を考える上で、興味深いものとなろう[2]。

とはいえ、アンリの小説をめぐる考察には、ある大きな問題が立ちはだかっている。それは、アンリが、小説理論において、その「抽象性」を主張している点である。次のテクストを見てみよう。

仮に私が小説美学の理論を作らねばならないとすれば、抽象絵画、つまりその真の本性において理解されたこの芸術に関する革命的議論がそうしたように、音楽を導きの糸とするでしょう。結局、私は自分が自ずとしていたことを再発見するでしょうね。すなわち、文学とは表層的な形象化では確かにないこと、そうではなく、小説は、カンディンスキーが抽象的と名づけた驚くほど豊かな内実、私たちの固有の生、つまりパトス、絶対的主観性によって可能とされた生の内的な歴史、己自身を逃れることができず、そのゆえに自身を破壊しあるいは実現しなければならない生を持つ、ということを再発見するでしょう。

(PV–III, 317–318)

アンリは、小説美学は抽象絵画をモデルとし、その意味で「音楽的」であることを理想にすると明言している。アンリが倦まず語り続けた情感性の哲学ならびにこれに基づく表現論・芸術論からすれば、ごく自然な結論であろう。そして、引用したテクストの後半部では、小説が「生」の実相を語るものであることが確認されている。アンリの哲学が不可視の「生」を語るものであり、アンリ自身が、自身の哲学と小説は主題を同じくすると明言している以上、その小説の主題が「生」であるという結論は、議論の余地のないものだ。

ところでここで、「生」について、抽象的、という言葉が用いられていることに注意したい。「抽象的」な生とは一体どのようなものだろうか?

ここでの「抽象的」という語の意味は、具象的な事物の姿を描くわけではない、という意味で「抽象絵画」という言葉を用いる際の「抽象」という言葉のそれと同じではない。抽象絵画と同じ意味での抽象的小説、といったものは想像しにくくはあるが、寓意性を強く備え、現実世界とは位相を異にする世界を描き、事物の本質の記述にまで切り詰められた小説、たとえばアンリ自身が愛好し本章第1節でも論じられたカフカの小説などを考えることはできよう。アンリの小説も、現実の世界とは微妙な距離感をとるところがあり、地理的、時間的状況が明示されないものが多く、[3] その意味で「抽象性」を持つとも言える。もっとも、彼の小説の筋立ては総じてきわめて具体的であり、その叙述のスタイルは古典的とも言える。記述は、きわめて絵画的かつ具象的で、「抽象的」とは言い難い。

邦訳のない彼の小説の一端を伝える意味でも、その絵画的な記述の具体例を見てみよう。『目を閉じて、愛』の冒頭の文章である。

私の部屋の小さな窓からは、街全体を一望することができる。その不規則な並び方のうちに、昔日の幾世代ものたゆまぬ仕事ぶりを示している薄い色の瓦屋根に支えられつつ、眼差しは、数多くの建物の軽やかな姿の完璧さに運ばれるかのように、その厳密な連なりの堅固な法則に従いながら、ある建物から別のそれへと、どれに留まることなく滑るように進んでいく。

(AYF, 7; ROM, 121)

こうした文章には、具体的な観察に依りつつ視覚的なものを言葉に移そうという古典的な描写への努力が現れているように見える。その他、アンリの絵画的記述の例はいくらでも引くことができる。

先に引用した小説美学をめぐるアンリの言葉からも明らかではあるが、「抽象的」なのは、記述のスタイルではなく、「生」なのだ。では、「生」が抽象的であるとは一体どのようなことなのだろうか？

想定するべきは、その本質にまで切り詰められた「生」ということであろう。そして、アンリにおいて「生」は、苦しみと喜びとが絶えず転変する自己享受として規定されると同時に、己の外へと伸長しようとし、その中で成長しあるいは自己を破壊し、そしてその中でパトスを被るものであった。小説が示そうとするのは、この生の実相に他ならない。『目を閉じて、愛』においては、文明がついには自己破壊に至る過程と論理が語られる。『王の息子』においては、生の展開した形の一つである学問が自身の起源を理解できないという悲劇が語られる。こうしたプロットは、確かに抽象的な生を語るものだと言えよう。

アンリの小説の抽象性とは、語られる対象である「生」の抽象性に他ならない。そして、対象を同じくする意味で、彼の小説はその哲学的営為を補完する作業ともなっている（このことの意味には、本章の最後で触れる）。

2　アンリの小説技法——モデルの問題をめぐって

アンリの小説の読解に際して読者が出会う大きな問題の一つは、「モデル」の問題であると思える。彼の小説には、モデルと想定される材料が数多く存在する。筋立てに関するモデルもあれば、登場人物に関するモデルの場合もある。このとき、問いは二つに分かれる。一つは、モデルの確定という問題、もう一つはモデルを用いることで、アンリが何を目指していたのか、という問題である。

まずは、筋立てに関する「モデル」について簡単に確認しよう。これについては、現実の事件がモデルである場合も、既存のフィクションを「モデル」とする事例もあるようだ。

まず、実際の事件をモデルとしていると思しき事例を確認しよう。

『若き士官』については、海軍に勤務していた友人の実際の経験が素材となっていることを、妻のアンヌ・アンリが証言している。一九七六年に出版された『目を閉じて、愛』で描かれる全体主義的な抑圧は、中国の文化大革命やソヴィエトの政治状況をモデルとしている。[4] カンボジアにおけるクメール・ルージュの残虐行為も知られるようになってきており、一一月九日に地方紙に掲載された『目を閉じて、愛』をめぐる対談で、インタビュアーは抑圧的な政治の暴虐の例として、「プノンペン」の名を挙げる状況にあった（PV-V, 202）。

こうした現実の事件をモデルとするという手法は、『不躾な死体』において極まるようにも見える。この小説は、フランス社会党の秘密資金担当者が自殺に見せかけて暗殺された事件を主人公が追う、という形をとる。この枠組みは、一九九〇年代前半のフランスでの政治的スキャンダルを思わせる。特に、社会党の秘密資金をめぐるユルバ事件は記憶に新しいところだっただろう。[5] また、この小説が出版された一九九六年の前半には、大規模な汚職事件、エルフ事件の全貌が徐々に明らかになるところだった。[6]『不躾な死体』の読者は、これらの事件を自ずと連想することとなっただろう。

このように、アンリは多くの現実の事件をモデルとしている。また、既存のフィクションを参照していると想定できる場合も数多い。

『若き士官』は、独特の閉鎖的な環境におけるネズミとの戦いというそのプロットのゆえに、カミュの『ペスト』(一九四七)や、カフカの小説のいくつかを連想させる。『目を閉じて、愛』について言えば、ユートピア小説でありディストピア小説でもあるというその構成は、それ以前のディストピア小説をも当然思い起こさせる。特に最後の大法官による演説は、ジュリアン・グラックの『シルトの岸辺』(一九五一)やハックスリーの『すばらしい新世界』(一九三二)などを思わせなくもない。『王の息子』について言えば、精神医療施設における反抗というテーマは、『カッコーの巣の上で』(一九六二、映画は一九七五年公開)を思い起こさせずにはおかない。また、後で確認するように、『王の息子』は新約聖書から数多くの素材を採っている。

アンリが、実際の事件や既存のフィクションをモデルとしているのはなぜだろうか? アンリが明確な言葉を残していない以上推測を逞しくするしかないのだが、一つには、読者を小説の世界に引き入れる狙いがあったようにも思われる。私たちが現実の事件をモデルとしていると思しき小説を読むときには、卑近とはいえ、フィクションと現実との共通点と違いとの同定を楽しみつつ、その作業を通じて小説の中に引き込まれていく。『目を閉じて、愛』や『不躾な死体』の同時代の読者は、当時の政治状況を思い起こしながら、小説の世界に入っていったのではないか(たとえば日本人であれば、学生運動をモデルとする小説やロッキード事件をモデルとする小説を読む場合を思い浮かべてみればよいだろう)。このことはまた、アンリが小説については、場合によっては通俗的と受け取られることをも恐れてはいなかったことを示唆している。

次に、登場人物のモデルについても簡単に見てみよう。『目を閉じて、愛』では、フーコーやアドルノを彷彿させる人物が顔を出す。学生をも交えた会議で、議決権を学生が持つか否かをめぐる議論が紛糾し、老人や子ども、さらには狂人にも議決権を与えるべきではないか、という意見が飛び出したことを述べた後に、以下の記述が続く。「このとき講堂中は耳をそばだてた。論争が明快になったからだ。すべての眼差しはグランラに向いた。彼の『狂人礼賛』は、狂気の代償でありおそらくはその理由でもある社会に対しての仮借ない批判と共に、革命的前衛のおはこの一つとなっていた」(AYF, 38; ROM, 147)。グランブラは、学生たちに阿る人物として描かれている。同時代の読者は、ここにフーコーへの揶揄を読み取っただろう。また、アドルノをモデルとすると思しきカタルドを揶揄する記述も見られる（AYF, 41–42; ROM, 150）。

読み手を当惑させなくもない、こうしたあてこすりめいた記述とは別に、物語の本質に関わるように見えるモデルの設定もある。同じく『目を閉じて、愛』においては、主人公と知り合う詩人夫妻に、「オシップ（Ossip）」と「ナジェージダ（Najejda）」という、詩人マンデリシュターム（一八九一―一九三八）[7]とその妻のファーストネームが付けられている。アリアオヴァの全体主義的体制に抵抗する芸術愛好家という形象は、まさに、マンデリシュターム夫妻の実人生と重なるものであろう。こうした歴史上実在した人物をモデルとすることで、アンリは何を目指していたのだろうか？

一つには、プロットにおけるモデル設定と同じく、読者の興味を惹くといった目的があったと考えられる。さらに言えば、仮に、アンリが意識的にこうした技法を用いていたと仮定してよいのなら、彼は「感情」の超歴史性を示唆しようとしているという解釈が可能かもしれない。すなわち、「生」の根底にある感情は絶えず再生されるのであって、たとえば、美的なものに身を捧げつつも政治体制によって迫害される『目を閉じて、愛』のオシップの苦しみは、スターリン体制下におけるマンデリシュタームの苦しみと同じであることを、アンリは示唆しようとしているのかもしれない。

このように考えた場合、アンリにおけるモデルの問題は、より広い射程を持つと考えることができる。すなわち、感情と歴史の問題、あるいは他者の感情の理解といった問題について、アンリの小説を手がかりにすることもできると考えられる。アンリによる「モデル」の設定は、読者に訴える試みであると同時に、こうした、特に後期アンリにおいて立ち上がってくる重要な問題系に関しての、やや自由な思索と言える部分も持つのかもしれない。

3　特権的なモデルとしての新約聖書

これまで見てきたように、アンリの小説群にはさまざまなモデルを想定することができるが、その中でも特権的なモデルが一つ存在する。新約聖書である。

どちらかというと地中海の明るさを読者に想起させ、その意味でヘレニズム的とも言える『目を閉じて、愛』にも、新約聖書を思わせるシーンがある。物語末尾で大法官は群衆に虐殺されるが、そのシーンは、新約聖書におけるイエスの受難を思わせなくもない。

『王の息子』では、新約聖書がよりあからさまに参照されている。主人公の名前、「ジョゼ」は言うまでもなくイエスの名、あるいはイエスの父ヨセフの名を思わせるし、物語で幾度となく繰り返される「私は王の息子である」というジョゼの主張が新約聖書に由来することは言を俟たない（特に『ルカによる福音書』二二章七〇節）。そして、多くのエピソードが新約聖書から採られている。主人公のジョゼは歩けなかった者を立たせ(FR, 168; ROM, 494 sqq.)、サロメを彷彿させる女医が登場し(FR, 52f; ROM, 401)、「我に触れるなかれ」というセリフが現れる(FR, 206; ROM, 525)。

これらの点に鑑みれば、『王の息子』という小説の目的の一つは、現代における「生」の救いの可能性の探究ではないか、という仮説も成り立ちうる。そして、現代における「生」の救いを考えるのであれば、精神医療の施設において、「科学」によって疎外されている人々の「救い」を描くことが最も有効である、と、このようにアンリが考えた可能性を想定させるのだ。想像を逞しくするならば、小説ないし映画で『カッコーの巣の上で』の粗筋を知ったアンリが、精神医学への批判というテーマ以上に、「生の救済」というより普遍的なテーマを際立たせるために、新約聖書のさまざまな場面を借りてきている、と推測することもできよう。

また、ひとまずは推理小説の形をとる『不躾な死体』も、新約聖書との関連を思わせる。事件の真相(=「真理」)を追い求める主人公の名前が「ジョアネス・ミシェル」とされている点は象徴的であろう。この名前は当然ながら、アンリが遺作『キリストの言葉』(二〇〇二)で特権的に扱う『ヨハネによる福音書』を連想させる。このやや奔放な想像が認められるのであれば、『不躾な死体』は、「真理」と私たちとの関係をめぐる考察と呼べなくもない。

小説の末尾、被害者ジャン・デュトゥイユは自殺に見せかけて暗殺されたのだろうという推測を封印する、すなわち「真理」を隠蔽する思いを固めつつも、ジョアネス・ミシェルは次のように自問する。「けれども、人は真理に背を向けて生きることなどできるのだろうか? 完全に真理を忘れて? 真理というのは、もしも私たちを永遠に立ち去ってしまったりしたら、呼吸をすることもできなくなるような、そんなふうに私たちの肉に、息に混ざり合っているのではないか? 真理がなかったら、私たちが息をしているというのは、本当などではない。私たちは決して息ができないはずだ!」(CI, 222)

これらの言葉は、キリスト教への傾斜を隠さぬアンリの姿勢と重ね合わせて考察すべきものとなろう。後期アンリのキリスト教論は、アンリ哲学の展開を考える上での大きなテーマだが、『王の息子』や『不躾な主題』の読解を通じて、このテーマに新たな光を当てうる可能性があることを、ここで示唆しておきたい。

4 最後に
——アンリの小説は何を描こうとしていたのか?

以上、小説執筆に際してのアンリの技法を概観してきた。最後になるが、彼の四つの小説の共通点を一つ指摘しておきたい。これは、四つの小説のいずれもが、希望を持ちにくい形で終わっている、という点である。

『若き士官』においては、小説の結末で、身体性、あるいは「悪」を象徴するネズミが回帰する（ネズミを退治しきることはできない）。ここでは、私たちの「生」が身体性並びにそれに由来し得る「悪」と共存せざるをえないことが示唆されている。『目を閉じて、愛』の末尾は、他の作品と比べれば希望を感じさせるものだが、理想都市アリアオヴァの崩壊というプロットのゆえに、陰鬱な雰囲気をたたえていることは否めない。『王の息子』は、病院の閉鎖性が生み出す抑圧的な雰囲気が全編を支配しているし、主人公ジョゼは、最後に電気ショックを受けることとなる。最後の『不躾な死体』では、事件の真相（「生の真理」の象徴？）の公表を断念せざるをえない苦々しい結末を迎える。

こうしたさまざまな物語は、この世界に生きる私たちの、「悪」と共存しなければならないという事態、あるいはさらに「生」の真理を語ることの困難を示唆するものともいえる。

ここで思い起こしたいのは、本章の第2節でみた、アンリが「生」という語に付した「抽象的」という言葉である。私たちはこの言葉を、「生」がその本質まで切り詰められたこと、という意味で理解し、またそこに、「生」の伸長や自己破壊といった姿を認めたのであった。ところでアンリの描く「生」はまた「悪」と共存せざるを得ないものでもあり、また、現実においてはその実相が隠されるものでもあった。(8) アンリが想定する「広い読者」が暮す人間の社会においては、「生」は一層そうした姿をとると言えるだろう。

アンリはその小説において、「生」がこの「世界」、あるいはこの「社会」において出会わざるを得ないさまざまな悪や困難、本質的でありその意味で「抽象的」な悪や困難を、より生き生きと描き出している。これらの記述はむしろ、小説においてこそ可能であったとも言えるだろう。

このように見るならば、アンリが小説執筆によって目指していたのは、彼がつかんだ哲学的真理をただ「より広い読者」へと届けることのみならず、その「生」の真理の、人間社会における位置づけであったとも言える。

［付記］本節の内容は、一部、拙稿「ミシェル・アンリの小説世界」（『ミシェル・アンリ研究』第8巻、二〇一八年）と重なることをお断りしておく。

註

（1）また、拙稿「ミシェル・アンリの小説世界」（『ミシェル・アンリ研究』第8巻、一―二一頁）では、各作品の粗筋がもう少し詳しく紹介されている。なお、本節付録として、ある程度の引用を含めた『若き士官』の紹介を付したので、アンリの小説の「雰囲気」の一端に触れたい方は、そちらも参照いただきたい。

（2） 加えて、登場人物がアンリの哲学的主張をほぼそのまま繰り返す箇所もある。特に『目を閉じて、愛』ではその傾向が著しく、結末に近い箇所での、小説の舞台である都市アリアオヴァの崩壊の理由をめぐる大法官の分析は、ほぼ『野蛮』（一九八七）の議論と同じである。

（3） 『若き士官』では、軍艦の名前も時代も指示されていない。『目を閉じて、愛』は、架空の都市を舞台としており、時代は明示されていない。『王の息子』は、時代がおよそ小説執筆と同じ時期であることは示唆されるが、いずれの都市の物語であるかは語られない。

（4） 文化大革命については、すでにその内実を告発する書物が一九七〇年代前半にフランスで現れ始めていた。また、ソルジェニーツィンの『収容所群島』仏訳が一九七三年末に出版され、フランス国民に大きな衝撃を与えていたこと、左派からもソヴィエト連邦への批判が出ていたことを想起しておきたい。ソルジェニーツィン事件の経緯については、以下の記述が興味深い。中村督『言論と経営――戦後フランス社会における「知識人の雑誌」』（名古屋大学出版会、二〇二一年）、第5章2「『ル・ヌーヴェル・オプセルヴァトゥール』の政治的・文化的影響」、一七七―一九一頁。

（5） ユルバ事件は、一九七〇年代から存在した社会党の秘密資金調達システムが明らかになったもの。

（6） エルフ・アキテーヌ社を舞台とした斡旋収賄事件。フランス社会党の大物政治家の関与が取りざたされた。『不躾な死体』の出版後、本格的にマスコミを騒がせる。

（7） オシップ・マンデリシュターム（Ossip Mandelstam）は、帝政ロシア、ソヴィエト連邦時代の詩人。多くの詩集を公刊して活躍していたが、スターリン時代に迫害され、収容所で亡くなっている。妻ナジェージダ（これはロシア語で「希望」を意味する）による回想は日本語でも読むことができるが（『流刑の詩人・マンデリシュターム』木村浩・川崎隆司訳、一九八〇年、新潮社）、スターリン時代に関する貴重な記録となっている。ちなみにこの書の仏訳は一九七二年から七五年にかけて出版されており、アンリが手に取った可能性は高いと思われる。

（8） 本読本第I部「ミシェル・アンリの軌跡」で強調されたように、主観性の存在とは「見えない闇」であり、つねに「隠れている」もの、「地下に潜伏した（clandestin）」ものとも言える。

8 アンリと文学③
［付録］『若き士官』紹介

村松正隆

第Ⅰ部「ミシェル・アンリの軌跡」や本章ですでに触れたように、ミシェル・アンリは四つの小説を出版しているが、残念ながら邦訳はない。ここでは読者にアンリの小説の「雰囲気」をお伝えするために、彼の最初の小説『若き士官』（一九五四）の抜粋を紹介する。

本作は、とある軍艦において主人公である若き士官が命じられた、軍艦からネズミを追い出すという任務の顛末をめぐるものである（主要著作解題「小説」も参照）。主人公の名前は示されていないが、エリートであること、新入りであることが読み取れる。主人公は、ネズミの問題をめぐり、船医などとの会話を通じて打開策を探るが、なかなか妙案を見つけることができない。しかし、赤道に到達した際の祝宴で、ネズミをめぐる長い演説を打ち、その中で、船内がネズミにとって住みにくい場所となるようにすることを唱え、餌、水を極力与えないようにすること、船内の通路を徹底的に閉鎖し、ネズミが自由に行き来できないようにすることを対策として唱える。この方法は艦長によって採用される。結果この作戦は成功し、ネズミはとある寄港地で、自発的に船を出ていくこととなる。この一連の経緯のゆえに、主人公は艦隊司令官（Amiral）から勲章を授与されることとなるが、その最中に、結末が訪れる。

なお、アンリの四作品のうちで本作を紹介することとしたのは、彼の小説の中では最も寓意性が高く、いわば第二の主人公とも呼びうる「ネズミ」が何を象徴するかをめぐって、抜粋を通じてでも考えることができると判断したからである。

小説の冒頭部で、艦長は次のように、主人公に任務を命じる。

しかし私は、貴官にきわめて重大な任務を命じることに決めました。貴官はこの船で、ネズミとの戦いの責任者となるのです。貴官が卒業されたグランゼコール、貴官は特に優れた学生だったそうですが（おわかりのように、そしてすでに貴官にお話ししたように、私は貴官に関する報告を注意深く読んだのです）、こうした優秀な学校で、誰かが貴官にネズミについて話したことがあるか、私は、そうですね、私は知りません。軍艦にこうしたネズミがいるというのは、船乗りなら出会う可能性がある最重要の問題の一つなのです。誰かがこの問題へと貴官の注意を向けたことがあるのか、私は疑っています。おそらく、貴官を前にしてこうした齧歯目の連中や、この連中が引き起こしうる損害、運び込みかねない病気をほのめかしたことはあるでしょう。しかし、こうしたことのいずれも本当に徹底して吟味されたことはないのです。そして、もし私が間違えていないなら、貴官の仲間も貴官自身も、そして貴官の先生たちさえも、ネズミというものを愉快な話題、あるいは駄洒落のタネくらいにしか、考えようとしなかったのです。だから皆、私たちの艦隊の船にネズミがいるということを、何か利用すべきもの、共に生きることに慣れるべきものとして貴官に話して、満足していたのです。皆、こうしたことはおそらくおよそ愉快ではないが、この不愉快さだって、寄港地で上陸許可を得て、美しい女性にね、ネズミの困ったところを話せるくらい器用になれば、利用できるものに簡単になる、と思わせたでしょうね。なぜって、こうした話をすると女性は軽く身震いをするにしても、大いに喜びますからね。そして貴官はお楽しみ、というわけです。しかしながら、若き友である貴官、あなたの本艦での任務は、ネズミとの戦いとなるのです。

(ROM, 26)

こうしてネズミ退治を命じられた主人公は、「ネズミとの戦いは本当に、とても重要で、この点について艦長が話したことは大まじめに受け取られるべきなのか？」（ROM, 32）と自問し、最近ネズミに鼻をかじられた水夫がいたことを思い出して、彼を治療した船医を訪れることとなる。船医は「大柄で」、「脂ぎった体質のために、怪物じみてほとんど嫌悪を催させる外見」（ROM, 36）であり、主人公に酒を呑まないか、ブリッジをしないか、などと誘いかける。以下は二人の会話である。

「それだったら、ブリッジを覚えるんだな」と彼は言った。「しかし用事はなんだい？　退屈している様子だな。ああ、こういったところか。貴官、乗船する前に何か陸で馬鹿なことをやらかしたんじゃないか？」

「いえいえ」私は顔を赤くした。「実を言うと、先生、医学上のことでお会いしに来ているのです。というのも、ある水夫がネズミに鼻をひどく齧られたと聞きまして、そこで艦長が……」

相手は破顔一笑した。

「わかってる、わかってる」彼は真面目な調子を完全には取り戻せないまま言った。「我らが艦長殿は素晴らしい人だよ。ただ、妙な気まぐれがあるね。あの方は、この船のネズミを全部やっつけるということを思いついて、自分の話をちゃんと聞く人なら誰にでも、それが実に大事な任務で、この任務が終わらなければ艦上では何もできない、と言っているんだ。艦長は乗船している士官たちを順繰りに説得しようとしたが、それほど時間が経たないうちに、俺たちがあの方の考えに賛成の振りをしているのは、その地位から来ている敬意と尊敬のためでしかない、とわかったんだ。誰にも悪さをしたことのないこのかわいい動物に、なぜ艦長がこんなに熱心に敵意を向けることができるのか、俺も不思議に思っているんだ。そりゃ、最近水夫の一人に結構ないたずらをやらかしたが、ありゃ例外だ。わかるかい。自然の意思にさからっちゃいけない。ネズミだって猿や人間と同じでこの地球にいる種の一つなんだし、これをなくそうという理屈はない。それに仮にそうしたいと望んだとしても、そんなことは不可能だ。だから、一番いいのはこの動物とうまくやっていくことで、俺たちの食い物をちょっとくすねてもそのままにしておいて、こいつらがいることに慣れること、もっと言えば好きになることなので、そのほうが、無駄にネズミから逃げようとしたり忘れようとしたりするよりはましだよ」

（ROM, 37–38）

主人公は船医の部屋を出るが、こうした彼の姿勢に対してはきわめて批判的であり、次のように独白する。

私は今や確信をもって、こうした人は私が試みたばかりの仕事には何の助けにもならないことを理解した。私は彼に対して一種の嫌悪すら感じ、彼と話し彼の視界に入ったことですら重大な危険であるように思えた。彼の人柄が振りまく凡庸な哲学、私が恐れるこの種の生き生きとした陽気な輩が信奉する、にこやかな人のよさと懐疑主義の混合物、こうしたものを私は共にせねばならなくなってしまうだろう。存在するだけでわれわれの品位を落とす人間というのがいるのだ。

（ROM, 38）

この後、ネズミ退治に熱中する主人公と同僚の間には、ぎくしゃくした感じが生じる。

こんなわけで、私たちがお互いに感じることができていた個人レベルでの共感にもかかわらず、そして、議論の的には触れないという両者ともが行っていた賞賛すべき努力にもかかわらず、越えがたい距離が私たちの間にできてしまった。ネズミの問題について暗黙のうちに用いていた沈黙の政策も、私たちがしばしば感じていた、そして食事中や何かの会合の折に突然生じる気づまりな印象を消すには至らなかった。仲間たちは自分たちの会話の話題が私には軽薄に見えるのではないかと危惧していて、間違ったことに、私が、ネズミとは関係のないどんな考えも些細なことと判断していると思い込んでいた。私の方は、自分の存在を消し去り、周囲に消え去ることで、あたかもそこにいないかのようにしようとしていた。しかしたいていの場合、私の努力は無駄なままであった。私たちはお互いを忘れるには至らなかったのだ。しばしば、軽い不安が彼らを支配するようにすら見えた。　(ROM, 52)

この後、主人公が孤独におのれをいやす場としての上甲板が語られる。ここは、後年のアンリの思索を思わせもする。

この場所について、どうやったらちゃんと話せるだろうか、味気ない数週間の間、この場所が私にとってどのようなものであったかを、どうしたら語れるだろうか？　私は空と海の間で宙吊りになり、私の周囲と言えば、空間、限界もなく果てもない、自身を隠すものは何もない、形もない、誰もいない空間なのだ！　風が君を囲んでいる。驚くべき味わいで一杯の塩気を含んだ風で、まるで初めて息を吸ったかのような気持ちになる！　あの彼方――ごく短い一瞬の間だが、ああ――私は不死となるのであって、いつでも同じ酔いが、同じ確信が訪れる！　私はこれほどまでに上甲板が好きになり、私がそこにいない時でさえ、望みさえすれば大した邪魔もなしにそこに上っていけるという考えは、私を励まし、上甲板の下の世界での生活のあれこれに耐えることを助けてくれた。　(ROM, 55)

こうした中、軍艦は赤道に到達し、これを祝う祝宴が開かれるが、その席で、主人公はネズミをめぐってきわめて長い演説を行い（演説は、この小説の四分の一以上を占める）、ネズミを徹底的に追い出すことを唱える。以下、この演説の主たる箇所をいくつか引用する。

私の注意を惹いた、そして私たちにとって十分に屈辱的と思われた逆説とは、次のものです。私たちが殲滅したいと望んでいるこの連中は、私たちの前で完全に困窮し、どんな力をも奪われた状態、まずもって自分たちが危険に脅かされていることを理解する力を奪われた状態にあります。それなのに私たちは、事を最後まで進めることが決してできなかったのです。この連中との関わりをこれっきりにしたいという私たちのどんな努力もうまくいったことはなく、私たちが知らずに嘲笑される歳月はこんなものだったのです！　(ROM, 67)

そして私たちはこの齧歯目の連中を笑いものにするように、かわいいやつと思うようになり、ときにはこいつらを愛しているふりをするのですが、それは、この連中をやっつけ、窒息させ、毒を飲ませ、全部を一挙に殲滅して自分たちの憎しみを解放することができないからなのです。おわかりですか。

ネズミというのは、ネズミ族に属する丸まった尻尾をもった齧歯類の哺乳類なのではありません。私たちは、自分たちの動揺と不安を科学の言葉を使って隠していますが、こうした言葉で何か安心を得ようとしても無駄なことなのです。実際、ネズミがまさに意味しているのは、私たちの悲惨、私たちの無力に他ならないのであって、眠っていても私たちに付きまとうネズミの姿、見えない闇を引き裂くやつらの恐ろしい声は、私たちの不幸な条件の拒否しがたい証人に他ならないのです。(ROM, 68)

私は自分が何に関わっているかわかっていて、おそらくは私たちが解決する力のない問題、だから、船倉や貨物室の、厚く茫漠とした闇の中に眠らせておいたほうがいい問題を示した、といって非難されることを恐れてはいます。信じていただきたいのですが、私たちを待ち受けている困難を知らないわけではありません。しかし、私たちを大胆にすべきは、成功への希望ではないのです。私たちの努力と悩みの果てに待ち受けているのが仮に敗北だとわかっていても、私はこのようにしか振る舞えません。なぜなら、ネズミの問題を真の光において以外に考える権利は、誰にも与えられていないからです。(ROM, 74)

こうした演説を行った主人公は、ついで、ネズミを繁殖させる三つの要因、餌、水、生殖行動を挙げ、これらを欠乏させあるいは妨害するために、艦内を徹底して清潔にし、ネズミの生息を困難にし、最終的に寄港地でネズミが自発的に出ていくようにすることを提案する。そして、この、徹底的に清潔を守る週間を「ネズミ週間(Semaine de Rat)」(ROM, 84)と名づける。

この作戦は、同僚の懸念を受けるが、艦長の賛成により、実施されることとなる。寄港地に近づくと、主人公は「ネズミに対する内側での戦いは終了した。今や私たちは、こいつらを追い出す段に取り掛かるべきだった」(ROM, 98)と述べ、本格的に作戦にとりかかる。寄港地では、ネズミのためにただ一か所の脱出口が開かれる。最初、作戦はうまくいかないように見えたが、やがて、自室にいた主人公の耳に、物音が聞こえてくる。

大いなる夜の沈黙の中で、それは否定できないものとして姿を現わし、順を追って私に聞こえてくるすべての音、あるいはむしろ、軋みや足音が一つの音楽となる別の世界でこうした音が作り上げる一種の交響曲のために、私は溢れんばかりの、叫んで涙を流したくなるほどの歓喜で満たされた。冷静さを保たねばと感じた。自分でも驚く正確さで私は立ち上がり、部屋に散らかっているものには躓かずドアへと行き、静かに開けた。物音は一層強くなり、どこから来ているかも一層はっきりした。船倉から船室階にまで達しているのだった。押し合い、進んでいき、逃げ出そうとする足や体がもつれあい混乱しているのがわかった。どれほどか、すべてを数えることなどできないに違いない。すべてと言うのは、今や問題となっているのは、孤立した連中の思い付きや気まぐれによる何かの移動といったものではなく、もはや脱出するしか手立てのない、そして、大慌てで動転しつつ、見つけた唯一つの出口へと、ここのように人間たちが監視と禁止を行なうことのない別の場所へとどうにかこうにか道を進む、群れの全体だからだ。何たる敗走！　ほとんど沈黙にも等しい、何たる奇妙な騒ぎ！

(ROM, 103)

主人公はこの、ネズミを追い出した功績によって、艦隊総司令官から勲章を授与されることとなる。この勲章授与式の後、軍艦に運び込まれる小麦について、これが最上級のものかを確認したいと総司令官が言う。以下が、結末部である。

突然司令官は恐怖の声をあげて後ずさりをした。その顔は死人のように青ざめていて、眼差しは誰かこれを説明してくれないかと言わんばかりに、袋の周りを彷徨っていた。

だが二人の荷担ぎ人は相変わらず私たちの前に立ったままで、その美しい素朴な目は大層な驚きで一杯だった。彼らはこの突然の変化の、この沈黙の、陽気さが失われた理由を訝しく求めていた。彼らはなにがこの儀式の見事な段取りを乱すことができ、そして、これほど身分の高い人々の顔を曇らせることができたのか、わからなかったのだ。だが、軽く前に投げ出されたその膝の上に長く黒い手で彼らが支えていた袋は少し開いていて、そのため、白い無垢の小麦の上に上品に身を置く、見事な小さな子ネズミたちが見えていたのだった。

(ROM, 116)

コラム❸　想い出遥か　ミシェル・アンリとの出会い

松永澄夫

ミシェル・アンリを知ったのはメーヌ・ド・ビランを通じてであった。しかしビラン注釈者としての彼ではなく、彼の『現出の本質』における〈私〉というものの捉え方と畳みかけるような文体、論構築の仕方に魅了された。そして彼に会えたのは一九七三年三月、私が二五歳のとき、絶好のチャンスが得られて、初めての海外旅行に出かけたときである。

当時私は或る遊具会社の部長に、彼が興味をもちそうな本、エドワード・ホールの『かくれた次元』やロラン・バルトの『モードの体系』などを選んで、その内容を説明するというアルバイトをやっていた。その彼が、春休みにフランスに行き、子どもの遊びと教育とに関係する施設を見てこないかと提案してくれた。そこで私が直ぐに思ったのは、まずはジュネーブのジャン＝ジャック・ルソー研究所附属幼稚園「ラ・メゾン・デ・プチ」を訪ね、それからミシェル・アンリに会ってみたいということだった。前者はジャン・ピアジェの発達心理学構築に材料を提供してくれた施設である。どちらにも急いで手紙を書き、前者の幼稚園園長からは電報が、アンリからは手紙がきて、歓迎とのこと。直ぐに旅だった。あと、ルドテーク（おもちゃ貸し出し館）などの訪問は現地で調べれば何とかなるだろうと。

パリに着いて、ジュネーブ行きの飛行機に乗り換えるつもりがエール・フランスはストライキ中。そこでスイス航空でジュネーブへ。この素敵な街でのことは省く。

次は愈《いよいよ》ミシェル・アンリに会う番だと、モンペリエまで飛ぼうとすると、もう一〇日になるのに未だストライキ中。そこで代替のスイス航空でチューリッヒ経由でニースへ。ニースより西の都市に行く飛行機はない。だからニースからモンペリエまでは鉄道。

モンペリエでは駅から遠くないホテルに宿を取り、早速アンリに電話。その夜に観劇しようとの彼の提案。演目はモダン・ダンスだった。私の好みではなかったが、こういうのが流行《はや》っているのかと想ってみたり。翌日からほとんど毎日、私のために時間を割いてくれた。

哲学に関わる話では、彼はジャン・ナベールを高く評価していて、なぜなのかを詳しく解説してくれた。彼の住まいの一室には東洋の像がおかれ、お香の微かな匂い。像は観音像なのか、残念ながら私には見て直ぐに分かるものではなかった。面白かったのは夕食に招かれた別の日、私の他に一組の夫妻の招待客があったが、アンリがアンリ夫人を「ぼくの兎ちゃん」と呼ぶことだった。来客の前でもそう呼ぶのか、と。私だったら、仮にそう呼ぶ習慣があったとして、それは二人だけのときに留めるに違いない。

日中、幾日も、アンリはあちこちを案内してくれた。レ・ボー・ド・プロヴァンス。ここは夏は観光客でごった返す名勝地だが、三月のことゆえひっそりしていた。素晴らしい眺めだった。小さな要塞都市エーグ・モルト。聖ルイ王が十字軍の船を漕ぎだした港もあったが今は海からは遠くなっている。エーグ・モルトの近くの新しい滞在型リゾート地、ラ・グランド・モット。そこの建築デザインをアンリは私に見せたいと。それから、ノストラダムスの生地として知られ、ゴッホが精神の病の療養のために滞在し、『星月夜』など糸杉を描き込んだ絵や『オリーブ畑』『花咲くアーモンドの木の枝』などの絵を描いた僧院があるサン・レミ。古代ローマのアウグストゥス帝の女婿《じょせい》アグリッパが紀元前一九年に決意して建造が始まった、ニームに水を引くための水道橋、ポン・デュ・ガールなど。田舎道に入ると目につくアーモンドの花に、素敵だろう、春の花だとアンリは注意を促す。印象的だったのはモンマジュール大修道院。それから道の両脇に海と沼の水が広がるカマルグ。西の方ではポール・ヴァレリーが生まれ、墓もあるセットなど。

彼は熱心に訪問地の説明をし、時々はしゃぎ、時々私を気遣うような表情を見せ、映画俳優のように男前だと思いながら私は彼を見ていた。あのとき彼は幾つか、考えもしなかったが、五一歳になったところだったんだ、と後で思ったことだった。はしゃぐと言えば、街のレストランでベトナム料理を食べた後、夜の暗くて静かな住宅街で、幾つもの家のドアノブを叩いては大急ぎで離れるという遊びを彼が思いつき、面白がって、笑いすぎて咳が出るくらい。そして私にもやれ、と言う。こんな楽しいことはいつやったのか、遥か昔だと。

次にアンリに会ったのは、一九八二年の一一月の下旬。私が間もなく三五歳になるときだから九年と八ヶ月経っていた。関東学院大学四年間のあと九州大学に移って四年目のとき、一年と四ヶ月弱モンペリエに滞在する機会を得た。CNRS（フランス国立科学研究センター）のもとに「メーヌ・ド・ビランとその時代」という研究組織があって、そこに所属するという名目で、フランス政府から僅かな支給があった。だが実情を言えば、私はメーヌ・ド・ビランそのものよりは、彼以前の生命論に関する資料を、大学の医学部の図書館で見つけて読むということをした。

私は妻と、四歳の長女、二歳の長男を連れていた。モンペリエの空港にアンリは迎えにきてくれていた。そして彼が手配してくれていた、大学に近い、主として外国人の留学生、研究者たちが住まうアパートまで案内してくれた。このときに限らず何くれと世話をやき、その度に「セ、パルフェ（申し分なし）」と言う。え、これで完璧？　ちょっと、あるいは、かなり違うだろう、というときでも「セ、パルフェ」。

冬が近いということで自宅から毛布を何枚か。あんなに広い毛布は見たことがなかった。帰国するとき持って帰って、冬には重宝して使っていたが、重いのでそのうち処分したけれども、別の用途で使うこともあるので一枚だけ残している。彼からもらったクッションカバーは今もある。子どもには三輪車とか、何かというと私たち家族を喜ばせようと心を砕いてくれた。そう言えば、遡って私が北久里浜に住んでいて長女が生まれたとき、お祝いに藍色地に小さな白い花柄のワンピースを送ってくれたが、生憎それは娘には小さすぎて、一度も袖を通さなかった。

アンリの講義にも出席したが、彼は次に出版する著作の原稿を読む、そういう遣り方をしていた。友人となった学生が、アンリが通ると香水の匂いがすると言って、香りを嗅ぐ仕草をする。それも一度ならず、別の日にもという具合に何度もするのが可笑《おか》しかった。アンリは講義のとき、臙脂《えんじ》色のスカーフを巻いて、お洒落だった。家での白いとっくりのセーターの姿は今でも強い印象として残っている。

私のモンペリエ滞在中、彼は大阪大学に招かれて三か月、日本へ。プルースト研究者で、おそらく当時学部長でもあった夫人と一緒だ。留守の間、彼の住まいを使っていいと言われたが、それはさすがに遠慮した。

アンリの表情で一番印象的なものを一つ挙げよ、と言われたら、私は、彼の、若いときの私を気遣うようなあの表情、眼差しを挙げる。

第Ⅳ部

ミシェル・アンリと現代思想

1　アンリとリクール
アリーナとしてのマルクス解釈

越門勝彦

1　マルクスをどう読むか
——内在の哲学と表象の哲学の対立

ミシェル・アンリは、あるインタビューのなかで哲学者としての歩みについて尋ねられた際に、リセ（高等学校）やエコール・ノルマル受験準備学級で学んだ哲学を思い起こしながらこう答えている。当時重視されていたのは、ラシュリエ、ラニョー、ブートルー、ナベールといったカント主義の哲学者だった、彼らの分析は見事なものだったが自分には合わないと感じた、なぜならそれらは「私の現実の生（ma vie réelle）」という「具体的なもの」を取り逃しているように思われたから、と。他方、大学に入学してから出会った現象学には大いに魅惑された、と続けている（Cf. ENT, 87）。

リクール（一九一三—二〇〇五）もまた若いころ現象学に強く感化され、その後の思索においても参照を怠ることはなかった。しかし、カント主義哲学者たちに対する彼の態度はアンリのそれと対照的である。哲学者としての自らの半生を回顧した文章の中で、リクールは、『ラシュリエとラニョーにおける神の問題』[1]のタイトルでＤＥＳ（Diplôme d'études supérieures）（高等教育修了証書）取得のための論文を書いたこと、またこの二人の哲学者によって、ブートルーとナベールをも含む「ドイツ新カント派と類縁のフランス反省哲学の伝統」に入門したことを語っている[2]。

哲学を学び始めたばかりの若きアンリとリクールは、同じ対象に正反対の態度で応じたわけである。一方は見事な分析だが自分にはなじめないと距離をとり、他方は最初の学術論文の研究対象に選んだ。この違いは、その後の二人が異なる方向へと思索を展開してゆくことを予言しているようで興味深い。実際にその方向性があまりに隔たっていたためか、彼らは互いに著作の中で相手に言及することはほとんどなかった[3]。

しかし、二人は相手に対して完全な沈黙を守っていたわけではない。わずかではあるが著書の中で相手の名前を挙げることがある。ただしその場合でも、相手の名前は、哲学史上の重要人物について画期的な研究を発表した一研究者として紹介されているにすぎない。つまり、アンリ哲学もしくはリクール哲学そのものに言及するためではなく、ビッグネームを論じるときには主要な先行研究を参照すべしという作法に則って相手の著作を取り上げ、寸評を加えるのみなのである。

両者の媒介となった主な思想家は、メーヌ・ド・ビラン、フロイト、そしてマルクス（一八一八―八三）である[4]。一九七六年にアンリは大著『マルクス』を上梓し、その二年後にリクールはその書評を書き上げている。アンリとリクールの思想上の関係を明らかにするという本章の趣旨からすると、マルクスをめぐる双方の議論に注目するのが最適であると思われる。

その理由は、マルクスのテクストをどう読むかという問題に対する見解の違いには、アンリとリクールそれぞれの哲学の本質が現れているからである。彼らの意見の対立は、単にどちらのマルクス解釈が正当なのかを争うものにとどまらない。『マルクス』における概念の定義やテクストの選択・読解の妥当性の検証を通してリクールが示唆するのは、アンリのマルクス解釈に一種の哲学的バイアスがかかっている可能性である。アンリは、自身の存在論的・現象学的思索において一貫して探究してきた「内在」という現出様式を、マルクスのテクストのうちに読み込もうとしているのではないか。内在をひたむきに探究するあまり、虚心坦懐なテクスト読解から逸脱してしまっているのではないか。そうした疑念が、『マルクス』書評の随所ににじみ出ているのである。「アンリ氏の哲学が根源的受動性の哲学であり、生のそれ自身への内在の哲学である限りで、彼の哲学は、行動する生ける個人を論じるまさにこの〔『ドイツ・イデオロギー』の〕存在論の重要な特徴を見えなくしているのではないかと思うのである[5]」。

マルクスの社会思想は、「意識が存在を規定するのではなく、社会的存在が意識を規定する」という『経済学批判』序言の有名な表現によって端的に示される。アンリは、この基本見解を踏まえ、「生ける個人は歴史に参与し、歴史によって規定されるが、逆に歴史を規定もする」（M, 195：一六七）と述べ、生ける個人の視点を強調する。個人が社会構造に規定されつつ生きるそのありようを考える際に、諸個人が歴史的状況を具体的にどのように経験し理解しているかに重きを置くのが、アンリの立場である。実際、マルクスは生ける個人の「実践」に真なる「現実性（実在）（réalité）」を認めており、マルクス解釈において生ける個人に注目することの重要性については、リクールも同意する。彼が『マルクス』に向ける疑念は、個人と社会の相互規定において表象やシンボルが果たす役割に関係している。個人の意識と客観的な社会構造とを媒介し、両者の間のダイナミズムを可能としているのは表象やシンボルに他ならない、というのがリクールの揺るぎない確信である。ところが、アンリの哲学的思索のライトモチーフとなっているのは、表象として志向的意識に現れることのない生《い》の実在、ならびにその生に固有の現象性――すなわち内在――の探究である。アンリは内在の裏づけとなる記述の発見をマルクス解釈においても優先したために、個人と社会の不可欠な媒介である表象の役割を十分に考慮しないままテクスト読解を進めているのではないか。こうした疑念がリクールによる『マルクス』論評の基調をなしているのである。

2　『マルクス』書評における批判の要点

では、『マルクス』書評の内容を見ていこう。

ブックレビューとしては異例の長さを持つ文章の冒頭で、リクールは二つの問いを投げかける。その問いとは、①アンリはマルクスの思想を「反復」できているか、②アンリはマルクスのイデオロギー論の難点を克服できているか、というものである。

①は、アンリによる解釈はマルクスのテクストに忠実になされているか、という問題提起である。「反復」とはアンリ自身が『マルクス』の序論で用いている言葉で、「哲学者が述べようと欲したこと」への定位を意味し、マルクス哲学を正確に理解する上での基本方針として掲げられる。これに対しリクールは、皮肉まじりに次のように語る。優れた解釈においては議論を交わす著者と解釈者双方の「二つの声」が聞こえてくるものだが（フランス語の répéter には、「相手の言うことをそのまま復唱する」という意味がある）、アンリのマルクス解釈ではアンリの声しか聞こえてこない。マルクスが「述べようと欲したこと」をアンリは反復するのだと言うが、肝心のそのマルクスの「声」は『マルクス』から聞こえてこない、と。

辛辣な評言が示すとおり、アンリはマルクスの哲学を反復できていないとリクールは断定する。リクールによれば、アンリはマルクスのテクストを自分に都合の良いように曲解している。この曲解の内実を彼は次のように表現する。「若きマルクスの哲学が、『現出の本質』（一九六三）や『身体の哲学と現象学』（一九六五）の文脈に置きなおされることで、〔後のマルクスが行った〕政治経済への批判によって無効とはならない可能性が生じる」[6]。一般にマルクスの思想は、『経済学・哲学草稿』執筆時の初期から『経済学批判』や『資本論』の後期にかけて、問題意識が大きく転換したと考えられている。それにもかかわらずアンリは初期思想の有効性を自明視し続ける。その理由は、マルクスの初期思想が内在の哲学に親和的だからだろう、というのがリクールの分析である。

②では、マルクスの理論が抱える困難にアンリがどう対処したかが問われている。リクールはマルクスのイデオロギー概念には欠陥があると考えており、『マルクス』の著者に、それに

関して何らかの修正案の提示を期待する。ところがアンリはその欠陥を修正し克服するどころか、理論上の難点として正しく把握できてすらいない、とリクールは結論づける。後述するように、書評の主要部では「実践」と「活動」という概念についての解釈の妥当性が検討されるのだが、そこでのアンリに対する批判は、彼がイデオロギー概念の欠陥を見落としたことと密接に関連しているのである。(7)

ところで、なぜリクールは、アンリのマルクス解釈を評価するにあたってイデオロギーというトピックに焦点を絞ったのか。これには当時のリクール自身の問題関心が反映している。彼は一九七五年の秋にシカゴ大学で、イデオロギーとユートピアを主題とした講義を行った。(8) 社会学者や政治思想家全八名を取り上げた一八回の講義のうち、六回がマルクスのイデオロギー概念の分析に費やされている。分析の主な対象となった『経済学・哲学草稿』と『ドイツ・イデオロギー』に見られるイデオロギー概念について、リクールは、「西洋の伝統におけるイデオロギーについてのもっともすぐれた考え方」と高く評価する。しかし、議論の主眼は、マルクスがイデオロギーの機能の一面しかとらえていないことを指摘するところに置かれている。「社会的想像力」の発露としてのイデオロギーの根本的機能を見落としたこと、それが上述の「困難」に該当するのである。

よく知られているように、マルクスはイデオロギーを、特定の社会構造における支配的階級の思想、社会を精神面で支配する思想と定義する。リクールの分析によれば、この規定の前提には歪曲としてのイデオロギーという考え方があり、これは現実（reality）と対置されている。ありのままの現実をゆがめて、支配階級にとって好都合な仕方で記述したものがイデオロギーだというわけである。そこでリクールは問う、イデオロギーの機能は現実の歪曲に限定されるのか、と。その疑問に答えるために彼は、ウェーバー、ハーバーマス、ギアーツらの社会理論を参照し、そこに拡張されたイデオロギー概念を読み取り、「正統化」と「統合（集団的アイデンティティの構築）」といった、歪曲とは異なる機能を取り出してみせる。これらイデオロギーの諸機能は階層秩序をなしている。諸個人の統合という最も根本的なレベルの機能は、集団的アイデンティティを構築し、集団の利害について語ることを可能にする。そこで形成された集団概念に基づいて、支配する集団が支配を受ける集団に対して支配の正統化を試みるという事態が生じる。現実の歪曲は最上層に位置し、意図された方向性のもとに統合や正統化を成し遂げようとする過程で発生しうる。リクールによれば、マルクスの誤りは、イデオロギーを現実の歪曲と同一視し、他の機能を考慮しなかった点にある。（なお、第一回講義では、一八世紀フランスの「観念学派（idéologues）」が提示した「イデオロギー」という用語の肯定的な意味、ナポレオンによって軽蔑的なニュアンスを与えられる以前の、単に理論上の立場を表す意味が紹介されている。）

3　マルクスのイデオロギー概念に欠けていたもの

ではアンリのマルクス解釈にはどのような問題点があるというのか。マルクスはイデオロギーに関して歪曲以外の機能を考慮しなかったが、アンリはこれを欠陥として指摘しえなかった、その限りでマルクスと同じ難点を抱えている。リクールの見解はひとまずこのようにまとめられる。

ただし、この要約は、『イデオロギー』と『マルクス』書評の両方を総合して初めて導かれる結論である。『イデオロギー』のなかでは一箇所だけ『マルクス』が言及されるものの、アンリの解釈への疑念はきわめて曖昧に、示唆されるにとどまっている[9]。イデオロギー概念に関するアンリの解釈は不十分であるとして明確に批判したのは、『マルクス』書評である。ところが、アンリ批判の主要な論拠をなすもの、つまりアンリのマルクス解釈に求められていたはずの要素を主題的に扱っているのは、書評ではなく『イデオロギー』なのである。書評はアンリがマルクスの轍を踏んでいると明言したが、マルクス自身のイデオロギー概念とその後に試みられた諸解釈にはそもそも何が欠けていたのかを具体的に論じたのは、他ならぬ『イデオロギー』なのである。それゆえ、書評でのアンリ批判の真意は、『イデオロギー』の研究成果で補うことによってのみ明確となる。

書評を読解する上での補助線となる『イデオロギー』の研究成果の一つは、「シンボル的媒介」の発見である。シンボル的媒介は、現実の歪曲に限定されたマルクスのイデオロギー概念に欠落している要素である。歪曲としてのイデオロギーの概念は、歪められる以前の現実に関して疑問を喚起する。その現実がすでに歪んでいるということはないのか。その現実は、個人を取り巻く状況について複数の解釈ないし理解を許す要素を含むのではないか、なぜなら複数の解釈の余地があるからこそ、ミスリードするということが可能になるのであるから。しかしそうだとすると、解釈を許す要素とは具体的には何なのか。これらの問題に対する回答として、リクールはシンボル的媒介を提示するのである。

〔…〕行為のシンボル的媒介という事実、すなわちすでにシンボル的に媒介されていないような社会的行為は存在しないという事実を〔私たちは〕強調する。こうして、もはやイデオロギーは単にある種の上部構造であるなどと言うことはできないのだ。〔…〕というのも、シンボル体系はすでに、下部構造、人間存在の基礎的構成に関わっているからである[10]。

〔…〕最後の問いは、社会が根本的なシンボル的構造を持たないとき、社会における歪曲はありうるのかどうか、である。もっとも基本的なレベルにおいては、歪曲されているのは行為のシンボル的構造だ、というのが私の仮説である。〔…〕イデオロギーの構成的機能はその歪曲の機能に先行しているはずである。[11]

イデオロギーを歪曲と定義する発想には、イデオロギー機能のあらゆるレベルに含まれるこの基本構造に対する視点が抜け落ちている。そうであればこそ、アンリのマルクス解釈には、このシンボル的媒介についての何らかの論及が要求されていたのである。しかし、評者リクールに言わせるなら、『マルクス』はその要求に応じることができていない。それは、単に考えが及ばなかったというより、内在の哲学によって分析が特定方向へと誘導された結果、アンリが、イデオロギー概念に関するマルクス思想の弱点を捉え損なったからである。

4　アンリによる「活動」の解釈

『マルクス』の批判的検証は、最後に、「実践(pratique, praxis)」と「活動」の解釈に及ぶ。書評の冒頭では、イデオロギー概念の難点をアンリがどう処理したかが問われていたが、議論の主部は、イデオロギーと並んで重要なこれら二つの概念についてのアンリによる解釈を吟味することに当てられている。

実践は、『ドイツ・イデオロギー』と同時期に作成された「フォイエルバッハに関するテーゼ」(以下「テーゼ」と略記)に登場するタームであり、アンリは『マルクス』第四章でこの概念の変遷を追っている。その記述によれば、『経済学・哲学草稿』のころのマルクスは、実践の本質をいまだ正しく把握しておらず、実践を感性的形式のもとで捉えている。彼は、当時強い影響を受けていたフォイエルバッハ(一八〇四—七二)に倣って、理論と実践、抽象的思考と具体的感性という二つの対立図式を重ね合わせた結果、そうした実践理解になったのだが、それは誤りである。なぜなら感性と思考はいずれも対象化する能力であって、対立は見かけだけだからである。しかし、フォイエルバッハを批判した「テーゼ」においてマルクスは正しい認識に達した。実践こそが現実的であり、現実的である限りでの実践は、抽象的思考と異なるのはもちろん、対象の直観とも感覚とも異なる、ということを理解した。このようにマルクス思想の進展が整理される。

次いで、「テーゼ」の存在論的な意義が分析されるのだが、アンリによれば、マルクスがそこで「真に存在するもの、存在であるもの」の「場所」として示しているのが「活動」である。フォイエルバッハの根本的な誤りは、存在を対象として把握しうる、つまり直観しうると考えた点にある。何かが実在することは実践の中でのみ確認されるのであり、その実践それ自体は、「活動性、純粋な活動そのもの以外のものを何も指示していない」(M, 321 : 二五九)。つまり、実践において「真に存在するもの」が知られるとしたら、それは、直観のような対象化の働きではなく、「活動」という仕方で知られるわけである。そして、実践の本質としてのこの「活動」と直観との間には「存在論的異質性」があり、両者はどこまでも相容れない。すなわち、何かを対象として捉えることは「活動」ではありえないし、「活動」を対象として捉えることも不可能である。アンリはこの異質性について明快に記述している。「活動が可能であるのは、それが直観ではない限りにおいてのみ、その直観自身についての直観でもなければ、何らかの対象についての直観でもない限りにおいてのみ、である」(M, 323：二六一)。「直観を、つまり対象の現れを分析しても、そこに活動は見出しえず、活動とは反対のものである見ることや観想が見出されるだけである。同様に、活動を分析しても、そこに直観は見出せない。なぜなら、直観が活動に現前しているなら、活動は活動であることをやめるからである」(M, 324：二六二)。直観が現前していると「活動」が「活動」でなくなるという事態は、アンリによれば、次のことを意味している。何かを目標として注視し、そうして自分が進むべき方向へと実際に進んでいると確認することは、それ自体において考察された「活動」とは何の関係もない。私たちはたいていの場合、自分の行動を注視あるいは対象化することなく日常生活の大部分の身体運動を遂行しており、そのときにこそうまく「活動」している。逆に言えば、目標にしっかりとまなざしを向けていると自覚しているときはむしろ「活動」から離れてしまっている、というわけである。

確かに「テーゼ」でのマルクスは、フォイエルバッハの言う感性が直観と同根であることを見抜き、その感性と実践を区別した。彼が「活動」によって実践を定義していることも間違いない。しかし、「活動」が対象へ視線を向けることや目標を確認することと無縁であるなら、「活動」しているときの私たちはいったい何をしているのか。アンリは「活動」している個人の具体例として、競技場の走者を挙げている。その疾走をただ眺め対象化するだけの観客との対比で、走っている当人の「生きられた体験の主観性」が強調される。ここからわかるのは、アンリが解釈するところの「活動」とは、何事かを成し遂げることであるより、身体を動かしている個人にとっての、動かしている最中の内的経験を意味しており、とりわけ生きられる身体運動の根源的な主観性を指示している、ということである。アンリは次のような表現で、「活動」の主観性を記述している。「活動それ自身についての内的経験」、「活動と一つになっている努力についての根源的に内在的な感情」、「押す、引く、持ち上げる、つかむといった動作（acte）の感受に閉じこもった現存が経験する緊張」、「休みなく、自己に対していかなる距離を取ることもできないまま、為し、かつその為したことを被る」(M, 347–348：二八三)。走者の例に即していえば、腕を振り地面を蹴る、その動作に伴う手足の努力と全身にみなぎる緊張をひたすらに感じ、進むほどに増す息苦しさから逃れたくとも逃れられない、そのような走者当人のありようが「活動」の典型ということになる。他方、「ゴールを目指す」とか「ライバルを追い抜く」といった記述は、「活動」にはふさわしくないのだと推測される。

5　「活動」を分節化する表象・シンボル的秩序

ここでアンリが「活動」について語っている内容は、主著『現出の本質』で展開された内在の特徴そのものである。リクールでなくとも、聞こえてくるのはマルクスの声というよりアンリの肉声だ、と揶揄したくなるところである。それはともかく、事柄それ自体を考えてみても、上述のような「活動」の解釈には違和感をぬぐえない。というのも、「テーゼ」を読む限り、マルクスは、アンリが力説するような内在的次元を「活動」という言葉に込めているようには思えないからである。「活動」の原語はドイツ語で Tätigkeit、フランス語なら activité である。アンリは action とも言い換えている（M, 321：二五九）。つまり、「行為」である。「肝要なのは、世界を変えることである」の一文で結ばれているテクストにおいて要となる「活動」が、身体運動に伴う努力の内的感知、自己についての主観的経験で完結するものだろうか。それは、何かを目指して努力すること、あるいは努力の結果として何かを成し遂げることではないのだろうか。

アンリの解釈する「活動」には、表象あるいはシンボル的秩序が欠落している。これがリクールの見解であり、『マルクス』の批判的検証の最後に示される結論である。先述のシンボル的媒介が、社会的行為の基本構造として規定されていたことを想起されたい。

私が思うに、行為（action）の現象学は次のことを示している。行為はつねに、〔…〕表象がもたらす光（目標、手段、障害、行程）を手本とするのでなければならない。私には、規則、規範、模範、シンボルによって根源的に分節化されないような行為の様態は思いつかない〔…〕。アンリによれば、生は歴史に属することなく歴史の条件である点において、思考とは異質である。〔…〕しかしまさにそれこそが理解しがたいことである。シンボルの秩序は人間の行動と不可分でないというのなら、それはいったいいかにして人間の行動に後から付け加わるというのか[12]。

走者にせよ工場労働者にせよ、自らの身体運動に伴う努力を感じとり、その運動に由来する苦しさや閉塞感、あるいはまた喜びや解放感を経験している。そうした情感は否応なく自己を包み込み、そのつどの自己のあり方を決定する。これがアンリの考える行為の根源的主観性である。しかし、苦しみや喜びの発生には、行為の目標や手段の表象が必然的に介在するのではないか。リクールはそう指摘しているのである。目標や手段の表象が現れるのは行為を対象化する視点、観客の視点であって、マルクスのいう「活動」とは無関係であるとアンリは反論するかもしれない。だが、リクールのいう「行為の現象学」に依拠するなら、目標や手段の表象は行為する当人の主観的な経験を構成する不可欠の要素となっている、と応答できるだろう。目標、手段に加え行為の行程や帰結の表象を有していることがその行為を理解しているということであり、この理解は現実の苦しみや喜びの質を規定するはずである。身体運動、情感、そして表象を介した理解は互いに分かちがたく結びついているからである。

リクールは、「テーゼ」の「活動」をめぐる解釈論議を通して、行為をどう定義するかという問題をアンリに突き付けていると言える。リクールは、アンスコムやデイヴィッドソンらの行為の哲学を好意的に評価したうえで、持論を述べる。

行為と単純な運動との違いは、行為は、意図、動機、規則、規範など、行為を名づけ、記述し、正当化することを可能にする事柄のネットワークによって、意味するものとなる点にある。〔…〕記述すること、正当化することは、行為を表象の光のもとに置くことだ[13]。

「事柄のネットワーク」に基づいて行為を記述あるいは正当化するのは、一言でいえば行為を説明することであり、これは明らかに行為の対象化である。だが、この対象化の契機がなければ、行為は行為として成立しない、それは単純な運動にとどまる、というのがリクールの見解である。『マルクス』書評の五年後に公刊された『時間と物語Ⅰ』（一九八三）において、「事柄のネットワーク」は「先行形象化」という概念へと洗練され、この概念のもとで、行為を一つの物語として説明するための形式と理解するための形式が統一される。行為の記述と正当化を可能にするこうした客観的な枠組みは、特定の行為についての理解や評価を複数の異なる個人が共有することを可能にするものでもある。それゆえに、それは共同的な実践にとって不可欠である。行為の目標、手段、行程についての理解や評価の共有が人々の間でなされるところでのみ、継続的な連帯や団結が実現しうるであろう。

終わりに

本章では、『マルクス』書評におけるリクールの視点からアンリのマルクス解釈の問題点を整理することに専念した。すでに見たように書評でのリクールは内在の哲学に起因するバイアスを疑っているが、『マルクス』を読んだ直後はむしろポジティブな評価を下している。

マルクスのテクストはよい哲学的テクストであり、他のすべてのテクストと同じやり方で読まれなければならない。したがって、マルクスについては多くの解釈を行う余地があり、アンリの解釈は称賛に値するもののうちの一つである[14]。

これこそがリクールの率直な感想なのだろう。そして、アンリの考察は、ユニークなマルクス解釈の一つとしてリクールに受け入れられただけでなく、書評執筆後も彼に哲学的思考の課題を提供し続けたと思われる。その証拠に、リクールは、『時間と物語』では「事柄のネットワーク」を「先行形象化」の概念へと練り上げ、『他としての自己自身』（一九九〇）では行為の本格的な意味論的分析を試み（アンリにも言及している）、さらに晩年期の大著『記憶・歴史・忘却』（二〇〇〇）では、二十年以上も過去に遡って自らの『マルクス』書評を引き合いに出しつつ、マルクスのイデオロギー論の「強みと弱み」を指摘しているのである。アンリの内在の哲学は、目立たない仕方ではあるものの、リクールに対して影響力を及ぼし続けたようである。

註

（1） Paul Ricœur, *Méthode réflexive appliquée au problème de Dieu chez Lachelier et Lagneau*, Cerf, 2017.

（2） Paul Ricœur, *Reflexion faite: autobiographie intellectuelle*, Esprit, 1995, p. 15.

（3） アンリからリクールに宛てた書簡はいくつか公表されている。«Lectures du *Marx* de Michel Henry», *Revue Internationale Michel Henry*, nº1/2010, Presses universitaires de Louvain, p. 14–20. 自らの博士論文の審査員を務めたリクールへの（一年遅れの）謝辞、無意識について執筆するなかで参考にしているリクールのフロイト論への称賛などがつづられている。

（4） フロイト、マルクスをめぐる両者の相互批評については次の解説記事で簡潔に紹介されている。鹿島・越門・川口編『リクール読本』法政大学出版局、二〇一六年、三六七―三六九頁、古荘匡義「キーワード解説　ミシェル・アンリ」。

（5） Paul Ricœur, *Lectures 2*, Seuil, 1999, p. 281.

（6） *Ibid.*, p. 293.

（7） 『マルクス』には「イデオロギーの場所」と題された章が含まれており、イデオロギーの存在論的考察が同書のテーマの一つであることは間違いない。

（8） 講義内容は一〇年近く後に出版されている。*Lectures on Ideology and Utopia*, Ed. George H. Taylor, Columbia University Press, 1986（『イデオロギーとユートピア――社会的想像力をめぐる講義』川﨑惣一訳、新曜社、二〇一一年。以下『イデオロギー』と略記）.

（9） *Ibid.*, p. 106–107（同前、一七六頁）.

（10） *Ibid.*, p. 258（同前、三八〇頁）.

（11） *Ibid.*, p. 183（同前、二八三頁）.

（12） *Lectures 2*, p. 290–291.

（13） *Ibid.*, p. 291.

（14） *Lectures on Ideology*, p. 101–102（『イデオロギー』一七六頁）.

2　アンリとドゥルーズ
「内在主義」の同一性と差異

米虫正巳

ミシェル・アンリとジル・ドゥルーズ（一九二二—九五）。一見あまり関係のなさそうな同世代の二人の哲学者だが、共通点は意外に多い。両者ともジャン・イポリット、モーリス・ド・ガンディヤック、フェルディナン・アルキエ、ジャン・ヴァールといった人々と当時のフランスの哲学界において何らかのアカデミックな制度的関係を結んでいたという外面的な事実だけではない。二人の哲学そのものに関わる哲学史的な背景としても、スピノザ、ライプニッツ、カント、ヘーゲル、メーヌ・ド・ビラン（一七六六—一八二四）、ニーチェ（一八四四—一九〇〇）、そしてハイデガーなどが——肯定的にせよ批判的にせよ、また陰に陽に——控えている点が共通している。[1] ここで問題にしたいのは、そのような二人の哲学がどのような関係にあるのか、またそのことがどのような意味を持つのかということである。さまざまな論点はありえようが、ここでは一つに絞ろう。かつてデリダはある機会にアンリとドゥルーズの哲学を共に「内在主義（immanentisme）」と規定していた。[2] そこで両者の哲学に共通する「内在（immanence）」という概念を手がかりにして上記の問題に見通しを与えてみよう。[3]

1　内在と単数／複数の力

アンリは最晩年の二〇〇一年三月の対談でドゥルーズに言及し、彼の『ニーチェと哲学』（一九六二）に触れて、そのニーチェ解釈に同意できないと述べている。「量的に異なる諸々の力が存在しており、ある高次の力がそれよりも弱い別の力に遭遇するとき、後者は前者に反動的に作用し、こうしてルサンチマンと他のあらゆる反動的現象が生まれる。〔…〕〔このようなドゥルーズの〕有名な解釈は、弱者の弱さを実際には説明していない」。[4]

こうした批判は、『精神分析の系譜』（一九八五）でニーチェを取り上げる際に、「弱者の弱さ」を「力の内的な本性」に基づいてではなく、力と力の間の量的な差異（という「力」の外部）から説明しようとする「うわべだけの＝外的な説明」への批判としてすでに打ち出されていたものである（GP, 268：三一七；PV-II, 153）。それゆえ『精神分析の系譜』では、その名が直接に挙げられることはなくとも、ニーチェ解釈に関わる批判対象としてドゥルーズが念頭に置かれているのは間違いない。しかもアンリは当該の対談で『ニーチェと哲学』出版当時の状況にも触れているので、その時点でこの著作を読んでいたと推測できる。つまりアンリは一九六〇年代初めからドゥルーズの哲学について多少は知っていたことになる。

それに対して、ドゥルーズがその著作でアンリに言及することとは一度もなかった。しかしアンリの博士学位論文の公開審査（一九六三年二月）の際にドゥルーズもその聴衆の一人として立ち会っていた以上、(5)ドゥルーズもまたアンリの哲学についてまったく知らなかったわけではないことになる。

このように、相互に言及することはほぼなくとも、一九六〇年代初めから互いの哲学について――少なくともある程度――知っていたはずのアンリとドゥルーズの「内在」概念を検討するため、手始めに両者のニーチェ解釈を取り上げよう。というのも、アンリにとってニーチェが「内在をさまざまな仕方で思索した」（GP, 257：三〇三；PV-II, 150）哲学者であったように、(6)ドゥルーズにとってもニーチェは「純然たる内在の哲学者たち」の一人だった（Deleuze, CC, 171：二八四）、つまりニーチェの哲学を「内在」の哲学とみなしていた点は両者に共通しているからである。

さて、アンリが批判するのとは異なり、ドゥルーズは実際にはニーチェ的な意味での「弱者の弱さ」やルサンチマンの発生を単に力の量的な差異から理解しようとしているのではないが、(7)この点についてはここでは問わない。着目すべきは、両者がニーチェにおける「力（force）」という概念をどのように理解しているのかである。

アンリは次のように言う。「力は〔…〕内在の力である」（GP, 269：三一八）。それが力である限り、どんな力もそれ自身から決して離れることなく、「自己との密着性の無条件性において」存在する（GP, 256：三〇二）。このように、自己の外に出るという「脱–立」なしに、力がそれ自身の内に隔たりなくとどまり続けること、これがニーチェ哲学における「力」の概念に即して描き出されるアンリの「内在」である。そして、この「内在」こそが「生（vie）の本質」であるとされるが（GP, 269：三一八；PV-II, 154）、この場合、力が他の力に対して有する関係は、その力にとってまったく本質的なものではない。

それではドゥルーズの場合はどうだろうか。彼もニーチェの哲学にとって「力」が本質的な概念であることを強調している。というのも、ニーチェに従えば、どのような事柄も力の表現として現れる以上、事柄の意味はあくまで力を起点として、力の側から理解されねばならないからである（Deleuze, NP, 3–7：二三—三〇）。だが、アンリとは対照的に、ドゥルーズにとって力の本性は、それがつねに他の力との関係においてのみ存在するという点にある。「どんな力も他の力との本質的な関係の内にある。力の存在は複数的なものである。力を単数形で考えるなら、それはまさに不条理となる」（Deleuze, NP, 7, cf. NP, 56：二九、一〇七参照）。

　このように他の力との関係を力の本質とみなすか否かでアンリとドゥルーズのニーチェ解釈は明らかに袂を分かつが、この相違はニーチェの「力能への意志（volonté de puissance）」という概念の解釈にも関係する。アンリにとって「力能への意志」とは、「それ自身によって満ちあふれ、それがあるところのものであることをそのものとしてやめない力としての力の、内的なあの本性を表わす」ものであり（GP, 268–269：三一七；PV–II, 153）、力の内にあってその力をつねに増大させる「超力〔超力能〕（hyperpuissance）」とも言い換えられる（GP, 281：三三二；GP, 396：四六九；PV–II, 149）。力能への意志とはすなわち、生の本質である内在の力を絶えず増大させるように、それを内から支える本性ということになる。確かにニーチェ自身『ツァラトゥストラ』（一八八三—八五）で、主人公に「生」自身が教えたこととして、「生あるところ、そこにのみ意志もある。〔…〕〔それは〕力能への意志〔である〕！」[8]と語るとおり、「生の本質」を「力能への意志」に見ている[9]。

　しかしながら、ニーチェの言おうとしたことはそれだけなのだろうか。実は決してそうではない。ニーチェによれば、確かに「力能への意志」は「生そのものの核心」あるいは「生の核心の根元[10]」にある。だがそうであるにしても、そのことはアンリが言うように、ただ一つの力にとってのみ、ただ一つの力の内でのみ問題となることなのだろうか。ドゥルーズからすれば、それはまったく同意できないことだろう。なぜなら、彼によれば、「力能への意志は、力の発生的な要因であると同時に、諸々の力の総合の原理である」（Deleuze, NP, 58：一一〇）のだから。一つの力にとって「その産出の内的な要因」（Deleuze, NP, 57–58：一〇九）であると共に、その力が持つ他の諸々の力との関係に関わる原理、それこそがドゥルーズの理解するニーチェの「力能への意志」に他ならない。

　「力能への意志」に関してもこのように異なる理解を提示するアンリとドゥルーズだが、前者は、ニーチェが「力能への意志」を「パトス」とも呼んでいることに[11]着目して次のように述べている。「力能のこの自己増大の超力〔超力能〕は、それが自己自身を蒙ることに存するということ、力能への意志がパトスであるのはこの点においてである」（GP, 281：三三二—三三三）。力を自己増大させる力能への意志がパトスと言われるのも、それが自らを蒙ることであり、そのように自らを蒙りつつ自らを受け取り感受するものだからだというわけであるが、ここでもその力が他の力に対して有する関係がそもそもまったく問題とならないほどに、アンリの理解する力能への意志にとって他の力との関係は決して本質的なものではない。

　ところで、ニーチェは力能への意志をパトスとみなすことで実際にどのようなことを考えていたのだろうか。確かに「力能への意志」は「パトス」であり、「そこから初めて生成、活動が生じるもっとも基本的な事実である」[12]。しかしまた、ニーチェ自身の主張するところによれば、「この力能への意志が現れることができるためには、〔…〕自分に同化可能な〔他の〕何かが自分に近づいてくるのを感じる」必要があるということも、やはり「根本的事実」である[13]。力能への意志が「パトス」であるからこそ、つまり「力能の感情」[14]、「情感性＝触発性（*affectivité*）」（Deleuze, NP, 70：一三〇）であるからこそ、力能への意志は、それがその内的な本性であるところの力とは別の何か、つまりその力とは異なる他の力――結果的に同化されることは起こり得るにせよ――が接近することに伴う「全体としての力、〔強さ〕と弱さの諸感情」[15]と切り離せないのである。

　ある力を内から支える力能への意志は、この力に接近してくるそれとは別の力なしには現れることができない。むしろ「力能への意志は、触発される能力として、それ自身が触発されるという力の特定の能力として現れる」（Deleuze, NP, 70：一二九）以上、力能への意志とは、各々の力の内的な本性（アンリ）や産出の内的な要因（ドゥルーズ）であると共に、それら複数の力の関係の規定でもある。つまり、力能への意志がその内的な本性や要因となっている力は、それとは別の力との本質的な関係の内にあり、諸々の力は相互に関わり合うことなしには存在不可能だということになる。したがってニーチェ的な意味での力は、それ自身の内で完結するどころか、それとは異なる他の力との関係なしにはそもそも成り立たない。

2　情感（態）と人称性／非人称性

　アンリとドゥルーズのニーチェ解釈を「力」という観点から検討することによって得られたのは、アンリの場合には、力が他の力とは無関係に存在するのに対して、ドゥルーズの場合には、力が他の力との関係の内にあることがその力にとって本質的だということであった。アンリにおける力はある意味でライプニッツ的である――モナドと他のモナドの間には直接的な影響関係がない――のに対して、ドゥルーズにおける力はスピノザ的であると言ってよいかもしれない[16]。そしてアンリの場合、力とは内在の力なのだから、つまり、アンリ的な意味での「内在」は他の力との関係を排除することによって成り立つということになる。それに対して、ドゥルーズにとって「生」は「諸々の力」としてあり[17]、また最終的には「一つの生」によって「内在」は定義される（Deleuze, DRF, 361：Ⅰ一六〇）。そこから導かれるのはすなわち、ドゥルーズ的な意味での「内在」とは決して複数の力やそれらの間の関係を排除しないということである。

このように「力」という観点からは対照的なアンリとドゥルーズの「内在」概念を、さらに別の角度から検討してみよう。注目すべきは、両者のビランに対する評価である。

アンリの場合、周知のようにその「内在」とは、〈〜へ向かって自らを越え去る〉、〈自己の外に出る〉という意味での「超越（transcendance）」の根拠であると共に、「あらゆる超越の不在において」、つまり「自己から去ることも自己から出ることもなく、自己自身の内にとどまる」（EM, 279：三一八）ことを意味している。このように「あらゆる距離の不在から帰結する絶対的な透明性」としての「内在」（PPC, 23：二三）、「自己自身に対するその根源的な受動性における生の絶対的内在」（EM, 608：六八六）の具体的内実は「情感性（affectivité）」に求められるが、こうした内在を追究した哲学者の一人としてアンリが高く評価するのがビランである。(18)

ところで、ドゥルーズがビランに言及することは決して多くはないが、彼もまたビランを評価していたのは事実である。では、ドゥルーズはその哲学のいかなる点を評価していたのだろうか。『運動‐イメージ』（一九八三）でドゥルーズは、「空間的・時間的座標」から独立した「純粋な情感態（affect pur）」（Deleuze, IM, 137：一七一）、「存在体としての情感態（affect comme entité）」（Deleuze, IM, 148, cf. IM, 138：一八五、一七二参照）について論じている。そして彼は、パースの記号論に基づいて、この「情感態」を「それ自身に対して、かつそれ自身において在るように在るもの」としての「第一次性（priméité）」（Deleuze, IM, 139：一七四）として位置づける。その際、そこに結びつけられる形で引き合いに出されるのがビランである。「メーヌ・ド・ビランは、特定の空間との関係がないがゆえに場所を特定できない、純粋な情感（affections pures）についてすでに語っていた」（Deleuze, IM, 139–140：一七四―一七五）。

こうしてドゥルーズは、ビランの著作『思惟の分解論』を引き合いに出してその哲学を高く評価する。ここで注意すべきは、ドゥルーズがビランを、「パースの二次性（secondéité）に対応する「力‐抵抗」という作用＝行動（action）関係の最初の理論家」、つまり主観的身体の運動における努力とそれに対する抵抗という二項関係の哲学者である以上に、「分割不可能で部分なしに在る」情感態という概念、「［パースの］第一次性に対応する、純粋な情感という概念の創案者」（Deleuze, IM, 140 et note 13：一七五、(三九)）として評価していることである。

こうしたドゥルーズのビラン評価の持つ意味は二重である。それを確認すると共に、そこからどのような帰結が導かれるのかを見ていくことにしよう。

第一に、ドゥルーズがビランやパースにおける純粋な情感（態）の問題を取り上げるとき、そもそもの出発点としてベルクソン（一八五九―一九四一）が控えていることが重要である。厳密に言えば、ドゥルーズは情感をめぐるベルクソンの議論をパースに結びつけ、さらにパースをビランに結びつけつつ情感（態）について論じているのだが[19]、このようなドゥルーズの身振りはいかなる帰結をもたらすだろうか。

ドゥルーズがその場合に念頭に置いているのは、よく知られているように、ベルクソンの『物質と記憶』（一八九六）第一章での「知覚（perception）」／「情感（affection）」／「行動（action）」という区別である。ベルクソンによれば、情感は知覚と行動の間、つまり「私が外から受け取る振動と、私がこれから行なう運動の間[20]」に生じる。知覚と行動の間にある隙間に位置し、知覚と行動の間で私の身体が「感受する（éprouver）[21]」ものがベルクソンの言うところの情感である。知覚し行動する私の身体は、このように情感を感受することによって自らの「内部（l'intérieur）、内（le dedans）を知覚する[22]」。

このようなベルクソンの議論を引き継いでドゥルーズは次のように言う。「情感は〔…〕主体が自身を知覚する仕方、あるいはむしろ、「内から」自身を感受する（s'éprouver）もしくは自身を感じ取る（se ressentir）仕方である」（Deleuze, IM, 96：二一八）。ドゥルーズは「情感が〔知覚と行動の間の〕隔たりの「内」を構成する」（Deleuze, IT, 66：六五）とも述べているが、これらのことから理解できるのは次のことでなければ何だろうか。つまりそれは、主体としての身体が情感を感受することとは、それが「内から」、つまり自らの外に出ることなく、「内」としての自己自身をそのまま直接に感受することである、ということがドゥルーズが念頭に置いており、それをパースやビランに即して論じられる「情感（態）」に結びつけて考えているということである。ところで、ドゥルーズ自身はこの情感（態）をめぐる議論の中で「内在」という言葉を用いておらず、したがってそれを内在とは規定していないのだが、しかし彼が情感（態）ということで示すこのような事態こそ、まさにアンリが内在と呼んでいたものに対応するのではないだろうか。

第二に、このようにベルクソンから引き出された情感（態）は、ビランに結びつけて論じられることによって、ベルクソンに対する微妙な距離の中で捉え直される。そして、それはそのままビランの捉え方にも関係してくることになる。

知覚や行動から区別されるものとしてのベルクソンの情感がビランに結びつけられる際、ドゥルーズはこの情感（態）について、「空間的・時間的座標」から独立していて場所を特定できないことと共に、ビランに即してもう一つの特徴を指摘している。それは「純粋な情感」が「自我との関係がないがゆえに「……がある（il y a...）」という形でしか現前しない」（Deleuze, IM, 139–140：二七五）ということである。これが意味するのはつまり、情感（態）が自我という人称性や個体性を持たず、端的に「ある」という形で現れることに他ならない。「情感態は非人称的（impersonnel）であり、個体化されたどんな事態からも区別される」（Deleuze, IM, 140：二七五）。

これはある意味では奇妙なことである。というのも、そもそもドゥルーズの『運動 - イメージ』での情感（態）をめぐる議論の出発点にあるベルクソンは、「情感は私という人格的 = 人称的（personnel）存在と内密に結びついている[23]」と述べて、情感を人称的で個体的 = 個人的なものとみなしているからである。さらに、すでに見たようにドゥルーズは、ビランを努力とそれに対する抵抗という二項関係の哲学者である以上に、そうした関係以前の、ということは努力以前の「純粋な情感という概念の創案者」とみなしていた。ところがベルクソン自身は、身体の内で「情感、すなわち、その〔身体の〕それ自身に対する現実的努力が生じる[24]」と述べて、情感そのものを努力として捉えている。

　こうしたベルクソンとビランに対する扱いからもたらされる帰結は明らかだろう。ドゥルーズはベルクソンから引き出された情感をビランに結びつけることで、ベルクソンの情感に残存する人称性や個体性、努力という特徴を排除しようとしている。また同時に、努力とそれに対する抵抗という二項関係以前の「純粋な情感」をめぐる議論の出発点をベルクソンに置くことで、ドゥルーズはビランの言う自我や人称性を欠いた「純粋な情感」自体にも、ビラン自身とは異なり、自らの外に出ることなく自身を内から直接に感受するという特徴を認めようとする。ドゥルーズによれば、「それ自身によって価値を持つ存在」(Deleuze, QP, 154–155：二七五)、「自律的で〔自己〕充足的な存在」(Deleuze, QP, 158：二八二）であり、「それ自身において自らを保存する」(Deleuze, QP, 157：二八〇[25]) 情感態が関わるのは、決して人間だけでもないし生物だけでもない。「〔情感態の〕表出の観点からは、どのような対象」にもその「力」が存在している (Deleuze, IM, 137：一七一)。そうであれば、「なぜ表出が諸事物に起こらないということがあるだろうか。諸事物の情感態が存在する」(Deleuze, IM, 138：一七二)。したがってドゥルーズは、ベルクソンとビランを結びつけることで、ベルクソンともビランとも異なり、「人間以前の、あるいは以後の世界」(Deleuze, QP, 179：三一九）においてである、非人称的で前個体的な直接的自己感受という事態を情感態の内に見ようとしているのである。

3　二つの内在（主義）？

　ドゥルーズがベルクソンとビランを結びつけることで作り上げた「情感態」の概念を検討することで明らかになったのは、それがある意味でアンリが言う「内在」に対応する事態を含んでいるということである。しかしまた同時にそこから理解できるのは、やはりアンリとドゥルーズの差異である。なぜなら、「〔…〕なぜ、匿名で非人称的でどんな個体性にも無縁な生であるようないかなる生も可能ではないのか」(PV–I, 66; AD, 34) と問うアンリにとっての内在とは、あるいは内在を本質とする生とは、あくまで人称的で個体的なものだからである (Cf. INC, 260：三三五; PV–IV, 108; PV–V, 167; AD, 77)。さらに言えば、ドゥルーズの場合（ニーチェ的な意味での）力が他の力との関係の内にあることがその力にとって本質的であり、力が他の力との関係なしにあるとみなすアンリと対照的であることは先ほど見たが、それと同様に、「それ自身に対して、かつそれ自身において在るように在るもの」としての情感態もまた、「他の諸々の情感態との結合や接続の中に入ることができる」(Deleuze, IM, 140, cf. IM, 146：一七五、一八二―一八三参照）という点で、アンリにおける情感性とは対照的である。

おそらくは同じような事柄を思索していても、アンリの場合、それは他のものとの関係なしに成立すると共に、人称的で個体的なものとして捉えられ、ドゥルーズの場合、それは他のものとの関係の内にあるものであると共に、非人称で前個体的なものとして捉えられている。ここに両者の同一性と差異を見て取ることができるのだが、再び繰り返すと、ドゥルーズが情感（態）について論じる際、彼はそれを内在と規定しているわけではない。むしろ「情感態（affect）」は「内在領域〔…〕の構成につながる」(Deleuze, DRF, 119：II三五）のだから、それはまだそれ自体としてはドゥルーズ的な意味での「内在」ではない。

ドゥルーズにとっての内在、彼が「絶対的な内在」あるいは「純然たる内在平面」と呼ぶものは「〔…〕どんな超越からも逃れる」(Deleuze, DRF, 360：I一五九）。アンリとドゥルーズの内在には、このように超越を斥けるという共通点が含まれると同時に、やはり相違もあるが、これ以上の検討は別の機会に譲らざるをえない。ここでひとまずの結論を与えておくならば、それは次のようになる。もしアンリとドゥルーズの哲学を〈内在主義〉と呼ぶことができるとしても、それらは少なくとも完全に同じものではない。それでは〈内在主義〉は少なくとも二つ存在するのだろうか。〈内在主義〉の可能性はどちらにあるのだろうか。それともその可能性も一つではなく複数あるのだろうか。

註

（1）また社会学ではデュルケムではなくタルドを評価するという点、文学ではカフカを重視する点などにも両者の共通性が見出せる。逆に、両者によるデカルト、ヒューム、ベルクソンへの評価は大きく分かれる。

（2）アラン・ダヴィッドの企画によりパリの国際哲学コレージュで二〇〇三年三月八日に行なわれたアンリの追悼集会での発言による。この時の記録は公刊されていない。

（3）ドゥルーズの著作の引用や参照に関しては、次の略号と共に原著と翻訳の頁数を文中に指示する。

NP：*Nietzsche et la philosophie*, PUF, 1962（『ニーチェと哲学』江川隆男訳、河出文庫、二〇〇八年）

IM：*L'image-mouvement*, Minuit, 1983（ドゥルーズ『シネマ1』財津理・齋藤範訳、法政大学出版局、二〇〇八年）

IT：*L'image-temps*, Minuit, 1985（ドゥルーズ『シネマ2』宇野邦一・石原陽一郎・江澤健一郎・大塚理志・岡村民夫訳、

二〇〇六年）

QP：*Qu'est-ce que la philosophie?*, Minuit, 1991（『哲学とは何か』財津理訳、河出文庫、二〇一二年）

CC：*Critique et clinique*, Minuit, 1993（『批評と臨床』守中高明・谷昌親訳、河出文庫、二〇一〇年）

DRF：*Deux régimes de fous*, Minuit, 2003（『ドゥルーズ・コレクション』Ⅰ・Ⅱ、宇野邦一監修、河出文庫、二〇一五年）

（4） Michel Henry, «L'emergence de l'inconscient dans la pensée occidentale : entretien avec Sergio Benvenuto», in Jean-Marie Brohm et Lean Leclercq (dir.), *Michel Henry*, L'Age d'homme, 2009, p. 86.

（5） Anne Henry et Jean Leclercq, «Michel Henry (1922–2002): entretien en manière de biographie», in Brohm et Leclercq (dir.), *Michel Henry*, p. 27.

（6） アンリのニーチェ解釈については、本読本第Ⅱ部5「アンリと生の哲学」を参照のこと。

（7） 「こうした［力の量にのみ基づく］解釈は間違っている。それは量しか、受容的な主体の力の量と「客観的に」比較される刺激の量しか考慮に入れていない。ニーチェにとって重要なのは、抽象的に検討された力の量なのではなく、主体を構成する本性的に異なる諸々の力の間の、主体それ自身において規定された関係である」（Deleuze, NP, 132：二三〇）。

（8） Friedrich Nietzsche, *Kritische Studienausgabe*, Bd. 4, de Gruyter, 1980, p. 149（『ニーチェ全集』第Ⅱ期第一巻、薗田宗人訳、白水社、一九八二年、一七二頁）.

（9） Nietzsche, *Kritische Studienausgabe*, Bd. 5, p. 316（『ニーチェ全集』第Ⅱ期第三巻、秋山英夫・浅井真男訳、一九八三年、九五頁）.

（10） Nietzsche, *Kritische Studienausgabe*, Bd. 4, p. 147（『ニーチェ全集』第Ⅱ期第一巻、一七〇頁）.

（11） Nietzsche, *Kritische Studienausgabe*, Bd. 13, p. 259（『ニーチェ全集』第Ⅱ期第一一巻、氷上英廣訳、一九八三年、七四頁）.

（12） *Ibid.*（同前）

（13） Nietzsche, *Kritische Studienausgabe*, Bd. 11, p. 504（『ニーチェ全集』第Ⅱ期第八巻、麻生建訳、一九八三年、三〇三頁）。ドゥルーズもこの断章を引用している（Deleuze, NP, 71：一三〇）。

（14） Nietzsche, *Kritische Studienausgabe*, Bd. 13, p. 499（『ニーチェ全集』第Ⅱ期第一一巻、三六八頁）.

（15） Nietzsche, *Kritische Studienausgabe*, Bd. 11, p. 111（『ニーチェ全集』第Ⅱ期第七巻、薗田宗人訳、一九八四年、一四六頁）.

（16） 「［…］ある力は［他の力によって］触発される能力と切り離せないことを［…］スピノザはニーチェ以前に理解していた」（Deleuze, NP, 70, note 1：四〇一）。

（17） ドゥルーズはニーチェ論で「生」と「諸々の力」を等置している（Cf. Deleuze, NP, 117, 167, 170：二〇五、二八四―二八五、二九〇）。

（18） アンリのビラン解釈については、本読本第Ⅱ部3「アンリとフランス哲学」、第Ⅲ部2「身体と肉」、および主要著作解題『身体の哲学と現象学』を参照のこと。

（19） パースをビランに結びつけるというのは恣意的ではないし、ドゥルーズの独創でもない。パースの仏訳者ドゥルダルは、「［パースの］「感情（sentiment）」という言葉で、ビランが「情感（affection）」、より正確には「単純情感」と呼ぶものを理解しなければならない」と指摘しており（Charles S. Peirce, *Écrits sur le signe*, Seuil, 1978, 2017, p. 25, note 2, cf. p. 97, note 1)、ドゥルーズもそれに倣っている。ドゥルダルがパースの書簡を引用しながらこの仏訳の注釈で述べるところによれば、実際に「パースはビランを読んでいた」(Gérard Deledalle, «Commentaire», in Peirce, *Écrits sur le signe*, p. 242)。

(20) Henri Bergson, *Œuvres*, PUF, 1959, p. 169（ベルクソン『物質と記憶』杉山直樹訳、講談社学術文庫、二〇一九年、二一頁）.

(21) *Ibid.*, p. 209（同前、八二頁）.

(22) *Ibid.*, p. 209（同前）.

(23) *Ibid.*, p. 202（同前、七一頁）.

(24) *Ibid.*, p. 206（同前、七七頁）.

(25) これらの『哲学とは何か』での言葉は、芸術の対象としての情感態に関するものであるが、それ以外の文脈でも妥当する、ドゥルーズにおいて一貫した情感態の規定である。

3 アンリとデリダ

現前・ロゴス・生をめぐるニアミス

亀井大輔

ミシェル・アンリと、八歳年下の思想家ジャック・デリダ（一九三〇—二〇〇四）とは、生前ほとんど交流することはなかった。ただし、まったくの没交渉ではなかった。アンリがデリダについて語ることはなかったのに対し、デリダはいくつかの機会にアンリについての言及をおこなっている。少なくともそこから、デリダはアンリに対し一定の関心を持っていたことがうかがえる。

両者の歩みは交差することがなかったが、二人のあいだにはいくつか接近する機会があった。本章では、互いに大きく性格の異なる、ある意味では対極にあり続けた二人の思想家のあいだでの、いくつかのニアミスを辿っていくことにしたい。

第1節では、一九六〇年代にデリダが講義でおこなったアンリへの言及を手がかりに、この時期のデリダがアンリにいかなる関心を寄せたのかを考える。第2節では、「自分が語るのを聞く」という〈声〉の問題を焦点にして、両者にありえた「暗黙の論戦」を検討する。第3節では、一九九〇年代にデリダが実際におこなったアンリへの批判的言及を取り上げる。

1 「空しさ」の応酬——アンリとデリダの「出会い」

一九六三年二月、アンリの博士論文（『現出の本質』）の口頭審査が開かれた。その公聴会にはデリダも出席していた。アンリの死後、妻アンヌ・アンリは次のように回想している。「J・デリダは口頭審査の後に彼〔アンリ〕に手紙を書き、次に彼の最初の二つの論文を送りました。しかしミシェルは、彼の何かがデリダのなかを通過したことを認めながらも、この種の仕事にいかなる関心も払いませんでした。とりわけ彼は彼自身の歩みにだけ没頭していたのです」[1]。この証言から、当時のデリダがアンリの『現出の本質』（一九六三）に関心を抱いたことがわかる。ではデリダは、アンリの著作のどのような点に、いかなる関心を抱いたのか。

当時のデリダは、脱構築と呼ばれる独自の議論を開始せんとするところだった。デリダは一九六三年にレヴィナス論「暴力と形而上学」を執筆し[2]、一九六四―六五年度には「ハイデガー――存在の問いと歴史」と題した講義をおこなっている。これらの著述で論じられるレヴィナスとハイデガーは、西洋の哲学の歴史に対するきわめてラディカルな視座を有していた。レヴィナスは全体性に対する批判を通じて、ハイデガーは存在論の歴史の解体を通じて、ギリシア起源の哲学のなかで思考されてこなかったもの――レヴィナスにおいては〈他者〉、ハイデガーにおいては〈存在〉――に迫ろうとしていた。デリダはこうした両者の立場を批判的に継承しながら、西洋哲学の特徴を「現前の形而上学」として捉え、それに対する脱構築の思考を生成していく[3]。

こうした時期のデリダにとって、アンリの哲学もまた、現前の形而上学への根本的な批判を試みる哲学者の一人として、まずは関心を引いたのではないかと思われる。というのも、ハイデガーやレヴィナスと同様、アンリも西洋の哲学の歴史全体に対するラディカルな視座を有しているからである。アンリによれば、〈事象そのものは、事象が自己から分裂し、自己とは他なるものとなることによって、すなわち疎外されることによって現出する〉という前提が、「西洋の哲学思想をギリシアにおけるその起源以来支配してきた」(EM, 91：一一〇)。このような前提が働くところでは、「現前の本質は疎外である」(EM, 87：一〇五)ということになる。アンリが「存在論的一元論」と呼ぶこの前提が、フッサールやハイデガーにいたる「存在の哲学」および「意識の哲学」の特徴だとされるのである[4]。

このように、西洋哲学において重視されてきた現前のあり方を批判するという点で、アンリ哲学は現前の形而上学批判の一種であるように見える。アンリからすれば、存在論的一元論における現前の本質は疎外であるが、それは差異や分裂をともない、「現象学的隔たりを媒介にすることで得られる現前の本質」(EM, 89：一〇八)にすぎず、そのような現前を求めるのは「空しい」ことである。「かくして、現前する存在がそれでもなお欲せられることができること、しかしこの欲望は空しい(vain)ことが説明される」(EM, 90：一〇八―一〇九)。

このvain(空しい)の名詞形vanitéは、虚しさ・虚栄・自惚れといった意味を持つ。現前への欲望が「空しい」ということは、西洋哲学が現前への欲望を満たそうとしても、実質的にはなにも得られるものはない、という意味合いであろう。この語はヘーゲル『精神現象学』のイポリットによる仏訳で用いられており、アンリはそのことを踏まえている可能性がある。ヘーゲル(一七七〇―一八三一)いわく、「この空しき誇り(vanité)は、それ自身にまかしておくよりほかないような満足である。なぜならば、この空しさ(vanité)は普遍的なものを避けて、自分だけの存在を求めているからである[5]」。ヘーゲルではこの空しさは乗り越えられるべきものだが、アンリにとってはヘーゲルの弁証法こそ「空しい」ものである（「意識から自己意識へと導く弁証法の空しさ」EM, 902：一〇四七）。

　このように、西洋哲学において現前が空しく求められていると断じる一方で、アンリが探究しようとするのは「いまひとつ別の次元の現前」（EM, 71：八六）、すなわち現前の根拠の次元に位置する本来の意味での現前である。アンリによれば、現れるという作用そのものがそれ自体において現前することこそ、現前の根拠にして本質である。アンリは存在論的一元論の地平を乗り越えることによって、疎外や隔たりを媒介としない現前の本質の探究へと向かう。

　しかし、デリダから見れば、可視的な現前の地平の手前で、不可視で直接的な現前に立ち戻ろうとすることは、まさに現前を新たに復興しようとするものであるだろう。デリダは『ハイデガー　存在の問いと歴史』の第八回講義で、ハイデガーの『カントと形而上学の問題』の自己触発の議論を取り上げながらアンリ『現出の本質』に言及する。「この本は、その運動において比類なき力と奥深さを備えていますが、ただ私には、その結果においては完全な虚栄（vanité）であるように見える本です」[6]。この vanité という語は、先に見たアンリの表現を念頭に置いているであろう。

　この発言の文脈におけるデリダの関心は、自己触発の概念にある。アンリは『現出の本質』でハイデガーの自己触発論を参照しつつ、「自己による触発」と「自己の触発」とを区別して、「自己の触発」に「自己による触発」の根拠を見出したうえで、「自己の触発」における超越の根拠としての内在性の次元に、真の「自己触発」を見出す（Cf. EM, 227 sqq.：二五九以下）。デリダにとってこのようなアンリの哲学は、「超越としての触発性あるいは、現出の本質としての超越」を解体することによって、「自己の外への超越なき純粋な主観性」としての、「精神としての情感性（affectivité）」を「復権させる」[7]ものにほかならない。こうして、「とりわけヘーゲルに対するとても確固とした、とても緻密でとても奥深い批判の最後で、厳密にヘーゲル的な結論が、さらにはヘーゲル下部的な結論さえもが、表明される」[8]とデリダは述べる。

　以上のように、デリダにとってアンリの哲学は、現前の形而上学への批判のように見えながら、実際には現前の形而上学を復興するものだった、と思われる。ただし、デリダにとって、アンリには単純に現前の形而上学者とみなして切り捨てることが難しい側面があったにちがいない。これについて次節で考察してみたい。

2　「自分が語るのを聞くこと」をめぐって
――アンリとデリダの「暗黙の論戦」

没後に刊行された先述の『ハイデガー』講義を除いて、デリダは一九九〇年代に入るまで、アンリについて沈黙を続けていた。しかしデリダの議論には、アンリ哲学と――間接的にではあれ――関係づけられうる論点が見出せる。それは、「自分が語るのを聞くこと」としての〈声〉をめぐる議論である。

一九六七年の『声と現象』や『グラマトロジーについて』において、デリダは「自分が語るのを聞く」こととしての〈声〉を、〈自己の自己への現前〉の特権的なモデルとして取り上げていた。〈声〉は、それが外在性や世界内へと外出して行かない「孤独な心的生活[9]」にとどまる限りにおいて、語ることと聞くことが同時であることによって自己の自己への直接的現前を実現し、自己の内部性を形づくっているように見えるからである。現前の形而上学の歴史は、こうした直接的な現前を欲望すること――「絶対的な〈自分が語るのを‐聞き‐たい[10]〉」――として規定される。しかし、デリダによればこうした直接的現前は一種の罠であって、実際にはそこでは自己触発における差延の運動が他なるものを招き入れ、自己同一性に亀裂を入れている。このように〈声〉としての現前は脱構築の運動に巻き込まれていく。

この〈声〉の議論には、デリダ特有の自己触発概念が活用されている。「経験の普遍的構造[11]」としてデリダが考える自己触発は、「同じもの〔自己〕(auto)を分割することによってそれを構成する[12]」ものであって、「自己との差異の中で、自己への関係として同じものを、非‐自己同一的なものとして同じものを産み出すのである[13]」。自己触発を同と他の運動とみなすデリダの自己触発は、アンリのそれと対極をなすものである。

こうしたデリダの〈声〉についての議論は、「アンリに対する暗黙の論戦[14]」を含んでいると言っても過言ではない。というのもアンリは、「〈ロゴス〉の本源的本質」を語るとき、あるひとつの「自分が語るのを聞く」構造――「〈御言葉〉を発するとともにそれを聞くこと」(EM, 417 : 四七七)――に訴えているからである。まさにデリダが批判するような「自分が語るのを聞くこと」が、アンリにとってはロゴスの本質なのである。では、デリダにとってアンリの考えはやはり現前の形而上学の明らかな特徴を示すのであろうか。だとすれば、この議論にかんしてデリダがアンリに言及しないのはなぜなのか。この点について、もう少し詳しく見ておこう。

アンリの〈声〉をめぐる議論は、中世のキリスト教神学者マイスター・エックハルト(一二六〇頃―一三二八頃)をめぐって展開されている[15]。エックハルトは、神の言葉(ロゴス)を聞くということのうちに、神と子の一体性、本質とロゴスの一体性を見る。エックハルトいわく、「そこでは聞くものは、永遠なる御言葉の内で聞かれるものと同じものとなる[16]」。アンリはこの言葉を、「啓示を成し遂げるという根源的作用における本質それ自身が、〈御言葉〉を発するとともにそれを聞くこと」(EM, 417 : 四七七)と解釈し、言葉のうちで本質が自らを現出させているとみなす。そこでは語ることと聞くことが同時であり、それどころか内的に一体化している。デリダ的な差延の働きが入り込む余地のないような〈声〉の構造である。

エックハルトを参照する以上、この場合の「ロゴス」とは、『新約聖書』に由来するキリスト教的な概念であり、古代ギリシア以来の哲学史的なロゴスの概念とは背景を異にする（アンリは後に、聖書のヨハネが理解するロゴス――エックハルトもこれを解釈していた――と、「ギリシア的ロゴス」とを明確に区別することになる）。思うに、デリダから見れば、こうした聖書の伝統に由来するロゴスの議論は、当時のデリダが考えていた音声－ロゴス中心主義の歴史――古代ギリシア以来、西洋の知を規定してきたものの歴史――という視野にうまく収まらないのではないか。デリダの脱構築の関心は、まずもってギリシア的ロゴスに端を発する西洋のロゴスの歴史に向かっており、ルソー、ヘーゲル、ソシュール、フッサールなどが取り上げられた。他方でユダヤ的なものについては、レヴィナスやジャベスなどをめぐってすでに射程内にあったが、キリスト教神学についてはまだ本格的には取り組まれてはいない。アンリの哲学を単純に「現前の形而上学」と断ずることもなく、アンリに対してデリダがしばらく沈黙した理由は、こうした両者の哲学史的背景の違いにあるのかもしれない。

とはいえ、そのうえで両者の可能な論争を仮想的に提示することは無駄ではないだろう。争点を二つ、短く検討する。ひとつはヘーゲルである。アンリは先に見た内的に一体化したロゴスとは異なる、差異を含むロゴスとして、ヘーゲルが『精神現象学』で語る〈神〉とイエスとの関係を挙げている。アンリが引用するヘーゲルによれば、「〈御言葉〉は、それが発せられると、それを発する者を疎外された空虚な状態のままにしておくが、それでも〈御言葉〉は〔…〕ただちに聞き取られるのである」（EM, 417：四七六―四七七）[17]。ヘーゲルの述べるこの構造においては、言葉を語ることとそれを聞くこととのあいだで、語る者は言葉から疎外されてしまう。したがってこの場合、ロゴスは「差異という基底に基づいて、差異の媒介によって」（EM, 417：四七六）現出する、とアンリは解釈する。これはアンリの考えるロゴスの本源的本質ではない。

他方デリダにとっての関心は、こうしたヘーゲルにおけるロゴスの方にこそ向かっていた。デリダは『弔鐘』（一九七四）で、若きヘーゲルの書いた『キリスト教の精神とその運命』を読解し、最後の晩餐でイエスがパンとぶどう酒を弟子たちに与えるという場面をめぐって、ヘーゲルがそれを言語の回帰運動に喩えていることに注目して[18]、そこに「自分が語るのを聞く」構造を読み取っている[19]。『弔鐘』の内容については深入りできないが、デリダとアンリのロゴス論の違いは、こうしたヘーゲルの読み方の違いに顕著に反映されているだろう。

二つめはエックハルトである。この思想家についても、デリダはアンリと異なる読み方をする。デリダはすでに「暴力と形而上学」においてエックハルトの神と神性の区別に言及し、神の基底としての神性の内在性を強調するアンリとは対照的に、神の超越性について註釈していた。[20] さらにデリダは、一九八六年の講演「いかに語らずにいられるか　否認の数々」で、否定神学を主題とするなかでエックハルトの『説教集』を読解している。デリダが引用・参照する『説教集』の箇所はアンリが参照する箇所とはあまり重ならないのだが、一箇所だけ両者のニアミスが見られる。それはまさにアンリが「自分の内に、一体性の内に身を持している」ような「〈ロゴス〉の根源的本質」(EM, 418：四七七―四七八)として引用する『説教集』の一節である。そこでエックハルトは〈御言葉〉を三つに区別したうえで、「けっして外へと踏み出ることのない。むしろ逆に語る者の内に永遠にとどまる」[21]〈御言葉〉――まさに内部において自分が語るのを聞くこととしての〈声〉――を提示している。

これについてデリダが注目するのは、むしろエックハルトがそこで、『ヨハネによる福音書』の「初めに御言葉があった」を解釈して、人間は〈御言葉〉の傍でひとつの「譬え言」(bîwort：副詞)でなければならない、と述べていることである。デリダによれば、エックハルトが説教を書くのは、説教を一切必要としない〈御言葉〉のためではなく、私たち被造物がその「譬え言」であろうとすることを祈るためである。被造物は「一冊の本である」[22]とされるが、その真正な書物の「読解不可能性」を説教は「代補」するのだ、とデリダは読み解く。[23] このようにエックハルトをめぐっても、両者の読解は対照的である。

3　テクストと生をめぐって
――アンリに対するデリダの批判的言及

デリダは一九九〇年代になって、ようやくアンリを取り上げる。一九九三年の『マルクスの亡霊たち』(およびその近辺のテクスト)における、アンリの『マルクス』(一九七六)への言及である。デリダがなぜアンリに言及したのかを、二つのポイントに分けて考えたい。一つめは「テクスト」、二つめは「生」の問題である。

まず「テクスト」の問題。アンリは『マルクス』の序論で、マルクスのテクスト群を「政治的テクスト」と「哲学的テクスト」の二つに大別し、政治的テクストは「それらを理解可能にする原理をそれら自体のうちに含んでいない」(M, 8：二)のに対し、哲学的テクストは「マルクスによって明確に定式化された、それ自身の理論」(M, 9：三)を含んでいるとし、後者にマルクスの哲学ないし存在論を読み取って、その「理解可能性の領野」のうちでマルクス思想の「内的理解」(M, 31：二八)を目指す。[24] このアンリの読解態度が、超越を排除して内在へと立ち戻る彼の哲学そのものを反映していることは明らかである。

これにかんして、アルチュセール――アンリの著書で批判されている――のグループ出身の政治哲学者エティエンヌ・バリバールは、アンリの名前を挙げずに異なる見解を述べている。

彼によれば、マルクスの諸哲学は「彼の〈書かれたもの〉の開かれた全体以外のどこにもあるわけがない」のであり、「「哲学的著作」と「歴史的著作」あるいは「経済的著作」とのあいだで行なうべきいかなる選別もありえない」[25]。デリダは『マルクスの亡霊たち』において以上のアンリとバリバールの異なる見解を踏まえている[26]。デリダがアンリによる区別に同意しない理由は、彼の狙いがテクストの区別を越えて、マルクスの諸々のテクストに亡霊の論理が働いていることを示すことにあるからであり、またそもそも、理解可能性の原理がそれ自身のうちにないようなテクストというものは、デリダのテクスト観と相容れないからである。

テクストの問題は第二の、「生」の問題につながる。アンリ『マルクス』と同時期の一九七五―一九七六年度に、デリダは「生死」という主題で講義を実施し、そのなかで「生」(生命)をめぐる思考を展開していた。その講義の第一回では、「生死(la vie la mort)」という講義タイトルをめぐって、同一性の論理や弁証法の論理を含む並立・対立・定立の論理によっては捉えることのできない「ある「生死」の論理」[27]を思考することが示唆されている。デリダが思考するのは、生と死とが切り離されて概念化される手前の、差延の運動によって両者が関係しあう次元、「生き延び(survie)」の次元である。

『マルクスの亡霊たち』でもこの「生死」ないし「生き延び」の視点から、「生ある限り、もはや生は純粋な自己同一性も確実な内部ももたず、もはやそれらを持っていないはずである」[28]とデリダは述べており、そこからアンリに対する批判的な指摘がなされている。デリダはアンリの『マルクス』を「生けるもの、生ける個体、生ける主体性、生ける労働としての現実的な労働、等々をめぐる、かくも完全な書物」と評価しつつも、アンリが既存のマルクス読解を批判するのは「最終的には生けるものへの一義的な参照の名においてである」という点を問題視し、アンリが提示するあらゆる命題を「再問題化しなければならない」と指摘するのである[29]。

こうしたデリダの言及は、アンリが「生」の概念に一義的に依拠することに対し批判的な問いを提起するものである。デリダはこの問いをこれ以上展開していないが、その後のデリダの関心は、アンリとまったくかけ離れていたわけではない。アンリがキリスト教への参照をいっそう鮮明にしながら、大文字の〈生〉の概念を展開していくのに対し、デリダも晩年の『獣と主権者I』講義などにおいて、生や動物(ゾーエー、ビオス)とロゴスの問題へと迫りつつあった。デリダはハイデガーに依りながら、アブラハム的かつギリシア的な伝統のなかに、『創世記』におけるロゴス、『ヨハネによる福音書』(「初めに御言葉《ロゴス》があった」)、そして時期的にはこの二つのあいだに位置するアリストテレスの『政治学』(「ロゴスをもつ人間」の定義)、という「三つの元初」を挙げている[30]。これらのあいだで、ロゴスという根本的なギリシア語は「翻訳の重要な争点をなす場だった」[31]とデリダは述べている。こうしたデリダの晩年の視座から、アンリがギリシア的ロゴスの価値を貶め、ヨハネ的ロゴス（すなわち「生」）への「一義的な参照」へと行き着いたことの是非を問うことはできたかもしれない（アンリがそれに応答することはなかっただろうが）。

　アンリとデリダのあいだには、以上のようないくつかのニアミスが見られる。現実には交わされなかったにせよ、両者のあいだにありえた議論の焦点は、最終的にはギリシア－ユダヤ－キリスト教的な西洋の歴史におけるロゴスと生の問題として浮かび上がりつつあるように思われる。両者のニアミスをただのニアミスに終わらせないためには、この大きな歴史的問いへと足を踏み入れることが必要である。

註

（1）Anne Henry et Jean Leclercq, «Michel Henry (1922–2002): entretien en manière de biographie», *Michel Henry*, L'Âge d'Homme, 2009, p. 29.　米虫正巳「内在の内の非内在的なもの——出会い損なったアンリとデリダの遅ればせの対話?」、米虫正巳編『フランス現象学の現在』法政大学出版局、二〇一六年、二五九—二九三頁も参照。

（2）「暴力と形而上学」（初出は一九六四年）の執筆時期については、Cf. Benoît Peters, *Derrida*, Flammarion, 2010, p. 174（ブノワ・ペータース『デリダ伝』原宏之・大森晋輔訳、白水社、二〇一四年、一八二頁）.

（3）詳しくは拙著『デリダ　歴史の思考』法政大学出版局、二〇一九年、六六頁以下を参照。

（4）本読本主要著作解題『現出の本質』参照。

（5）G. W. F. Hegel, *Phénoménologie de l'esprit*. tome I, tr. Jean Hyppolite, Aubier, 1939, p. 72（ヘーゲル『精神現象学』樫山欽四郎訳、平凡社ライブラリー、一九九七年、上巻、一一〇頁）.

（6）Jacques Derrida, *Heidegger: la question de l'Être et l'Histoire. Cours de l'ENS-Ulm 1964–1965*, Galilée, 2013, p. 268（ジャック・デリダ『ハイデガー　存在の問いと歴史』亀井大輔・加藤恵介・長坂真澄訳、白水社、二〇二〇年、二五一頁）.

（7）*Ibid.*, p. 268（同前、二五一頁）.

（8）*Ibid.*（二五一頁以下）この引用箇所は、英訳 *Heidegger: The Question of Being and History*, tr. Geoffrey Bennington, The University of Chicago Press, 2016, p. 181–182 において一部加筆されており、日本語訳はそれを反映している。

（9）「孤独な心的生活」は、『声と現象』においてデリダが読解するエトムント・フッサール『論理学研究』第二巻第一研究（一九〇一年）に由来する言葉。

（10）Jacques Derrida, *La voix et le phénomène*, PUF, 1967, p. 115（ジャック・デリダ『声と現象』林好雄訳、ちくま学芸文庫、二〇〇五年、二二九頁）.

（11）Jacques Derrida, *De la grammatologie*, Minuit, 1967, p. 236（ジャック・デリダ『根源の彼方に　グラマトロジーについて』足立和浩訳、現代思潮社、一九七二年、下巻、四八頁）.

（12）*Ibid.*, p. 237（同前、五〇頁）

（13）Jacques Derrida, *La voix et le phénomène*, p. 92（ジャック・デリダ『声と現象』、一八三頁）.

(14) Martin Hägglund, *Radical Atheism*, Stanford University Press, 2008, p. 216 (n20)（マーティン・ヘグルンド『ラディカル無神論』吉松覚・島田貴史・松田智裕訳、法政大学出版局、二〇一七年、一二九頁、原注37）.

(15) 本読本第Ⅱ部1「アンリとドイツ神秘主義」参照。

(16) エックハルト『エックハルト説教集』田島照久編訳、岩波文庫、一九九〇年、八七頁。

(17) ヘーゲル『精神現象学』、下巻、三六〇頁。

(18) ヘーゲル『キリスト教の精神とその運命』伴博訳、平凡社ライブラリー、一九九七年、一五九頁。

(19) Jacques Derrida, *Glas*, Galilée, 1974, p. 81（ジャック・デリダ『弔鐘』（第一一回）鵜飼哲訳、『批評空間』Ⅲ—第二号、二〇〇二年、二四九頁）. これについては、鵜飼哲「デリダにおけるヘーゲル——『弔鐘』における〈晩餐〉の記号論を中心に」『ジャッキー・デリダの墓』みすず書房、二〇一四年、一三〇—一五一頁を参照。

(20) Jacques Derrida, *L'écriture et la différence*, Seuil, 1967, p. 216–217（ジャック・デリダ『エクリチュールと差異（改訳版）』谷口博史訳、法政大学出版局、二〇二二年、三一〇—三一一頁）.

(21) 『エックハルト説教集』、六三頁。

(22) 同前、六二頁。

(23) Jacques Derrida, « Comment ne pas parler. Dénégations », *Psyché. Inventions de l'autre II*, Galilée, 2003, p. 184（ジャック・デリダ「いかに語らずにいられるか　否認の数々」『プシュケーⅡ』、藤本一勇訳、岩波書店、二〇一九年、二七一頁以下）.

(24) 本読本第Ⅱ部6「アンリとマルクス」参照。

(25) エティエンヌ・バリバール『マルクスの哲学』杉山吉弘訳、法政大学出版局、一九九五年、七—八頁。

(26) デリダは、『マルクスの亡霊たち』を導く「赤い糸」の一つは、マルクスにおける「哲学的なもの」についての問い」であるが、「それはまた二つの議論を互いに縫い合わせるものでもある」として、その二つがアンリとバリバールに対する議論であると述べている。ジャック・デリダ『マルクスの息子たち』國分功一郎訳、岩波書店、二〇〇四年、一二三—一二四頁（原注3）。

(27) Jacques Derrida, *La vie la mort. Séminaire* (1975–1976), Seuil, 2019, p. 20（ジャック・デリダ『生死』吉松覚・亀井大輔・小川歩人・松田智裕・佐藤朋子訳、白水社、二〇二二年、二〇頁）.

(28) Jacques Derrida, *Spectres de Marx*, Galilée, 1993, p. 177（ジャック・デリダ『マルクスの亡霊たち』増田一夫訳、藤原書店、二〇〇七年、三三三頁）.

(29) *Ibid.*, p. 178–179, note 1（同前、三九一頁、注6）.

(30) Jacques Derrida, *Séminaire. Le bête et le souverain, Volume I* (2001–2002), Galilée, 2008, p. 416 sqq.（ジャック・デリダ『獣と主権者Ⅰ』西山雄二・郷原佳以・亀井大輔・佐藤朋子訳、白水社、二〇一四年、三八七頁以下）

(31) *Ibid.*, p. 448（同前、四一六頁）.

4 アンリとナンシー
生と存在、（不）可能な交差

柿並良佑

はじめに

一九二二年生まれのミシェル・アンリと一九四〇年生まれのジャン＝リュック・ナンシー（一九四〇―二〇二一）、著作を読むかぎり二人のあいだに積極的な交流はなかったようにみえる。しかし同時代を生きた両者それぞれの思想に何らかの関係が生じていてもおかしくはない。事実、ナンシーが筆者に語ったところによれば、一九八〇年代後半のアメリカ滞在時には同じくアメリカにいたアンリとそれなりに親しい交友関係にあったらしい。だが一九九五年、ナンシーがモンペリエ大学で「キリスト教の脱構築」をめぐる講演を行った際、会場で聴いていたアンリは講演後にまったく同意できない旨をナンシーに伝えた。終了後、会話自体に乗り気でなかったアンリを交えてテーブルを囲んだが、有意義な議論には発展しなかったという。ナンシー自身、同講演中にアンリの名を挙げ、別の道を辿ってではあれ二人が共にキリスト教に取り組んでいる状況に「時代の何らかの特徴ないしは必然性」[1]を見出していたにもかかわらず、交流は途絶えてしまったかのようだ。

もとより、ナンシーが自著でアンリの名を挙げた機会は決して多くはなく、アンリからナンシーへの言及は管見の限りでは見当たらない[2]。以下では二人の著作をいくつか紐解きながら、哲学的主要概念、さらには哲学そのものの位置づけをめぐるアンリとナンシーの立場の共通点と差異を確認した上で、あらためてキリスト教をめぐる両者の思想の接点を探ってみたい。

1　絶対者

ポール・オーディによればアンリの思想は、伝統的な絶対者すなわち〈神〉を隠し持つ哲学とは異なる「絶対」をめぐる思考の一つとして、エマニュエル・レヴィナスと並んで捉えられるという。[3] アンリの絶対者は伝統的な超越からは区別され、その絶対性は〈他者〉の側ではなく、おのれを触発する〈自己〉に認められる。一方、たとえば『無為の共同体』にみられる「絶対者の論理」批判を考慮するなら、明らかにナンシーはレヴィナスやアンリと対照的な地点にいる。[4] この著作を発展させた『複数にして単数の存在』ではジャック・ラカンやレヴィナスの「大文字の他者」をめぐる思考が批判的に取り上げられ、これに対置される複数性の存在論に「相互共存在／他者と共にある一者（les uns avec les autres）」なる定式が充てられる。[5] その際、単一の「絶対者」が退けられてもなお、このような共同性を「絶対的に」思考することが求められる。[6] かくしてナンシーは大文字の他者、神、あるいは〈生〉といった超越的な審級に異議を申し立てるだけでなく、それらに支えられる構造としての共同体の批判者として登場したのであり、さらには超越を内に取り込むといった意味での〈内在〉——あるいは「内在主義」[7]——もまた批判から逃れられない。

2　第一哲学と存在論

第二の点として、哲学のステータスに関する問題を取り上げてみよう。オーディもヴァンサン・ジローも『現出の本質』（一九六三）に始まるアンリの企てを「第一哲学」の名の下に理解しようとしている。[8] たとえばレヴィナスは、伝統的に存在論に付与されてきたこの地位を倫理に求めたが、対してアンリにとって現出するのは「存在としての存在」ではなく、個人個人のうちに受肉し、自己触発する〈生〉である。それは非人間的な「何か」ではなく「誰か」と問われる「現象学的絶対者」であり、「自己」を含む。そうした生をめぐる「徹底的で絶対的な知」（PV-III, 43）が「第一哲学」と考えられる。

他方、同時代において「哲学の終焉」[9]が繰り返し喧伝された後で再度哲学の必要性を訴えたナンシーは、主著の一つ『複数にして単数の存在』で、あらためて存在論を「第一哲学」として引き受けようとしている。[10] その限りでは哲学と倫理の優先順位をめぐって、アンリもナンシーも前者に重きを置いているようにみえてくる。もちろん、ハイデガー存在論を「表象の哲学」とともに批判するアンリと、存在論のうちに「根源的倫理」[11]を読み込むナンシーとでは立場が大きく異なってはいる。とりわけ後期思想に至ってアンリははっきりと存在概念を退ける（CMV, 74）。それでもなおアンリの探究が「存在－現象学（l'onto-phénoménologie）」[12]と名指されうる点と、ナンシーにおいて存在論と現象学が単純に対立するものではない点を考えあわせることが必要だろう。ナンシーにとって、存在とは個人や生のすべてを集約する類的包括者のようなものではなく、複数の存在者が共に出現する事態を表しているからである。[13] そうしたハイデガー存在論の「書き直し」は自覚的に引き受けられた仕事だが、[14] すでに初期の仕事においても存在概念そのものの変容が企図されていた。「放棄された存在」と題された論考は、[15]「さまざまに語られる」存在がもはや超越概念の下に包摂されず「放棄」されてあることを、どのように存在論の課題として引き受けるかを問うていた。そのような存在の「放棄・断念・見捨てられた状態（l'abandon）」に、しかしながらナンシーは複数形において語られる存在の逆説的な「豊饒さ（l'abondance）」を見出そうとした。存在は単に放棄されるのではなく、存在が放棄されているという事実があらためて引き受けられるのだ。

「存在」のように伝統的で、多くの思想家がそれぞれに異なった意味を与えもしてきた大概念を独自に引き受け直す身振りは、選択は違えど、現代思想の中で見過ごされた「生」に立ち戻るアンリのそれに通じるところがあるだろう（CC, 216：一九九）。

3 欲動・運動・情動

前節までは理論的な話題に焦点を合わせてきたが、言うまでもなくアンリとナンシーは具体的な事象を論じ続けた。ここでは身体を取り上げてみよう。ジャック・デリダがナンシーをめぐって晩年に刊行した大著では〈肉の現象学〉の検討がかなりの部分を占めているが、奇妙と言うべきか、そこにアンリの名はみられない。[16]ともあれ、他の現象学的議論に対してナンシーの身体論では、〈肉体‐接触‐自己〉ではなく〈身体‐分離‐他者〉に重きが置かれているという整理はさしあたりの見取り図としては役に立つだろう。ただ、それだけでは見えてこない二人の思想の近さがある。たとえば「欲動（la pulsion）」という言葉についてアンリは述べている。

> 欲動とは、自己触発された生、つまり、たえず自己に襲われ、自己自身に押し潰されている生が、自己の重さから逃れ、自己を厄介払いしようと倦むことなく行う努力のことである。生は自らを自らに抗いがたく繋ぎ留める絆を断ち切ることができないという不可能性の内に置かれているが、その状況下で生はみずからを変えよう（se changer soi-même）と試み〔…〕それ自身の受苦（sa souffrance）を喜び（la joie）に転換しようとする。 (CMV, 138)

かけがえのない個々の生はときに「単独・特異（singulier）」なものと形容される（CMV, 76; CC, 93–94, 99, 102, 104, 106, 190–191, 194, 197：八〇—八一、八六、八九、九一、九四、一七三—一七四、一七七、一八〇）。しかし特異性にはいわゆる「個体化」のようなプロセスはないと考えるナンシーからすれば、[17]個別の生を貫くプロセスとして大文字の〈生〉を想定することは、あるいは「超越論的〈自己〉」のように生を捉えることは難しいように思われる（CC, 93：八〇）。にもかかわらず、『性存』[18]にまとめられたナンシーの「欲動」についての考察はアンリ哲学と意外なほどに共振する。ただし、アンリはそれを存在とは別物として、ナンシーは存在そのものの運動として追求するだろう。後者にとってプロセス・運動・欲動としての存在は名詞（l'être）ではなく、他動詞、すなわち存在者を存在させること（être）である。[19]

またアンリの言う「喜び（la joie）」はたとえば「自己享受（la jouissance de soi）」（CMV, 74）といった語と響き合っているが、これを、別の道を辿ってフロイト読解を続けてきたナンシーの用いる「享受／享楽」とすぐに関連させることはできまい。[20]ただ、仮に思想家ごとに特有の調子（tonalité）、あるいは根本気分のような何かがあるとすれば、アンリとナンシーにとっては喜びが――たとえそれがしばしば苦しみと対になっているとしても――それに当たるのかもしれない。

二人の遭遇の可能性をさらに探ってみよう。アンリの主張する〈生〉とナンシーの提示する「存在」が非常に近しい「運動」を見せているとしたらどうだろうか？　現象学における自己触発の議論やその影響を受けた〈生〉についてナンシーが語ることはほとんどないが、『性存』では存在の他動詞的性格を論じるにあたり、「〜を生きる（leben/vivre）」のような他動詞的用法が持ち出される。[21]もちろんそれは生物学的な生に尽きはしない。人間の再生産《リプロダクション》＝生殖にも科学技術や「前代未聞の情動」が関わりあっていることを論じながら、ナンシーは「絶対者の絶対性」を語るアンリの初期の著作を引き合いに出す。存在の集約を語るのにパスカル由来の「感情（sentiment）」を借り受けるだけでなく、享受＝享楽、恥じらい（la pudeur）、優しさ（la douceur）といった「性的な語彙」を援用しているのはまさしく『現出の本質』だというのだ（EM, 860：九七七）。[22]

早くから「情動（affect）」に着目していたナンシーが「情感性（affectivité）」の思想家に関心を抱かないはずはなかった。事実、ナンシーにとって自己と非自己、内部と外部の分割に先行する情動は、アンリにおいても単純な同一性を備える自己のそれではない。アンリにおける「情感（affect）」は生そのものとしての力（force）であり（PM, 174：二二〇）、『現出の本質』でも生は絶え間なき「超出（dépassement）」のことであった（EM, 590–591：六六五）。ナンシーであれば「同（le Même）」の「他化＝変質（l'altération）」と呼ぶ事態だろう。〈他者〉（l'Autre）の問いをそのものとして立て、実質化してしまう危険を回避するナンシーは、「他（alter）」になることとしての「他化」をもって〈生〉と変化の問題に応える。一なるもの、自己とはすぐれて他化が生じる場だというわけである。[23]自己の条件ないし真理としての「他化」に対して、アンリは「絶対者の来歴」の展望のもと、「変化のなかで変化しないもの」に着目し、「とどまるものとは成長（l'accroissement）である」と断言する（PM, 54–55：六三―六五）。絶え間ない「他化」と、すべてが変化するにもかかわらずとどまる「生の運動」。一方は同が他であると言い、他方は他が同であると言っているようにもみえる。このように、〈同と他〉という現代思想の一大テーマに対峙した二つの思考として両者を照らし合わせることは可能だろう。

4　キリスト教の内奥へ

以上のような情感＝情動をめぐる議論を辿るともう一つ共通の場所《トポス》に至る。他化の運動のうちでみずからを超越する自己として「主体はおのれの内奥で生まれる＝おのれの内奥に目覚める[24]」。ここにナンシーは自著の多くで繰り返すアウグスティヌス『告白』の一節、「私の最内奥よりもさらに奥に（interior intimo meo）」を書きつけ、「私」はそのような場所へと目覚め、「内奥の＝親密なもの、絶対的に固有のものが、絶対的に他なるもののうちに存する」と言葉を継ぐ。興味深いのはオーディもまた「「キリストのうち」で自己として誕生する＝自己に目覚める[25]」のはいかにしてなのかと問い、またアンリにみられる「情感性という徹底的な内在の圏域」（EM, 777：八八二）への飛躍を追う際にはまさしくアウグスティヌスの定式でその運動を形容していることだ[26]。

さしあたり問題の所在は、「そのうちにいかなる「隔たり（écart）」も、いかなる差異（あるいは〈差延〉）も含んでおらず、あらゆる外在性を排除した開示の次元」としての内在から、「あらゆる生ける者のうちへの〈生〉の内在〔…〕あらゆる人間的〈自己〉のうちへの神の〈御言葉〉の内在」（PV-V, 168）へと移るアンリの理解がどのような軌跡を描いているのかという点だ。オーディによればこの〈御言葉〉（Verbe）とは、生のうちで発生させられた生ける個体を、おのれの受肉を通じて〈子〉（Fils）たらしめるもののことである。

ここで父と子と御言葉をめぐる神学上の問題に踏み入る余裕はない。少なくとも指摘できるのは、三位一体という、ユダヤ教にもイスラームにもない、キリスト教特有とされる教義がナンシーにおいても決定的な役割を――ただし反転した形で――果たしているということである。プロジェクトとしての「キリスト教の脱構築」が形をとりつつある時期の『複数にして単数の存在』でも「三位一体の神」は「共同－存在」を表象するものとして、存在神論の体制下で「共－存在」に充てがわれた名として顔をのぞかせていた[27]。

オーディが注意を喚起しているように、たしかにアンリの関心は「キリスト論的な問題であって、三位一体的なものではない[28]」。だがそれがどのように機能しているかをみておこう。「キリスト論、よりよくは〔…〕〈原－キリスト論〉は、実際、神と自我、絶対的〈生〉と個体との間の非融合的な隔たり（un *écart* non confusionnel）について、つまり分離ではない非結合（disjonction）について考えることを可能にする[29]」。「隔たり」は自己触発を危険に晒しもするが、再度、生の根源的構造という文脈でも問題になっている。父と子の「相互内面性」と「差異」を調停するために援用されるのがアンリのキリスト論だということになる。

ようやく、本章冒頭で提示しておいた「キリスト教の脱構築」の講演の場面に戻ることができる。キリスト教が形而上学的体系と一体になって西洋の歴史を構築しているとみなすナンシーは、そうした体系の諸要素間に「遊び」をもたらす脱接合という操作が「脱構築」であり、またキリスト教はそれ自体が「自己脱構築」[30]の過程であること、そしてまたその「否認（la dénégation）」であることを論じていく。具体的にキリスト教的カテゴリーが分析される前に「キリスト教神学の哲学的構成要素」に関する方法論的考察が置かれるが、その際、当の神学の核心に見出されるのがまさに「キリスト論」なのだ。その心臓部は「受肉の教義であり、また受肉の教義の心臓部はホモウシア、つまり同質同体性（consubstantialité）、〈父〉と〈子〉のあいだの存在および実体の同一性ないし共同性（l'identité ou communauté）の教義」である。神学者はこうした共同性が哲学的に言われる本質の共同性とは異なる性質だと言うが、ナンシーはその点に異を唱える[31]。

会場で聴いていたアンリにとって受け入れがたかったのは、とりわけこうした議論だったのかもしれない。ナンシーは神学的存在論からハイデガーの存在論的差異に至る、「存在論の諸概念の哲学的連鎖」を展望し、その脱構築を企てるが、存在に基づく神やその他のキリスト教的概念の理解はすでに見たようにアンリの批判するところだった。端的に言えば、哲学と渾然一体となって構築された体系としてのキリスト教を脱構築しようとするナンシーに対して、決して構築されない生の感受を追求するのがアンリだということになろう。

5　おわりに——残された世界、そして共同性

これまで概観してきたように、重なる論点を扱いながら二人の思想家は核心部分で見解を異にしている。それはまた私たちが存在する「世界」をめぐって決定的となる。アンリが晩年に到達した「肉」の思想は「無世界的（acosmique）」な特徴を有している（I, 208：二六五；cf. ENT, 114）。存在論とともに退けられる「世界内存在」だが、ナンシーにとっては決定的な哲学素である。世界はそれ自体が「〜への存在（être-à）」を意味するものとして、すなわち「〜への関係、関連、差し向け、送付、贈与、呈示」を意味するものとして把握される[32]。ナンシーにとって「〜へ（à）」という前置詞は先にみた欲動とも合流し、「意味の絶対的過剰としての世界[33]」を示すのである。アンリにとっての無世界的な生は結局は「脱自しない」ものであった（«inextatique»: PV-1, 187）。

もちろんアンリは自身の哲学にかけられた独我論の疑義を無視しているわけではない（PM, 8：五）。「共同体の現象学」（PM, 160：二〇〇）の試みをナンシーの共同-存在論と照らし合わせるという重大な課題が、交わらなかったように見える二人の軌跡の後に遺されている。マルクス（主義）の後に問われるべき

政治をめぐって、アンリはまるでナンシーの語彙かと見紛うばかりに「世界内存在」と「他者と共にある存在」（CC, 193：一七六）を、「共同での存在」（CC, 195：一七八）を、さらには「欲動的共同体」（CC, 195：一七七）を語っている。しかしそれはあくまで「前‐政治的で前‐社会的な」生の共同体に基礎づけられねばならないという。「政治的なもの」が世界の現象と一体化するのを夢見た「ロマン主義者」（CC, 193：一七五）からアンリは当然ながら距離を取るが、そのアンリ自身は〈生のロマン主義者〉でなかったと言い切ることは果たして可能なのだろうか。(34) ナンシーが「人間ならざるもの」も含めた「共同での存在」を論じながら「真の生」を警戒していたとき、その批判の射程にはアンリの思考もまた含まれていたのだろうか。(35)

註

（1） Jean-Luc Nancy, *La déclosion* (Déconstruction du christianisme, 1), Galilée, 2005, p. 203（ジャン＝リュック・ナンシー『脱閉域――キリスト教の脱構築1』大西雅一郎訳、現代企画室、二〇〇九年、二七六頁）.

（2） ナンシーからアンリへの言及箇所、および両者の思想のより詳細な比較検討については以下の拙稿を参照されたい。「キリスト教の非／脱構築――アンリとナンシー、否認された出会い」『ミシェル・アンリ研究』第九巻、二〇一九年。また言及箇所として以下を付け加えておく。インタビュー記事（聞き手：澤田直）、特集「バタイユからナンシーへ」『ふらんす』白水社、二〇一七年八月号、一五頁。フィリップ・ラクー＝ラバルト＆ジャン＝リュック・ナンシー「政治的なものの「退引」」柿並良佑訳、『思想』岩波書店、二〇一六年九月号、二一頁。本稿では触れられないが、アンリにおける「政治的なもの（le politique）」概念（M, 55 sqq.：五七以下；CC, 177 sqq.：一六一以下）とナンシーらのそれとの比較も今後取り組むべき課題だろう。

（3） Paul Audi, *Michel Henry. Une trajectoire philosophique*, Les belles lettres, 2006, p. 34, 246（ポール・オーディ『ミシェル・アンリ』川瀬雅也訳、勁草書房、二〇一二年、一二、二三五頁）. 本章のアンリ読解は同書に多くを負っている。

（4） Jean-Luc Nancy, *La communauté désœuvrée*, Bourgois, 1986, p. 18（『無為の共同体』西谷修・安原伸一朗訳、以文社、二〇〇一年、一一頁）.

（5） Jean-Luc Nancy, *Être singulier pluriel*, Galilée, 1996, p. 74（ジャン＝リュック・ナンシー『複数にして単数の存在』加藤恵介訳、松籟社、二〇〇五年、一一五頁）.

（6） *Ibid.*, p. 54, 74, 83（同前、八四、一一五、一二八頁）.

（7） Nancy, *La communauté désœuvrée*, p. 16（ナンシー『無為の共同体』、八頁）.

（8） Audi, *Michel Henry*, p. 28（オーディ『ミシェル・アンリ』、四頁）. およびヴァンサン・ジロー「第一哲学としての美学」樋口雄哉・落合芳訳、『ミシェル・アンリ研究』第六巻、二〇一六年、七四頁以下。

（9） Jean-Luc Nancy, *L'oubli de la philosophie*, Galilée, 1986, p. 72（ジャン＝リュック・ナンシー『哲学の忘却』大西雅一郎訳、松籟社、二〇〇〇年、八五頁）.

(10) Nancy, *Être singulier pluriel*, p. 45（ナンシー『複数にして単数の存在』、六七頁）.

(11) *Ibid.*, p. 52, 87（同前、八一、一三四―一三五頁）.

(12) Audi, *Michel Henry*, p. 232（オーディ『ミシェル・アンリ』、二三二頁）.

(13) 存在論と「現れること」の捉え方についてはたとえば以下を参照。Jean-Luc Nancy, *La comparution*, Christian Bourgois, 1991; 2e éd., 2007, p. 61, 70, 71, 86（ジャン＝リュック・ナンシー『共出現』大西雅一郎・松下彩子訳、松籟社、二〇〇二年、八〇、九二、九四、一一六頁）.

(14) Nancy, *Être singulier pluriel*, p. 118（ナンシー『複数にして単数の存在』、一八五頁）.

(15) Jean-Luc Nancy, « L'être abandonné », *L'impératif catégorique*, Flammarion, 1983.

(16) Jacques Derrida, *Le toucher, Jean-Luc Nancy*, Galilée, 2000（『触覚――ジャン＝リュック・ナンシーに触れる』松葉祥一ほか訳、青土社、二〇〇六年）. また、アンリとデリダの関係に関しては、前章「アンリとデリダ」参照。

(17) Nancy, *La communauté désœuvrée*, p. 69–70（ナンシー『無為の共同体』、五〇頁）. そこでの「基底（fond）」といった語の用法にもアンリとの差を認めることができよう（CC, 96, 220 : 八四、二〇三）。またアンリとは異なり（PM, 163 : 二〇四）、ナンシーは「個体化の原理」なるものを認めはしまい。後年の著作で、アンリはこの原理を外面的な世界に関わるという理由で〈生〉から遠ざけていくようにみえるが（cf. CMV, 156）、〈生〉のうちに認められる〈基底〉(PM, 178 : 二二五) を核とする思想上の根本的モティーフはナンシーの立場と大きく異なっている。

(18) Jean-Luc Nancy, *Sexistence*, Galilée, 2017.

(19) Jean-Luc Nancy, *Le sens du monde*, Galilée, 1993; rééd. 2001, p. 26–27, 193, 214.

(20) ある対談の終盤でナンシーは享受／享楽をめぐる系譜のなかでレヴィナスとジャン＝リュック・マリオンおよび「その他の人々」に言及しており、そこにアンリの名を付け加えることは不可能ではないだろう。Cf. Adèle Van Reeth et Jean-Luc Nancy, *La jouissance*, Plon, 2014, p. 132–133. その際、「こう言ってよければ、享楽の「固有」の部分は未決＝苦しみ（en souffrance）のうちに留まっている」という興味深い一言が添えられている。また欲動は苦しみと快楽が混淆したものでもあり、われわれという存在や文明を苦しませるものである（Nancy, *Sexistence*, p. 66）。

(21) Nancy, *Sexistence*, p. 92.

(22) *Ibid.*, p. 139–140. そこではナンシー論『触覚』でアンリを迂回したデリダの一節（『散種』藤本一勇・立花史・郷原佳以訳、法政大学出版局、二〇一三年、八三頁）が言及され、享受の系譜を辿り直す手がかりが示されている。

(23) Nancy, *Être singulier pluriel*, p. 29, 101（ナンシー『複数にして単数の存在』、四二、一五六―一五七頁）. Nancy, *Sexistence*, p. 54. 「超出」はまた、しばしばナンシーが引くパスカルの一節をも想起させる。たとえば以下。Jean-Luc Nancy, *Vérité de la démocratie*, Galilée, 2008, p. 25, 37（『フクシマの後で――破局・技術・民主主義』渡名喜庸哲訳、以文社、二〇一二年、一三〇、一四二頁）.

(24) Nancy, *Être singulier pluriel*, p. 102（ナンシー『複数にして単数の存在』、一五八頁）.

（25） Audi, *Michel Henry*, p. 231（オーディ『ミシェル・アンリ』、二三〇頁）.

（26） *Ibid.*, p. 243（同前、二三三頁）.

（27） Nancy, *Être singulier pluriel*, p. 81（ナンシー『複数にして単数の存在』、一二七頁）.

（28） Audi, *Michel Henry*, p. 219（オーディ『ミシェル・アンリ』、二〇九頁）.

（29） *Ibid.*, p. 220（同前、二〇九頁）.

（30） Nancy, *La déclosion*, p. 217（ナンシー『脱閉域』、二九六頁）.

（31） *Ibid.*, p. 219（同前、二九八—二九九頁）.

（32） Nancy, *Le sens du monde*, p. 18.

（33） *Ibid.*, p. 42.『世界の意味』は「キリスト教の脱構築」という定式が言及された最初期の書物である。アンリが内在から締め出した「差延」に一つの章が割り当てられ、そこに『現出の本質』をめぐる重要な注記が記されている（*ibid.*, p. 53）。

（34） Jocelyn Benoist, « Vingt ans de phénoménologie française », *Philosophie contemporaine en France*, Yves Mabin (dir.), Ministère des Affaires Étrangères/ADPF, 1994, p. 42.

（35） Nancy, *Être singulier pluriel*, p. 74（ナンシー『複数にして単数の存在』、一一四頁）.

5 アンリと西田幾多郎

「生の根底」に触れる

杉村靖彦

1 生の「深き底」
——もう一つの「実質的現象学」としての西田哲学

外面的・表面的に見るかぎりは、ミシェル・アンリと西田幾多郎（一八七〇―一九四五）の哲学は、正反対の方向に向かっているように見える。従来の哲学を規定する存在理解の体制を「隔たり（distance）」を前提とするものと見た上で、そのように理解された存在の手前へと遡行していくアンリの「実質的現象学」[1]に対して、西田哲学の代名詞ともいうべき「絶対無の場所」は、単に存在と対立する無ではなく、存在がそれとしてありのままに知られる場所、その意味で存在を超えて包む場所を語ろうとする。このように整理するならば、両者はまったく対照的であるように見える。実際、アンリの著作のどこを探しても、「無」に絶対的・原理的な地位を認めるような考察は一切見られない。アンリにとって、無とそれにまつわる否定性は、生が自らを一切の「隔たり」なしに感受することを妨げ、生をその「実質」から遠ざける契機でしかないのである。

しかし、西田ははじめから「絶対無」の哲学者であったわけではない。一歩踏み込んで、西田が何を目指してこの概念へとたどりついたのかを探ってみれば、その根本関心において、西田哲学がアンリの実質的現象学と深い所で共鳴・共振しうるものであることが見えてくる。両者の接合点を照らし出す上で、格好の導きとなる語をもちだしてみよう。「生の〈根底〉＝〈基底〉（Fond de la vie）」という語がそれである。アンリは自らの哲学の核となる「生の実質」を表現するために、この語をしばしば用いた（PM, 153：一九〇）。西田にとってもまた、「根底〔根柢〕」というのは、その思索が探究しつづけた事柄を性格づける根本語であったといえる。『善の研究』（一九一一）で「余の思想の根柢である純粋経験[2]」を語り始めて以来、西田の思索は一貫して「すべてのものの根柢[3]」を摑まえようとしてきた。絶対無の場所というのも、「すべてがそこからそこへ」[4]と生起する「そこ＝底」を適切に表現するために編み出されたものである。「そこ＝底」というのは単なる言葉遊びではない。「経験するというのは事実其儘《そのまま》に知るの意である」[5]という宣言から出発した西田の道程において、「根底」とは宙に浮いた思弁的概念ではなく、まだ主体と客体ということすらいえない経験の出来の現場であり、すべてが「そこ」に映され、すべてをそのつど新たに更新させる「今ここ」の生と直結するものであった。「わが心深き底あり喜も憂の波もとどかじと思ふ」。西田が一九二三年に詠んだ有名な歌である。[6]西田の思索はこの意味での「生の深き底」に触れ、そこから哲学全体を書き換えようとするものであった。ここにおいて、西田哲学の関心事はアンリの哲学的企てと大きく重なりあうのである。

このような理解にもとづいて、アンリ哲学との交差可能性を意識しながら、西田哲学の歩みを「もう一つの実質的現象学」の企てとして描き直してみたい。もちろんこれは、西田を無理にアンリ化しようという話ではない。こうした描き直しを通して、西田のアプローチが「生の根底」への「もう一つの」道として、アンリの切り開いた道と相互に照らし合う可能性を秘めたものであることを示すことが、本章の目的とするところである。

2　「自覚」と「自己触発」
——フッサール現象学の批判と徹底

「生の根底」へと向かう西田とアンリの道程の重なりあいは、フッサール現象学を間にはさむことでより明確に浮かび上がってくる。アンリの実質的現象学は、「事象そのものへ」という現象学の約束を果たすためにフッサール（一八五九—一九三八）が彫琢した「還元」の手続きを、なお「隔たり」の体制に従属した不徹底なものとみなし、それを徹底化することによって、フッサールが依拠する形相的・志向的次元の手前に遡行することを目指すものであった。[7]それによって、自己定立の作用の手前で、ただ自らの作用を被るという仕方で生きられる「自己触発」としての「生の根底」に触れることができる、というのである。

他方、「事実其儘」へと真に立ち返る所から哲学を出立させようとする西田の純粋経験論は、たんに禅仏教をはじめとする「東洋的伝統」から養分を汲むものではない。同時にそれは、同時代の西洋哲学の最前線の動きと問題を共有しつつ、非西洋において自前の哲学的思索を立ち上げようとするものであった。そうしたなかで、「事実其儘」がいかなる仕方でそれとして「知られる」のかが問題化する段階において、西田は集中してフッサールに取り組むことになる。第二作『自覚に於ける直観と反省』（一九一七）でのことである。そこで西田は、「最も直接な具体的実在はフッサールの所謂有意味体験 intentionales Erlebnis〔志向的体験〕という如きものであろう(8)」と述べる。西田が「最も直接な具体的実在」というのは、『善の研究』以来問い求めてきた「自発自展的経験の体系(9)」のことである。このように西田は、自発自展的経験の「構成作用其者」に直接する知のあり方を探究する上で、現象学が有力な援軍となりうることを認める。そして、そのためにフッサールが彫琢していくのが、われわれの日常的生や学問を規定するすべての「立場を尽《ことごと》く除去 ausschalten して、純粋意識の立場に立って見る(10)」という還元の手続きであることを正確に理解している。だがその上で、西田は一挙に根本的な問いを投げかける。すなわち、還元によって「純粋意識の立場」に立ちさえすれば「構成作用其者」を「内的明証を以て〔…〕体験できる」、とフッサールは考えているようだが、「反省せられた作用はすでに作用そのものではない」以上、「此問題は果たして爾《しか》く簡単であろうか」、と問うのである(11)。

西田の見立てでは、「学問の学問」たらんとする「純現象学的立場」の厳密で精緻な形成は、還元後の意識の明証に対する「無造作(12)」な依拠によって支えられている。敷衍して言えば、私たちの自然的態度の「素朴さ」に徹底的な変更を迫り、真に現れるがままの現象に立ち会わせようとする「還元」の手続きは、その核心に別種の素朴さを潜ませているかぎりにおいて、なお不徹底だということである。これを徹底させ、「最も直接な具体的実在」の「構成作用其者」に立ち会う所まで至ろうとするならば、純粋意識の立場自体も還元しなければならない。自らの作用を自らによって定立するすべての「立場」を放擲することで、自己の「作用の作用」が直ちに実在の「構成作用其者」であるような「生の根底」に立ち返ること。それこそが西田の求めるところであった。

だが、この意味での還元の徹底化は、現象学的意識も含めて哲学的に彫琢されるいかなる「自己意識」をも放擲させるはずである。だとすれば、それはいかにして可能になるのか。この局面において西田が呼び出してくるのが「自覚」という概念である。このようにたどるならば、「生の根底」がそれとして知られる仕方を表現しようとするものとして、西田のいう自覚がアンリのいう自己触発と照応しうる地位にあることが見えてくるだろう。

とはいえ、「自己意識」を「自覚」によって置きかえただけではまだ何も言ったことにならない。いったい自覚とは何をすることなのか。西田の思索のその後の展開はすべて、この問いに対する応答の深化の歴史であると言ってよい。「絶対無の場所」もまた、その途上において産み出された概念である。そのことを念頭に置いて、次に自覚から場所への道程をたどってみることにしよう。

3　自覚から場所へ——「絶対無の場所」の由来と形成

自覚とは「〔自己を〕無にして見」、「自己の内に自己を映す」ことだというのが、西田の自覚概念の初発形態であり、その後の全展開の核となる着想である。これが何を意味しているのかを端的に摑むためには、『自覚に於ける直観と反省』冒頭での奇妙な思考実験を参照するのがよい。そこで西田は、J・ロイスの「自己代表的体系（self-representative system）」に想を得て、「〔自ら自身が〕英国に居て完全なる英国の地図を写す」ことを企図すると想像してみようという。この地図が真に「完全」であるためには、英国の細部までを完全に写しとるだけでは済まず、そのようにすべてを写す自らの行為をも同時にそこに描きこまねばならない。さらにそこから、すべてを地図に写す自らの行為をも同じ地図に写す、というその行為をもまた同じ地図に描きこむべし、という要求が出てくる。「斯くして無限に進み行かねばならぬことは尚両明鏡の間にある物影が無限にその影を映していくのと一般である[13]」、というのである。

　自らが身を置いている場の「完全なる地図」とは、「今ここ」の純粋経験に内属しているはずの「事実其儘の知」の譬えである。西田の思考実験は、この主客未分の「直観」に、「自己の内に自己を映す」という「反省〔＝反映〕」の無限進行が畳みこまれていることを浮かび上がらせた。ただし、この「反省」がどこまでも「事実」を「其儘」に「映す」ことに徹底しなければならないとすれば、反省する自己と反省される自己との関係は、独特の性格を帯びてこざるをえない。そこでは、反省する自己と反省される自己の間にいかなる隔たりもあってはならないというだけではない。地図を描きつつそこに地図を描く自らをも描きこむ当の自己自体が、自らをまったく無化して、あたかも英国自身がそのつど自らの全体を映しつつ更新されていくかのような様相を呈するところまで行かねばならない。このように「無にして全てを見る〔＝映す〕」というあり方に徹した自己への目覚めを、西田は「自覚」という術語で言い表すことを提案する[14]。自発自展的経験の「構成作用其者」は、「自覚」という仕方でのみ直接的に知られるのである。

　したがって、「事実其儘の知」のあり方をつかむためには、「対象知」からそれを基礎づける「自己意識」への態度変更ではなお十分ではない。さらに、そのような超越論的自己の手前に位置するべき「自覚的自己」のあり方が追究されねばならない。西田はこの課題に応えるべく、さらに十年にわたって悪戦苦闘を繰り広げていった。そして、『働くものから見るものへ』（一九二七）に収められた諸論考を通して、「絶対無の場所」という概念に到達したのである。その核心をなすのは、「無にして全てを映す」自己とは、認識される対象も、それを認識する自己も還元された後になお残る「於てある場所[15]」というべきものだという洞察である。それは、西田が好む比喩でいえば、あたかも完全に透明であるがゆえにすべてを歪めずに映す「無の鏡」のように、すべてをそのつど「其儘」に現出させる「無の場所」でなければならない。この無は単に有の反対概念として解されてはならない。むしろそれは、有がそれ自体として現れ知られるための究極の条件であり、その意味で「絶対無」と呼ぶべきものである。真の無は「有の背景を成」し[16]、「何処までも有を裏打ちして居る」[17]と西田はいう。この「裏面」に触れることなしには、「有」の認識がどれほど精緻で厳密なものになったとしても、それを「リアル」にする「実質」は遠ざけられたままである。このように見てくれば、西田による絶対無概念の提示が、存在を原理とする西洋哲学に対して無を原理とする東洋哲学を対置するというような、粗雑な思弁の表現でないことは明らかであろう。「絶対無の場所」とは、「色を見音を聞く刹那」に、生動する経験の脚下で私たちが触れているはずの「生の根底」の別名なのである。

4　原−質料性としての絶対無の場所

以上、西田が絶対無の場所という概念に至った道程をたどり、それがアンリの実質的現象学と通底するような根本動機によって方向づけられていることを明らかにした。この通底性をさらに際立たせるべく、もう一歩考察を進めてみよう。その際に重要な手がかりとなるのは、西田がプラトンの「コーラ」を自らの「場所」概念の着想源としていることである。コーラとはギリシア語で「場所」を意味し、ここでは『ティマイオス』で語られる「イデアを受け取る場所」を指す[18]。プラトンがもちだすこの「場所」は、イデアとその感性的像というイデア論の構図を攪乱しかねない奇妙な性格を帯びている。イデアが感性的次元に形を刻むためには、そもそもイデアを受け取る「母胎」のごとき「場所」がなければならない。この「場所」はイデアでも感性的事物でもない「第三の種族」であり、そこに入り来る何物にも似ていない。だからこそすべてを受容することができるのだが、それ自身は「ある」とも「ない」とも、「知られる」とも「感じられる」ともいえず、あえてそれを語ろうとするならば、「一種の擬《まが》いの推理」によるしかないといわれる。だとすれば、コーラを語るプラトン自身、哲学のロゴスをはみ出し脅かす「擬いの推理」に携わっていることになるが、この不可思議な場所が「イデアの場所」としてある意味でイデア論成立の条件となっている以上、何らかの仕方でそれを問題にしないわけにはいかない。このように見れば、コーラがプラトニズムの全体にとって見えざる「裏面」のような位置にあることが分かるだろう。西田はそこに着目し、これを自らの「絶対無の場所」の発想源としたのである。

プラトンのコーラは、哲学史的に見れば、「質料（ヒュレー）」論の端緒、より正確にいえば、形相との関係で初めて意味をもつ質料ではなく、形相との関係以前の質料それ自体を問う「第一質料」論の端緒という意味をもつ。形相無き質料を語ることは、プロティノスのいうように、光なしに闇そのものを見ようとするのに等しい無理な企てに見えるだろう。形相あってこそあるものが「何であるか」が分かるのであって、形相なしには本質の把握を事とする哲学のロゴスは沈黙するしかないように思われるからである。しかし、見方を変えれば、形相に従属した仕方でしか質料を問題にできないということ自体、哲学が内包する重大な問題点の現れだともいえる。あるものが「花」であることはその「形相」によって知られるが、それが今この瞬間にこの私がこのように触れているこの花であるという「これ性（haecceitas）」を担保するのはその質料的契機であり、そこで摑まれているこのものとこの私の一回性と自体性こそが、知るということを「リアル」にする「実質」をなしているともいえるからである。だとすれば、この契機をそれ自体としてとらえ返すような形での哲学の再編成が試みられねばならない。アンリの実質的現象学とは、そうした試みの一つとして受けとめられるものである。アンリが「質料的（hylétique）」現象学という用語を避け、わざわざ「実質的（matériel）」現象学という言い方をするのは、形相論への従属の下で動いているフッサールの質料論から自らの立場を区別するためでしかない。アンリ自身の立場は、形相の手前の原‐質料性からの哲学の再編成という企てに属するのである。

　では、西田の場合はどうだろうか。この「場所＝コーラ」を「絶対無」としてとらえ直す西田は、一見上記のような文脈に対して無頓着であるように見える。実際、西田の場所概念の確立において画期的な位置を占める論文「場所」（一九二六）では、「無論プラトンの空間とか、受取る場所とかいうものと、私の場所と名づけるものとを同じいと考えるのではない[19]」と断っているのである。だが、ほぼ同時期の小論「取残されたる意識の問題」（一九二六）では、この点について注目すべきことが述べられている。ここで提示されているのは、「意識された意識」のみを扱う従来の哲学では「取残されて」きた「意識する意識」の在処を自覚論的にたどるならば、自らのいう「絶対無の場所」に至らざるをえないという論筋であるが、それが同時に、「何処までも形相を有と考えた希臘哲学」において「何時までも解決することなく残され」ていた「質料の問題」を異なる仕方でとらえ直すものであることが明言されているのである[20]。実際、一九三〇年代からの西田では、絶対無の場所という用語は前景から退き、「事実が事実自身を限定する[21]」、すなわち「事」の出来の動きそのものの場としての「歴史的世界」が前面に出てくる。それと共に、自覚の営みも「物を作る」ことを原型とする「ポイエシス」としての行為と結びつけられる。すなわち、身体自体が自覚の場となり、自らを無にして「物」を迎え入れることで、歴史を形作る出来「事」の座としての「歴史的身体」と化すのである。西田のこのような展開は、アンリにおける実質的現象学と「肉」としての身体との一体性に対応しうるものであろう。ここに至って、「生の根底」の哲学者としての両者の重なりあいはますます際立ってくるのである。

5　西田の場所とアンリの場所——懸隔と照応

以上、西田哲学の道程が、もう一つの「実質的現象学」とさえいえるほどにアンリのそれと根底的に重なるものであることが示された。だが、そうして初めて、両者の間の真に問われるべき懸隔が浮かび上がってくることも確かである。最後にごく簡単にその点に触れておきたい。

西田の歩みに同行した後で、西田の「場所」概念を介してアンリの立場を見返してみよう。アンリ現象学において、生の根底はいかなる「場所」として描かれているだろうか。アンリが再三引用するカフカの印象的な文言がその手引きとなる。「君の立っている地面がそれを覆う二本の足よりも広いものではありえないという幸運」という表現である（EM, 361：四一三；PM, 162：二〇四）[22]。アンリ的生を支える「根底」は徹底的に狭い。生がそれ自身に触れるためにとるべき方向は、物を「対象」として「隔たり」の体制の下で現出させる「世界」の光から撤退し、自らの足下の「地面」をその「地下」の深底からただ感受することである。もちろん生である以上は不動ではありえず、アンリもまたそれを「実践」や「運動」とつねに結びつけている。だが、それらは外に物を作り出す活動としてではなく、あくまで「徹底的〔根本的〕内在（immanence radicale）」の方向に、いわば地下の源泉へと沈潜していく方向で受けとめられているのである。

おそらくその背景には、『野蛮』（一九八七）の文明論的考察が示しているような、今日の世界の破局的ともいうべき様態への尖鋭的な危機意識があるのだろう。世界における対象の現出が隔たりの体制に従属しているというアンリの批判的言辞は、単なる哲学的思弁ではなく、生をその感受の現場から組織的に引き離し、現出の世界自体を徹底的に空虚化する科学技術文明の「野蛮」を描きとっている。現出の世界全体が「野蛮」と化した場合、「その深淵へと最後のきらめきを投げ入れる」（B, 11：四—五）生の光は、世界の内にいかなる場所ももつことができず、いわば「地下」に潜行するしかない。『野蛮』の終章が「アンダーグラウンド」と題されるのはそのような意味においてである。遍在する「野蛮」の下では、生の光を伝える「文化」は、地下に潜行した者たちが「偶然の出会いの際に同じ印を認めあって交わす」（B, 247：二五七）やりとりにのみ掛かっている。アンリ的「場所」の息詰まるような狭さは、こうした悲痛な認識と結びついているのである。

それに比べて、西田による「生の根底」の描像は、ある意味ではるかに大らかである。「事実が事実自身を限定する」有りようは「内的事実即外的事実、外的事実即内的事実」と形容され、自覚する身体のポイエシスは、脚下の生を一歩も離れることなくして、歴史的世界の自己形成の「焦点」となる。自覚的自己がみずからの身体性に徹する形でその「根底」に触れる時、そこでは「物の働きが我の働きとなる」と西田はいう。すなわち、「内」なる「我」は自らを無化して「外」なる「物の働き」を迎え入れ、その働きと一体となって新たな「形」を生み出すことで、形から形へと非連続的に更新される「世界の自己形成」を映す「場所」となるのである。このような「ポイエシス的身体」のあり方は、多くの場合職人や芸術家の例を典型として描き出されているが、注目すべきは、原始的なテクネー（技）から高度な科学技術に至るまで、「技術」もまた、こうした意味での「世界の自覚」の構成要素として不可欠な位置を与えられていることである[23]。そこには、科学技術文明は私たちの世界を取り返しのつかない仕方で空洞化しつつあるのではないか、というような暗い懸念はまったく見られない。西田の「場所」は、科学技術も含めて一切の活動を生かす「根底」として提示されているのである。

　西田哲学が到達した「生の深き底」のこのような姿は、現代の「野蛮」がいまだ貫徹されない時代の幸福な想念というべきものであろうか。あるいは、「物来りて我を照らす」という「東洋的」境地を現代世界へと不当に拡大した結果と見るべきであろうか。必ずしもそのようには片付けてしまえないように思われる。アンリ以後、私たちの世界から「生の光」を引きはがす趨勢は、それまでとは異次元の進展を遂げて今日に至っている。サイバー空間やＡＩ、脳神経科学や遺伝子生物学の最新の成果に基づく技術は、私たちの生活世界の隅々にまで組みこまれ、私たちが生きていると思っている生の構成要素と化している。そこから身を退け潜るべき「地下」はもはやどこにもない。そうしたなかで、内と外を自在に媒介させつつ新たな世界の形を生み出していく西田的「無」の場所は、あらためて不思議なリアリティを帯びてくるようにも思われる。ただし、そこに「実質」ある生の根底を認めうるかどうかを測る上で、アンリ的な見方が重要な試金石となることもまた事実である。今日の世界において、西田とアンリをたがいに照応させながら読み直すこと。それは、私たち自身の「生の根底」を探る上で、際立って意義深い作業となるだろう。

註

（1）実質的現象学については、本読本主要著作解題『実質的現象学』参照。

（2）西田幾多郎『善の研究』岩波文庫、二〇一二年、五頁。

（3）西田幾多郎『働くものから見るものへ』「序」、『西田幾多郎哲学論集Ⅰ　場所・私と汝 他六篇』岩波文庫、一九八七年、三六頁。

（4）西田幾多郎『哲学論文集 第三』「序」、西田幾多郎全集第八巻、岩波書店、二〇〇四年、二五五頁。

（5）西田幾多郎『善の研究』、一七頁。

（6）『西田幾多郎歌集』上田薫編、岩波文庫、二〇〇九年、二五頁。

（7）こうしたアンリの立場については、『実質的現象学』の第一章「ヒュレー的現象学と実質的現象学」（PM, 13-59：一一―七〇）を参照。
（8）西田幾多郎『自覚に於ける直観と反省』西田幾多郎全集第二巻、岩波書店、二〇〇四年、一〇八頁。
（9）同前、九八頁。
（10）西田幾多郎「現代の哲学」『思索と体験』岩波文庫、一九八〇年、一六九頁。
（11）西田幾多郎『自覚に於ける直観と反省』、一一九頁。
（12）同前、一一八頁。
（13）同前、一四頁。
（14）西田自身がそのように関連づけているわけではないが、ここでは大乗仏教的伝統における「覚」の意味資源が暗に参照されていると見ることもできよう。仏陀とはサンスクリット語で「覚者」を意味し、真の「我」とは、自身の「無我」性へと目覚めることで、事象を「真如〔ありのまま〕」の状態で見うるようになった境地を指すからである。
（15）西田幾多郎「表現作用」『働くものから見るものへ』西田幾多郎全集第三巻、岩波書店、二〇〇三年、三七九頁。
（16）西田幾多郎「場所」『働くものから見るものへ』、四二二頁。
（17）同前、四五五頁。
（18）プラトン『ティマイオス』田野頭安彦訳、プラトン全集第一二巻、岩波書店、一九七五年、七八―八三頁。
（19）西田幾多郎「場所」『働くものから見るものへ』、六八頁。
（20）西田幾多郎「取残されたる意識の問題」『続思索と体験・思索と体験以後』岩波文庫、一九八〇年、一一―二四頁。
（21）西田幾多郎『無の自覚的限定』「序」、西田幾多郎全集第五巻、岩波書店、二〇〇三年、五頁。
（22）アンリのカフカ読解については、本読本第Ⅲ部8―①「文学作品から引用するアンリ」参照。
（23）この点については、たとえば「論理と生命」（一九三六）の第六章と第七章を参照のこと。西田幾多郎「論理と生命」『西田幾多郎哲学論集Ⅱ　論理と生命 他四篇』岩波文庫、一九八八年、二二四―二六一頁。

6　アンリと木村敏

「自己」をめぐる問い

川瀬雅也

精神科医、精神病理学者、哲学者である木村敏（一九三一―二〇二一）が、その著作において参照している現代の哲学者といえば、西田幾多郎、ハイデガー、ベルクソン、ドゥルーズ、デリダなどがあげられるが、ミシェル・アンリもそのひとりである[1]。ただ、木村が論じるアンリは〈『精神分析の系譜』でデカルトのコギトを解釈したアンリ〉に限られ、また、アンリが引かれる文脈もつねに統合失調症の本質的病態とされる「自己の自己性の成立不全」について論じる箇所に限定される。とはいえ、木村がアンリの考察を通して問題にするテーマは、統合失調症、離人症、共通感覚、中動態、ヴァーチュアリティ、アクチュアリティ、メタノエシス、ノエシス、おのずから、みずから、ゾーエー、ビオス、絶対の他など、木村の思想の中心テーマばかりであり、そこからも、木村にとってアンリの議論がいわば思想の「横糸」のようなものとして機能していたことがうかがえる。

ここではとりわけ、木村が直接アンリについて言及する箇所を取り上げ、そこでの木村の議論を紹介するとともに、木村によるアンリ批判の意味について検討して、両者がともに、同様の「自己」のあり方に焦点を当てつつも、そこから固有の仕方で思想を展開させていることを確認したい。

1　アンリのコギト解釈

まずは、アンリに対する木村の言及が集中している『精神分析の系譜』（一九八五）第一章におけるアンリのコギト解釈、および、その射程について確認しておこう。

デカルト（一五九六―一六五〇）の「我思う（コギト）」は、一般に「私は自分が見ていると考える（je pense que je vois）」を意味するとされるが、アンリによれば、それは正しくない。なぜなら、そうした解釈は、「思う」を、「自分が見ていること」を思惟対象とする思惟作用の働きとして理解していることになるからである（GP, 28：二九）。思惟作用と思惟対象の関係は「見る」と「見られる」の関係、「見えるもの」が現れてくることにほかならないが、アンリは、デカルトが方法的懐疑によってエポケーしたのは、まさにそうした現れ一般の可能性そのものだったとするのである（GP, 22–24：二二―二三）。

アンリはむしろ、デカルトの「我思う」の意味を、「第二省察」に出てくる次のような議論のうちに見出す。方法的懐疑によって、世界のすべてを疑い、自分の身体的存在をも疑ったデカルトは、眼も身体も持たない一存在にとって、見る、聞く、暑いとは何を意味するのかと自問し、次のように答える。「しかし少なくとも、自分が見たり、聞いたり、暑かったりすると私には思われる（at certe videre videor, audire, calescere）」（GP, 24：二四）[2]。アンリによれば、デカルトの「我思う」が意味するのは、この「見テイルト私ニ思ワレル（videre videor）」の「私ニ思ワレル（videor）」にほかならない。この「私ニ思ワレル」は決して「見テイル」を対象（思惟対象）とする別の「見ること」（思惟作用）ではない。「見テイルト私ニ思ワレル」においては、「見テイル」は「私ニ思ワレル」の「外」に現れているのではない。「私ニ思ワレル」は「見テイル」に内在しており、「見テイル」がそれ自身において感じられていることを意味している。「私ニ思ワレル」の「思ワレル」は「感じる」ことを意味し、したがって、「見テイルト私ニ思ワレル」とは、「見ることに内在する感じること」であり、また、「見ていると自分を感じている見ること」にほかならないとされる（GP, 29：三二）[3]。

以上が、『精神分析の系譜』第一章におけるアンリのデカルト解釈の要点だが、アンリがここでデカルトのコギトの意味として取り出した「私ニ思ワレル」とは、『現出の本質』（一九六三）以来、アンリが「自己触発（auto-affection）」と呼んできたものにほかならない。自己触発とは、自己が直接的に自己自身を感受し（éprouver）、自己自身によって触発されていることであり、アンリは、これを自己の自己性として理解する。

したがって、アンリによれば、自己とは、それ自身とは異なる外部からの触発、つまり異他触発によってではなく、自己触発によって自己として存在することになるのだが、しかしアンリは、一九九六年に出版された『我は真理なり』以降、この自己触発を「弱い概念」と「強い概念」に区別する（CMV, 135）。

アンリによれば、私が自己としてありうるのは自己触発によってにほかならないが、しかし、私は決して私自身の自己触発の原因ではない。私は、つねにすでに自己として成立してしまっており、みずからを「自己触発されたもの（auto-affecté）」として見出すしかない（CMV, 136）。私は自己触発せざるをえず、自己であらざるをえないのであって、それを拒むことはできない。こうした自己触発のあり方をアンリは自己触発の「弱い概念」と呼ぶのである。

だが、このことは、私が「自己であること」が、私に由来するのでなく、私に与えられたもの、私を超えた原理から私の身に引き受けられたものであることを意味している。実際、私以外の他者も、私同様ひとつの「自己」であるかぎり、自己触発されたものであるのだから、自己触発の原理は、私や他者を超えており、私や他者はその原理に与ることによって自己であることになる（Cf. INC, 347–348：四四五–四四六）。アンリによれば、私や他者を超えた自己触発の原理は、それ自身がみずからの自己触発の原因をなす、自発的で「能産的な自己触発（auto-affection naturante）」（CMV, 138）であり、アンリはこれを自己触発の「強い概念」と呼ぶのである。

だが、こうした自己触発の二つの概念は、決して異なる二つの自己触発の存在を意味するのではない。アンリは、各々の自己における自己触発とは、能産的な自己触発がそれぞれにおいて自己触発することにほかならないとしている（CMV, 136）。つまり、自己触発の二つの概念とは、自己触発そのものをどこでとらえるかの違いであり、自己触発を各々の自己性の根拠においてとらえるならば「強い概念」となり、各々の自己においてとらえるならば「強い概念」となり、各々の自己においてとらえるならば「弱い概念」になると言える。このようにアンリは、自己の自己性をなす自己触発、すなわち「私ニ思ワレル」の成立を、私と他者を超えた自己性そのものの自発的、能産的な原理のうちに見出しているのである。

2　木村のアンリ解釈

では、木村は、こうしたアンリのコギト解釈についてどのように論じているのだろうか。

先にも述べたように、木村がアンリのコギト解釈に触れているのは、彼が統合失調症について論じた箇所においてである。木村によれば、統合失調症の病態とは「自己の自己性の成立不全」[4]にほかならないが、木村は、統合失調症患者において成立しがたくなっている自己こそ、アンリがデカルトの議論のうちに見出した「私ニ思ワレル」、つまり、ヴィデオル（videor）としての自己だとするのであり、アンリのヴィデオルの思想を、統合失調症の病理を解明するものとして評価するのである。

では、統合失調症患者において成立しがたくなっている自己とは、具体的には、どのような自己だろうか。

木村は、自己に「主語的自己」と「述語的自己」の区別を認めている。[5] 主語的自己とは「私は〜である」の「私」であり、私の諸体験の「物語」のなかで、いわば「主人公」として登場してくる「私」である。私の「物語」のうちには、私以外にも多くの登場人物（家族、友人、同僚など）がいるが、「私」という主人公だけはつねに変わらない。そうした「私」が主語的自己である。

また、述語的自己とは「〜は私である」の「私」、私の諸体験の「物語」のなかで、ある出来事がまさに「ここ」において生じていると実感されるような「私」である。たとえば、旧友とのあいだで「だれだったか、あのとき崖から落ちて怪我をして……」という話題になったとする。すると、まずは、皆の頭の中に、崖から落ちる「主人公」としての誰かが思い浮かぶ。しかし、次の瞬間に、私は「それは私だ」ということに思いあたる。つまり、崖から落ちるという出来事がまさに私の身に生じたこととして実感されるのである。崖から落ちる主人公は誰の頭にも浮かぶが、「それは私だ」という実感が生じるのは私においてだけであり、木村は、このように自分のこととして内的に実感される自己のあり方を述語的自己と呼ぶのである。

木村によれば、統合失調症患者においては、主語的自己の成立は脅かされておらず、[6] 述語的自己が成立不全に陥っている。木村は「ぼくはサイコ機械です。サイコ機械はM先生、T先生です。……」と語る統合失調症患者の症例を報告しているが、この患者において、主語的自己としての「ぼく」は自己として成立しているが、述語的自己が「サイコ機械」、「M先生」、「T先生」に置き換わってしまっている。[7] つまり、患者の自己性が「他者」によって簒奪されてしまっているのである。

こうして、木村は、自己を主語的自己と述語的自己に分けたうえで、統合失調症患者において成立不全に陥っているのは述語的自己にほかならないとするのだが、先にも述べたように、木村は、この述語的自己こそ、アンリが暴いたヴィデオルとしての自己だとする。実際、デカルトの「見テイルト私ニ思ワレル（videre videor）」という表現は、「私が見ている（ヴィデーレ）」――この「私」は主語的自己である――ことが、まさに「私において感じられている（ヴィデオル）」こと、言い換えれば、「見ているのは私だ」という仕方で、「見ていること」がほかでもない私において生じていることを言いあらわしている。木村は、それまで述語的自己として概念化してきた自己のあり方を、アンリが、デカルト解釈を通じて、ヴィデオルとして的確に表現していることに出会い、それに導かれて、統合失調症の病理に関する考察を深めていったと言えよう。[8]

だが、木村は、単にアンリのデカルト解釈を受け入れているだけでなく、それを独自の仕方で解釈してもいる。主語的自己としてのヴィデーレと述語的自己としてのヴィデオルの関係を、「リアリティ」、「アクチュアリティ」、「ヴァーチュアリティ」という概念を用いて、より力動的に解釈し直しているのである。

木村において、リアリティとは客観的にとらえられた認識の対象としての現実性を、アクチュアリティとは、認識の対象としてではなく、ありありとした実感として感じられる現実性を意味している。ヴィデーレ／主語的自己は人生の物語の主人公として対象化されたリアルな自己であり、ヴィデオル／述語的自己とは、行為や出来事をわが身のこととして実感しているアクチュアルな自己である。

木村にとって、リアリティとしての自己とは、アクチュアリティとしての自己が表象され、対象化されたものにほかならない。それに対して、アクチュアリティとしての自己は、リアリティとしての自己へ至る生成の過程、みずからを自己として成就する力が自己を実現する過程そのものだとされる。つまり、アクチュアリティとしての自己とは、「まだそれ自身ではないものと、すでにそれ自身であるものとの境界線上でしか現成しない[9]」ものであり、まだ自己ではないが、自己になる力を持っているヴァーチュアリティ[10]が自らを自己として実現する途上そのものだとするのである。

木村によれば、ヴァーチュアリティとは、それ自体は潜在的だが、みずからを現実化し、個別化することで、各々の個体において自己性を生じさせる原動力のようなものであり、私の自己だけでなく、他者の自己をも成立させる根拠として自他未分である。自他未分の状態は、確立された自己の側からは、「自己ならざるもの」として感じられるにちがいなく、そこから木村は、このヴァーチュアリティを、西田幾多郎の言葉を借りて「絶対の他」と呼ぶ。

先にも述べたように、統合失調症とは、ヴィデオルが成立せず、自己のうちに他者が入り込み、自己が簒奪される状態だが、木村は、こうした統合失調症を、ヴァーチュアリティのアクチュアル化の不全として理解する。つまり、自他未分のヴァーチュアリティが自己を現実化していく過程で、自らを他者性から差異化すること、つまり、自己を自己として確立することができなくなった状態だとするのである。「統合失調症において、自己が自己として成立せず、自己の主体性が他者によって簒奪されるのは、ヴァーチュアルで自他未分の状態からリアルな自他分立の状態への発生期にある、差異としてのアクチュアルな自己生成の段階においてである[11]」。「絶対の他」としてのヴァーチュアリティが自己実現するなかで、自己をアクチュアリティとして実感できない患者にとっては、この「絶対の他」は「絶対的他性」、「絶対的未知性」として、患者の自己性を簒奪する「恐るべき他者」として現れてくるのである[12]。

ヴァーチュアルな「絶対の他」とは、自己性の根拠でもあるのだが、しかし、この自己性の根拠でもあるはずの「絶対の他」が「絶対の他」のまま患者の内面に現れてきて、患者の自己を簒奪することになると、患者の自己性の成立が不全に陥ることになる。そして患者は、そうした自己の内部で感受される絶対的他性を対象化し、表象することで、それを具体的な他者として、たとえば、T先生、M先生として思い描くのである。

3　木村のアンリ批判

以上のように、木村は、アンリのヴィデオルの思想を、統合失調症患者において成立不全に陥りうる自己のあり方を解明したものとして高く評価しつつ、同時に、独自な仕方で、みずからの統合失調症論を力動的に展開させるのだが、そうした思想の展開のなかで、木村は、アンリのヴィデオルの思想に対して批判の矛先をも向けている。

その批判の要諦は、アンリがヴィデオルをアクチュアリティとして正しくとらえていながら、それをリアリティとしての自己、つまり、主語的な「私」、「他と交換不可能な唯一無二のこの私」[13]と混同してしまっている、ということである。[14]先にも述べたように、木村にとって、ヴィデオルとは、ヴァーチュアリティがそれ自身を実現する過程そのもの、つまり、ヴァーチュアリティがリアリティへと自己実現する過程そのもの——これがアクチュアリティの意味である——であって、そこではいまだ主語的な「自己」や「私」は成立していない。それにもかかわらず、アンリは、そうした人称以前的なヴィデオルを「自己(soi)」と呼び、明確に人称的な自己、リアリティとしての自己と混同している、と言うのである。

しかし、感覚の無媒介的な——アクチュアルな——自己触発、それはまさに「生」それ自体の、意識への直接的な顕現にほかならないのではないだろうか。そこにはまだ「ワレ思ウ」の「ワレ」、「私ニ思ワレル」の「私」は出現していないはずである。さらにいうならば人間以外の動物たちでも、同じこの「感覚の無媒介的な自己触発」を通じてその世界を生きているのではないか。それがまったく「特殊人間的」な「ワレアリ」を根拠づけうるのはどうしてなのか。アンリの議論は、残念ながらこの疑問には答えてくれない。[15]

だが、このような「アンリがヴィデオルをリアリティとしての自己と混同している」という批判は、「アンリが、ヴィデオルをヴァーチュアリティに由来するものとして理解できていない」という批判の裏返しだと言えよう。つまり、木村にとって、ヴィデオル、すなわち、アクチュアリティとしての自己とは、「自己」を生み出す力としてのヴァーチュアリティが自己実現する過程そのもの、ヴァーチュアリティがリアリティとして自己を確立する過程そのものであるにもかかわらず、アンリが、そうしたヴィデオルを、ヴァーチュアリティとの結びつきにおいて理解していないがために、端的に「自己」として、「「他と交換不可能」な「この私」[16]」として理解してしまった、ということである。

しかし、もしこうした解釈が妥当なら、いま確認した木村のアンリ批判は、木村が、一九九六年に出版された『我は真理なり』以後のアンリの思想の展開を知らなかったことに由来するものだ、と言えるだろう。実際、本章の最初でも述べたように、木村のアンリへの言及は『精神分析の系譜』(一九八五)に限定されており、それ以外のアンリの著作、ましてや、一九九六年以後のアンリの著作にはまったく触れていないのである。

だが、第一節で述べたように、アンリは『我は真理なり』以後、自己触発を「弱い概念」と「強い概念」に区別し、前者を所産的な自己触発としてのヴィデオル、後者を、そのヴィデオルにおいて自己を自発的に触発する能産的自己触発として理解しているのであった。あらゆる自己が、この能産的自己触発の各個人における実現であるかぎり、能産的自己触発はやはり自他未分として理解可能であり、したがって、能産的自己触発からヴィデオルへの過程とは、あらゆる自己の起源にある自他未分の絶対的自己性が個々の自己において自己を現実化する過程だと言えよう。

そうであるならば、もはやアンリのヴィデオルがヴァーチュアリティと結びついていないとは言えないだろう。アンリが能産的自己触発と呼ぶのは、まさに、それ自体としてはヴァーチュアルだが、たえず各個人において自己性を成立させている力そのものであり、ヴィデオルとは、各個人において、そうした能産的自己触発の自己実現の過程がそれ自体として感じられていることを意味すると言えよう。アンリは、確かにヴィデオルを「自己」として理解するが、それは明らかに、リアリティとしての自己、人称的、主語的自己とは区別されていると理解すべきだろう。

4　統合失調症とエゴイズム

しかし、実は、先にみた木村のアンリ批判を、単に木村が一九九六年以後のアンリの思想を知らなかったがゆえの批判として片づけることもできない。なぜなら、アンリは、確かにヴィデオルをヴァーチュアルな能産的自己触発に結びつけて理解しているにしても、やはり、このヴィデオルがつねに「自己」として成立していることを前提に議論しているからである。

それに対して、木村は、自己の自己性が成立しがたくなっている統合失調症の病理を理解するために、ヴィデオルを、あるいは、アクチュアリティとしての自己を検討したのである。確かに、統合失調症患者を除外して検討することがゆるされるならば、ヴィデオルはつねに「自己」の実感を伴い、リアリティとしての自己と一体化して意識されていると言えよう。しかし、そもそも人間が統合失調症に陥りうるということは、人間のうちに、ヴィデオルが、つまり、アクチュアリティとしての自己が成立しえない可能性が含まれているということであり、ヴィデオルにおける自己の成立は必ずしもいつでも保証されているわけではないのである。

そうしたことから、木村は、ヴィデオルを主語的、人称的な「自己」や「私」と規定するアンリに対して——また、デカルトの「我思う」を「私は私を表象する」と理解したハイデガーに対しても（GP, 91：一一〇）[17]——次のように反論するのである。

このようなアンリの議論に対して、そしてハイデガーに対しても、われわれはここでただちに声高に「分裂病者〔統合失調症者〕を除いて！」とつけくわえなくてはならない。そして「分裂病者を除いて」ということは、とりもなおさず「すべての人間を除いて」ということなのだ。なぜならば、分裂病者という人間についていえないことは、それ以外のすべての人間についてもいえないことであるはずなのだから。[18]

もし人間であれば誰でもが統合失調症になりえ、しかも、その統合失調症において、ヴィデオルとしての「自己」が成立しないのならば、ヴィデオルにおける自己の成立を人間存在の基本として、その本質として理解することはできないだろう。木村は、むしろ、ヴィデオルにおける自己の確立はつねに不安定性に曝されており、そこにおいて自己の自己性が成立していることこそ「僥倖」だと理解しているのである。[19]

アンリは、ヴィデオルにおいてすでに自己感受が生じており、この自己感受のうちにこそ自己の自己性があるとしたのだが、木村によれば、統合失調症とは、ヴァーチュアリティからアクチュアリティへ向かう自己実現の不全であり、それによって、「絶対の他」としてのヴァーチュアリティが「恐るべき他者」として患者のうちに現れてくることであった。こうした統合失調症が人間の事実のひとつとしてあるかぎり、木村にとっては、ヴィデオルそのものを確固とした「自己」や「私」の確立として認めることはできなかったのである。

しかし、こうした木村のアンリ批判はまったく的を射たものだとしても、同時に、アンリがその哲学において解明しようとした問題は、木村が解明を目ざした問題とは異なるものだったということにも留意しておく必要があるだろう。つまり、木村とアンリとでは、同じヴィデオルに着目しつつも、そこに向けられるまなざしのあり方には大きな隔たりがあったのである。

木村がヴィデオルに着目したのは、やはり統合失調症の病理の解明のためであった。木村によれば、自己の自己性とは、ヴァーチュアリティがアクチュアリティへと自己実現し、さらにリアリティとして自己を維持できていることを意味し、そうした自己現実化の勢いが弱まり、自己がヴァーチュアリティのうちに飲み込まれることが統合失調症の病理だとされた。[20]

だが、アンリにとって問題であったのは、自己がヴァーチュアリティのうちに飲み込まれてしまうことではなく、むしろ逆に、自己がヴァーチュアリティから、つまり、それ自身の起源から切り離されてしまうことだった。ヴァーチュアリティはアンリにおける「絶対的〈生〉」の概念と重なるが、本読本の第I部「ミシェル・アンリの軌跡」でも説明されていたように、アンリは、人間の生が絶対的〈生〉から切り離されていることを「野蛮」と規定していたし、また、その野蛮のなかで、自己がみずからを絶対的〈生〉から自立しうるものとみなすことを「エゴイズム」と呼んでいる。言い変えれば、自己が、あるいは、人間の生が、本来は絶対的〈生〉によって「生かされている」にもかかわらず、おのれの力で生きていると錯覚し、自らの関心を、生ではなく、それが関わる世界にのみ向けることを「エゴイズム」としたのである（CMV, 180–181）。[21]アンリは、こうしたエゴイズムのうちに野蛮の起源を見出し、自己に、失いかけた生との結びつきを回復させることで、野蛮からの人間の救済の道を示そうとしたと言えよう。

アンリの哲学は、確かに、人間が統合失調症に陥りうること、あるいは、自己性を失いうることを考慮に入れていなかったと言えるかもしれない。しかし、アンリにとって問題だったのは、むしろ、人間の生き方が、あるいは、人間が生きる場が、ますます絶対的〈生〉から、人間性の起源から切り離されていくこと、あるいは、それらが切り捨てられていくことであり、アンリの哲学とは、まさに、そうした危機からの救済を模索した思想だったと言えるだろう。

註

（1）ミシェル・アンリと木村敏の思想をともに「生の現象学」と位置づけ、その対比を行った著作として、拙著『生の現象学とは何か――ミシェル・アンリと木村敏のクロスオーバー』法政大学出版局、二〇一九年がある。
（2）*Œuvres de Descartes*, publiées par C. Adam et P. Tannery, Vrin, 1996, tome VII, p. 29, tome IX–I, p. 23（デカルト『省察』山田弘明訳、ちくま学芸文庫、五〇―五一頁）.
（3）『精神分析の系譜』第一章における、アンリによるデカルトのコギトの解釈については、本読本第Ⅱ部2「アンリと合理主義哲学」、第Ⅲ部1「感情と自己」も参照。
（4）木村敏『あいだと生命　臨床哲学論文集』創元社、二〇一四年、一四〇頁。
（5）木村敏『時間と自己』中公新書、一九八二年、八〇―八一頁（『木村敏著作集』第二巻、弘文堂、二〇〇一年、一八六頁）。
（6）木村敏『あいだと生命』、一二六頁を参照。
（7）『木村敏著作集』第七巻、弘文堂、二〇〇一年、二六二頁。木村敏『新編 分裂病の現象学』ちくま学芸文庫、二〇一二年、三二六―三二七頁（『木村敏著作集』第一巻、二〇〇一年、三二一―三二二頁）。
（8）「見テイルト私ニ思ワレル（videre videor）」をめぐるアンリと木村の「自己論」の対比については、拙著『生の現象学とは何か』第九章を参照。
（9）『木村敏著作集』第七巻、三〇六頁。
（10）木村の次の言葉を参照。「ヴァーチュアリティとは、なんらかの「効力」virtue あるいは「力」を備えていながら、まだそれを展開していない状態を指している」同前。
（11）木村敏『関係としての自己』みすず書房、二〇〇五年、二六六頁。
（12）木村敏『あいだ』ちくま学芸文庫、二〇〇五年、一六七頁（『木村敏著作集』第六巻、弘文堂、二〇〇一年、二一五頁）。
（13）『木村敏著作集』第七巻、二七二頁。
（14）同前、二七九頁。
（15）同前、二六九頁。
（16）木村敏『あいだと生命』、一二五頁。
（17）『木村敏著作集』第七巻、二七〇頁。
（18）同前、二七三頁。引用文中の「分裂病」とは「精神分裂病」を指すが、この病気の呼称は二〇〇二年に「統合失調症」に変更されている。
（19）『時間と自己』、九二―九三頁（『木村敏著作集』第二巻、一九五頁）。
（20）木村敏『あいだと生命』、一五九―一六〇頁。
（21）アンリの「エゴイズム」概念については、本読本第Ⅲ部3「他者と共同体」参照。

7　アンリとラリュエル

生の現象学か非－哲学か

米虫正巳

「哲学の大規模な否定、哲学の（不可能な）解体ではなく、哲学の別の活用」である「非－哲学（non-philosophie）」[1]を展開するフランソワ・ラリュエル（一九三七―）の活動の軌跡は、彼のミシェル・アンリに対する評価の変化と切り離せない。「非－哲学」開始以前は、「差異」の「批判的価値」の標的として「「現出の本質」の哲学の根源的エゴと存在論的内在的主観性」[2]が挙げられるなど、アンリはもっぱら批判の対象となっていたが[3]、「非－哲学」が開始される一九八〇年前後に、その評価にはある変化が見られる[4]。

「非－哲学」の出発点は「〈一者〉すなわち〈同一性〉（l'Un ou [...] l'Identité）」[5]であり、「非－哲学は〔…〕〈一者〉における、あるいは〈一者〉に従う思考として実現される」[6]。この〈一者〉とは具体的に何か。ラリュエルは次のように言う。「問題となるのは、非－反省的な超越論的経験としての、あるいは絶対的に直接的で非－定立的な自己（の）贈与としての〈一者〉である。絶対的に直接的とは次のことを意味する。〈一者〉すなわち〈非分割体〉は、普遍的地平、無や脱自や分裂、「距離」の媒介を経ることなく自己（に）贈与されている」[7]。これはまさにアンリ的な「内在」のことに他ならない。ラリュエル自身、「開け」、「分裂」、「差異」を絶対的に欠いた〈一者〉の内在」[8]と述べ、この「根元的内在に〔…〕アプローチした」一人としてアンリを挙げている[9]。

実際、次のような言葉のうちに、アンリの影響を見て取らないことは難しい。「〈一者〉は自己触発、自己受容、より正確には自己印象化の次元に属している〔…〕。〈一者〉は、どんな「統一性」によっても前提とされている自己「抱擁」である。〔…〕〈一者〉は、享受することが対象を持たない、あるいはそれ自身以外の対象を持たない、自己（の）享受である」[10]。『現出の本質』（一九六三）以来の「自己触発」や「自己享受」、『精神分析の系譜』（一九八五）以来の「自己印象化」や「自己抱擁」といった用語の反復からも、〈一者〉の概念がアンリの内在に由来することは間違いない。「非‐哲学」は、アンリに対する評価の転換と共に、アンリの強い影響のもとで開始されたと言える。

それでもラリュエルはなおアンリに対して距離を取る。アンリにも触れつつ彼は言う。「〈一者〉を外部から承認することだけが重要なのだろうか〔…〕。この哲学的問いはそれ以上意味を持たない」(11)。なぜなら「そこから出発すべき原初的な与件」(12)としての「〈一者〉は必然的にすでに贈与されたもの」(13)だからである。どんな贈与よりも前にすでに与えられているからこそ、「〈一者〉、贈与なき贈与されたものは、定義上、それ自身一つの問題ではない」(14)。こうしてラリュエルはアンリに対し、内在が「根元的内在というその本質に応じて取り扱われていない」(15)と批判する。

しかしながらラリュエルのアンリ批判は妥当性を持つのだろうか。「非‐哲学」はアンリの「生の現象学」を乗り越えることができているだろうか。「非‐哲学」の成否を見極めるためにも、これらの点を検討する必要があるだろう。

註

（1）François Laruelle, *Philosophie et non-philosophie*, Pierre Mardaga, 1989, p. 16.
（2）François Laruelle, *Phénomène et différence*, Klincksieck, 1971, p. 10–11.
（3）Cf. François Laruelle, *Machines textuelles*, Seuil, 1976, p. 289.
（4）「非‐哲学」が本格的に開始される「哲学II」の時期の幕開けとなる著作が『マイノリティ原理』であり、そこでのアンリに対する評価はそれ以前とは異なっている（François Laruelle, *Le Principe de minorité*, Aubier, 1981, p. 119）。
（5）François Laruelle, *Principes de la non-philosophie*, PUF, 1996, p. 54.
（6）*Ibid.*, p. VI.
（7）François Laruelle, *Les philosophies de la différence*, PUF, 1986, p. 33.
（8）*Ibid.*, p. 173, cf. p. 238.
（9）François Laruelle, *L'ultime honneur des intellectuels*, Textuel, 2003, p. 57.
（10）Laruelle, *Philosophie et non-philosophie*, p. 41–42.
（11）Laruelle, *Principes de la non-philosophie*, p. 119.
（12）François Laruelle, *En tant qu'un*, Aubier, 1991, p. 36.
（13）Laruelle, *Les philosophies de la différence*, p. 41.
（14）Laruelle, *Principes de la non-philosophie*, p. 27.
（15）*Ibid.*, p. 73.

8 アンリとバディウ

一瞬の遭遇

米虫正巳

アラン・バディウ（一九三七—）は『世紀』（二〇〇五）で、「端的に現実（le réel）である「われわれ」の現実」がそれによって各自に到達可能となる「デモ」[1]について論じる際、次のように指摘する。「哲学者はここで、「デモ（manifestation）」〔という言葉〕が、何らかの現実性の持つ「自己から出ること＝自己外化（sortie de soi）」を表わすヘーゲルの用語〔現出（manifestation, Erscheinung）〕、弁証法の用語だと思い起こすはずである。ヘーゲルの根本的なテーゼは、自ら現出すること（se manifester）が存在の本質に属しているというものである」[2]。そして、その際にバディウは註でミシェル・アンリに言及している。「ミシェル・アンリの重要な著作『現出の本質』〔…〕には、ヘーゲル的モチーフについての力強い解釈が見出される」[3]。

これは明らかに、「本質の本質は自ら現出することである」（EM, 864：九八四）と言われる『現出の本質』（一九六三）付論のヘーゲル論を念頭に置いたものである[4]。バディウによるこの唐突な言及——それ以前の彼の著作でアンリへの言及はない——は何を意味するのか。『世紀』にはジャニコーの『フランス現象学の神学的転回』[5]への参照を伴う次の言葉も見られる。「〔一九六〇年代以降のフランスでは〕キリスト教的な道徳主義による現象学のほぼ全面的な吸収があった」[6]。現象学の神学的転回に関してアンリが批判されるこの著作を通して、バディウはアンリを知ったのだろうか。

しかし、実はそれ以前に両者の間には接点が存在していた。「哲学と道徳論」と題されたバディウとアンリの対談が一九六五年に行なわれ、その記録映像が残っている[7]。見解の不一致が目立つこの対談で、アンリは道徳的行為の正当化の根拠を「絶対的主体性」に求めるが、これは「道徳的本質が属する圏域」として「内在的圏域」を位置づけ、「主体性の哲学が、そしてそれのみが、行為の要素そのものを倫理の評価に従属させることができる」（PPC, 281：二九九—三〇〇）と主張する同年刊行の

『身体の哲学と現象学』につながる。

　アンリに同意しないバディウは、約三〇年後にまったく異なる「主体性[8]」の観点から「倫理」について語る[9]。また彼はほぼ同時期に、「「近代科学」を、技術の支配の結果、さらにその主要な結果のように喧伝する言明は弁護不可能」であり[10]、「存在と真理への接近」の「必要条件」としての「脱神聖化」によって、欺瞞的な「象徴的表象」の「解任がこの上ない野蛮において行なわれる」と共に、「単なる一時的な布置として〈一〉のどんな効果も告発」されると主張する[11]。この言葉は直接にはハイデガーに向けられたものにせよ、「感受性において、すべては〈一〉として連関して在る」(B, 51 : 四九) と主張し、「生と生に固有の関心に無知」な「科学の孤立」としての「技術」を告発する『野蛮』(一九八七) のアンリ (B, 70 : 七〇) への暗黙の応答にもなっていないだろうか。

　比較的初期にアンリと交わったバディウは、しかしそこから正反対の方向へと向かうことで、「〈一〉は存在論的に非‐現実存在する (多は「〈一〉なしに」在る[12])」と述べる自らの哲学を確立したのである。

註

(1) Alain Badiou, *Le siècle*, Seuil, 2005, p. 154 (アラン・バディウ『世紀』長原豊・馬場智一・松本潤一郎訳、藤原書店、二〇〇八年、一九八頁).

(2) *Ibid.*, p. 153–154 (同前、一九七頁).

(3) *Ibid.*, p. 154, note (同前、三五九頁).

(4) もちろんアンリからすれば、本質の自己現出をヘーゲルは取り逃がしてしまったわけであるが。

(5) Dominique Janicaud, *Le tournant théologique de la phénoménologie française*, Éclat, 1991 (ドミニク・ジャニコー『現代フランス現象学——その神学的転回』北村晋・阿部文彦・本郷均訳、文化書房博文社、一九九四年).

(6) Badiou, *Le siècle*, p. 49 (バディウ『世紀』、五九頁).

(7) Alain Badiou et Michel Henry, «Philosophie et morale». 一九六五年に撮影されたこの映像 (二八分) は、一九六六年一月八日に放映されたが活字化されていないようである。二〇一一年からフランスの哲学誌『哲学研究手帖』(*Cahiers philosophiques*) のホームページ (http://www2.cndp.fr/RevueCPhil/video126.htm) で公開されていたが現在は視聴不可能。

(8) ラリュエルによれば、アンリとバディウは「デカルト的コギトとその「超克」」に関心を持つ点で共通する (François Laruelle, *Principes de la non-philosophie*, PUF, 1996, p. 95–96)。ただしバディウの主体性がラカン的なのに対しアンリのそれは反ラカン的なので、やはり両者は相容れない。なおアンリとラカンに関しては、本読本第Ⅲ部4「無意識の探究」を参照のこと。

(9) Alain Badiou, *L'éthique*, Hatier, 1993 (アラン・バディウ『倫理』長原豊・松本潤一郎訳、河出書房新社、二〇〇四年).

(10) Alain Badiou, *Manifeste pour la philosophie*, Seuil, 1989, p. 34 (アラン・バディウ『哲学宣言』黒田昭信・遠藤健太訳、藤原書店、二〇〇四年、五四頁).

(11) *Ibid.*, p. 37 (同前、五八—五九頁).

(12) Alain Badiou, *Logiques des mondes*, Seuil, 2006, p. 407.

9 アンリとジラール

「相互性」という病

村松正隆

最初に、ルネ・ジラール（一九二三―二〇一五）の仕事を確認しておこう。彼の著作は数多いが、その真骨頂は、人間の欲望とそこから生じるさまざまな人間的抗争をめぐる、優れた社会心理学的分析にある。ジラールによれば、人間の欲望に真にオリジナルなものはない。私たちは、他者のそれを模倣することでしか、欲望を抱けない。だから、欲望は必然的に他者との抗争を生む。嫉妬、羨望といった、他者に向けられる否定的な人間的情念は、この構造を土壌に生い茂る。ジラールは、このメカニズムの解明が、最終的な救いにつながると言う。

こうしたジラールの思想とミシェル・アンリとの関係をどう捉えるべきだろうか。両者の間の直接の影響関係は想定しにくい。おそらく、二人の著作のうちに、互いの著作に対する言及はないだろう。また、基本的に哲学史に沈潜し抽象的な議論を展開し続けたアンリと、文学作品を素材としつつ社会心理学的議論を展開したジラールの間には、鋭い対照が見出される。

とはいえ、この鋭い対照は、実は共通の基盤に基づくようにも見える。二人の共通点とは、現代社会における「欲望」のあり方と、見失われた「真理」をめぐるものだ。そして、二人ともがキリスト教を背景としながらこの問題意識をめぐる思索を展開している(1)。こうした二人を並べてみることで、一体何が浮かび上がってくるだろうか？

ここでは、『キリストの言葉』（二〇〇二）に注目してみよう。この書物でのアンリは、従来の二元論的構図を一段と鋭くし、彼が「人間システム」と呼ぶものの悪を告発しており、ジラールの思想との親近性を見せている。ジラールが書いたとしてもおかしくはないアンリの一文を引いておこう。

自然的関係の相互性とは、すでに見たように、愛のそれではなく、敵対の相互性、物質的富、金、権力、名声のための闘いの相互性にほかならず、だからこそ、ペテン、奸計、虚言、不貞、妬み、憎しみ、暴力がはびこる。〔…〕それこそ、キリストの逆説的な言葉、自分を迫害する人々を愛しなさい、という言葉が力を失って以来、起こった事態である。ただこの言葉だけが、復讐と憎しみの連鎖を止めることができるのだ。

（PC, 72：八七―八八）

問題は「相互性（réciprocité）」なのだ。ところでこの「相互性」こそは、ジラールが現代における問題の根源に見出した、三角形的欲望の条件である「模倣」を可能にするものではないか。私たちは平等であり、相互性が尊重されるべきだと考えるからこそ、互いを模倣する。

この「相互性」の荒れ狂う領域を脱し、他者との新たな関係を結びなおすようにと『キリストの言葉』のアンリが勧めているのならば、その勧告は、他者と張り合おうとする模倣の欲望を捨て去るようにと告げる、ジラールの次の言葉と響き合ってはいないだろうか。

欲望に対するこうした勝利は、きわめて骨のおれることだ。われわれの誰もが倦むことなく自己自身の表面において熱心に続ける情熱的対話をあきらめるべきだと、プルーストはわれわれに言う。「自分のもっとも親しい幻影を廃棄し」なければならない。この小説家の技法は、現象学的エポケーである。けれども正当な唯一のこのエポケーは、これまで現代の哲学者たちがわれわれに語ったことのないエポケーなのだ。このエポケーはつねに欲望に対する勝利であり、つねに、プロメテウス的自尊心にたいする勝利なのだ。(2)

私たちを苛む厄介な「欲望」のメカニズムを知るために、ジラールは「ロマンティークの虚偽」を見つめ、アンリは「世界の言語」の位相を見極めようとする。そして、「真理」に至るために、ジラールは「ロマネスク」に学び、アンリは「生の言葉」に耳を傾けるようにと命じる。二人の間に直接の交渉はないにせよ、現代社会の問題の根源を力強く浮き彫りにしている点、そして、文学作品や聖書の読解を通じての「救い」、すなわち人文社会学的な手法による救いを提唱している点が、両者の共通点として挙げられよう。そして、二人の議論の重なり合いは、二人の議論の核心が、人間の「真理」をそれぞれの仕方で言い当てているという事態を証しているように、私たちには見える。

註

（1）この点に注目してか、フランスでもアンリとジラールとを共に論じるシンポジウムが開催され、記録が出版されてもいる。*Le Désir de l'Autre. René Girard et Michel Henry*, sous la direction de Thierry Berlanda et Benoît Chantre, 2016, PÉTRA.

（2）René Girard, *Mensonge romantique et vérité romanesque*, Grasset, 1961, p. 299（ルネ・ジラール『欲望の現象学――ロマンティークの虚偽とロマネスクの真実』古田幸男訳、法政大学出版局、一九七一年、三二三頁）.

10 アンリとマリオン

現象学の継承と深化

伊原木大祐

一九四六年に生まれ、今なお現役の哲学者であるジャン＝リュック・マリオンは、かつてミシェル・アンリやレヴィナスとともに、「フランス現象学の神学的転回」の主導者の一人と見なされることがあった[1]。彼らがおしなべて「神学的」であったかどうかはさておき、その間に密接な交流があったことは事実である。

マリオンの回顧によると、彼はかなり早い時期にアンリの著作――おそらく『現出の本質』（一九六三）であろう――を読み通そうとした。しかし、なぜアンリがそこまでフッサールとハイデガーを批判するのかが分からず、二〇〇頁ほど読んだところで挫折してしまったという[2]。この経験は、マリオンをかえってフッサールとハイデガーの著作の読解へと導くことになった。

マリオンがアンリ本人と出会うのは、現象学研究に打ち込んでいた一九八〇年代である。当時ポワチエ大学で教鞭をとりながら、ヘーゲル・マルクス文献資料研究センターにも関与していたマリオンは、ちょうど『マルクス』（一九七六）の著者としてそこを訪れていたアンリと親交を温めている。こうしてマリオンは、絵画について語り合う最良の相手を得ると同時に、「現象学のプロ」ともいうべき人物の実践を間近で目撃するのである。前者の美術交流は、絵画論『見えるものの交差』（一九九一）の前書きでアンリとその妻アンヌの名が挙げられている点に反映し、後者の学術交流は、現象学論集『還元と贈与』（一九八九）の序言に書き留められたアンリへの謝辞に反映している[3]。

マリオンはアンリをどう読み継いだのか。アンリを本格的に参照した最初の論考が、一九八八年の「高邁と現象学」である[4]。デカルト研究者として名を馳せたマリオンは、この中でアンリの実質的現象学に賛意を表明し、『精神分析の系譜』（一九八五）におけるコギト解釈をアンリ以上に綿密な読解によって補完した。しかも、志向性に回収されないコギタチオ（思惟作用）の規定をデカルトに探るなかで、自己触発の構造を有したコギトの最終定式を、『情念論』の「高邁」概念に見出している。

マリオンがアンリを扱った直近の論考としては、二〇〇九年初出の「見えないものと現象」がある。[5] ここでは、解釈の照準を『現出の本質』第三章に合わせ、その中の第五〇節「本質の〈非－顔〉」と第五一節「見えるものと見えないもの」に詳細な分析を施している。当該論文は、現象性を究極的には「一義的」に規定するサルトル、メルロ＝ポンティ、フッサール、ハイデガーとの差異を跡づけながら、アンリにおける「見えないもの」の概念がまったく特殊な規定を受けた現象性であることを強調する。

上記のほか、マリオンが独自に構築した現象学思想にも、アンリからの強い影響が見られる。『与えられると』（一九九七）には、直観の過剰を特徴とする四種の「飽和した現象」が登場するが、このうち第三の「肉」を、マリオンはアンリの「自己触発」に等しいものと定義する。[6]『エロス的現象』（二〇〇三）では、愛における相互興奮という間主観的視点から肉の概念が問い直されている。[7] こうしたマリオンによる一連の思考は、アンリ思想を自身の思索に活かした好例であるといえよう。

註

（1）Cf. Dominique Janicaud, *Le tournant théologique de la phénoménologie française*, Éclat, 1990（ドミニク・ジャニコー『現代フランス現象学――その神学的転回』北村晋・阿部文彦・本郷均訳、文化書房博文社、一九九四年）.

（2）Cristian Ciocan, Anca Vasiliu (dir.), *Lectures de Jean-Luc Marion*, Cerf, 2016, p. 374.

（3）Jean-Luc Marion, *La croisée du visible*, PUF, 2013, p. 8; *Réduction et donation. Recherches sur Husserl, Heidegger et la phénoménologie*, PUF, 2015 [1989], p. 1（マリオン『還元と贈与――フッサール・ハイデガー現象学論攷』芦田宏直ほか訳、行路社、一九九四年、ii頁）.

（4）Jean-Luc Marion, *Questions cartésiennes. Méthode et métaphysique*, PUF, 1991, p. 153–187（マリオン「ジェネロジテと現象学――ミシェル・アンリによるデカルトのコギト解釈への注解」大西雅一郎訳、『現代思想』一九九〇年五月号、一九二―二〇五頁、六月号、一七九―一八九頁）.

（5）Jean-Luc Marion, *Figures de phénoménologie. Husserl, Heidegger, Levinas, Henry, Derrida*, Vrin, 2012, p. 95–115.

（6）Jean-Luc Marion, *Étant donné. Essai d'une phénoménologie de la donation*, PUF, 2005 [1997], p. 321.

（7）Jean-Luc Marion, *Le phénomène érotique. Six méditations*, Le livre de poche, 2004 [2003], p. 191 sqq.

11 アンリとロゴザンスキー

不実な忠実さ

本間義啓

ジャコブ・ロゴザンスキー（一九五三―）は私たちと同時代のフランスの哲学者である。カントとデリダについての著作を発表した後、『我と肉』（二〇〇六）において生きるエゴを肯定する現象学の再構築を行った。近年では、魔女狩りからフランス革命の恐怖政治に至る西欧の迫害の歴史を分析した著作や、ジハーディズムにおける供犠の問題を考察した著書を発表している[1]。

特異なエゴの生を肯定する彼の思想はミシェル・アンリから受け継いだものではある。だがロゴザンスキーは「師」に対する自分の態度を「不実な忠実さ」と形容し、「アンリが自分自身を理解していたのとは別の仕方でアンリを理解する」と言っていた[2]。たとえばアンリをテーマにした論文集においてアルトーについての論考を発表し、次のように主張していた。狂気を横断しながら崩壊したエゴの生を言語化するアルトーの思考が「生の現象学の真理をパトス的に証する[3]」。解かれることなく自らに結ばれ、倦むことなく自己に到来する生を肯定するアンリに対して、断末魔の痙攣に切り裂かれながら自らに再び生まれ直さんとする狂気の生を対置するのである。アンリが言うように、つねにすでに生において自らを感じていることがエゴの真理であるならば、自らを他者として、死者として感じるエゴの生をどのように論じることができるだろうか。生は狂気やファンタスムのさなかで自己の剝奪や死を経験しうるのであり、それゆえ、狂気を横断し、自己の崩壊を生きるエゴの経験を分析しなければならないとロゴザンスキーは考えるのである。

破綻した自己経験と再誕生の可能性を考察するにあたって、ロゴザンスキーが出発点とするのは「自分自身に触れる」という触覚的交叉の経験である。アンリによれば触覚的印象は自己経験を可能にしない。自らに触れることとは、自らを生きた肉ではなく、超越の地平に現出する外的物体と同じモノとして現出させるとアンリは考える（INC, 165：二一〇）。自分に触れることによって、自分自身が自己との隔たりのうちに異他的なものとして現れるのである。これに対しロゴザンスキーは、触覚的交叉は脱肉化、異他化だけではなく再受肉を遂行すると主張する。私の手がもう一方の私の手に触れるとき、触れられた手は超越的なモノとして現れるが、「しかし交叉の驚異というものがあり、この触れられたモノとしての手のなかに、すぐに触覚的印象が目覚め、最初に物体的なモノとして現れたものは、私の肉の肉として真理において自らを顕す[4]」。超越を排した内在においてのみ自己経験が可能であるとするアンリに対し、ロゴザンスキーは自己を感じる能力は超越の地平にまで及ぶと考える。モノとして感じられた自己の一部は、交叉によって自己経験へと統合され、自らの肉として再び生きられるようになるのだ。

しかし交叉が破綻し、自己の一部が異物として残存する場合がある。まるで自己が他者であるかのように自らに触れるということが起きる。ロゴザンスキーは精神病理学が記述する狂気の経験を交叉の失敗として捉え直そうとする[5]。たとえば半身不随の男が自分の足を「死体の足」として殴打するときに、あるいは精神病者が自分の手を唾棄すべき他者によって接合された手として嫌悪するときに起きているのは、迫害妄想のなかで、自己自身の身体を他者のもの、死んだものとして憎悪し、排除しようとする経験なのである。

ロゴザンスキーは死を生に内在する可能性として考えることはできるかとアンリに問うていた（PV-IV, 207-208）。彼はアンリが主題的に論じることがなかった狂気や憎悪を、あくまで生きるエゴの内在的経験の問題として捉えたうえで、自己経験を歪曲するファンタスムや、自己への憎悪が生まれるプロセスとその運命を論究してゆくのである。

註

（1） Jacob Rogozinski, *Ils m'ont haï sans raison. De la chasse aux sorcières à la Terreur*, Cerf, 2015, *Djihadisme : le retour du sacrifice*, Desclée de Brouwer, 2017.

（2） Rogozinski, «De temps en temps la vie fait un saut», in Yves-Charles Zarka et Avishag Zafrani (dir.), *La Phénoménologie et la Vie*, Cerf, 2019, p. 470.

（3） Rogozinski, «Sans je ni lieu. La vie sans être d'Antonin Artaud», in Alain David et Jean Greisch (dir.), *Michel Henry, l'épreuve de la vie*, Cerf, 2001, p. 341.

（4） Rogozinski, «Le chiasme et le restant», in *Rue Descartes*, No. 35, Collège international de Philosophie, 2002, p. 129.

（5） Rogozinski, *Le Moi et la chair. Introduction à l'ego-analyse*, Cerf, 2006, p. 281（ロゴザンスキー『我と肉』松葉祥一・村瀬鋼ほか訳、月曜社、二〇一七年、三五四―三五五頁）.

12 アンリと山形頼洋

内在の他性と流れ

平光哲朗

ミシェル・アンリを初めて本格的に日本に紹介したのは山形頼洋（一九四三―二〇一〇）である。彼は一九七〇年代後半、フランス留学中にアンリと出会う。それ以降彼は、意識、身体、感情、時間、運動、生命といった問題を、アンリ哲学の理解をもとに考察し、質の高い論考を数多く著した(1)。日本における哲学研究は、往々にして、対象とする哲学の翻訳や解釈に留まる。しかし山形頼洋は一個の哲学者であった。アンリ哲学の徹底した理解が、そのまま彼自身の哲学の始まりとなったのである。アンリに捧げられた彼の『感情の自然』(2)がそのことを示している。

この主著で山形は、「アンリの内在概念を拡張し、そこに他性の開口の可能性をたずねる試み」（『感情の自然』、一五三頁）を追求する。他性として彼の念頭にあったのはまず自然の存在であった。フッサールにとって、またレヴィナスにとって、他者とはまず他人であり、自然の客観性は他人の存在を前提とする。しかし、「ほんとうにそうだろうか」。「われわれの経験のうちには世界の客観性へのまっすぐな道があるのではないか」（同前、一九二頁）。山形は、アンリの内在が、自然の実在性についてのわれわれの経験を、まさに情感性において含むと見ていた。この探究の門出に引かれた牧水の歌は、山形にとって自らの思想を正確に表現するものだっただろう(3)。

それにしても『現出の本質』（一九六三）は内在を、超越の作用が自己自身を感受する、情感性における自我の、絶対的エゴの存在として規定する。対して自然ないし世界は、超越の作用が自らの前に立てる存在の地平において在るものと解される。つまり自然は超越的なものであって、内在には超越的なものは存在せず、他性は何も含まれていないとアンリは明言する（EM, 350–352：四〇〇―四〇二）。それでは、いかにして『感情の自然』は内在に他性を認めるのだろうか。

この著作は『現出の本質』の思想に、アンリとは別な道を

京都，龍安寺にて，山形頼洋と（1983 年）

通って辿り着く。山形はその道を、時間意識の自己構成の問題、すなわち、時間の流れを構成する意識が、いかにして同時に自己自身を流れにおいて形成するかという問題を問うことで切り開く。メルロ＝ポンティからフッサールへ遡り、ブラント、ヘルトによる問題の理解を辿り直し、最終的に山形はヘルトとともに、「超越論的自我の在り方としての生ける現在」を、アンリの内在のなかで把握する。

生ける現在における超越論的自我は、「時間を形成し、その時間のうちですべてのものの見えうることを可能にしている」が、それ自身は見えないままに留まる（『感情の自然』、一〇三頁）。それは、「志向性の手前にあってそれを基礎づけている根源的受容性において自己自身を受け取り、甘受している」（同前、一五七頁）。超越論的自我の存在は「この自我自身の機能の及ばない「甘受」のうちに、アンリのいう内在において成就している」（同前、一五八頁）。こうして山形は、生ける現在の理解を通してアンリの内在を再発見する。

山形は、この生ける現在において、自我の自己性と他者の他性とが同根的に成立すると主張する。「生ける現在のうちには、私の在ることのみならず、私以外のものでもある他者の他性もまた与えられている」（同前、一九一頁）。この理解に、『感情の自然』における山形の、アンリのいう内在のなかに他性を探す試みがかけられている。そして、この理解は原印象とその原意識についての彼の解釈にもとづいている。

山形は原印象を根源的な流れとして理解する。原印象は、時間意識の流れの他の位相（過去把持、未来予持）とは異なり、自分で自分の存在を与え、自己現出する。その自己現出を可能にするのは、「先時間的」で「非志向的」な「原受動的に受け取ること」としての原意識である（同前、一一三頁）。「原印象が自分で自分を流れとして、しかも意識流の根源的流れとして構成する仕方が原意識と呼ばれている」（同前、八八頁）。
そして山形は、他者との他性における遭遇を、根源的流れとしての原印象のなかに見出す。山形は、原印象をめぐるレヴィナスとヘルトの解釈を行き来しつつ、レヴィナスの「近しさ」の概念にほとんど魅了されながらもそれを退け、「遂行現在の到来性」についてのヘルトの解釈をとる。

他者の他性は、未来意識が原印象へ流れ入ることとの原意識における自己感受において成立する。未来は、根源的には、未来予持において知られているものではない。未来は不意打ちする。未来意識は「端的に不意打ち・新奇さ・驚きの感知」である（同前、一七八頁）。このことは未来意識が未来を構成することに基づくのではない。それは「未来意識が原印象へと流れ来る」ことに基づき、「その流入の仕方が、内在の根源的受容性において原的に意識され、感受されていること」に基づく（同前、一九一頁）。こうして山形は、「新しさ、非予見性、非連続性の諸性質」として他性を、「内在の原受動性において」見出すのである（同前）。この理解のなかで、他性は、根源的流れとしての原印象の、とりわけ流れ入る相面における予期しないものの到来において確保されている。

しかしながら、まさにこの原印象の理解をめぐって、アンリと山形は相対する理解を示すことになった。アンリは『実質的現象学』（一九九〇）において、原印象を「現象学的流れ」とする理解を拒絶する。アンリにとって原意識は志向性であり、印象の自己贈与が、それによって脱自的な現出と理解されてしまうものにすぎない。アンリからすれば山形は、その原意識の理解に伴って、「原印象の根源性」を「印象それ自身のうちに到来すること」にではなく、「今という点において流れのなかに現れること」に見る誤りに陥ったことになるだろう（PM, 50：五八）。

しかし、だからこそ山形は、アンリの哲学を、アンリを越えて理解することができたのではないか。原印象を流れと見る山形の目の背後には、生の哲学のもう一つの源泉、ベルクソン哲学への深い理解があっただろう。山形がそれによって他性を内在に導き入れた「新しさ、非予見性、非連続性」としての「未来意識が原印象に流れ来る」ことこそ、ベルクソンにおける流れの実在である持続の本性、予見不可能なものとしての絶対的な新しさの連続的な湧出に他ならない。

後に山形は、瞬間としての原印象のなかにベルクソンの持続を見出そうとする中の試みに賛意を示しつつ(4)、同じ問題について再度こう問うている。「ところで、アンリの内在による生き生きした現在の解釈では、今の流れるという特徴を、さらには生動性としての生を説明することができないのではないか(5)」。こうして山形は、『実質的現象学』が言及する「生の自己－成長というかたちでの生の自己－変容」（PM, 56：六六）、「生の連続体」（PM, 57：六八）の内実を、ベルクソンの持続から理解しようとする(6)。このアンリとベルクソンという問題は、その後も

フランス，カンカルにて，山形頼洋と（1996 年）

山形の後継者たちによって引き継がれ、問い直されることになる。[7]

註

（1）中敬夫が山形のアンリとの、その生と哲学における交錯を、彼の遺稿集に付された解説において鮮やかに描き出している。山形頼洋『感情の幸福と傷つきやすさ』萌書房、二〇一四年、二七三―二八五頁。なお、同書にはフランスの哲学誌に掲載された「『顕現の本質』のもう一つの読解」が訳出されている。この論文は、「アンリが国際的に評価されるひとつのきっかけとなったとさえ思われる」ものであり、その末尾には「後期アンリを彷彿とさせるような表現さえ、先取り的に用いられている」（同前、二七九―二八〇頁）。

（2）山形頼洋『感情の自然』法政大学出版局、一九九三年。以下、同書からの引用は頁数を（　）に入れ本文中に記す。

（3）「かなしくも我を忘れてよろこぶや見よ野分こそ樹に流れたれ　牧水」。

（4）中は原印象を流れとは解さず、そこに印象の自己受容としての瞬間のみを見る。そしてその瞬間のなかに流れの根拠を見出そうとする。中敬夫『自然の現象学』世界思想社、二〇〇四年、特に第三章第五節。

（5）山形頼洋『声と運動と他者』萌書房、二〇〇四年、二二一頁。

（6）同前、第十一章を参照。

（7）川瀬雅也『経験のアルケオロジー』勁草書房、二〇一〇年、特にⅢを参照。

主要著作解題

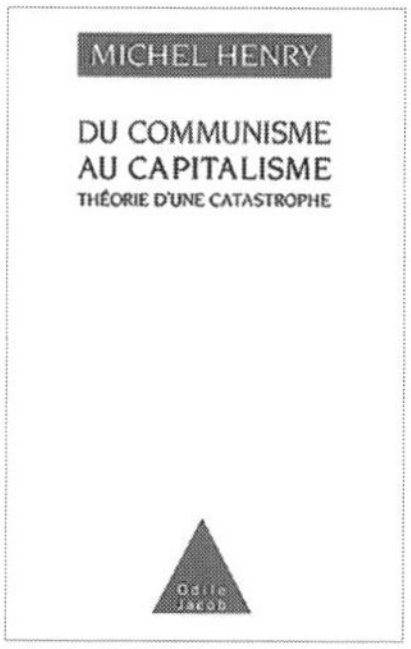
MICHEL HENRY
DU COMMUNISME
AU CAPITALISME
THÉORIE D'UNE CATASTROPHE
Odile Jacob

Michel Henry
C'EST MOI
LA VÉRITÉ
Pour une philosophie du christianisme
SEUIL

Michel Henry
Incarnation
UNE PHILOSOPHIE
DE LA CHAIR
SEUIL

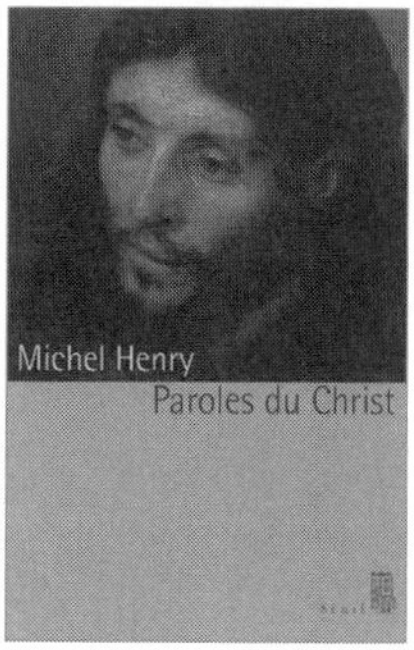
Michel Henry
Paroles du Christ
Seuil

MICHEL HENRY
Philosophie et
phénoménologie du corps
Essai sur l'ontologie biranienne
puf

Michel
Henry
La barbarie
puf

Michel
Henry
Voir l'invisible
Sur Kandinsky
puf

MICHEL HENRY
Phénoménologie
matérielle
puf

1　『現出の本質』（一九六三）

『現出の本質』は、アンリの文字通りの主著である。その理由は、必ずしも、本書が十五年の歳月をかけて準備されたアンリの国家博士学位論文だからでも、また、原書で千頁近い大著であるからでもない。むしろ、アンリが本書で提出する「内在」と「情感性」という主題が、彼の思想全体の根幹をなすものだからである。

　そのような本書は、ふたつの問いを扱うものである。ひとつは、アンリ自身が本書冒頭で宣言するように、「エゴの存在の意味」、つまり「私とは何か」という問いである。これは、哲学に限らず、人類がさまざまな仕方で探求してきた問いだといえよう。もうひとつの問いは、本書のタイトルにあるように「現出の本質」をめぐるもので、「現れる（現出する）とはどういうことか」という問いである。アンリに従うと、第二の問いの解明はギリシア以来の西洋哲学全体を理解するための鍵となる。

　これら二つの問いは、一見すると無関係であるようにも思われるが、本書においては切り離すことができない。というのも、本書は、「私とは何か」という第一の問いを、「私」の現象学的分析、つまり、「私」の「現出の本質」という第二の問いの観点から明らかにする「現象学的存在論」の試みだからである。予め述べると、この「私」をめぐる問いに対するアンリの答えが、「内在」としての「情感性」である。

　まず、本書全体の概観を示したい。序章と補論を含め計六章からなる本書の第二章までの前半部では、ギリシア以来の西洋哲学全体において「現出の本質」が「見えるもの（超越）」を基準として把握されてきた事態が告発される。この告発は、「私」とは「見えないもの」であり、その「現出の本質」が「内在」に他ならないというアンリの基本思想の前提をなすものである。第三章以降の後半部では、「私」をめぐる問いが「内在」そのものの解明を通じて深められる。しかし、アンリのいう「内在」とは、「私」の「現出の本質」であるだけではない。本書後半部では、「内在」が、同時に「絶対者」の「現出の本質」であることが明らかにされる。そして、このような「内在」の「現出の仕方」が「情感性」に他ならないという本書の根本テーゼが主張されることとなる。

　次に、各章の概要を順に確認していこう。第一章でアンリは、ギリシア以来の西洋哲学全体において「現出の本質」が暗黙の前提に基づいて解釈されてきたと主張する。その前提とは、「現出する」という事態が「可視性」にのみ基づいて理解されてきたというものである。このような現出理解は、見るものと見られるもののあいだに適切な距離、アンリのいう「隔たり」

が存在する場合にのみ、対象は「現出（現象）」することができるという想定に基づく（この「隔たり」の本質は「世界」や「超越」と呼ばれる）。しかし、アンリに従うと、「私」が自己自身に対して現出する様態（私が私自身を「実感」する仕方）は、「隔たり」を介さない直接的なものである。つまり、「私」は、「隔たり（世界・超越）」のうちでは「見えないもの」であるが、「隔たり（世界・超越）」のうちで「見えるもの」とは異なる仕方で「現出」する。この「私」の現出様態の本質をアンリは「内在」と呼ぶ。ギリシア以降の西洋哲学全体は、「見えないものの」の次元、すなわち「内在」を見逃し、存在および現出概念一般を「隔たり（世界・超越）」、つまり、「見えるもの」の次元に還元する「存在論的一元論」に陥っていたというのが本章の結論である。

　続く第二章では、「存在論的一元論」が抱える困難、およびその乗り越えが必要とされる理由が集中的に論じられる。その困難とは、「存在論的一元論」という前提のもとでは、さまざまな「現出するもの」の根拠としての「現出すること」（「現出することという作用」）の「実在性」、すなわち、「「隔たり」の働き」そのものが持つリアリティを根拠づけることができないというものである。なぜなら、「見えるもの」に囚われた「存在論的一元論」は、「「隔たり」の働き」を「隔たり」のうちで対象化（「見える」ように）しようとするが、このような仕方では「現出すること」のリアリティは見失われてしまうとアンリは考えるからである。眼は眼自身を見ることはない。しかし、美しい景色を眺める際に、われわれは眼に映る景色のリアリティを感じるだけではない。同時に、眼には決して映ることのない眼の働きそのものの実在感を感じとっているはずである（そうでなければ、「自分が景色を見ている」ことに実感を持てない筈である）。アンリのいう「内在」とは、言うなれば、見る働き（「「隔たり」の働き」）そのものが自身のリアリティを直接感じとることである。これに対して、「存在論的一元論」は、このような「見えないもの」が持つリアリティを、いわば、鏡のなかに映し出そうとする虚しい試みだといえる。だからこそ、「存在論的一元論」は克服されるべきなのである。

　その際、アンリは、カントやヘーゲルら「意識の哲学」の批判的検討のみならず、「存在の哲学」を代表するハイデガーのいう「超越」と「受容性」、特に彼のカント解釈を手がかりとすることで自身の主張を展開している。一方で、アンリは、ハイデガーによるカントの「自己触発」概念解釈に着目することで、自身が形成した「地平」を「受容」する働きとしての「超越」（「自己による触発」）と、この「超越」の働きが自己自身を「受容」する働き（「自己触発」）を区別する。後者こそがアンリの

いう「内在」であるのだから、ハイデガーの哲学は「存在論的一元論」を克服する手がかりを提供するものだといえる。しかし、他方でアンリは、ハイデガーが、結局、「現出の本質」を「超越」から把握していると批判する。アンリに従うと、ハイデガーは「自己触発（内在）」を「自己による触発（超越）」と混同しており、「存在論的一元論」の克服に失敗しているのである。

このように『現出の本質』の前半部の課題は、「現出の本質」がギリシア哲学以来の「存在論的一元論」によって覆い隠されてきたことを暴露し、その克服への道筋をつけることにある。よって、本書前半部全体は、「現出の本質」である「内在」そのものの主題的解明というより、「内在」の探求がどのような意味で必要となるのかを「存在論的一元論」に囚われた西洋哲学の枠内から示そうとするものだといえる。

これに対して第三章以降の『現出の本質』後半部の目的は、「内在」そのものの「内的構造」を積極的に明らかにすることにある。つまり、「エゴの存在の意味」を、その現出様式という観点から解明する「現象学的存在論」が展開される。その際、前半部とは異なり、「内在」は、もはや「超越」との対比から論じられることはない。むしろ「内在」は、「隔たり」やヘーゲル的な「媒介」を介さない「直接的なもの」として主題化される。そして、第四章では、「内在」とは「自己（エゴ）」あるいは「生」が自己自身を「隔たり」を介さずに直接感受する様態としての「情感性」であるという本書の根本テーゼが提出される。

アンリによると、「私（エゴ）」とは、自己自身から逃れられないという意味で「非‐自由」なものである。また、「エゴの存在の意味」としての「内在」は、外部との交流を欠くがゆえに「孤独」で、「世界」から身を退けるがゆえに「見えないもの」とされる。このような消極的規定をみても、「超越」を参照項とすることなしに「内在」を解明することには大きな困難が伴うことが予想される。よって、第三章のアンリは、「内在」の積極的解明のための手引きを獲得しようとする。具体的には、そもそも、これまで哲学史において「内在の内的構造」が捉えられたことがあったのかが精査される。

その際、「内在」の「非‐自由」という観点からは、実存主義での「自由」ないし「状況」概念、それらの前提となるハイデガーの「被投性」とその「無性」に関する議論が批判される。というのも、アンリからみると、これらの議論は「超越」の根拠である「内在」を忘却しており、よって、超越を本質とする「現存在」が自身の根拠たりえないという事実を示すに終始するからである。これに対して「内在」の「孤独」という観点からは、「魂と神との合一」を唱えるエックハルトの絶対者論ないしは宗教論が、外部との交流を欠いた「内在」の「孤独」な在り方を存在論的に描くものとして高く評価される。また、アンリは、ノヴァーリスのいう「夜」を手引きとすることで「内在」という「見えないもの」が、「見えるもの」とのヘーゲル的な「弁証法」に組み込まれないものであることなどを主張する。アンリの解釈に従うと、エックハルトやノヴァーリスは、「内在」を「超越」の対立項としてではなく、それ自身の固有性から捉えようとしており、よって、彼らは「内在の哲学」の先駆者なのである。

第四章の課題は、これまでの議論をうけて「内在の内的構造」を「情感性」として描き出すことにある。その際、「情感性」を、カント的な「感覚」や「尊敬」感情、フィヒテのいう「愛」、シェーラーが論じる「感得〔情感的知覚〕」、また、ハイデガーにおける「不安」という「情態性」などから区別することが主な作業となる。ハイデガーを例にとると、彼が「情態性」に根源的な開示性を認めつつも、これが、第二章で論じられたように、「超越」によって形成された「地平」の受容（外部による触発）を前提とする限りで、あくまで「内在の内的構造」を捉え損ねている点が批判される。これに対して、アンリのいう「情感性」は、「自己」ないし「生」という「見えないもの」が自己自身を選択の余地なく「非‐自由」な仕方で被り（「受苦」）、また、同時に、享受する（「喜び」）という「パトス」的なものである。

一方で、「パトス的」なものである「情感性」は、自己が自己から逃れられないという人間の「エゴ」を根本から規定する「存在論的な無力」を示すものである。しかし、他方で、この「無力」そのものは、「情感性」が絶対者の自己啓示である点からはじめて理解可能なものとなる。このことを、アンリは、第四章の最後にあたる第七〇節で、キルケゴールの「絶望」と「信仰」の弁証法を、「受苦」と「喜び」という「情感性」の弁証法（「生の内在的弁証法」）として解釈することで明らかにしている。「私」は「私」の根拠たりえない（「絶望」としての「受苦」）。むしろ、「私」を越えた、しかし、私のうちにある「絶対者」こそが「私」の根拠である（「信仰」あるいは「喜び」）。この「内在的弁証法」こそが、絶対者が自身の実在性を「啓示する（révéler）」様式（絶対者の「現出の仕方」）としての「情感性」、つまり、「パルーシア」としての「現出の本質」なのである。

このように、「私」をめぐるアンリの探求は、「絶対者」の「現出の本質」の解明に他ならない。しかし、本書は、「私」を「精神」とみなし、「絶対者」へと「止揚」するヘーゲルの試みの反復なのではない。むしろ、アンリは、本書の補論で、ヘーゲルが「現出の本質」を「対象化」にみる「存在論的一元論」に囚われている以上、彼の哲学が「絶対者」の「現出の本質」を捉え損ねざるをえないと批判する。ヘーゲル哲学は、人間を「外在性」という「絶望」へと打ち捨てる西洋近代哲学が犯した誤りをくり返すものだというのがアンリの結論である。「エゴの存在の意味」、そして「現出の本質」を「情感性」として規定する本書の長大な歩みは、同時に、西洋哲学の完成者を自称するヘーゲルが描き出す歴史、西洋近代における人間の自己理解に抗うものであり、これこそが「内在」と「情感性」を論じるアンリの哲学全体を下支えする根本的な確信なのである。

（池田裕輔）

2　『身体の哲学と現象学——ビラン存在論についての試論』（一九六五）

本書はミシェル・アンリの国家博士学位副論文である。執筆は一九四八年から四九年にかけてであるが、一九六三年の口頭審査を経て、六五年に出版された。タイトルにもあるように、本書は現象学的な観点からの身体論であり、メーヌ・ド・ビラン論である。

アンリは本書序論で、「主観的身体」（PPC, 12：一二）の発見者ビランを、「デカルトやフッサールと同じ資格で、人間存在についての現象学的な学の真の創始者のひとり」（PPC, 12：一二）だと見なす。アンリから見ると、科学的な「生物学的身体」、自然的経験における「生ける身体」、動物の身体と区別される「人間的身体」として探求されてきた身体は、主観性の圏域の外に存在する「超越的身体」にすぎない。それに対して、ビランが「原初的な諸可能力」（PPC, 6：六）として、主観的な行為・努力の身体として描いた身体こそ、アンリが「超越論的身体」と呼ぶ身体、すなわち、超越論的主観性の絶対的内在の圏域に属する根源的な身体にほかならないとされる。

続く第一章「身体についてのビランの分析の哲学的諸前提」で、アンリは「メーヌ・ド・ビランの著作全体が、ひとつの広大な現象学的還元にほかならない」（PPC, 25：二五）と指摘する。『思惟の分解論』と『心理学の諸基礎についての試論』といった主にビラン中期の著作を用いたアンリのビラン解釈は、ビランの主観的身体や能力の理論とカテゴリーの理論をめぐってなされる点にその特徴が認められる。

この第一章では、まずアンリの評価するビランの「身体」概念が、「主観的であり、エゴそれ自身であるところの身体」（PPC, 15：一五）と規定され、その後、カテゴリーの演繹が解釈し直される。アンリから見ると、力、一性、実体、必然性といったカテゴリーについての理論は、理性や知性についての理論ではなく実存の理論であり、それらは——ビラン自身の伝統的な用語法や、ビランについての伝統的な解釈によって覆われてきた——現象学者ビランの立場から捉え直すべきものである。「諸能力および諸カテゴリーについての主観的理論」（PPC, 52：五三）たるビランの「主観的イデオロジー」は、「超越論的内的経験」を根拠にもつ超越論的現象学であり、カテゴリーの演繹は、内在の圏域、絶対的実存の圏域への現象学的還元だと見なされる。

このカテゴリーの演繹という現象学的還元は、世界の存在を問いに付すものではない。力や一性の観念はエゴの一性から演繹されるが、実体や必然性の観念は努力の項である「抵抗する連続体」という「基体」から演繹される。抵抗する連続体は、エゴである身体の努力を実効的なものとする世界の存在であり、超越論的身体とともに現象学的還元によって取り出される「超越論的身体の相関者」である。

　このように、世界の現れ方を「抵抗」のうちに見出し、身体をそうした抵抗と相関関係にある可能力や「努力」として捉える立場は、第二章「主観的身体」でも確認される。ビランにとってエゴはこの身体であり、この運動であり、世界にはたらきかけるこの可能力の総体である。運動は「エゴの生の最も深い志向性」（PPC, 101：一〇六）であって、抵抗する連続体はこの運動志向性の相関者であり、運動の超越的項としての世界と規定される。

　第三章「運動と感覚作用」では、具体的な運動の例を用いて、「諸感覚の統一性」（PPC, 116：一二〇）や、「知の統一性として解釈された身体の統一性」（PPC, 128：一三三）について論じられる。われわれが、人差し指で空中に円を描く場合のように、眼差しと手の運動の感覚を統一できたり、いちいち記憶を辿らなくとも煙草を吸うために胸ポケットからマッチ箱を取り出せたりするのは、「過去、現在、未来を支配する可能力」（PPC, 136：一四二―一四三）があるからである。アンリは感覚や身体の統一性を記憶や時間、非人称的なものに依拠させたりはしない。むしろエゴである可能力としての身体に、記憶や時間が依拠するのであり、感覚するのは、非人称的な「ひと（on）」ではなく、私なのである。

　第四章「諸記号の二重の使用と自己の身体の構成の問題」では、アンリは、ビランの思想のうちに「主観的身体」という超越論的身体の他に、「有機的身体」、「客観的身体」を見出し、これらの超越的な身体がいかに構成されるかを、努力と抵抗の相関関係から論じる。有機的身体は、主観的身体の絶対的運動の直接的な動く項であり、根源的な「超越論的身体」と不可分である限りで、この有機的身体も現象学的還元を免れ、自己の身体の超越的な存在としてアンリの理論の中に位置づけ直される。客観的身体は、哲学的伝統が知っている、表象の対象となる身体である。客観的身体は根源的な身体に根拠づけられるが、両者の間には真の二元性が認められなければならない。

　第五章「デカルト的二元論」では、デカルトの身体論、心身関係論が批判的に検討される。アンリからすると、デカルトの「心身の実在的区別」は、絶対的主観性と有機的身体という超越論的関係の二項を、思惟実体と延長実体の超越的二項に置き換えたものであり、超越的なものが織りなす二元論へ降格させたものにすぎない。また、「エリザベト宛書簡」における「心身の実体的合一」も、情感性が純粋思惟の本質に帰属しうることを理解できないデカルトやその解釈者の無能さの現れにすぎないと看破される。

第六章「メーヌ・ド・ビランの思想の批判——受動性の問題」で、アンリは、身体の受動的・情感的側面についての存在論的理論がビランにも欠けていることを批判する。ビランは、エゴ・コギトを努力する主観だけに限定してしまい、本能や感性、情感性、想像力が関わる「有機的生」について語る段となると、デカルト的な二元論に陥ってしまう。アンリは「受動的生は志向性を欠いているのではない。志向性は意欲や努力といった本来能動的な諸様態だけに取っておかれるのではなく、受動的綜合として、情感性、感性、想像力等として記述されるエゴの生の規定に介入する」（PPC, 224：二三八）と指摘する。

以上のように、アンリが本書で行ったことは、ビラン哲学の歴史的な考証や他の思想家との比較研究ではなく、先行する解釈が捉えきれなかった現象学者ビランを描くことであった。それは、既存の現象学者の理論の一部とビランの著作の一部の類似を取り出す[1]というようなものではなく、ビランの著作全体を現象学的還元と見なし、その還元の射程を測定し、身体の現象学的な存在を明らかにすることであった。アンリのビラン解釈の特徴は、ビランの主観的身体の理論とカテゴリーの理論を現象学的還元として読み替えることにより、努力であるエゴの純粋存在と世界の存在である抵抗する連続体を、還元不可能な確実性に属する二項として取り出す点にある。また、アンリにとって身体は、運動や行動だけでなく、感覚や触発を被る「能動性と受動性の存在論的等質性」（PPC, 230：二四五）をもつものであった。そのため、この観点から、ビランに見られる受動性をめぐる難点を指摘している点にも、アンリのビラン解釈の特徴を認めることができる。

本書では、アンリに先立つビラン解釈に見られる前提だけでなく、ときにはビラン自身にも見られる前提を打破していく徹底した還元が遂行される。われわれは、『身体の哲学と現象学』という著作全体が、ビラン哲学を通って、そしてビラン哲学を超えて遂行されるひとつの広大な現象学的還元にほかならない、とアンリ自身の言葉を真似て言うことができるだろう。

註

（1）アンリに先立って、ビランと現象学者の理論の類似を論じた研究にはたとえば次のようなものがある。メルロ＝ポンティの一九四七から四八年の講義（M. Merleau-Ponty, *L'union de l'âme et du corps chez Malebranche, Biran et Bergson*, J. Vrin, 1978）、フッサールのエポケーとビランの試みの類縁性を指摘したフェサールの著作の注記（G. Fessard, *La Méthode de réflexion chez Maine de Biran*, Bloud & Gay, 1938, p. 52）、「現代の現象学」（マルセル、サルトル、メルロ＝ポンティ等）における身体の問題への取り組みとビランの取り組みを比較したヴァンクールの論稿（R. Vancourt, « Maine de Biran et la phénoménologie contemporaine, » *Bulletin de l'Association Guillaume Budé*, nouvelle série, n°8, 1949, p. 85–90）など。

（佐藤勇一）

3 『マルクス』（一九七六年）

『身体の哲学と現象学』を出版した一九六五年、アンリはマルクスの研究に着手する。一九七六年に刊行された本書は、一〇年にわたる彼のマルクス研究の集大成である。もともと本書は、「現実性の哲学」という副題をもつ第一巻と「経済の哲学」という副題をもつ第二巻からなる二巻本としてガリマール社から出版され、二〇〇九年に同社の「コレクション・テル」シリーズから一巻本として刊行された。一九九一年には日本語訳も出版されたが、こちらはアンリ自身の意向により、一巻本にまとめられた英語の部分訳を底本としている。

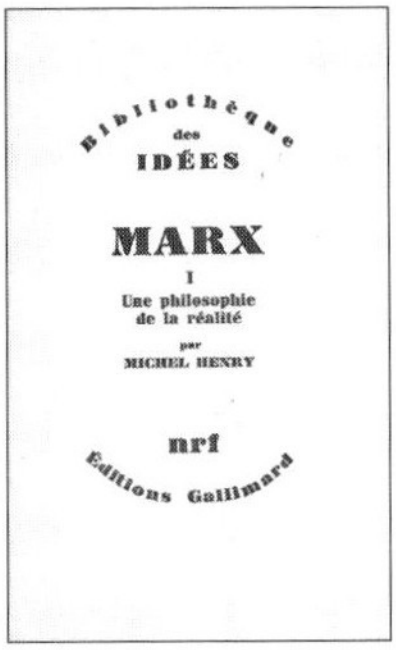

本書は「マルクスほど影響力をもった哲学者はいないし、また彼ほど誤解された哲学者もいない」(M, 7: 一) という一文からはじまる。アンリによれば、マルクスはヨーロッパの哲学的伝統をラディカルに刷新する独創的な哲学を築いたが、マルクス主義はその独創性を覆い隠す事態を引き起こした。『共産党宣言』第三版の序文でエンゲルスは経済的な生産様式と交換様式、さらに階級闘争とこの闘争からの解放をマルクスの根本問題として位置づけたが、それにより一方で革命の実践のための教義として、他方で経済に関する実証科学としてマルクスの思想を捉える傾向が生じる。とくにアンリが問題視するのは、後者の傾向である。その傾向によれば、形而上学的な思弁ではなく実地検証に基づいて経済交換や社会階級を科学的に分析した点にこそマルクスの功績があるのであって、この見方に立つなら「西洋思想の内部でマルクスがなした断絶はまさしく哲学に別れを告げることにある」(M, 13: 八)。マルクスの哲学的射程を捉え直そうとしたはずのマルクーゼやリュシアン・ゴルドマン、さらにアルチュセールにすらこうした傾向はいまだに残っており、マルクスの哲学的変革を真の意味で捉えることができていない——そうアンリは主張するのである。

では、マルクス主義によって覆い隠されてしまったマルクスの哲学的な変革はどの点にあるのか。アンリが着目するのは「生ける個人」という主題である。アンリによれば、時期ごとに違いはあるが、その全著作をつうじてマルクスは何かしらの仕方で個人の主体性や生を思考しようとしている。そこで問題とされるのは畑を耕す、機を織る、工場で働くといった個人の具体的な実践 (praxis) と現実性 (réalité) である。たとえマルクスが政治経済学的な観点から資本や労働を分析しているように見えたとしても、その分析は主体性や生の問題に立脚しているのであって、このことを踏まえるなら「マルクスの思想はすでに根本的な内在性の哲学および生の哲学として理解されるし、そう定義される」（M, 55：五七）ことになる。こうした視点からアンリはマルクスの著作を読み直し、そこに通底する「個人の生とその日常的な実践に関する徹底的な現象学」（M, 479：三四七）を浮かびあがらせようとする。では、「生ける個人」、「実践」、「現実性」といった問題系はどのようにマルクスの著作のなかに見出されるのだろうか。アンリのマルクス解釈をたどってみよう。

アンリによれば、「生ける個人」という概念の萌芽は『ヘーゲル国法論の批判』や『経済学・哲学草稿』などの初期著作にすでに見られる。フォイエルバッハの影響下にあったこの時期のマルクスが、ヘーゲル国家論を批判したことはよく知られている。マルクスは国家という理念的全体をなす抽象的個別性として個人を捉えるヘーゲルの『法哲学』の議論を斥け、人間の現実的な活動を「類」として捉えたフォイエルバッハに依拠して、抽象性に先立つ具体的な生を「個人の本質的性質」として思考しようとする。つまり、若きマルクスは「類からあらゆる個人へと進まねばならないことを示すために類から出発した」（M, 81：九四）、そうアンリは考えるのである。

しかし、具体的な個人の生を「個人の本質的性質」と捉える視点は、生を普遍化して抽象的存在へと転化してしまう危険をつねに伴う。アンリによれば、マルクスは一八四五年頃を境としてそうした危険を避けるためにフォイエルバッハと袂を分かつようになる。たとえば、『ドイツ・イデオロギー』では人間の社会や歴史を人間的本質の現実化と捉える見方が斥けられる。そうした見方はさまざまな個人の活動からなるはずの社会や歴史そのものを普遍的な人格、つまり抽象的な存在者として実体化するものにほかならず、個々人の具体的な生を等閑視してしまう。さらに、一八四五年の「フォイエルバッハに関するテーゼ」ではフォイエルバッハの実践概念が批判的に検討される。フォイエルバッハはいちはやく理論に対する実践の先行性を説いたが、マルクスによれば、彼が問題にする実践は感性をとおして対象を受容する直観の能力でしかない。そのため、たとえ感性的な次元で現実性が語られるとしても、そこで問題となるのは直観の対象として把握される存在にほかならない。これに対して、マルクスにとって実践は「そうした対象との関係の欠如」（M, 324：二六三）である。つまり、アンリにとってマルクスの実践概念は、いかなる対象性も介在しない主体の具体的実践を思考しようとするものなのである。

アンリによれば、ここにいたってはじめてマルクスの思想的な独立が果たされる。「類的存在」を斥けることで「生ける個人」が「意識的に、はっきりと明確に研究の主導概念として［……］問題系の中心に置かれ」（M, 193：一六六）、実践を感性的直観から引き離すことで現実性が「純粋な活動そのものにほかならないような実践」（M, 321：二五九）として示される。このように、認識論的な歴史理論への移行（切断）を一八四五年の草稿に見たアルチュセールに対し、アンリはこの時期の草稿に、対象性の思考と決別し現実的な生の活動に向かう「概念的な変異」を見る。こうした視点に立つなら、マルクスの思想はあらゆる労働生産や社会階級の可能性の条件をなす具体的な実践を探求する超越論的哲学として理解されるのであって、それは生ける個人の現実性から出発して階級やイデオロギーの発生(genèse)を問う「系譜学(généalogie)」である。

この「生ける個人」をめぐる探究が体系的な形で結実したのが、『資本論』である。アンリによれば、『資本論』は資本家と労働者の関係や商品交換を実証的に分析しただけの書物ではない。むしろその主眼は、主体の具体的な実践から出発して交換の可能性の条件を問うことにあり、この点で『資本論』は経済の哲学であって、政治経済学の理論ではない」(M, 615：三五二)。そのことをアンリは、現実的労働と抽象的労働の関係をつうじて示そうとする。現実的労働は商品の使用価値を生産する生きた活動であるのに対し、抽象的労働は平均時間で量的に測られる社会的な労働規範であり、平均時間という客観的な基準によって構築された現実的労働の観念的表象である。ところでアンリの考えでは、現実的労働から抽象的労働への移行は、『資本論』で語られる使用価値と交換価値の関係を理解する重要な手がかりとなる。先述したように、抽象的労働は現実的労働の表象であり、それは本来定量的に測ることのできないはずの多種多様な活動を客観的な統一基準によって平板化することで生じる。それはつまり現実性が観念へと置き換えられ、生きた主体の時間に客観的時間が取って代わる(つまり疎外される)ということでもある。それとともに、現実的労働が関わる生産物の使用価値は抽象的労働のなかで商品の交換価値として現れる。このように、アンリによれば、現実的労働から抽象的労働への移行をとおして商品価値の発生を説明したところにマルクスの独創性があるのであって、この点で『資本論』が明らかにするのは「経済の原‐創設的な働き、まさしく経済の超越論的な発生」(M, 628：三六七)なのである。

アンリは、『資本論』で語られる「剰余価値」や「資本の有機的構成」にも主体の契機を読み取ろうとする。周知のとおり、マルクスは資本主義が剰余価値の増殖によって成り立つと考えたが、アンリによれば、現実的な労働過程が生産物を生産し資本家がそれを売ることではじめて剰余価値が生まれるという点で、剰余価値を創造するのは「労働力の現実化であり、生きた労働である」(M, 714：四三七)。アンリは同様の構造を「資本の有機的構成」にも見る。「資本の有機的構成」は生産手段に投じられる不変資本(c)と労働力にあてられる可変資本(v)からなり、これに剰余価値(m)を加えると、資本(C)は$C=(c+v)+m$の式で示される。だが剰余価値は生きた労働から生まれることを考慮するなら不変資本をゼロとしても結果は同じであり、最初の資本が$C=(0+v)=v$であるとするならば生産過程の後に生じる資本は$C'=v+m$となる。このように、マルクスにとって「$c=0$」という式は「自らへと還元され、その純粋さにおいて理解された主体的な要素」(M, 769：四九七)を強調するためのものである、そうアンリは考えるのである。

ところでアンリによれば、資本主義が剰余価値の増大を求めるかぎり、生きた労働による生産が減少し最終的にゼロになることは資本主義の運命であるという。『資本論』における「自動的な機械体系」の例に従って、生産性を増大するために機械によって労働が自動化されたと仮定してみよう。この場合、生産過程の大部分は機械が占め、個人の生きた労働はあくまで補助的な役割をしか担わない。だとすれば、吸血鬼のように生きた労働から価値を吸いとっていた資本主義は価値のさらなる増大を求めるあまり、価値の源泉を自ら失うことになる。つまり、資本主義とは生きた労働に依拠して価値を創造する過程であると同時に生きた労働を排除する過程でもあるのであり、この点で資本主義は「資本の自己破壊」(M, 932：五二五)である。アンリによれば、こうした自己破壊の帰結が社会主義である。もっとも、それは生産手段を社会が管理するような共産主義の到来を意味するわけではない。仮に生産手段を共同で管理するとしても、それは生きた個人の活動を「社会」という抽象観念に置き換えることでしかない。この点で共産主義は、資本主義と同じく疎外の一形態である。これに対して社会主義は、「実践の「自由」」(M, 959：五五二)に支えられた共同体である。それはもはや生産に従属することがなく、個々人が「自身と個人の生の独自な潜在性にしか従わない」(M, 957：五五〇)社会であり、そうした社会こそ「過剰社会」という語でマルクスが思考しようとしたことにほかならない。

こうしたアンリの解釈は、多くの研究者が指摘するように『現出の本質』(一九六三)や『身体の哲学と現象学』を踏まえてマルクスを読み解いたものであり、現に本書ではマルクスに先んじて観念論の伝統と手を切り具体的な生を思考した先駆者としてメーヌ・ド・ビランの名が挙げられている。その意味では、『マルクス』という著作を、アンリが自分の思想をマルクスに投影したものと批判することはそれなりに正当なのかもしれない。とはいえ、マルクス解釈という観点とは別に、アンリの『マルクス』には社会における個人や生のありようを再考するように迫る不思議な迫力があるのもたしかである。本書が刊行されてからおよそ四五年がたった今でも社会は実践の自由を実現するには程遠く、「イノベーション」の名のもと政界や企業とともに大学も資本の増大に参画するよう求められている。そのような時代にあって、私たちひとりひとりの生は資本を増大させるための一要素にすぎないようにすら思える。こうした時代において私たちは自分たちの生の身分をどう考えたらいいのか。本書がマルクスに見た「生とはなにかという深淵な問い」(M, 960：五五三)は、二一世紀に生きる私たちこそ進んで引き受けるべき問いであるのかもしれない。

（松田智裕）

4 『精神分析の系譜』
——失われた始源 （一九八五）

『精神分析の系譜』は、生概念を軸に西洋思想史を再構成しようとする中期の著作である。一九八三年に日本政府の招聘によって来日した際のゼミナールや講演から構成されており、山形頼洋に捧げられている。アンリによれば西洋思想史は、自らの始源としての生を隠蔽してきた。このアンリの主張を、章を追いつつ確認していこう。

第一章によれば、デカルトにとって始源とは、現れること、すなわち思惟であった（GP, 18：一七）。しかしながら自らを取り巻くいっさいを疑ったとき、デカルトの哲学は思想史上の核心に触れる――「見テイルト私ニ思ワレル（*videre videor*）」（GP, 24：二四）。デカルトはこの命題によって、判断停止の果てになおも残り続けるものが「見テイル」なのではないかと自問し、これに否と答える。なぜならここで現れるものとは、見える通りに存在しているわけではないかもしれないし、存在すらしていないかもしれないからである。だが、いかにその見えが欺瞞的であろうとも、そのように「私ニ思ワレル」ことは揺るがないのではないか、と続けてデカルトは問う。したがってここで基盤として見抜かれているのは、「見テイル」ではなく「思ワレル」である。「思ワレル」において問題となるのは、「思ワレル」ことの具体的内容や反省的意識ではない。そうではなく、ここで見抜かれているのは、感じること（sentir）そのものなのだ。このようにしてデカルトにとっての思惟は、感じることとして、「現出の一瞬のきらめきを伴って止めようもなく自己展開」するようになる（GP, 28：三〇）。すなわちデカルトにとっての思惟においては、確かに現れることが伴われてはいるが、自らを感じることこそが、現れることの支えとなっているのである。

だが本書第二章によれば、デカルトはこうして見出された生の内的感覚を、すぐに隠蔽してしまうという。『哲学原理』第一部では、感情が「曖昧」であることが指摘されるのだ。それゆえ情感性は、思惟を生み出すどころか、その明晰さを傷つけるものとされる（GP, 56：六五）。こうして生の内的感覚に代わって理性の光が、現れることの土台を満たすようになる。「第二省察」の終わりには、いまや思惟すなわち「思ワレル」は、生ではなく認識であるとされる。このようにして近代哲学は、思惟としての生の隠蔽によって開始される。デカルトに続いてライプニッツは、「覚知なしの知覚」を主張することで、無意識

的知覚を誕生させる（GP, 79：九五）。ここで知覚すなわち見ることは、覚知すなわち内在という根源的次元なしに成立するかのようである。他方マルブランシュは、魂の「暗闇」に気づきながらも、これに光よりも劣った地位しか与えなかった。こうしてマルブランシュは、生に最も近づきつつも、最も遠ざかった哲学者となる（GP, 86：一〇三―一〇四）。

第三章で主題となるのは、ハイデガーの哲学である。ハイデガーにおいては、コギトすなわち「私は思う」は「私は私を感じる」ではなく、「私は私を表象する」を意味する（GP, 87：一〇五）。自己の前に置かれ、自己によって、自己と同時に表－象されるすべてのものの確実性は、「自己の前に置くこと」が持っている、先行的な確実性に依拠するとされるのだ（GP, 100：一二二）。それゆえ、たとえハイデガーが近代以降の真理と古代ギリシアの真理を区別しようとしても、結局はどちらも外からの基礎づけを必要とすることにかわりはない。なぜなら、前者は対象（Gegenstand）、後者は対向（Gengenüber）という、対－（Gegen-）によってしか語られないからである（GP, 121：一五二）。第四章では、カントの哲学もまた、表象より先に進むことができなかったとして批判される。超越論的認識力によっては、事実認識を基礎づけ、実在性を措定することができないからである（GP, 135：一六七）。カントにおける思惟とは、これが自己自身の本質に基づく事実的主体性ではないがゆえに、可能的認識の形式的かつ蓋然的統一でしかありえない（GP, 136：一六九）。アンリによれば、カントが本来探し求めなければならなかったのは、単純性、同一性などの超越論的述語ではない。そうではなく、外郭を周るような思考によっては措定されえない実在性、すなわち内的感覚であった。

第五、六章では、ショーペンハウアーの哲学が取り上げられる。ショーペンハウアーはカントと同様、表象に注目した。「世界は私の表象である」として彼は、カント的伝統を受け継いだのだ（GP, 159：一九五）。しかし、微妙だが決定的な違いが両者の哲学を隔てている。表象としての世界と並行して、意志としての世界もまた提示されるからである。したがってショーペンハウアーの哲学においては、二つの生概念が同居する。現れなければならない表象としての生と、自らを無媒介に感得する生である（GP, 167：二〇五）。前者はやがて飢えた果てしない欲望となる。そしてこの耐えがたい穴とともに、狂気が生じる。だが狂気とは記憶や知覚、理性の欠陥ではなく、別の力能によって記憶のつながりの乱れが生じていることが示される（GP, 229：二七三）。

第七、八章では、ニーチェの哲学が主題となる。ショーペンハウアーにおいて果てしない苦悶として描かれた生は、ニーチェにいたって、ようやく悲壮感に蝕まれることをやめるという。なぜなら、ディオニュソス的芸術を通じた「現実存在の永遠の快」としての生が描かれるからである（GP, 251：二九六）。生は確かに苦悩ではあるが、同時に、快や陶酔でもあるのだ（GP, 252：二九七）。ショーペンハウアーにおいて二つに分裂した生は、ここでそれぞれ、アポロンとディオニュソスのそれと呼ばれる。だがこれら二つの原理については、対立よりも一体性が指摘される。すなわち、これらの神々はともに生まれ、ともに死ぬのだ（GP, 313：三七一）。アポロンは、ディオニュソスの恐怖や重さから人間を解放する役目を持つ。他方で、夜の世界にいるディオニュソスが、昼の世界に現れることはない。ディオニュソスは構想力や現象学的能産者として、決して見られることのないままとどまる（GP, 327：三八七）。

第九章ではいよいよ、フロイトの思想が取り上げられる。フロイトにおいて無意識という概念は、ショーペンハウアーの生概念が二つに分裂してしまったのと同様に、二つのものを意味するという。フロイトは無意識という概念の彫琢を通して、生が、意識によって否定される表象であるとともに、本源的に現れないものでもあるということを示した。すなわちフロイトは、精神分析という治療実践の理論を通して、図らずも西洋思想史を継承してしまったのである。というのも、フロイトは現れえないものとしての無意識のみならず、内容として互いを規定し合う体系として無意識を措定したからだ（GP, 347：四一二）。だが後者の無意識概念を敷衍することで、意識と無意識の間の差異は、存在論的なものではなく、二次的なものになってしまう。こうした思考は、表象の次元に関わる無意識と、生の本源的次元に関わる無意識とを並列化してしまうのだ。これを受けアンリは、生の本源的次元に関わるようなフロイトの無意識を強調することで、この無意識を救い出すことが哲学的使命であると考えた。

意識と並列化されうるような無意識は、横線によって抹消された意識、あるいは現象性の端的な否定と呼ばれる（GP, 349：四一五）。だがフロイトが暗黙に承認しているのは、表象としては現れることのない無意識が、情動（affect）のなかに自らを現すということである。こうしたフロイトにおける無意識の情感性（affectivité）は、フロイト主義の独断的な装置を崩壊させる力を持つという（GP, 386：四五六）。フロイトの思想は、「感じること」を通して読まれることを待っているのだ。

三十三間堂の堂内で、数限りない手を持つ観音菩薩の像を前にして、見るものは不安に苛まれる（GP, 393–394：四六五）。なぜなら、常軌を逸して堂内いっぱいに増殖する仏像の手は、力のイメージの表象にほかならないからである。だからこそ、広がる形象の先に、あるいはこれらの形象を通してこそ、これらを生み出す潜在力について考えなければならない。こうした力は、〈原－身体〉に住まう。身体は目や耳、手を持つが、原－身体はそうしたものを持たない。空間内に充満する手と、そうした手とはなりえなかった原－身体――これらを同時に思考しなければならないのだ。この同時的思考は、表象性と情動性とに分裂した生に、何をもたらすのだろうか。『精神分析の系譜』の読解を通して、充満する手と見えない原－身体との絡み合いを思考することこそが待たれる。

（佐藤　愛）

5 『野蛮』（一九八七）

前期に生の現象学の理論的可能性を掘り下げていたアンリは、中期になって、生の現象学が提示する「内在」という原理を文化や政治といった領域にいわば応用する著作を発表するようになる。「日本語版への序文」によると大阪からの帰りに構想されたという本書もそうした中期のテクストの一つだが、だからといって本書に理論面での重要性がないわけではない。アンリ哲学全体を視野に入れるなら、たとえば「自己否定」という視点や「基底」という概念に関する問題系は、むしろ本書なしに語ることはできないだろう。それらは後期アンリの思索の中心部を形成していくはずである。

いずれにせよ、山形頼洋と望月太郎による本書の翻訳が中敬夫の解説を付して法政大学出版局から出版されたのが一九九〇年、これが記念すべきアンリ最初の邦訳となった。生の現象学の観点からアクチュアルなテーマを二五〇頁程度の分量で論じた本書邦訳は、それまでの大部の著作ならできなかったような仕方でアンリ自らがアンリ哲学を日本に紹介する入門書の役割を果たすことになったと言える。

本書のテーマは、本書の序論にあたる「未曾有のこと」でまず提示される。通常、野蛮は「無知や悲惨や、貴重品を掠奪したりみだりに欲しがったりすること」（B, 63：六二）に基づくと考えられているが、現代においては科学的知のみが真の知だとみなされ、その知の異常な発達によって人間性が破壊されるという「新しい野蛮」が生起している、そうアンリは診断する。邦訳に独自に付けられた副題が端的に示している通り、「科学主義の独裁と文化の危機」が本書のテーマである。

第一章「文化と野蛮」では、自己自身を現す生の情感的知と、それを可能性の条件としつつ対象を前に立てて現出させる知の峻別（「内在」と「超越」の峻別）という生の現象学の基本線に沿って、生の知と客観性を求める科学的知とが区別され、文化とは生が自分自身に働きかける自己成長、自己変革の活動のことだとされる。文化の洗練された形式としては芸術や倫理、宗教が挙げられるが、文化は本質的には「作品」のようなものだけに限定されるものではないとアンリは考えている。

第二章「芸術を基準にして裁かれた科学」は『生の現象学第三巻』所収「ダフニの変貌」（一九七七）に加筆修正を行ったもので、放射性炭素年代測定によるダフニ修道院の補修の様子からアンリが受けた衝撃の大きさが伝わってくる。科学的知のみを真の知とする思い込みに基づき、モザイク画に施された後代の修復部を削り取ってオリジナルな部分だけを残すという「補修」である。こうした振る舞いこそが新しい野蛮なのである。

第三章「科学の独善、すなわち技術」では、現代の「技術」が人間を置き去りにしたものであることが論じられる。アンリによれば技術（テクネー）は本来的には人間の身体的実践に由来するものであり、その意味では技術は生の表現だった。しかし、科学主義の独裁にあっては生の知は介在しえないために、科学は自律的に自己発展を遂げていく。アンリは、そうした科学的知が可能にするものが現代の技術だとする。核分裂の発見が原爆製造へと展開していったことなどを想起すればよいだろう。

第四章「生の病」では一つの問いが立てられる。生の一様態であるはずの科学がなぜ翻って生に歯向かうのか、つまり、生を切り捨てる科学主義をなぜ生自身が発動させてしまうのかという問いである。アンリによれば、生は自己を受苦し、自己を享受し続ける。これは、受け取られ続ける自己の生にはそれを引き受けざるをえない耐えがたき重荷という側面があるということでもある。そのような生のエネルギーの解放が文化的行為となるが、自己への絶えざる到来である生においては完全な解放はありえない。自己の生が苦でしかなくなるときに意志される「生の自己否定」、それが「野蛮」を生み出すのである。

第五章「野蛮のイデオロギー」は、現代において科学主義をそのモデルとする野蛮のさまざまなイデオロギーが検討対象となる。たとえば統計学的方法などがそうだが、そこではさまざまな類型化のもとで主観性が捨象される。マルクス主義も同様に、労働する個人を「超越」としての歴史・経済・社会、要するに「労働者階級」へと還元しているとアンリは断じる。

第六章「野蛮の諸実際」が検討するのは、生の自己否定としての野蛮が具体的にどのように行われているのかである。典型例として挙げられるのはテレビである。テレビ画面に映し出されるものは「他のものに取って代わられていくこと」を前提にした「時事的なもの」であり、視聴者は自分自身の生を生きることをではなく、他人の生ばかりを関心事としているからである。

第七章「大学の崩壊」では、文化的知を研究において増加させるとともに教育において伝達する場であった大学にも野蛮が浸食し始めており、現代においては自然科学系の学科が優位に立ち、科学主義的社会にとって役立つもののみに価値が与えられていると論じられる。

終章にあたる「アンダーグラウンド」でアンリは、このような現代社会においてであっても生がある限りで文化は続いていくが、しかし人間たちのその文化的営みは「地下潜行（clandestinité）」を余儀なくされるとし、「だれかまだ世界を救いうるだろうか」と本書を結ぶ。

ポストモダンの喧騒から自覚的に距離を取ったアンリが書いたこの文化論が、しかし大きな反響（批判的なものも含めて）を呼んだことは、本書への書評の多さからも窺うことができる。それから三十五年。静かな興奮を呼び起こすアンリの思索は、ポスト・ポストモダンやポスト・ヒューマンなどさまざまな「ポスト」の時代を迎えつつある時代のわれわれの生を考えていくための大事な手がかりを与えてくれるだろう。（根無一行）

6 『見えないものを見る――カンディンスキーについて』（一九八八）

本書はミシェル・アンリの芸術を主題とした唯一の単著であり、彼にとって特権的な地位を占める画家、カンディンスキーを扱うものである。アンリによると、カンディンスキーは、印象派をはじめとして、セザンヌからキュビズムに至る流れの外に位置している。ピカソも具象芸術家に分類され、一般的にはカンディンスキーと同じく純粋抽象絵画の創始者とみなされる非具象派のモンドリアンや、マレーヴィッチ、シュプレマティスムの画家、構成主義者、アルプ、クレーでさえも、西洋絵画の伝統の内部で活動しているにすぎない。それに対して、抽象絵画の真の創始者たるカンディンスキーは、西洋絵画の伝統の外側で抽象絵画の明確な理論を提示した、とアンリは考える。

また、プラトンやアリストテレスから、カント、シェリング、ヘーゲル、ショーペンハウアー、ハイデガーに至るまで、これらすべての思想家は「残念ながら絵画について何も分かっていない」（VIV, 11：二）とバッサリ切り捨てられる。それゆえに、アンリはカンディンスキーの絵画と理論的著作のみに即してその抽象絵画の諸原則を解明しようとする。それは、カンディンスキーの理論的著作が「美的体験という拡張された生」（VIV, 11：三）に入る最良の手段だと考えたからである。美的体験が拡張された生であるのは、生が「自身をもっと感じようとして、「絵画が生まれる」（VIV, 240–241：二一一）以上、美的体験とは「生の実現の一様態」（VIV, 39：二八）だからである。

さて、本書で重要なのは、アンリが掲げる以下の等式である。「内面＝絶対的主観性の内面性＝生＝見えないもの＝パトス＝抽象的な内容＝抽象的な形態」（VIV, 51：三九）。では、このような等式が示すアンリのカンディンスキー解釈とはどのようなものなのだろうか。

通常、カンディンスキーの作品はミュンヘン時代、青騎士時代、バウハウス時代、パリ時代に区分される。彼が「抽象化」という重要な手法を発見したのはミュンヘン時代である一九一〇年に遡り、この手法をめぐる代表的著作『芸術における精神的なもの』は一九一一年に、第二の理論的著作『点と面から線へ』は一九二六年に出版された。その絵画作品の作風には変遷があり、過渡期や後年の抽象絵画に具象的要素があることは一目瞭然のように思われる。しかし、アンリは、カンディンスキー自身の発言にふれ、そこには具象的要素はなく、純粋な形態の価値しかないとする（VIV, 76：六二）。『点と線から面へ』での理論は、バウハウスでの教育的活動を反映して理路整然と展開されるが、『見えないものを見る』においても、絵画の構成要素としての形態と色、その統一性としてのコンポジション、色を音感や温感としてとらえる共感覚、点・線・面という順序、△は黄、□は赤、○は青のような形態と色の間の厳密な対応といったカンディンスキーの主張が踏襲される。

アンリが重視するのは、カンディンスキーの著作で絶えず機能する二つの特質、〈外面〉(Extérieur) と〈内面〉(Intérieur)、見えるものと見えないものの関係である。カンディンスキーがあらゆる現象について主張する外面と内面という区別を、アンリは身体に即して次のように描く。一方で、私は自分の身体を外部から体験している。だが他方で同時に、私は眺め、聞き、感じ、手や目を動かし、お腹をすかせ、寒気を覚えている。後者は純粋な主観性の中への没入である。このように自己を直接感受する生は、自己と合致し、自己に完全に浸りきり、その感情の中で自らを味わい尽くし、パトスとして成就する。

アンリによれば、抽象絵画で表現しなければならないのは、このようなパトス、「見えない生」というわれわれのありようである。カンディンスキーの説明を現象学的だとみるアンリは、フッサールの形相的分析にならい、絵画の出発点であり内容であるパトスをその純粋さの中でとらえるために、絵画の本質とは無関係な外面的諸特性を除去しなければならないと考える。この「抽象化」によって客観的＝対象的表現がとり除かれ、形態と色の持つ響き (sonorité) や調性 (tonalité) が感じとられ、情感性 (affectivité) としての生、「光も世界もない、自己の根元的な主観性という夜の中で自己抱擁する生」(VIV, 33 : 二三) が引き出される。このように、アンリにおいては、あくまでも「抽象」という観点を通して見たカンディンスキーが論じられていることを見逃がしてはならない。

「抽象絵画はあらゆる絵画の本質をわれわれに明らかにする」(VIV, 216 : 一八八) と断言するアンリは、カンディンスキーに従ってこのような絵画についての見解を、音楽、彫刻、建築、詩、ダンス、といった他の芸術領域にも拡張する。さらにアンリは、絵画と自然の諸要素は同じとみなすことで、むしろ自然が芸術の特殊な一例でしかないとし、最終的に「起源的で主観的で動的で印象的でパトス的な自然、その本質が〈生〉である真の自然」、すなわち「コスモス」(VIV, 236 : 二〇七) へと議論を進めていく。このようにしてアンリは、『現出の本質』(一九六三) では示唆されていただけの着想、つまり世界の根源的な現れの様態を情感性の内に求めるという考えをカンディンスキーに即して具体的に展開することになった。

ところで、タイトルでいうところの「見えないものを見る」、そしてそれを絵画が描くとはどういうことだろうか。抽象絵画の不朽性は目に見える世界には基盤を持たず、見えないパトス、見えない生の純粋な力と生の無限の確信から生じる。しかしそのように見えない生を見て描くということが生自身の働きである。芸術は自然や生の模倣ではなく、生の、あるいはコスモスの自己表現であり、絶えざる自己創造である。すなわち「芸術とは永遠なる生の復活」(VIV, 244 : 二一五) なのだ。（落合　芳）

7 『実質的現象学』（一九九〇）

アンリの思想は「現象学」の文脈で論じられることが多い。しかし、意外なことに、そのアンリ自身が現象学の創始者フッサールについて本格的に論じたのは本書がはじめてのことである。その目的は、主著『現出の本質』（一九六三）以来の「現出するとはどういうことか」という問い、そして「生の本質は、自己自身を感じることとしての情感性である」というテーゼを、フッサール現象学の批判的検討を通じて再度掘り下げることにある。また、アンリが、本書第三章ではじめて共同体論を本格的に展開している点も（特にその後のアンリ哲学の展開を考えるうえで）きわめて重要である。

そもそも、本書のタイトルである「実質的現象学」とは何を意味するのか。アンリ自身は、この表現を『現出の本質』やそれ以後の探究が獲得した成果」を包括する「表題」として用いている（PM, 58：六九）。その「成果」はふたつである。

第一の「成果」は、アンリの哲学が、フッサールやハイデガーに代表される「歴史的現象学」が見逃してきた「現出すること」そのものに根源的なリアリティを与える「生」とその本質としての「情感性」を明らかにした点にある。「情感性」こそが「現出すること」の源泉に他ならない限りで、これをアンリは「現象学的実質（*matière* phénoménologique）」と呼ぶ（PM, 6–7：三）（強調は筆者）。よって、「情感性」という現象一般の「実質」を明らかにするアンリの哲学は「実質的現象学（phénoménologie *matérielle*）」なのである。

第二の「成果」は、アンリの哲学が「歴史的現象学」に対する批判的観点を獲得した点にある。『現出の本質』以来、アンリは一貫して、西洋哲学の伝統は「現出すること」の本質を（視覚がそうであるように）自身と対象との間に横たわる「隔たり」（その本質が「脱自」や「超越」と呼ばれる）に求めてきたと主張している。「歴史的現象学」においても事情は同様で、フッサールにあって「隔たり」は「志向性」という表題のもとで把握・探究されることとなる。しかし、アンリに従うと、「隔たり」を本質とする「志向性」は、「ヒュレー」あるいは「印象」という「素材／実質（*matière*）」を欠いた「形式」にすぎない。これに対して、アンリが探究するのは「志向性」という「形式」に対する「素材／実質」そのものが「現象化する様態」としての「情感性」である。よって、彼の哲学は「形式」の解明に終始する「歴史的現象学」に対して「実質的現象学」と特徴づけられるのである。

それでは、各章の概要を順に確認しよう。第一章「ヒュレー的現象学と実質的現象学」は、志向性に先立つ「ヒュレー的与件」や「印象」の扱いをめぐるフッサールの思想（これが「ヒュレー的現象学」と呼ばれる）とアンリ自身の「情感性の哲学」（「実質的現象学」）の相違を明らかにすることを目的とするものである（PM, 8：五）。

ここでは、フッサールの時間論として有名な『内的時間意識の現象学』が検討の主題となる。その理由は、アンリにとって、このテクストこそが「素材／実質」としての「ヒュレー」の現象性にフッサールが最も肉薄しながらも、結局は、その把握に失敗した現場に他ならないからである。アンリからみたフッサールの功績は、「対象」とその「与えられ方」のあいだに成り立つ「志向的相関性」の解明とは区別される「ヒュレー的現象学」という問題領域を打ち立てた点、そして、意識体験に即した時間論の枠内で「ヒュレー」ないし「印象」こそが主観性そのものの「自己－贈与」の根源的な様態に他ならないという洞察を（半ば）獲得した点にある（PM, 32–33：三七）。しかし、アンリは、フッサールの「失敗」もまた、その時間論での「原印象」の分析そのもののうちに、具体的には、フッサールが「原印象」の与えられ方を体験流自身による「原構成」として理解する点にあるとする。すなわち、フッサールは、「印象」という「素材／実質」を、結局、脱自に基づく「形式」としての「志向性」から解釈する誤りを犯しているというのがアンリの批判である。このことから、フッサールは、「印象」に固有な「情感性」の把握に失敗せざるをえないというのが第一章の結論である。

第二章「現象学的方法」では、フッサールの方法および現出概念そのものが検討される。その際、超越論的現象学の誕生を告げるものとして論じられることの多い講義録『現象学の理念』が主要テクストとなる。この章は、「見えないものについての現象学」というアンリの試みは「形容矛盾ではないのか」という疑念への応答を目指すものである（PM, 8：五）。

この疑念に答えるために、アンリは、「現象学的実質」としての「情感性」を垣間見たフッサールが、なぜ、この根源的次元を見失わざるをえないのかを、その「現象学的方法」という観点から解き明かしている。アンリによると、フッサールの「方法」は、超越論的主観性の「実質」である「実的なコギタチオ」を「純粋視」（あるいは「明証性」）という、対象との「隔たり」を前提とする「可視性」の次元から捉えようとするものである。これが彼の「失敗」の方法的原因である。また、ここでは、同時にハイデガーの『存在と時間』第七節での現象および現象学概念が検討される。アンリは、ハイデガーの現象概念が、「現出すること」を「可視性」に還元するという決定に基づくものであると批判する。このような決定は、『現出の本質』以来一貫して主張されるように、ギリシア的な現象理解に由来するものである。この決定に従う限りで「歴史的現象学」もまた、「情感性」という「見えないもの」の次元を捉え損ねるものだとアンリは告発する。この告発を通じて、むしろ、自身の「見えないものについての現象学」こそが、正当な試みであるとアンリは主張するのである。

第三章「共－パトス」は、アンリのいう「情感性の哲学」が「独我論」的なものではないのかという疑念への応答を目的としたものである（PM, 8：五―六）。この章は、ふたつの論考からなる。最初の論考「フッサールの『第五デカルト的省察』についての諸反省」では、フッサールの他者経験に関する理論が批判的に検討されている。ふたつ目の論考「共同体の現象学のために」では、「パトス」という志向性に先立つ生の次元こそが共同体の本質であるというアンリ独自の主張が展開されることとなる。

第一の論考で、アンリは、フッサールの他者経験の理論が、他者をあくまでも特殊な「志向的対象」として扱う点を批判している。アンリに従うと、「志向性」は、「他人」に限らず「主観性」ないし「生」という「見えないもの」を「可視性（世界）」に属する「対象」や「意味」という観点から捉えるものである。よって、アンリからすると、そもそも他者の「志向的構成」というフッサールの着想そのものが不適切なものなのである。それでは、アンリ自身は、どのように他者経験を捉えようとするのであろうか。

第二の論考「共同体の現象学のために」では、それに対する積極的な回答が与えられる。アンリは、「母親に対する子供の関係」や「精神分析医と被分析者」の「転移」を具体例とすることで、それらに固有な「パトス」あるいは「情感（affect）」という「意識」に先立つ「無意識」、「表象（世界）」に先立つ「生」の次元こそが共同体の本質だとしている。すなわち、子供は母親を母親として「表象」するのではなく、転移は、精神分析医と被分析者両者の「意識」に基づいて生じる現象ではない。とはいえ、アンリは、他者経験が、「意識」や「表象」に先立って、いわば自他融合的に生じるものだと主張したいわけではない。

むしろ、他者経験の登場人物たちは、つねに「個体化」されたものである。というのも、アンリに従うと、「生」の本質が、「自己自身を感じる」あるいは「被る（souffrir）」こととしての「自己触発」、すなわち「情感性」である限りで、「生ける者」はつねに「個体化」されているからである。しかし、それぞれの「生ける者」は、各自が「生ける者」である限りで、「生」という共通の「〈基底〉（Fond）」を持つとアンリはいう。アンリは、「他者経験」とは、〈基底〉としての「生」のうちで「あらゆる思惟を逃れる」ような「原初的経験」としてなされるものだと主張するのである（PM, 178：二二五―二二六）。

このようなことから、アンリの「共同体の現象学」の根本テーゼは次のものとなる。「共同体の本質は生であり、すべての共同体は生ける者たちの共同体である」（PM, 161：二〇一）。「生ける者たちの共同体」という本書の着想は、後の『我は真理なり』（一九九六）や『受肉』（二〇〇〇）での（大文字の）〈生〉概念の展開の重要な出発点をなすものとなる。

（池田裕輔）

8 『共産主義から資本主義へ――破局の理論』（一九九〇）

共産主義体制の破綻が明らかになってきた時代に書かれた著作。『マルクス』（一九七六）での議論を骨子としながら、『野蛮』（一九八七）で展開された文明論に通じる側面をも有する。『マルクス』での議論同様、本書でも「生ける個人」や「生ける労働」の意義を見抜いたマルクス本人に対し、マルクス主義がそれらの価値を切り下げた点が厳しく問われる。

アンリはまず、思惟によって作られる〈社会〉、〈歴史〉、〈階級〉といった抽象物が生の現実に取って代わる点を批判する（第一―第二章）。次いで、これら抽象物が客観的現実として扱われるときに現れる危険、すなわちマルクス主義とファシズムの接近が指摘される。搾取する階級であるブルジョアジーは「悪」、搾取される階級であるプロレタリアートは「善」という具合に、経済的のみならず倫理的な価値を与えられ、両者の全面的対立が前者に属す全ブルジョアの抹殺に通じる。搾取し抑圧する階級の特徴はそこに属しているすべての個人の内奥にまで浸透しているはずだからである（第三章）。

こうしたファシズムの危険は経済・政治・歴史のみならず、形而上学にかかわる問題をも提起する。アンリは「個人の切り下げを図るあらゆる学説」（CC, 87：七五）をファシズムと呼ぶが、それが端的に明らかになるのは拷問の場面だという。痛めつけられ、自分の存在から逃れようもなく苦しんでいる時に傷ついているのは単にその身体だけではなく、個人が個人であり自己が自己自身を感受する根源的な場としての〈生〉自体である。ファシズムは人間の形而上学的条件である生を攻撃し、拷問からの逃避だけを考えさせる点で「生の自己否定」という決定的な苦痛を与える。一方でマルクス主義の階級理論は「他の何ものにも還元できない一つの形而上学的自己」（CC, 98：八六）、すなわちそれぞれ単独の存在が自己を感じる能力を否定するものとして批判されていた。同様に、「ファシズムが屈服させようと欲するのは、この還元不可能な〈形而上学的自己〉である」（CC, 101：八九）。かくして両者の間に「生の自己否定」という共通の根が見出される（第四章）。

アンリにとって「経済的現実」は観念的存在によって構成されており、生ける現実ではない。所与以上のものを生み出す創造的な力としての生は「生ける労働が遂行される場」であって、そこから引き離されてしまうと商品や道具の価値は失われてしまう。生から引き離された世界が意味を喪失し死がそれに取って代わる点でも、共産主義とファシズムは相通じる（第五章）。

他方、資本主義は経済が生に依存していることを見抜き、その力を最大限に発揮させる点で、人類史上最大の革命とみなされる。しかし現実的過程（原因）と経済的過程（結果）の関係を資本主義は存在論的に転倒させるのであり、生産物・財の交換の目的は使用価値ではなく貨幣の増大に認められるという逆転が生じる。これは生にもたらされた「狂気」だとアンリは言う。だが同時に資本主義から読み取れるのは、「歴史の内につねに現前していて活動的」でありながら、「歴史を方向づけている」（CC, 150：一三五）という意味でメタ歴史的でもあるような原理としての〈生〉が経済を活気づけているということである（第六章）。

こうした〈生〉は歴史によって運び去られることのない〈原−事実〉と考えられるが、これに対してもう一つ、歴史に不可逆的影響を与えたのがガリレイ的〈原−事実〉と呼ばれるものである。近代になると、生き生きとした身体による世界の把握は、物質的宇宙の数学的認識に置き換えられ、人間の存在そのものにおける行為の変容という意味で、これもまた存在論的転倒とみなされる。近代技術はかくして価値を生産する「生きた労働」を減少させ、用具や機械の総体にみられる客観性を増大させていく。必要な労働を縮減し、価値をたえず増大させる資本主義の超発展の条件を整備したのがこうした技術であるが、しかし他方では生きた労働を排除することで貨幣を創造する能力を失い、資本主義に死を宣告することにもなる。技術によって自動化された過程が使用価値（商品）を製造しながら購買力（貨幣）を生み出すことができないという問題は、失業・貧困・飢えといった事態に現れる。したがって、マルクス主義における個人の理論的否定には、技術−資本主義における事実的排除が対応しており、資本主義もまた消失の途上にあると考えられる（第七章）。

以上の分析は経済が「経済的ではない起源」、すなわち生およびその力と欲求から生み出される仕組み、言い換えれば「超越論的生成」という着眼点からなされており、同様の観点から、マルクス主義ならびに西欧民主主義における政治観も批判の対象となる。本来、人間の生きる自然は「非政治的な場」だが、意識の作用により一定の事柄が集団に属する個人全員に関係するとみなされることで、政治が創設されると考えられる。つまり政治の本質あるいは「政治的なもの」も複数の個人の生に依存しており、その「超越論的誕生」こそが争点となる。この誕生の過程が看過・忘却され、政治的なものが実体化し、本質的なものとして通用するようになるとやはり個人が切り下げられ、全体主義に通じる。このとき全体主義は数ある政治体制の一つではなく、その他のあらゆる体制に対する脅威と捉えられる。さらに「階級」や「社会」と同様の抽象的存在である「人民・民衆・民族（peuple）」を介して、民主主義にも全体主義と共通の危険が指摘される。こうした概念は生とも個人とも関係を持たず、「存在論的空虚」によって特徴づけられており、それが生に死の脅威をもたらすのである（第八章）。

かくして本書は東欧諸国の革命に発した世界的激変を契機としながら、そこで希求された民主主義にも根源的な〈生〉の危機を読み取る警告の書として世に問われている。（柿並良佑）

9 『我は真理なり——キリスト教の哲学のために』（一九九六）

ミシェル・アンリは、その晩年において、一貫してキリスト教の哲学的解釈を展開し、いわゆる「キリスト教哲学三部作」を執筆するが、その第一作目にあたるのが、一九九六年に出版された『我は真理なり——キリスト教の哲学のために』である。「キリスト教哲学三部作」（『我は真理なり』、『受肉』（二〇〇〇）、『キリストの言葉』（二〇〇二））において、アンリは、共通して、キリスト教思想をみずからの生の現象学を表現したものとして解釈し、そうした解釈に基づいて、生の現象学を新たに拡張するとともに、それを人間の救済をめざす倫理思想として展開している。『我は真理なり』はそうした生の現象学の新展開の口火を切った著作だと言えよう。

『我は真理なり』は、とりわけ、それが持つ次の二つの特徴によって「生の現象学の新展開」たりうる。一つ目は「自己の誕生」というテーマが論じられていることであり、二つ目は「自己触発」の概念が二つに区別されていることである。それぞれ確認していこう。

アンリにおいて、自己の本質は、自己による自己自身の感受としての自己触発だとされるが、アンリは、この自己触発を、西洋哲学が伝統的に存在・現象の原理とみなしてきた〈おのれの前に世界地平を開く働き〉のそれ自身への現れとして理解して、そうした自己触発としての自己を、いっさいの存在・現象の原理だとした。だが、『我は真理なり』では、そうした〈存在・現象の原理としての自己〉の「誕生」が、つまり、自己の「発生」がテーマにされるのである。

二つ目の特徴である自己触発概念の区別も「自己の誕生」というテーマに関わる。自己が自己触発を意味するかぎり、自己の誕生を問題にすることは、自己触発の発生、その起源を問題にすることを意味する。自己触発としての自己は確かにみずから自己自身を触発するのだが、しかし、自己はそれ自身が自己触発であることの源泉ではない（CMV, 136）。自己触発の源泉は自己触発を越えており、自己触発は、それが自己触発であるという事実を、みずからを越えた源泉から受け取っているとされる。アンリは、この自己触発の源泉を、みずから自己自身を自己触発として生み出す「能産的自己触発（auto-affection naturante）」（CMV, 138）として理解し、自己の源泉たりえない個々の自己の自己触発を、能産的自己触発によって生み出された「所産的自己触発（auto-affection naturée）」（CMV, 138）として理解して、二つの自己触発概念を区別した。個々の自己は、そのうちにおいて能産的な「絶対的自己触発」（CMV, 136）が自己触発することで誕生するとされた。

また、アンリにおいて、自己触発が生を意味するかぎり、個々の自己の自己触発が絶対的自己触発によって生み出されるということは、個々の自己の生が「生かされた生」であることを、また、絶対的自己触発が個々の自己を生ける者（un vivant）として生み出している「絶対的〈生〉（Vie absolue）」であることを意味している。個々の生ける自己は、その源泉を、みずからを越えた絶対的〈生〉のうちに持つとされるのである。

では、『我は真理なり』のこうした二つの特徴は、生の現象学を表現しているとされるキリスト教思想といかに関係しているのだろうか。

アンリによれば、キリスト教が神と呼んだのは、生ける者としての個々の自己に生を与えている絶対的〈生〉であり、また、神の〈原‐息子〉（Archi-Fils）としてのキリストが意味しているのは、神の自己啓示（auto-révélation）、自己触発としての絶対的自己触発である。神は、〈原‐息子〉であるキリストにおいてのみ自己を啓示し、また、キリストも神の自己啓示としてのみ存在しうるのだが、それは、絶対的〈生〉が絶対的自己触発においてのみ現出し、また、絶対的自己触発が絶対的〈生〉の自己現出としてのみ可能であることを意味している。アンリは、こうした神とキリスト、絶対的〈生〉と絶対的自己触発の可逆的な関係を「相互内面性（intériorité réciproque）」と呼んだ。

また、キリスト教における神と人間、キリストと人間の関係は、二つの自己触発の関係、つまり、絶対的〈生〉の自己触発と個々の自己の自己触発の関係を指し示している。先にも述べたように、個々の自己において自己触発しているのは絶対的〈生〉にほかならないが、このことは、キリスト教思想においては、生ける者としての人間に生を与えているのは神であり、キリストである、と表現される。キリスト教において、人間は、キリスト同様、「神の子（fils de Dieu）」とされるが、それは、個々の自己の自己触発が、自己のうちにおける絶対的〈生〉の自己触発にほかならないからなのである。

だが、同じように「神の子」と呼ばれるにしても、キリストと人間とは当然異なる。このキリストと人間の違いは自己触発の二つの概念の違いを表現している。神とキリストの間には可逆的な「相互内面性」があるが、神と人間、キリストと人間の関係は不可逆である。神およびキリストこそ人間の源泉なのであって、決して逆ではない。

だが、キリスト教において、人間が「神の子」と規定されたことの意味は大きい。それは、人間を内世界的、経験的なものと理解する西洋の伝統的な人間観を転覆し（CMV, 119）、人間を、〈生〉に、あるいは、神に属するものとして、つまり「神の似像」として規定するのである。

また、キリスト教が人間を神の似像として、つまり、神のうち、絶対的〈生〉のうちに源泉をもつものとして解釈することは、生の現象学における他者関係論に新たな展開を与える。私の自己は絶対的〈生〉の自己触発に由来するが、他者の自己も同様であり、したがって、私は絶対的〈生〉を通して自己に到来することで、同時に、他者の自己にも到来するとされる。生の現象学においては、自他関係の出発点は、私でも他者でもなく、神としての絶対的〈生〉のうちに置かれるのである（CMV, 318）。

しかし、西洋の伝統的な思想に典型的なように、神の似像としての人間の規定、つまり、絶対的〈生〉への人間の帰属は忘却される運命にある。人間は、その源泉である絶対的〈生〉から切り離されて、自分自身をみずからの存在の根拠として錯覚するのである。アンリは、こうした状況に陥った自己を「エゴ」と呼び、その態度を「エゴイズム」と規定する（CMV, 180）。みずからの真の起源を忘却したエゴは、絶対的〈生〉を顧みず、もっぱら外的な世界に、また、その世界に価値を与える自己自身に関心を向けるのである（CMV, 179–180）。

だが、なぜ絶対的〈生〉は忘却されるのか。それは、絶対的〈生〉が表象的な現象性としての世界や時間のうちにないからである。世界のうちになく、時間のうちにないものは、見えず、思い出せない。絶対的〈生〉は、たしかに人間や自己の起源ではあるが、しかしそれは、時間の中では決して思い出せない起源としての「絶対的－〈以前〉（Avant-absolu）」だとされるのである。

アンリによれば、キリスト教が、キリストの世界への到来、キリストの受肉を通して表現したのは、みずからの条件としての絶対的〈生〉から切り離された人間を再び絶対的〈生〉へと立ち戻らせる働きである。絶対的自己触発としてのキリストとは、人間がみずからの自己触発を通じて神に結びつく道にほかならず、絶対的〈生〉としての神は、その自己触発としてのキリストを通して、人間にみずからを啓示するのである。

では、人間にとって、こうした絶対的〈生〉への立ち戻りとしての「第二の誕生」はいかにして可能なのか。絶対的〈生〉を忘却し、世界や自己自身にのみ関心を向けているエゴが、絶対的〈生〉との結びつきを回復するには「自己－変容（auto-transformation）」（CMV, 209）が必要となる。キリスト教は、そうした自己－変容が、言葉によってでなく、「行い（l'agir）」によって、つまり、〈世界に関心を向ける自己を忘却して、隣人のために尽くす慈悲の行い〉によって可能になるとした。キリスト教倫理は、こうした〈行いを通した人間の自己－変容〉をうながすのである。

アンリによれば、キリスト教を否定する現代の世界は、神を否定し、キリストを否定することで、人間の本質を否定している。〈生〉から切り離され、世界からのみ測られる人間は、単なる生物学的、経済的な実在になりさがっている。そうした人間を救済しうるのがキリスト教倫理であり、また、それが表現する生の現象学なのである。

『我は真理なり』は、このように、生の現象学をキリスト教思想のうちに読み込むことで、それを人間救済の倫理学として新たに展開させていると言えよう。

（川瀬雅也）

10 『受肉——肉の哲学』（二〇〇〇）

「キリスト教哲学三部作」の第二作目にあたり、アンリの存命中に出版された最後の著書でもある本書には、主に二つの主題がある。一つ目の主題はわれわれの身体であり、アンリはこれに「肉（chair）」という術語を与え、物質的物体と区別したうえでその本性を解明しようと試みている。二つ目の主題は、『ヨハネによる福音書』が「〈御言葉〉は肉となった」と言い表す出来事、すなわち、神の〈御言葉〉のキリストにおける〈受肉〉である。アンリによれば、〈御言葉〉が人間の肉になった、神が人間となった、という意味で解すべきこの〈受肉〉は、キリスト教が考える救済の根拠でもある。アンリが第二に取り組むのは、〈御言葉〉が肉になる、神が人間になる、という事実を、そして人間の救済という事実を、哲学的に再解釈することである。

これら二つの主題は、本書において固く結びついている。アンリの考えでは、〈御言葉〉が肉になる、という定式の真の含意は、肉体／知性というギリシア的二元論や、神／人間を分離するユダヤ的見方に従っては理解されない。〈受肉〉が理解可能となるのは、〈御言葉〉を神の自己顕示（auto-révélation）と解したうえで、人間の身体＝肉を、この自己顕示に対置するのではなく、その様態として捉えるときのみである。ただしそのためには、問題の顕示を、ギリシア的な現れ、思惟に対する事物の現れとは別の現れとして思考する必要がある。

ところで、アンリ現象学がこれまで「内在」や「生」といった概念で探究してきたものこそ、この非ギリシア的な現れの次元だった。アンリは肉と〈受肉〉の解明に先立って、本書の第一部で、部分的に『実質的現象学』（一九九〇）第一章と第二章の議論をなぞりながら、いまだギリシア的な現れることしか知らない古典的現象学への再批判を行う。そしてそれを通じて、読者をあらためて自身の「生の現象学」へと導き入れようとする。

アンリにとって現象学の特長は、「現れるもの」ではなく「現れること」を主題化する点にある。だが古典的現象学は、事物の根拠を事物の現れに置き、その現れを脱自的運動によって説明する一方で、この脱自的現れ自身が自己へ現れることの方も、ひとつの脱自だとみなしてしまう。これに対しアンリは、あらゆる脱自に先立って、自己の自己自身への直接的現れがあると考える。この現れは、あらゆる異他性を欠いた自己触発であると同時に、苦痛の例に顕著であるように、自らを「受苦する〔被る〕（souffrir）」という受動的仕方において自己自身へもたらされることでもある。こうした自己感受、自己顕示こそ、生に他ならない。そしてこの受動的な生の自己顕示は、絶対的〈生〉（＝神）の根源的自己顕示の働きによって、またこの働きのなかで生み出される。これが「生の現象学」の主張である。

この生や〈生〉の自己顕示は、思惟に対して現れず、むしろ思惟のほうが、〈生〉のなかでの生の自己顕示に基づいている。問題の自己顕示は、事物の知解性としての思惟を根拠づける、「原‐知解性」なのである。アンリによれば、この事実を理解せず、思惟をあらゆるものの原理とするならば、生の次元への現象学的アプローチは必然的にアポリアに行き着く。対して「生の現象学」は、「現象学の逆転」によって、思惟に対する〈生〉の優先性を認め、前者を後者に準拠させることによって、このアポリアを乗り越えているのだ、とアンリは言う。

こうして再提示された「生の現象学」を手にしながら、本書第二部のアンリは、身体性の問題圏に入ってゆく。彼によれば、『ヨーロッパ諸学の危機と超越論的現象学』のフッサールは、ガリレイ的な幾何学的宇宙が、感性的世界をもとに構成される抽象物であることを示したが、その感性的世界は、われわれを超越論的な主観的身体へ差し向ける。これまでの現象学は、この身体を志向的身体としてしか、すなわち脱自的な現れに即してしか理解しなかった。だが実のところ志向的身体は、生におけるパトス的自己触発を前提している。アンリが根源的身体性とみなし肉と呼ぶのは、この自己触発である。彼にとって肉とは、生の自己顕示が現実化される様式に他ならない。このことは、生の自己顕示が私の〈自己性〉を成す以上、われわれが本来的に肉的だということも意味する。

したがって、身体の内的構造や、われわれと事物との関係は、肉を起点に解釈されなければならない。第二部後半でアンリは、『身体の哲学と現象学』（一九六五）のビラン論を発展させつつ、この問題に取り組んでいる。彼にとって、ビランのコンディヤック批判が示すのは、触れる‐可能力〔触れ‐能うこと〕（pouvoir-toucher）の展開が、自らを‐動かす‐可能力（pouvoir-se-mouvoir）による自己運動を前提するということである。後者は、前者を含めたあらゆる可能力を支える肉の本源的「われ能う」である。この「われ能う」が諸可能力を通じて展開する運動の「努力」は、それが出会う「抵抗する連続体」を、抵抗が相対的か絶対的かに応じて、「有機的身体」あるいは物体として体験する。アンリによれば、フッサールが提起した「自己の身体」の構成についての問題も、肉と「抵抗する連続体」とを考慮しなければ解決できない。

他方で、こうした根源的身体性としての肉が自己へ到来するのは、生の場合と同じく、絶対的な〈生〉においてだ、とアンリは考える。〈生〉とは、自己によって自己自身を自己にもたらす「自己出生」という形における、根源的自己顕示の過程であるが、肉はこの過程によって生み出される。ただし、肉が〈生〉を必要とする一方で、〈生〉の自己顕示も肉の産出なしには現実化しない。両者は「相互内面性」と呼ぶべき不可分な関係のうちにある。本書のアンリによれば、この不可分性において〈生〉の自己顕示が肉を生むこと、これこそ、神の〈御言葉〉が肉となるというヨハネの言葉の意味なのである。

アンリは、〈生〉の自己顕示のうちでの、神の〈御言葉〉のうちでこのような出生が、肉を人間の救済の場にしていると考える。ではその肉が、同時に人間の過ちの場でもあるのはどのようにしてか。〈受肉〉と救済を主題にする本書第三部は、前半部で、肉のもつ後者の側面を、キルケゴールの『不安の概念』の独特な解釈を通じて、主にエロスの観点から考察している。アンリによれば、〈生〉への肉の準拠は、諸可能力を支える肉の「われ能う」が、自己自身をもたらすことができず、また自己から逃れられないという二重の無力に基づくことを意味する。この無力とぶつかるとき、「われ能う」は、自己から逃れようとして諸可能力の展開へと導かれる。この衝動は、肉が内世界的な客観的身体、特に性差をもつ身体と二重化されるとき、他人の同じように性的な身体へ接近することで、他の肉、他の生と合流しようとする「欲望」へと変化する。だが、「欲望」にもとづくエロス的関係において、他人は連続的抵抗か内世界的事物としてしか現れない。「欲望」の試みはつねに挫折し、そのつど「われ能う」の無力を示すのである。

自己の無力から逃れ、また自己を本性上規定する〈生〉との関係から逃れようとするこの試みは、過ちであり罪である。第三部後半部のアンリは、キリスト教的救済を、過ちにおいて破壊された人間本性の回復として解釈する。この回復は、キリストが体現する人間と〈御言葉〉の一体化、肉と〈生〉の自己顕示との「相互内面性」を自ら生き、それによって神の〈生〉と同一化されることとして果たされる。人間たちは、このような意味においてキリストのうちにあるときにのみ、救済されるのである。

他方でアンリは、「欲望」が希求していた他人への到達が果たされるのも、この自己と〈生〉との同一化を条件としてのみだと考える。なぜなら、ひとりの肉的〈自己〉である限りでの他人へと関わるには、あらゆる〈自己〉の到来が〈生〉の〈御言葉〉において起こる以上、この〈生〉の〈御言葉〉を経由しなければならないからである。それゆえアンリは、ひとびとがキリストにおいて一体となる「キリストの神秘体」こそ、「他者経験のひとつの限界形式」(INC, 339：四三四)だと言う。『実質的現象学』第三章を始点とするアンリの共同体論の進展は、本書において、肉的〈自己〉同士が〈生〉を軸にしながら内在的に関わり合う、「キリストの神秘体」としての共同体へと行き着くのである。

邦訳者である中敬夫の解説によれば、アンリは本書を、自身の哲学の捉え直しかつ総合とみなしていたそうである。実際本書ではいたるところで、かつての著作の議論が繰り返されている。だが本書は、アンリ哲学の単なるダイジェストではない。この著作のアンリは、『我は真理なり』(一九九六)のキリスト教解釈で導入された、生と絶対的〈生〉との関係を基点とするパースペクティヴのもとで、自身のこれまでの思索を捉え返しながら、新たな身体性の哲学を錬成しようとしているのである。

(樋口雄哉)

11『キリストの言葉』（二〇〇二）

本書は、アンリのキリスト教哲学三部作の最後の一作であるが、前二作（『我は真理なり』（一九九六）、『受肉』（二〇〇〇））とはかなり趣を異にしている。本書はもともと、ある宗教団体向けに（つまりは哲学を専門としない一般読者向けに）書かれたものであり、そのため哲学の専門用語は極力使わず、平易かつ具象的な語り口に終始している。もうひとつ、以上のことども関連しているが、聖書の扱いが前二作とはまったく異なっている。前二作でも、聖書からの引用は少なくないとはいえ、あくまでもみずからの哲学を展開するうえでの例証あるいは傍証として用いられているのにたいして、本書では、福音書に記録されているキリスト自身の言葉を中心に据え、そのキリストの言葉を丹念に解釈・解読していくという形で論が進められる。著者は、キリストの言葉と厳密に照らし合わせることで、みずからの生の現象学の妥当性、さらには真実性を再確認することを意図したように思われる。

その際、著者はキリストの言葉をつぎの三つの位相に分類している（PC, 14：一六―一七）。⑴人間としてのキリストの言葉。人々に人間的言語で語りかけ、彼らについて語っている言葉。⑵人間としてのキリストの言葉。人々に人間的言語で語りかけるが、彼らについてではなく、キリスト自身について語っている言葉。⑶〈御言葉〉としての、つまりは〈神の言葉〉としてのキリストの言葉。

本書は全十章と結論からなるが、最初の三章は⑴にあてられる。人間は目に見える世界、つまりはこの世に執着し、この世の原理にからめとられているが、人間の本源は目に見えない内面、つまり心にこそある。人間とは生の〈情感性〉からみずからの現実性を汲み上げている存在である（この事態をアンリは、人間とはひとつの〈肉〉にほかならない、と言う）。ところで、この世を生きる人間は、自立し、自足した存在であることを自負しており、そうした人間同士が結ぶ関係、すなわち「相互性（réciprocité）」がこの世の原理となっている。しかし、自立し、自足した存在として生きている人間、また相互性を原理とする社会は破綻を運命づけられている。自立し、自足した存在であることを自負する人間の思い上がり、すなわち人間中心主義が破綻せざるをえないのは、人間とは神自身である絶対の生、無限の生によって生かされている存在だからであり、かくして、自立・自足を前提とする人間の条件は転倒する。

第四章から第六章は⑵にあてられる。人間が神自身である絶対の生、無限の生によって生かされているとすれば、人間とはもともと〈神の子〉なのである。そして、そのことを人間に告げるキリストの言葉は、神から直接聞き取った言葉、つまりは

〈神の言葉〉である。しかもキリストは、自分自身が〈神の言葉〉、〈御言葉〉そのものであるという驚くべき事実を明かす。

だが、〈神の言葉〉、〈御言葉〉としてのキリストの言葉(3)は、人間的言語一般と何がどう違うのか。その言葉はいかに語り、また何を語っているのか。その本質的性格はいったい何か。第七章、第八章は、そうした問題にあてられる。人間が通常用いている言葉は、「世界の言葉」、つまりは目に見える外部の地平に現れるものを語る言葉であるのにたいして、キリストは、それとは別の言葉、生が生みずからを啓示する（révéler）ことによって、生そのものを語る言葉、つまりは〈生の言葉〉があることを教える。しかも、その〈生の言葉〉はそのまま〈神の言葉〉である。

最後の第九章、第十章は、いかにして人間は、自分たちの言葉ではなく、〈生の言葉〉=〈神の言葉〉であるキリストの言葉を聞き取り、理解することができるのか、という問題にあてられる。「われわれ自身の生がわれわれに与えられるのは絶対の生の自己贈与において」であり、また「その絶対の生の自己啓示が行われるのはわれわれの〈自己〉（それはわれわれの心でもある）において」（PC, 119：一四七）であるとすれば、〈神の言葉〉は人間の内面において絶えず語っているはずである。ところが、たいていの場合、人間は〈神の言葉〉を聞き取ってはいない。それは、人間の自己が「自分がその中に生み出された生との内的関係をまったく無視して、自分を自分自身で存立し、誰にたいしても何ひとつ負うことのないエゴ=主体とみなす」（PC, 123：一五一）からであり、こうした「エゴを自分自身の存在の根拠とするこの幻想」が「絶対的〈生〉においてわれわれがわれわれ自身に与えられている場、すなわちわれわれの「心」をすっかり転倒させてしまっている」（PC, 122：一五〇―一五一）からである。だが、こうした人間のかたくなな心を開くのも、キリスト自身なのである。「キリストの力は人間の心に向けられ、心の根底的な変容、「純化」を引き起こす。具体的には、悪を取り除くことによって、生ける者と神との原初の関係を、まさに悪が取り除かれたその場において、復活させる」（PC, 137：一七一）。

結論として、アンリは「キリストが人間の言葉で人々に語りかけている言葉と、われわれひとりひとりの心において、われわれを生み出しつつ、われわれにわれわれ自身の誕生を語っている言葉とが、驚くべき一致」（PC, 149：一八六）を示すことを指摘したうえで、「われわれが聖書を理解することを可能にしてくれる原理と、キリストが自分について語る言葉を正当化する原理とは、まったく同じである。その原理とは、われわれのうちなる〈御言葉〉、すなわち〈神の言葉〉である」（PC, 149–150：一八七）と言う。

本書は、キリスト論として、また福音書解釈としても、ユニークでありながら、強い説得力をもつ試みと言え、それを基礎づけているアンリの生の現象学が、キリスト教の核心に深く通底していることをおのずから示している。

（武藤剛史）

12 『スピノザの幸福』（二〇〇四）
『生の現象学』全五巻（二〇〇三―二〇一五）

『スピノザの幸福』は、ミシェル・アンリが日本の修士論文に相当するＤＥＳ（高等教育修了証書）取得のためにリール大学に提出したもので、一九四二年から翌年にかけて執筆された。アンリ死後の二〇〇四年に、フランスにおけるスピノザ解釈の歴史についても教えるところ多い、ジャン＝ミシェル・ロンニョーの論文「ミシェル・アンリのスピノザ主義に関する研究」«Étude sur le spinozisme de Michel Henry» を付して出版された。[1]

スピノザを主題とするようアンリに勧めたのはカミュとの関係でも著名なジャン・グルニエ（一八九八―一九七一）だったが、この論文のアンリは彼なりの流儀でスピノザ哲学を我がものとしているともいえる。スピノザの哲学を「幸福の要請」(BS, 15) に導かれたもの、後年のアンリ自身が用いた言葉で言えば、「宗教的救済」を求めるものとして読み解く姿勢は、当時有力であったブランシュヴィック（一八六九―一九四四）や、一九六〇年代に力を得る構造主義的なスピノザ解釈に、真っ向から対立する。本読本第Ⅱ部6「アンリとマルクス」にあるように、アンリはマルクスについても、アルチュセールの解釈に対立するが、そうした姿を重ね合わせることもできよう。

この若き日のアンリの論考については、本読本第Ⅱ部2「アンリと合理主義哲学」の他、やはり上野修による「アンリとスピノザ、その近さと遠さ」（『ミシェル・アンリ研究』第5号、二〇一五年）を見れば、概要と問題点をつかむことができる。

『生の現象学』は、アンリの論文や対話記録などを集めたもので、フランス大学出版（ＰＵＦ）の叢書エピメテから全五巻で公刊されている。各巻とも、ある程度テーマごとの編集が行われている。残念ながら、収められている論考で邦訳のあるものは少ないが、[2]アンリのフランス語は総じて平易でリズムもよく、比較的短い論文も多いため、大学での演習の素材に取り上げることもできよう。フランス語初修者でも、アンリの哲学に関心があれば、チャレンジしてみる価値はあると思われる。

第一巻は、「現象学について」という副題が付され、現象学の方法をめぐるアンリの諸々の論考が収められている。たとえば「非志向的現象学――来るべき現象学の課題」という挑発的なタイトルの論考は、「生」という次元を明らかにするために

現象学が何を問題とせねばならないかを簡潔に論じている。「受苦と生」というタイトルの論考は、ごく短いものだが、『現出の本質』（一九六三）で描かれた「受苦」の意味を簡潔に描くものと言えるだろう。

第二巻は「主観性について」という副題が付されており、その名の通り「主体／主観（sujet）」をめぐるアンリの論考を集めている。論考「哲学と主観性」は、ある哲学百科事典[3]のために執筆されたこともあって、主体をめぐるアンリ自身の考え、あるいは他の哲学者の議論に対するアンリの考えが明快に記されている。その他に、『精神分析の系譜』（一九八五）の議論と重ね合わせることのできる、ショーペンハウアー論、ニーチェ論などが収録されている。

第三巻は、「芸術および政治的なものについて」と題されており、その名の通り、芸術あるいは政治を論じるアンリの論考が収められている。また、本読本でもマルクスを争点としたリクールとの論争が話題となっているが（第Ⅱ部6「アンリとマルクス」、第Ⅳ部1「アンリとリクール」）、この点をめぐるアンリとリクールとの交わることのない実際の対話の記録が収められている点で、きわめて興味深い（PV-III, 101-104）。「芸術」に関する論考としては、アンリが好んで論じたカンディンスキーの名をタイトルに含むものが三篇収められている点が印象的だが（アンリとカンディンスキーの関係については、第Ⅲ部6「芸術の意味」ならびに主要著作解題『見えないものを見る』を参照のこと）、他には、暗闇の中オーケストラピットに籠りつつ演奏を聞いて絵を描くという、アウグスト・フォン・ブリーゼン（一九三五―二〇〇三）の営みを論じる論考「音楽を描く――ブリーゼンの芸術のための理論」や、アンリが小説について論じた数少ない論考「パトスを語ること」などがある。

第四巻は「倫理と宗教をめぐって」と題されており、前半には「科学主義」の深い刻印を受けた現代社会において「生」を回復するための倫理を考察する論考が収められているが、より注目に値するのは、後半部の「宗教」と題されたセクションに収められた諸論考だろう。一九八〇年代後半以降の、キリスト教を主題とする論考だが、これらのうちのいくつかは、いわゆるキリスト教哲学三部作の嚆矢をなす論考となっている。アンリ宗教哲学の生成と深化を考える際に、これらの論考は大きな手がかりになると言えよう。一例を挙げれば、中敬夫は、強い自己触発と弱い自己触発の区別がなされるようになった[4]のは、本書に収められている一九九二年五月の講演、「〈言葉〉と宗教――神の〈言葉〉」からではないか、と述べている[5]。その他、本書の「付録」には、一九九九年にオデオン座で開かれた、アンリの著作をめぐる討論会の記録が収められているが、そこには、ジャコブ・ロゴザンスキーやポール・オーディなどの親しい友人や弟子を前に、寛いで自分の哲学を語るアンリの姿を垣間見ることができる。

　第五巻は、副題は付されておらず、前半には、他の巻にあってもよい主題のものが含まれている（おそらく、後から見つかったものを収めたのであろう）。後半には対談が五点収められているが、自作『目を閉じて、愛』（一九七六）について南仏の地方新聞のために語った対談では、珍しく、自分の小説に注釈を加えている。また、本読本にもコラムを寄せている、アンリのかつての教え子にして親しい友人でもあったロラン・ヴァシャルドとの対話も収められている。これらは、比較的簡便なアンリ哲学入門としての役割を果たしていると言えるだろう。

（村松正隆）

註

（1）これに先立つ一九九七年に、レバノンのサン・ジョセフ大学文学人文科学学部出版局から簡易な版が公刊されていたが、この二〇〇四年の出版により、一段と読みやすいものとなった。

（2）第二巻のI, «La critique du sujet» の翻訳が、「主体批判」と題され『主体の後に誰が来るのか？』（現代企画室、一九九六年）に、III, «Le cogito et l'idée de phénoménologie» の訳が「コギトと現象学の理念」のタイトルで雑誌『理想』六一二号（一九八四年）に、VIII, «Sur la parole de Nietzsche : «Nous les bons, les heureux...»» の邦訳が、「ニーチェの言葉「我ら善き者、我ら幸いなる者……」について」の題で、『理想』六〇九号（一九八四年）に収められている。また、第三巻のI, «Le concept de l'être comme production» の邦訳が「生産としての存在の概念」と題され、雑誌『エピステーメー』（一九七八年六月号）に収められている。

（3）*Encyclopédie philosophique universelle. L'Univers philosophique* (Vol. I), PUF, 1989.

（4）アンリによる「自己触発」の区別については、本読本第Ⅲ部7「生の現象学とキリスト教」、および主要著作解題『我は真理なり』参照。

（5）中敬夫「ミシェル・アンリ」『哲学の歴史　12』中央公論新社、二〇〇八年、五七四頁。

13 小説

ここでは、ミシェル・アンリの四つの小説の粗筋を紹介する。

①『若き士官』（一九五四）

最初の小説である『若き仕官』は一九五四年に出版されているが、実際の執筆時期は一九四八年の初頭であるとの証言が残されている。類似の雰囲気を漂わせるカミュの『ペスト』が一九四七年に公刊されており、その影響を考えたくもなるが、アンリはその点については特に証言を残していない。

主人公は、とある軍艦で艦長に艦内のネズミを退治するように命じられた新任士官である。従来のネズミ退治の方法がなぜうまくいかなかったのか、ネズミを退治しきれないという事実は人間にとり何を意味するのか、こうした点に省察を巡らせた上で、主人公は最終的に、ネズミの餌となるものを無くすために艦内の清潔を徹底的に維持すること、繁殖のために相手を求めて走り回るオスのネズミたちの通路を塞ぐこと、そしてただ一か所の出口を開いておくといった方策をとることとする。狙いは、軍艦が寄港したときに、ネズミが自発的に軍艦から出ていくことである。この作戦は一時的に成功し、このフランスの軍艦は、南半球のとある寄港先で、ネズミをすべて追い出すことに成功する。しかしこの物語は、ネズミ、ないしネズミが象徴する何ものかの必然的な回帰、これを示唆して幕を閉じることとなる。

②『目を閉じて、愛』（一九七六）

一九七六年に公刊され、同年秋に伝統的な文学賞、ルノード賞を受賞している。テーマは全体主義批判であり、中国の文化大革命やいわゆる「五月革命」への批判ととれる記述が散見される。文明がその絶頂に達した架空の都市アリアオヴァ（Aliahova）の崩壊過程が、この物語の主たる筋である。美しい建築と文化を誇るアリアオヴァだが、語り手であるサーリ

（Sahli）が外国から研究員としてこの街に到着したころから、こうした美的で古典的な文化に対する批判的な運動が起こり始め、徐々に全体主義的な統制が行きわたるようになる。結果この街では、一方では性的なタブーが崩壊していき、他方では、監視国家的な色彩が強まることとなる。ついには「改革」運動に批判的な住民の虐殺が引き続いて起るようになり、最後、混乱の極限において、大法官（Le Grand Chancelier）がサーリに対し、この街の崩壊の理由——その説明は実質的に『野蛮』（一九八七）の議論と同じである——を解き明かした上で、アリアオヴァの崩壊の歴史を語り継ぐように指示し、これをうけて彼は大法官の娘でもある、恋人のデボラ（Deborah）と共にアリアオヴァを脱出することとなる。

「文化」や「文明」をめぐるアンリの考えを強く反映した小説だが、クメール・ルージュの実態が明らかになりつつある時期に執筆されたことを踏まえれば、一九七〇年代フランスの知的文脈の中に位置づけることも可能だろう。

③『王の息子』（一九八一）

この作品は、精神疾患患者の施設に暮すジョゼ（José）の一人称での語り、という形をとる。ジョゼは「私は王の息子である」と頑強に主張し周囲のいかなる説得をも聞き入れないがために施設に収容されているが、この点以外ではきわめて知的である。彼が薬剤治療をひそかに拒否し、同調する仲間を徐々に集めて、病院の治療に対して反抗していくプロセスが語られる。物語の最後で、医療者はジョゼに、「私は王の息子である」という主張を取り下げれば退院を許し社会での職をも見つけると提案するが、ジョゼはこれを拒絶し、電気ショック療法を受けることとなる。結末の「だが何だというのだ！　こんなことをしたって私を攻撃することはできない。なぜなら、私は王の息子だからだ」（FR, 235; ROM, 549）という独白、一種の「叫び」により、この奇妙な小説は幕を閉じる。

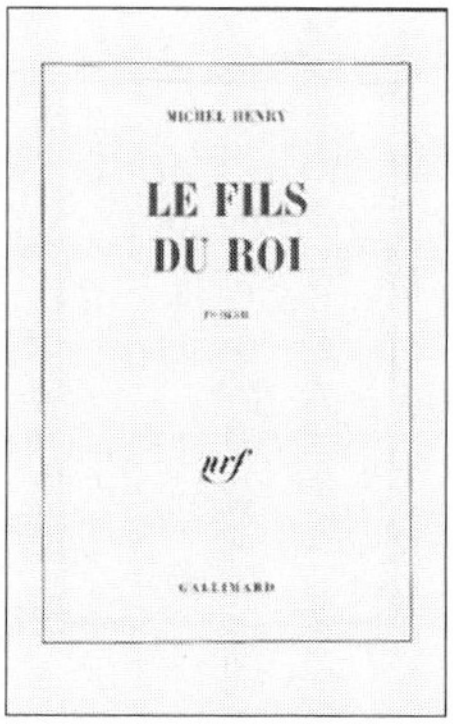

精神医療に対する批判であることは明らかであるが、それだけでなく、ジョゼの名が明らかにイエス（Jésus）を連想させることを始めとして、新約聖書を彷彿させる登場人物やエピソードが散見されるため、アンリとキリスト教との関係を考える重要な材料と見なすこともできよう。

④『不躾な死体』（一九九六）

主人公は調査会社に勤務しているが、名門リセ、アンリ四世校に学んだ過去を持ち、哲学にも通じている。主たる筋は、主人公が依頼された事件の謎を追うという、推理小説仕立てのものである。当該事件は社会党の秘密資金を管理するジャン・デュトゥイユの変死事件で、警察はこれを自殺として処理したが、その真相を確認してもらいたい、という依頼を受けるのである。主人公は調査の結果、彼の死が実際は暗殺によることを確信していくが、同時に、この依頼者がまさに暗殺者たちであることも確信しはじめる。暗殺者たちは、この事件が自分たちの目論んだとおり自殺として処理されるか、それともどこかに綻びがあって、殺人事件として処理されるようになる可能性があるかを知るために、主人公に調査を依頼するのである。結末で依頼者と会った主人公は、自分が真実に気づいていることをほのめかしつつも、同時に、自身の身を守るために沈黙を守ることを明言し、結果、相当額の報酬を受け取ることとなる。解釈の難しい小説だが、「真理」とわれわれとの間に介入してくる「悪」が主題であると考えることもできよう。一見通俗的な体裁をとるこの小説の内に、「真理」をめぐるアンリ後期哲学の響きを聴きとることも可能かもしれない。

（村松正隆）

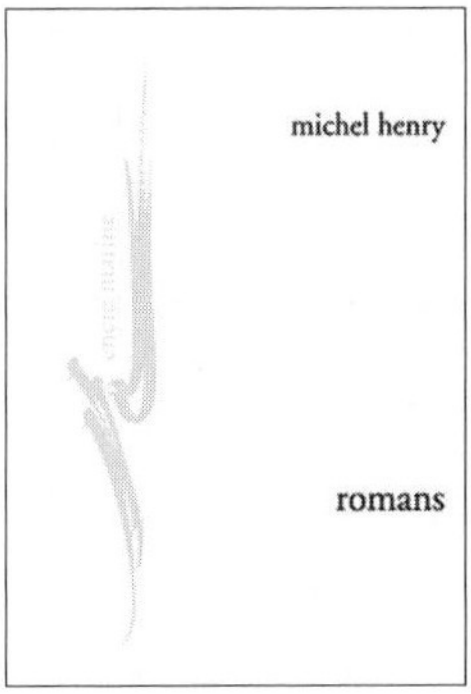

『若き士官』,『目を閉じて, 愛』,『王の息子』の3作品を収めた『小説集』も2009年に刊行

ミシェル・アンリ略年表

本文作成＝中村行志

年	アンリの生涯	現代思想の状況	社会・政治・文化の状況
一九二二	一月一〇日、フランス領インドシナ（現・ベトナム）のハイフォンで生まれる 父の名はガストン・オーギュスト・アンリ、母の名はシュザンヌ・ラテ。一歳半年上の兄がいる 生後十七日（十日という説もある）で、父（当時四二歳）を自動車事故で失う		二月　リルケ、「ドゥイノの悲歌」完成させる（翌年に出版） 一一月一八日　マルセル・プルースト死去（五一歳） 一二月三〇日　ソヴィエト社会主義共和国連邦成立
一九二三		一二月二五日　ルネ・ジラール生まれる	一一月　ミュンヘン一揆
一九二四		四月　フロイト、「マゾヒズムの経済論的問題」発表（『国際精神分析雑誌』）	一月二一日　レーニン死去 六月三日　カフカ死去（四〇歳）
一九二五		一月一八日　ジル・ドゥルーズ生まれる	一〇月　ロカルノ条約成立（一二月に正式調印）
一九二六			カンディンスキー、『点と線から面へ』出版 九月　ドイツが国際連盟に加盟 一二月二九日　ライナー・マリア・リルケ死去（五一歳）
一九二七		四月　ハイデガー『存在と時間』出版	
一九二八		五月一九日　マックス・シェーラー死去（五三歳） 九月　フッサール「内的時間意識の現象学講義」掲載（『哲学および現象学研究年報』）	
一九二九	この年、一家でフランスに帰国	七月　ハイデガー、フライブルク大学就任	

	はじめはアンジュの友人たちのもとで暮らし、その後、リールの祖父エミール・ラテのもとで暮らす	講演「形而上学とは何か」 **同月** フッサール、「形式論理学と超越論的論理学」発表（『哲学および現象学研究年報』） ハイデガー『カントと形而上学の問題』出版 ハイデガー、フライブルク大学二九／三〇年冬学期講義「形而上学の根本諸概念」	**九月** 世界恐慌始まる
一九三〇		**七月一五日** ジャック・デリダ生まれる	
一九三一		フッサール『デカルト的省察』仏訳版出版	
一九三二		ヤスパース『哲学』（全三巻）出版	**七月** ドイツ国会選挙でナチスが第一党になる
一九三三			**一月** ヒトラー内閣成立 **二月** ドイツ国会議事堂放火事件 **三月** ドイツで全権委任法成立 **一〇月** ドイツが国際連盟を脱退
一九三四	**五月一九日** 祖父エミール・ラテ死去（八二歳）		**八月** ヒトラーが総統となる
一九三五		フッサール、「危機」講演（**五月**「ヨーロッパの人間性の危機における哲学」（於：ウイーン）／**一一月**「ヨーロッパ諸学の危機と心理学」（於：プラハ）） ハイデガー、フライブルク大学夏学期講義「形而上学入門」（五三年に出版）	『カフカ全集』（全六巻）出版（～三七年） フランス初のテレビ放送（四月：公式実験放送、一二月：公開放送） **五月** 仏ソ相互援助条約締結
一九三六			**一月** スペインで「人民戦線」成立 **三月** ドイツがラインラント進駐開始 **七月** スペイン内戦はじまる **八月** ベルリン・オリンピック開催

一九三七	この年、一家でパリ五区のポール・ランジュバン広場に面した家に引っ越す アンリ四世校に入学 ジャン・ゲーノに文学を、ジャン・ラポルトに哲学を学ぶ	一月一七日 アラン・バディウ生まれる 八月二二日 フランソワ・ラリュエル生まれる	
一九三八		四月二七日 エトムント・フッサール死去（七九歳）	一二月二七日 オシップ・マンデリシュターム死去（四七歳）
一九三九	エコール・ノルマル受験準備学級に進学	三月 プラハで、フッサール『経験と判断』印刷されるが、ナチス・ドイツによるチェコ併合に伴い、そのほとんどが廃棄処分にされる 九月二三日 ジークムント・フロイト死去（八三歳）	四月 スペイン内戦終結 八月 独ソ不可侵条約締結 九月 ドイツのポーランド侵攻、第二次世界大戦始まる。ソ連もポーランドに侵攻
一九四〇	受験準備学級の最終年度に、ジャン・イポリットの講義をもぐりで聴講する	一月 サルトル『イマジネール』出版 七月二六日 ジャン＝リュック・ナンシー生まれる	春 カティンの森事件 五月 ドイツのフランス侵攻 六月 ヴィシー政権成立。ド・ゴール、「自由フランス」設立
一九四一		一月四日 アンリ・ベルクソン死去（八一歳）	六月 独ソ戦始まる
一九四二	ソルボンヌの学士号取得 ジャン・グルニエの提案と指導のもと、D		一一月 ドイツ、自由地域の占領を開始
一九四三	ES学位論文「スピノザの幸福」に取り組む 四月一三日 「スピノザの幸福」を完成させ、リール大学で口頭審査を受ける		二月 ヴィシー政府、強制労働局（STO）を設置

年	ミシェル・アンリ	思想	世界
	六月初め DES合格後、STOから逃れるためにレジスタンス活動に参加するオー・ジュラのマキに加わり、「ペリクレス」部隊に所属、翌四四年の夏の終わりまで、リヨンでの任務にあたる。コードネームは「カント」	**八月** サルトル『存在と無』出版	
一九四四	レジスタンス活動を終えて、パリに戻り、アグレガシオン（教授資格試験）の準備を始める		**六月** ノルマンディー上陸作戦 **八月** ワルシャワ蜂起（〜一〇月） **同月** パリ解放ヴィシー政権崩壊 **一二月一三日** カンディンスキー死去（七八歳）
一九四五	**八月** 哲学のアグレガシオンに合格 その後、カサブランカのリセでの職を得、一年間教鞭を執る	**七月** メルロ＝ポンティ『知覚の現象学』出版 **一〇月** サルトル、「実存主義はヒューマニズムである」講演	**二月** ヤルタ会談 **四月三〇日** ヒトラー自殺　翌月、ドイツ降伏 **七月** ポツダム会談（〜八月） **一〇月** 国際連合設立
一九四六		**七月三日** ジャン＝リュック・マリオン生まれる **一一〜一二月** ハイデガー、「ヒューマニズム書簡」執筆	**一二月** 第一次インドシナ戦争始まる
一九四七	**二月** CNRS（フランス国立科学研究所）の研究員となる これを機に、前年より構想に着手していた国家博士学位論文の計画書を提出する 冬（一二月？）、ジャン・ボーフレとアンリ・ビローとともにハイデガーを訪問、対話を交わす		**六月** カミュ『ペスト』出版

一九四八	一月末に会ったアンリ四世校時代の友人から聞いた話に着想を得て、小説「ネズミ」執筆（五四年に『若き士官』として出版）		**二月** 一九四八年のチェコスロバキア政変 **六月** ベルリン封鎖（～翌年五月）
一九四九	六五年に『身体の哲学と現象学』として出版されることになる論考を執筆		**四月** 北大西洋条約調印、NATO設立 **一〇月一日** 中華人民共和国成立 **一一月** パヴェーゼ『美しい夏』出版
一九五〇		ハイデガー『杣径』出版 『フッサリアーナ』刊行開始	**六月** 朝鮮戦争始まる **八月二七日** チェーザレ・パヴェーゼ死去（四一歳）
一九五一	CNRSでの任期終了後、アルジェのリセで一年間教鞭を執る 二年間の奨学金を得て、パリの「大学都市」に戻る		**九月** ジュリアン・グラック『シルトの岸辺』出版
一九五三	エクサン・プロヴァンス大学の助手になり、一年間教鞭を執る このとき、モーリス・ブロンデルの旧居に住む	**三月二八日** ジャコブ・ロゴザンスキー生まれる	**三月五日** スターリン死去 **七月** 朝鮮戦争休戦協定締結
一九五四	**六月** 『若き士官』出版	この年、ハイデガー『講演と論文』、『思惟とは何の謂いか』出版	**七月** ジュネーヴ協定締結 **一一月** アルジェリア戦争始まる
一九五五			**五月** ワルシャワ条約機構設立
一九五六			**二月** スターリン批判 **三月** 二日にモロッコが、二〇日にチュニジアが、それぞれフランスから独立

			六月　ポズナン暴動 一〇月　ハンガリー動乱（〜一一月）
一九五七		ハイデガー『根拠律』、『同一性と差異』出版	
一九五八	この年、アンヌ・ペクールと結婚		一〇月　フランス第五共和政成立
一九五九		ハイデガー『言葉への途上』出版	
一九六〇	一〇月　ジャン・イポリットの推挙を受けて、モンペリエ大学に着任		二月　フランス初の核実験 一二月　南ベトナム解放民族戦線結成
一九六一	一月　国家博士学位論文「現出の本質」を書き上げる	一月　メルロ＝ポンティ、「眼と精神」発表（『フランスの芸術』誌） レヴィナス『全体性と無限』出版 五月三日　モーリス・メルロ＝ポンティ死去（五三歳） ハイデガー『ニーチェ』（全二巻）出版	四月　ソ連、ボストーク一号で人類初の有人宇宙飛行に成功 八月　ベルリンの壁建設開始
一九六二		ドゥルーズ『ニーチェと哲学』出版	三月　エヴィアン協定締結 七月五日　アルジェリア独立宣言 一〇月　キューバ危機
一九六三	二月　国家博士学位論文「現出の本質」の口頭試問が行われる。審査員は、J・ヴァール、J・イポリット、P・リクール、F・アルキエ、H・グイエ。国家博士号取得 『現出の本質』出版		一一月二二日　ケネディ大統領暗殺
一九六四		二月　メルロ＝ポンティ『見えるものと見えないもの　付・研究ノート』出版	八月　トンキン湾事件
一九六五	このころ、アグレガシオン受験者のために、その課題となっていた『ドイツ・イデオロ	デリダ、一九六四―六五年度ＥＮＳ講義「ハイデガー――〈存在〉の問いと〈歴史〉」	三月　アメリカ、ベトナム北爆開始

	ギー』の講義を行ったことをきっかけにマルクスに関する研究を始める 『身体の哲学と現象学』出版	**五月** リクール『フロイトを読む――解釈学試論』出版 **九月** アルチュセール『マルクスのために』出版 **一一月** アルチュセールらの共著『資本論を読む』出版 **一二月** ラカン、セミネール「精神分析の対象」（～翌年六月）	
一九六六	**一月** 教育テレビ番組『哲学』の、「哲学と道徳」をテーマにしたシリーズの初回として、バディウとの対談が放映（収録は前年）	フィンク『現象学研究 1930–1939』出版 **一一月** ラカン『エクリ』出版	**五月** 文化大革命始まる
一九六七	**八月二二日** 母シュザンヌ死去（七四歳）	デリダ『エクリチュールと差異』（春）、『声と現象』、『グラマトロジーについて』（以上、秋）出版 レヴィナス『フッサールとハイデガーと共に実存を発見しつつ』（第二版）出版 ハイデガー『道標』出版	
一九六八		**一〇月二六日** ジャン・イポリット死去（六一歳）	「プラハの春」（～八月） パリ五月革命 **八月** ワルシャワ条約機構軍のチェコスロバキア侵攻
一九六九		**二月二六日** カール・ヤスパース死去（八六歳）	**七月** アポロ一一号月面着陸 **九月二日** ホー・チ・ミン死去
一九七〇			ソルジェニーツィン、ノーベル文学賞受賞

一九七一		ラリュエル『現象と差異』出版	
一九七二			二月　ニクソン大統領中国訪問
一九七三	一二月　ブリュッセルでふたつの公開講演を行う		一月　パリ協定（ベトナム和平協定）締結 一二月　ソルジェニーツィン『収容所群島』出版
一九七四		レヴィナス『存在するとは別の仕方であるいは存在することの彼方へ』出版 六月一九日　ジャン・ヴァール死去（八六歳）	
一九七五		七月二五日　オイゲン・フィンク死去（六九歳） 『ハイデガー全集』刊行開始 レヴィナス、一九七五―七六年度ソルボンヌ講義「死と時間」、「神と存在‐神‐学」（九三年に『神・死・時間』として出版）	四月　クメール・ルージュ主導のカンプチア民族統一戦線がプノンペン占領 同月　ベトナム戦争終結
一九七六	三月　『マルクス』出版 九月　『目を閉じて、愛』出版 一一月　『目を閉じて、愛』でルノード賞受賞	二月　「ル・トールでのゼミナール（66年、68年、69年）」と「ツェーリンゲンでのゼミナール（73年）」（翌七七年、ドイツで『四つのゼミナール』として出版）のフランス語版を所収する（フランスで独自編集の）ハイデガー選集『諸問題』第四巻出版 五月二六日　マルティン・ハイデガー死去（八六歳） レヴィナス、一九七六―七七年度のソルボンヌでの講義をアンリの『現出の本質』読解に割く	九月九日　毛沢東死去 一〇月　文化大革命終結（終結宣言は翌年八月）
一九七七			一月　「憲章77」発表される

一九七八		一〇月　リクール、書評「ミシェル・アンリの『マルクス』」発表（『エスプリ』誌）	一二月　中国、「改革開放」路線採択
一九七九			一月　クメール・ルージュ政権崩壊 一二月　ソ連、アフガニスタンに侵攻（〜八九年二月）
一九八〇		四月一五日　ジャン＝ポール・サルトル死去（七四歳）	五月四日　チトー死去 九月　ポーランドで「連帯」結成される 一二月二九日　ナジェージダ・マンデリシュターム死去（八一歳）
一九八一	九月　『王の息子』出版	二月　ラリュエル『マイノリティ原理』出版 九月九日　ジャック・ラカン死去（八〇歳）	一二月　ポーランドで戒厳令が敷かれる（〜八三年七月）
一九八二	ラジオドラマ「真理はひとつの叫びである」の脚本を手掛ける（初回放送日：九月一八日） モンペリエ大学を退職	八月七日　ジャン・ボーフレ死去（七五歳）	
一九八三	一〇月　山形頼洋の招きで文部省特別招聘教授として来日。一二月まで約三ヵ月間滞在、講演やゼミナールを行なう		
一九八五	八月　『精神分析の系譜』出版		三月　ゴルバチョフがソ連共産党書記長に就任
一九八六	五月　モスクワの科学アカデミーで講演		四月　チェルノブイリ原子力発電所事故
一九八七	一月　『野蛮』出版		
一九八八	二月　『見えないものを見る』出版 八月　シンポジウム「ポール・リクールあるいは解釈学的理性の変容」（於：スリジー・	この年、『フッサリアーナ・ドクメンテ』の第二巻として、フィンク『第六デカルト的省察』出版	

	ラ・サル）で発表 **九月**　フッサール没後五〇年記念シンポジウム（於：ルーヴァン・カトリック大学）で講演		
一九八九	**三月**　ボルク＝ヤコブセンの授業の枠内で、全六回のゼミナールを行う（於：ワシントン大学、シアトル）	ラリュエル『哲学と非‐哲学』出版 **一二月**　マリオン『還元と贈与』出版	**二月**「円卓会議（ポーランド）」（～四月） **六月**　六四天安門事件 **八月**　汎ヨーロッパ・ピクニック **一一月**　ベルリンの壁崩壊 **同月**　ビロード革命（～一二月） **一二月**　マルタ会談 **同月**　ルーマニア革命
一九九〇	**一〇月**『実質的現象学』出版 **同月**『共産主義から資本主義へ』出版	**三月**　リクール『他者のような自己自身』出版 **四月一六日**　アンリ・ビロー死去（七二歳） **一〇月二二日**　ルイ・アルチュセール死去（七二歳）	**八月**　イラクによるクウェート侵攻 **一〇月**　ドイツ再統一
一九九一		**四月**　レヴィナス『われわれのあいだで』出版 **五月**　マリオン『デカルトの問題——方法と形而上学』出版 **一〇月**　ジャニコー『フランス現象学の神学的転回』出版	**一月**　湾岸戦争（～二月） **三月**　クロアチア紛争始まる（一連のユーゴスラビア紛争が始まる） **六月**　スロベニア紛争（～七月） **七月**　ワルシャワ条約機構正式解散 **一二月二五日**　ソ連邦崩壊
一九九二	**五月**　シンポジウム「現象学と神学」（於：ENS（高等師範学校）、パリ）で発表	**一月**　ボルク＝ヤコブセン『情動的紐帯』出版	**四月**　ボスニア・ヘルツェゴビナ紛争始まる

一九九三		一〇月　デリダ『マルクスの亡霊たち』出版	一一月　マーストリヒト条約発効（EU誕生）
一九九四		三月三一日　アンリ・グイエ死去（九五歳）	
一九九五		一一月四日　ジル・ドゥルーズ死去（七〇歳） 一二月二五日　エマニュエル・レヴィナス死去（八九歳）	一一月　クロアチア紛争終結 一二月　ボスニア・ヘルツェゴビナ紛争終結
一九九六	一月『不躾な死体』出版 三月『我は真理なり』出版 九月　アンリをめぐる最初の重要なシンポジウム「ミシェル・アンリ——生の試練」が、スリジー・ラ・サルで開催され、アンリ自身も出席する		
一九九七		八月　マリオン『与えられると』出版	二月一九日　鄧小平死去
一九九八			二月　コソボ紛争始まる
一九九九			六月　コソボ紛争終結 同月　プレシェヴォ渓谷危機勃発
二〇〇〇	九月『受肉』出版		
二〇〇一			一月　マケドニア紛争始まる 六月　プレシェヴォ渓谷危機終結 九月一一日　アメリカ同時多発テロ事件 一一月　マケドニア紛争終結（一連のユーゴスラビア紛争が終結）
二〇〇二	七月三日　アルビにて死去（八〇歳） 九月『キリストの言葉』出版 一二月『自己贈与——対談と講演』出版（〇四年一二月に増補版出版）		

二〇〇三	一一月　『生の現象学』（第一巻、第二巻）出版	三月　マリオン『エロス的現象』出版 三月八日　パリの国際哲学コレージュでアンリの追悼集会開催。デリダがアンリについて語る。それに続く討論には、マリオンやナンシーらも参加	
二〇〇四	二月　『スピノザの幸福』出版 一一月　『生の現象学』（第三巻、第四巻）出版	一〇月九日　ジャック・デリダ死去（七四歳）	
二〇〇五	一〇月　『対談集』出版	一月　バディウ『世紀』出版 三月　ナンシー『脱閉域——キリスト教の脱構築1』出版 五月二〇日　ポール・リクール死去（九二歳）	
二〇〇六		一〇月　ロゴザンスキー『我と肉』出版	
二〇〇八	五月　『マルクスによる社会主義』出版		
二〇〇九	四月　『小説集』出版		
二〇一二		四月　マリオン『現象学のフィギュール』出版	
二〇一五	八月　『生の現象学』（第五巻）出版	一一月四日　ルネ・ジラール死去（九一歳）	
二〇一六		六月　マリオン『与えられたものの捉え直し』出版	
二〇一八	九月一三日　妻アンヌ死去（八四歳）		
二〇二一		八月二三日　ジャン＝リュック・ナンシー死去（八一歳）	

［書籍の出版月については、確認できる情報に限りがあったため、刊行月、印刷完了月、法定納本月、販売開始月が混在しているが、煩雑さを避けるためもあり、特に注記はしていない］

■主要参考文献・参考ウェブサイト

本年表の作成にあたっては、アンリの諸著作、『ミシェル・アンリ研究』（日本ミシェル・アンリ哲学会会誌）各号掲載の諸論文のほか、以下の文献やウェブサイトを参考にした。

Paul Audi, *Michel Henry. Une trajectoire philosophique*, Les Belles Lettres, 2006（『ミシェル・アンリ——生の現象学入門』川瀬雅也訳、勁草書房、二〇一二年）.

Jean-Marie Brohm et Jean Leclercq (dir.), *Michel Henry*, L'Âge d'Homme, 2009.

Fonds Michel Henry (UCLouvain)　https://uclouvain.be/fr/instituts-recherche/isp/alpha/fonds-michel-henry.html

Site officiel sur le philosophe Michel Henry　https://www.michelhenry.org/（新）［リンク切れ、Wayback Machine (https://web.archive.org) で閲覧可能］, http://amichelhenry.free.fr/（旧）

鹿島徹・越門勝彦・川口茂雄編『リクール読本』法政大学出版局、二〇一六年

松葉祥一・本郷均・廣瀬浩司編『メルロ＝ポンティ読本』法政大学出版局、二〇一八年

本間直樹「解題」、新宮一成・鷲田清一・道籏泰三・高田珠樹・須藤訓任編『フロイト全集　第一八巻　自我とエス・みずからを語る　一九二二—一九二四』岩波書店、二〇〇七年

「解説」『パヴェーゼ文学集成２　美しい夏』河島英昭訳、岩波書店、二〇一〇年

ルイ・アルチュセール『未来は長く続く　アルチュセール自伝』宮林寛訳、河出書房新社、二〇〇二年

エリザベト・ルディネスコ『ジャック・ラカン伝』藤野邦夫訳、河出書房新社、二〇〇一年

ブノワ・ペータース『デリダ伝』原宏之・大森晋輔訳、白水社、二〇一四年

田島節夫『フッサール』講談社学術文庫、一九九六年

茅野良男『人類の知的遺産75　ハイデッガー』講談社、一九八四年

ハイデガー・フォーラム編『ハイデガー事典』昭和堂、二〇二一年

米虫正巳「内在の内の非内在的なもの——出会い損なったアンリとデリダの遅ればせの対話？」、米虫正巳編『フランス現象学の現在』法政大学出版局、二〇一六年

藤岡俊博「『全体性と無限』はいつ刊行されたのか」（二〇二〇年四月二四日） https://note.com/fjktshr/n/n311b5de63883
Média Scérén　https://www.reseau-canope.fr/media-sceren/
CERISY, les colloques（1952–2021） http://www.ccic-cerisy.asso.fr/colloques3.html
Archives de Paris　https://archives.paris.fr/
Association des anciens élèves du lycée Henri IV　http://www.aaehenri4.com/（旧サイト）
Maquis de l'Ain et du Haut-Jura　https://www.maquisdelain.org/
Il y a 80 ans : Radiovision-PTT diffuse la première émission de la télé française　https://www.radiotsf.fr/il-y-a-80-ans-radiovision-ptt-diffuse-la-premiere-emission-de-la-tele-francaise/

以上のほか、各原書出版元のウェブサイト（Wayback Machine（https://web.archive.org/）でアーカイブ化されていたものも含む）を参照し、フランス国立図書館の蔵書検索（https://catalogue.bnf.fr/）、ＩＮＡのアーカイブ検索（http://inatheque.ina.fr/）、*Le Monde* の記事アーカイブ（https://www.lemonde.fr/archives-du-monde/）なども利用した。

なお、各ウェブサイトの最終閲覧日は二〇二二年七月一〇日である。

＊本年表の作成にあたっては、編者ならびに幾人かの方々のご教示・ご協力を賜った。ここに深く謝意を申しあげる。

人名索引

ア 行

カ 行

サ 行

タ 行

ナ 行

ハ 行

マ 行

ヤ 行

ラ 行

事項索引

あ 行

か 行

さ 行

た 行

な 行

は 行

ま 行

や 行

ら行

わ行

［写真提供］
山形恭子氏 ── 表紙, ii, xviii, 9, 267, 269 頁
ロラン・ヴァシャルド氏 ── 4, 30, 110, 309 頁

ミシェル・アンリ読本

2022 年 8 月 30 日　初版第 1 刷発行

編　者　川瀬雅也／米虫正巳／村松正隆／伊原木大祐

発行所　一般財団法人 法政大学出版局

〒102-0071 東京都千代田区富士見 2-17-1
電話 03 (5214) 5540 振替 00160-6-95814
組版：HUP　印刷・製本：日経印刷

ISBN978-4-588-15127-9

本郷　均（ほんごう・ひとし）　1959年生。東京電機大学教授。共著：『メルロ＝ポンティ読本』（法政大学出版局），共訳書：メルロ＝ポンティ『フッサール『幾何学の起源』講義』（法政大学出版局）。

古荘匡義（ふるそう・ただよし）　1980年生。龍谷大学准教授。著書：『綱島梁川の宗教哲学と実践』（法藏館），論文：「ミシェル・アンリの「実践＝哲学」」（課程博士論文）。

佐藤勇一（さとう・ゆういち）　1974年生。福井工業高等専門学校准教授。共著書：『メルロ＝ポンティ読本』（法政大学出版局），共訳書：ジェイ『うつむく眼』（法政大学出版局）。

松永澄夫（まつなが・すみお）　東京大学名誉教授。『想像のさまざま』『食を料理する・増補版』『感情と意味世界』『経験のエレメント』『価値・意味・秩序』『音の経験』『言葉の力』（以上，東信堂）。

越門勝彦（こえもん・かつひこ）　明治大学准教授。著書：『省みることの哲学――ジャン・ナベール研究』（東信堂），共編著：『現代フランス哲学入門』（ミネルヴァ書房），『リクール読本』（法政大学出版局）。

亀井大輔（かめい・だいすけ）　1973年生。立命館大学教授。著書：『デリダ　歴史の思考』（法政大学出版局），共訳書：デリダ『ハイデガー――存在の問いと歴史』（白水社）。

柿並良佑（かきなみ・りょうすけ）　1980年生。山形大学准教授。共著：『〈つながり〉の現代思想』（明石書店），論文：「人間なきオマージュ　バタイユ&ナンシー，思考の身振りと力」（『多様体』2号，月曜社）。

杉村靖彦（すぎむら・やすひこ）　1965年生。京都大学教授。著書：『ポール・リクールの思想』（創文社），共編著：*Philosophie japonaise* (J. Vrin)，『渦動する象徴――田辺哲学のダイナミズム』（晃洋書房）。

平光哲朗（ひらみつ・てつろう）　1973年生。神戸学院大学准教授。論文：「extensionと縮約――『物質と記憶』第四章におけるベルクソンの直観を再考する」（『ベルクソン『物質と記憶』を再起動する』書肆心水）。

池田裕輔（いけだ・ゆうすけ）　1983年生。釧路工業高等専門学校講師。共著：*Phänomenologie und spekulativer Realismus* (Königshausen & Neumann), *Husserl, Kant and the transcendental phenomenology* (De Gruyter).

松田智裕（まつだ・ともひろ）　1986年生。立命館大学衣笠総合研究機構専門研究員。著書：『弁証法，戦争，解読――前期デリダ思想の展開史』（法政大学出版局）。

佐藤　愛（さとう・あい）　1983年生。立命館大学客員協力研究員，早稲田大学招聘研究員。共訳書：ジュベール『自閉症者たちは何を考えているのか？』（人文書院）。

根無一行（ねむ・かずゆき）　1979年生。京都大学非常勤講師。論文：「レヴィナスとSSの顔」（『宗教哲学研究』第31号），共訳書：ルフラン『十九世紀フランス哲学』（白水社）。

落合　芳（おちあい・かおり）　1975年生まれ。龍谷大学非常勤講師。共編著：『生活形式と脆弱性――倫理としてのケア』（萌書房），共著：『フランス現象学の現在』（法政大学出版局）。

樋口雄哉（ひぐち・ゆうや）　1984年生。同志社大学ライフリスク研究センター嘱託研究員。共著：『個と普遍』（法政大学出版局），共訳：ペリュション『糧』，ル・ラヌー『存在と力』（以上，萌書房）。

武藤剛史（むとう・たけし）　1948年生。共立女子大学名誉教授。著書：『サン＝テグジュペリの世界』（講談社選書メチエ）。訳書：アンリ『キリストの言葉――いのちの現象学』（白水社）。

中村行志（なかむら・こうじ）　フリーランス・リサーチャー。

■編　者

川瀬雅也（かわせ・まさや） 1968年生。神戸女学院大学教授。著書：『生の現象学とは何か――ミシェル・アンリと木村敏のクロスオーバー』（法政大学出版局），訳書：オーディ『ミシェル・アンリ』（勁草書房）。

米虫正巳（こめむし・まさみ） 1967年生。関西学院大学教授。著書：『自然の哲学史』（講談社），編著：『フランス現象学の現在』（法政大学出版局），共編著：『主体の論理・概念の倫理』（以文社）。

村松正隆（むらまつ・まさたか） 1972年生。北海道大学教授。著書：『〈現われ〉とその秩序――メーヌ・ド・ビラン研究』（東信堂），共訳書：ラヴェッソン『十九世紀フランス哲学』（知泉書館）。

伊原木大祐（いばらぎ・だいすけ） 1975年生。京都大学准教授。著書：『レヴィナス　犠牲の身体』（創文社），共著：『宗教史学論叢26　越境する宗教史』（リトン）。

■執筆者（掲載順）

ロラン・ヴァシャルド（Roland Vaschalde） 1951年生。元図書館上級司書。著書：*À l'Orient de Michel Henry*, *Épreuve de soi et vérité du monde: depuis Michel Henry*（以上，Orizons），*Suivant Michel Henry*（L'Harmattan）.

阿部善彦（あべ・よしひこ） 立教大学教授。共編著：『テオーシス――東方・西方教会における人間神化思想の伝統』（教友社）。共著：『古代キリスト教の女性』（教友社），『キリスト教神学命題集』（教文館）。

上野　修（うえの・おさむ） 1951年生。大阪大学名誉教授。著書：『スピノザの世界』（講談社），『デカルト，ホッブズ，スピノザ』（講談社），『スピノザ『神学政治論』を読む』（筑摩書房）。

服部敬弘（はっとり・ゆきひろ） 1981年生。同志社大学准教授。共著：『フランス現象学の現在』（法政大学出版局），共訳書：フランク『他者のための一者――レヴィナスと意義』（法政大学出版局）。

水野浩二（みずの・こうじ） 1952年生。元札幌国際大学教授。著書：『倫理と歴史　一九六〇年代のサルトルの倫理学』（月曜社），共訳書：サルトル『イマジネール』（講談社学術文庫）。

景山洋平（かげやま・ようへい） 1982年生。関西学院大学准教授。著書：『「問い」から始まる哲学入門』（光文社），『出来事と自己変容――ハイデガー哲学の構造と生成における自己性の問題』（創文社）。

加國尚志（かくに・たかし） 1963年生。立命館大学教授。著書：『自然の現象学――メルロ＝ポンティと自然の哲学』（晃洋書房），『沈黙の詩法――メルロ＝ポンティと表現の哲学』（晃洋書房）。

ディディエ・フランク（Didier Franck） 1947年生。パリ・ナンテール大学名誉教授。著書：『他者のための一者』（法政大学出版局），『現象学を超えて』『ハイデッガーとキリスト教』（以上，萌書房）。

北村　晋（きたむら・すすむ） 元早稲田大学講師。論文：「表象のエコノミーと内在」（『ミシェル・アンリ研究』第7号），共訳書：アンリ『現出の本質』上・下（法政大学出版局）。

村瀬　鋼（むらせ・こう） 1965年生。成城大学教授。共著：『哲学という地図』（勁草書房），共訳書：ロゴザンスキー『我と肉』（月曜社），論文：「隔たりと力」（『ミシェル・アンリ研究』第2号）。

吉永和加（よしなが・わか） 名古屋市立大学大学院教授。著著：『〈他者〉の逆説――レヴィナスとデリダの狭き道』（ナカニシヤ出版），『感情から他者へ――生の現象学による共同体論』（萌書房）。

本間義啓（ほんま・よしひろ） 1978年生。釧路公立大学准教授。著書：*L'auto-détermination par la loi: Le sujet, la voix, le temps selon l'éthique kantienne*（L'Harmattan），共訳書：ロゴザンスキー『我と肉』（月曜社）。

野村直正（のむら・なおまさ） 1954年生。京都産業大学非常勤講師。論文：「実質的現象学と現象学の諸前提」（『メルロ＝ポンティ研究』第9号），訳書：アンリ『共産主義から資本主義へ』（法政大学出版局）。

デカルト読本
湯川佳一郎・小林道夫 編 ………………………………………… 3300円

ライプニッツ読本
酒井潔・佐々木能章・長綱啓典 編 …………………………………… 3400円

ヒューム読本
中才敏郎 編 ………………………………………………………… 3300円

新・カント読本
牧野英二 編 ………………………………………………………… 3400円

ヘーゲル読本
加藤尚武 編 ………………………………………………………… 3300円

続・ヘーゲル読本
加藤尚武・座小田豊 編訳 ………………………………………… 2800円

シェリング読本
西川富雄 監修　高山守 編 ………………………………………… 3000円

ショーペンハウアー読本
齋藤智志・高橋陽一郎・板橋勇仁 編 ……………………………… 3500円

ベルクソン読本
久米博・中田光雄・安孫子信 編 …………………………………… 3300円

ウィトゲンシュタイン読本
飯田隆 編 …………………………………………………………… 3300円

ハイデガー読本
秋富克哉・安部浩・古荘真敬・森一郎 編 ………………………… 3400円

続・ハイデガー読本
秋富克哉・安部浩・古荘真敬・森一郎 編 ………………………… 3300円

サルトル読本
澤田直 編 …………………………………………………………… 3600円

メルロ＝ポンティ読本
松葉祥一・本郷均・廣瀬浩司 編 …………………………………… 3600円

＊

表示価格は税別です